Mario Wandruszka

Die Mehrsprachigkeit des Menschen

R. Piper & Co. Verlag
München   Zürich

ISBN 3-492-02491-2
© R. Piper & Co. Verlag, München 1979
Gesetzt aus der Times Antiqua
Gesamtherstellung: Welsermühl, Wels
Printed in Austria

Inhalt

I.	Die muttersprachliche Mehrsprachigkeit	13
II.	Selbstzeugnisse	41
III.	Zweisprachige Bevölkerungen	53
IV.	Sprachmischung	77
V.	Deutsch	115
VI.	Das Englische dringt ein	153
VII.	Spielarten der Mischung	177
VIII.	Das Spiel der Notwendigkeit und des Zufalls	195
IX.	Technik und Zufall	235
X.	Denken in Bildern	267
XI.	Vom Übersetzen	295
XII.	Theorie und Didaktik der Mehrsprachigkeit	313
	Anmerkungen	335
	Zitierte Werke	351
	Personenregister	352
	Linguistische Grundbegriffe	355

DAS ERSTE KAPITEL dieses Buches (Seiten 13–39) zeigt, daß wir schon in unserer Muttersprache mehrsprachig sind. Es behandelt die Themen:
Mehrsprachigkeit der Muttersprache (14) – Soziale Sprachbarrieren (17) – Erziehung zur Mehrsprachigkeit (17) – Regionale Mehrsprachigkeit (19) – Kulturelle Mehrsprachigkeit (19) – Tätige und verstehende Mehrsprachigkeit (21) – Österreich (22) – Die Schweiz (23) – Diglossie ist Polyglossie (24) – Eine Sprache ist kein Code (25) – Dialektrenaissance? (26) – Soziolekte (27) – Technolekte als internationale Dialekte (28) – Die Sprache der Dichter (29) – Umrisse einer Sprache (30) – Der soziokulturelle Index (31) – Konnotationen (33) – Jeder Index hat Konnotationen (34) – Gibt es Synonyme? (35) – Polymorphie (36) – Kann man Konnotationen messen? (37) – Unsichere Idiolekte (38) – Sprachen / Register / Stile (38) – Eine Sprache ist viele Sprachen (39).

DAS ZWEITE KAPITEL (Seiten 41–52) untersucht die über die Muttersprache hinausgreifende Mehrsprachigkeit einzelner Menschen:
Albert Schweitzer (41) – Martin Buber (44) – Elias Canetti (45) – W. Theodor Elwert (49) – Virtuosen (51) – Schizophrene (52).

DAS DRITTE KAPITEL (Seiten 53–76) verfolgt in einigen Beispielen das Schicksal zweisprachiger Bevölkerungen, sieht deren Mehrsprachigkeit als Nötigung und Möglichkeit, als Belastung und Bereicherung:
Widerwillige Mehrsprachigkeit: Wales (54) – Südtirol (55) – Die »abgeschnittenen Zungen« (58) – Friaul (59) – Sardinien (59) – Das

Recht auf Zweisprachigkeit (60) – Spanien (61) – Katalonien (62) – Kastilisch-katalanische Mischungen (63) – Mischung oder Reinheit (64) – Das Baskenland (65) – Galicien (67) – Frankreich (68) – Zwei Weltkriege (69) – »Okzitanien« (70) – Provenzalisch oder Okzitanisch (71) – Mehrsprachigkeit 2000 (73) – Mehrsprachigkeit auf der ganzen Welt (74).

DAS VIERTE KAPITEL (Seiten 77–113) beschreibt die Mischung unserer Sprachen:
Typologien (77) – Sätze aus Wörtern aus Lauten (78) – Sprache als »Organismus« (79) – Indogermanisches »Völkergewühl« (80) – Römer und Romanen (81) – Lateinisch *luna* / französisch *la lune* (83) – Lateinisch *filius* / spanisch *hijo* (83) – Frankenreich / Frankreich (84) – Lateinisch-französische Mehrsprachigkeit (86) – Mittelalterliche Polyglossie (87) – »Der Scholar aus dem Limousin« (89) – Lateinisch *ca* / französisch *chie che cha* (91) – Lateinisch *-ata* / französisch *-ée* (93) – Vom Angelsächsischen zum Englischen (94) – *swine* und *pork* (95) – »Potentially English« (97) – *freedom* und *liberty* (97) – »Johnsonese« (98) – Soziale Sprachbarrieren (99) – Eine Sprache ist viele Sprachen (101) – Konvergenzen (102) – Kanada (103) – »Zwei Sprachen, sechs Idiome« (104) – Le Québec (105) – »Sprechen Sie Franglais?« (107) – »Anglomanie« (108) – »Amerikanolatrie« (109) – Abwehrmaßnahmen (110) – Geben und Nehmen (111) – Symbiosen (113).

DAS FÜNFTE KAPITEL (Seiten 115–151) umreißt die aus Mehrsprachigkeit und Sprachmischung hervorgegangene deutsche Sprache:
Latein erzeugt Deutsch (116) – Eindeutschungen (117) – Lateinische Vorbilder (118) – *courtoisie* / *Höflichkeit* (119) – Französisch-deutsche Endungen (121) – Sprachmischmasch (122) – *Kinderchen* und *Kinderlein* (123) – Nord und Süd (124) – Wörter und Sachen (126) – *Die See* und *Das Meer* (127) – Die deutsche »Ausgleichssprache« (129) – Luther heute (130) – Deutsche Sprachenverwirrung (132) – Klagelieder (134) – Sprachreiniger (135) – Verdeutschtes (137) – Fremdkörper (138) – Goethe (139) – *perfid* und *treulos* (140) – Goethes Fremdwörter (142) – Sprache als »Weltansicht« (143) – »Weltansicht« und fremde Sprachen (144) – Die »innere Sprach-

form« (145) – »Weltbild« und Sprachmischung (146) – Ineinanderwirken (148) – Französisches im Deutschen (149).

DAS SECHSTE KAPITEL (Seiten 153–176) veranschaulicht, wie stark das Englische heute die europäischen Sprachen durchdringt: Lehnübersetzungen (154) – Lehnübertragungen (156) – Lehnschöpfungen (158) – Lehnbedeutungen (160) – *Das Image* (161) – Neue Verwendungen (163) – Modewörter (164) – Lehnwörter: *Trend* (165) – *Job* (167) – *Sex* (168) – *Drink* (170) – *Droge* (171) – Lehnidiomatik (172) – *Rund um die Uhr* (173) – Durchdringung (174).

DAS SIEBENTE KAPITEL (Seiten 177–194) berichtet über die Erforschung der Sprachmischung seit Hugo Schuchardt: Lautgesetz und Sprachmischung (177) – Schuchardt heute (179) – Slawo-deutsches und Slawo-italienisches (180) – Das slawische Substrat (182) – Pidgin und Kreolisch (183) – Pidgin (184) – Kreolisch (185) – Sprache als Kontinuum (187) – Sprache als Polysystem (188) – William Labov (189) – Historische Kreolisierungen (190) – »Sprachbünde« (192) – »Languages in Contact« (193).

DAS ACHTE KAPITEL (Seiten 195–234) zeigt, daß unsere Sprachen Spiele der Notwendigkeit und des Zufalls sind: Mentalstrukturen / Instrumentalstrukturen (195) – Universalien (197) – Semantische Universalien (198) – Universales Kontinuum (199) – Das einzelsprachliche Weltbild (199) – Der Klang der Sprachen (200) – Nationalpsychologie (201) – Identifikation (203) – Laut und Sinn (204) – »L'arbitraire du signe« (206) – Subjektive Identifikation (207) – Notwendiger Wortschatz (207) – Schlüsselwörter (208) – Zufälliger Wortschatz (210) – *Geschwister / brother(s) and sister(s)* (210) – Etymologien (211) – Heideggers Etymologien (213) – *Not-wendig = ne-cesse* (215) – »Falsche Freunde« (217) – Wohin gehen die Wörter? (218) – *el éxito* ist nicht *the exit* (220) – *l'issue* ist nicht *the issue* (221) – *el fracaso* ist nicht *il fracasso* (222) – *esperar* ist nicht *espérer* (223) – *sentire* ist nicht *sentir* (224) – *sensible* (fr.) ist nicht *sensible* (e.) (225) – *crier* ist nicht *to cry* (227) – *Morbido* ist nicht *morbid* (229) – *actually* ist nicht *actuellement* (230) – *eventually* ist nicht *éventuellement* (230) – *definitely* ist nicht *definitiv* (231) – »Falsche Freunde« und »Systeme« (232).

DAS NEUNTE KAPITEL (Seiten 235–266) unterstreicht die Rolle des Zufalls in der Ausbildung und Anwendung unserer sprachlichen Techniken:
Quatre-vingt treize = 93 (235) – Technik der Wortbildung: Substantive aus Adjektiven (237) – Schöpferisches Spiel (238) – Substantive aus Verben (240) – Spielerischer Überfluß (242) – *mangeable / eatable / eßbar* (243) – Das Spiel mit *-bar* und *-lich* (244) – Das biologische und das grammatische Geschlecht (248) – Romanische »Pansexualisierung« (249) – Aktiv / Passiv / Reflexiv (251) – Der ungenannte Urheber (253) – »Soeben geschehen« (254) – Die beiden Aspekte (255) – Der Aspekt im Deutschen (256) – Aspekt und Gegenwart (258) – Aspekt und Zukunft (259) – Aspekt und Vergangenheit (260) – Polysemisches Imperfekt (261) – Imperfekt statt Perfekt (262) – »Aspektologie« (263).

DAS ZEHNTE KAPITEL (Seiten 267–294) beweist, daß unsere Sprachen aus dem schöpferischen Spiel der Bilder leben:
Zweite Bilder (267) – Sprichwörter (269) – Sprichwort und Übersetzung (270) – Bildhafte Redensarten (271) – Idiomatik (272) – Freude an Bildern (273) – Redensart und Übersetzung (274) – Glückliche Übersetzung (276) – Umgangssprachen (277) – Slangs, Argots (279) – Sprichwörtliche Vergleiche (281) – Kraft und Farbe (283) – Übersteigerungen (284) – Verdunkelte Bilder (285) – Idiomatik und Zufall (287) – Die Hand (288) – Idiomatik und »System« (292).

DAS ELFTE KAPITEL (Seiten 295–312) betrachtet das schöpferische Spiel der Dichtung als den Glücksfall der Sprache und die Möglichkeiten und Grenzen der Übersetzung von Dichtung:
Ungaretti: M'ILLUMINO D'IMMENSO (295) – Aus der Sprache geschöpft (296) – Hölderlin: HÄLFTE DES LEBENS (298) – HALF OF LIFE (300) – MILIEU DE LA VIE (301) – METÀ DELLA VITA (303) – MITAD DE LA VIDA (303) – METADE DA VIDA (304) – Baudelaire: L'INVITATION AU VOYAGE (305) – EINLADUNG ZUR REISE (306) – Sprache als »Weltbild« (309) – Rilke: LIED VOM MEER (310).

DAS ZWÖLFTE KAPITEL (Seiten 313–334) zeichnet die Umrisse einer Theorie und Didaktik der Mehrsprachigkeit:

1. Der Mensch lernt mehrere Sprachen (313) – 2. Eine Sprache ist viele Sprachen (314) – 3. Jede Sprache ist Mischsprache (315) – 4. In jeder Sprache ist Notwendigkeit und Zufall (317) – 5. In jeder Sprache ist schöpferisches Spiel (319) – 6. Sprache ist Übersetzung (320) – Didaktik der Mehrsprachigkeit (321) – Freude an Sprachen (322) – »Der Sprachunterricht muß umkehren!« (323) – Die »technologische Revolution« (324) – Sprachlehrforschung (325) – »Einsprachiger Unterricht!« (325) – Kontrastives Lernen (328) – Fehleranalysen (329) – Die wiederentdeckte Übersetzung (330) – Wir müssen übersetzen, um zu lernen, nicht mehr zu übersetzen (331) – Verstehendes Lernen (332) – »Wer fremde Sprachen nicht kennt...« (333).

I. Die muttersprachliche Mehrsprachigkeit

Der alte Satz »Der Mensch ist das Wesen, das Sprache hat«, ist eine ganz unzulängliche Bestimmung des Menschen. In Wahrheit muß er lauten: »Der Mensch ist das Wesen, das mehrere Sprachen lernt.«
Wir alle sprechen mehrere Sprachen, weil wir in mehreren, oft sehr verschiedenen menschlichen Gemeinschaften leben, deren Sprachen wir im Laufe unseres Lebens lernen. Unser Gehirn hat auch die Fähigkeit, mehrere Sprachen aufzunehmen und im Gedächtnis gebrauchsbereit zu bewahren.
Wir Menschen, wir bald fünf Milliarden oder fünftausend Millionen oder fünf-mal-tausend-mal-tausend-mal-tausend Menschen, die wir heute diese Erde bevölkern, haben keine uns allen gemeinsame einheitliche Sprache. Wir sprechen drei- bis viertausend verschiedene Sprachen und zahllose nur für kleinere und kleinste Lebenskreise bestimmte Mundarten, Gruppen- und Sondersprachen.
Dieser ungeheuren, dieser ungeheuerlichen Vielsprachigkeit entspricht zutiefst die Mehrsprachigkeit des einzelnen Menschen. Jeder von uns besitzt die Kraft, das Vermögen, verschiedene Sprachen zu verstehen und zu gebrauchen, immer neu zu lernen und auch wieder zu vergessen. Das Netzwerk der Nervenzellen des menschlichen Großhirns ist von einer Komplexität und Subtilität, die, wie die Hirnforscher uns erklären, »unser Vorstellungsvermögen übersteigen«.[1]
Dreizehn Milliarden Nervenzellen, jede einzelne mit hundert bis zehntausend Nachbarzellen verbunden durch Verknüpfungen von einzigartiger Variabilität und Plastizität, Schaltstellen für elektrische und chemische Impulse, feinste Verästelungen und Vernetzungen, die entstehen, sich verfestigen, sich verändern und wieder vergehen, die jene Eintragungen, Einprägungen aufnehmen, die wir »Gedächtnis« nennen – unser »Ultrakurzzeit-«, unser »Kurzzeit-«, unser

»Langzeitgedächtnis« –, die sich wieder zurückbilden und auflösen – was wir als »Vergessen« bezeichnen –, das alles bildet ein unfaßliches Wunderwerk, das die Leistungen jedes noch so riesenhaften Computers weit übersteigt.

In den zahllosen Verzweigungen und Verästelungen der Nervenfasern unseres Gehirns sind die Formen und Strukturen unserer Sprachen als abrufbare Programme eingetragen: nicht etwa als ein einziges, in sich geschlossenes und schlüssiges Monosystem, auch nicht als eine Reihe durch Zwischenwände streng voneinander getrennter Systeme, sondern als ein Nebeneinander von sprachlichen Ausdrucksmöglichkeiten, die zwar an verschiedenen Stellen des Gehirns angesiedelt sein mögen (worauf der Ausfall nur der einen oder der anderen Sprache oder auch nur eines Teiles ihrer Formen und Strukturen bei Gehirnverletzungen hindeutet), die aber untereinander so viele Quer- und Rückverbindungen besitzen, daß es in dieser tausendfachen Vernetzung zwischen ihnen unablässig zu Interferenzen und Interpenetrationen kommt und das Nebeneinander zu einem Gegeneinander, Miteinander, Ineinander wird, zu einem ständigen »Gespräch zwischen den Sprachen ins uns«.

Mehrsprachigkeit der Muttersprache

Das Kind, das seine Muttersprache lernt, merkt es sehr schnell, wenn etwa die Sprache seines Vaters eine etwas andere landschaftliche Färbung hat als die der Mutter, wenn der Vater gelegentlich andere Wörter und Wendungen gebraucht, die das Kind dann ihm nachspricht. Mit derselben spielerischen Leichtigkeit übernimmt es andere Ausdrucksweisen von Hausgenossen und Spielgefährten. Zu Besuch bei Großvater und Großmutter lernt es ebenso schnell wieder andere Aussprachen, andere Wörter, Satzgestalten, Redensarten zu verstehen und zu gebrauchen. Überall »schnappt es etwas auf«, wie man sagt. Ansätze zu einer muttersprachlichen Mehrsprachigkeit lassen sich wahrscheinlich bei jedem Kind finden. Jedes Kind kann von Anfang an sich spielend phonetische, lexikalische, syntaktische, idiomatische Elemente verschiedener Sprachen aneignen.
Nach der, alles in allem bescheidenen, regional, sozial, kulturell eng begrenzten Sprache unserer Kindheit ist dann die transregionale,

transsoziale Kultursprache, die wir in der Schule lernen, schon gewissermaßen unsere erste Fremdsprache. Der Volksschullehrer, der Grundschullehrer ist der erste Erzieher zur Mehrsprachigkeit.
Wie diese muttersprachliche Mehrsprachigkeit zu Beginn unseres Jahrhunderts von einem schwäbischen Arbeiterbuben erlebt wurde, erzählt uns der 1903 bei Heidenheim an der Brenz geborene Karl Götz in seinem köstlichen Erinnerungsbuch »Der goldene Morgen. Heitere Geschichten aus einer armen Kindheit«:
»Man nahm es mit den Grüßen und Wünschen früher noch ernst. An Neujahr gehörte es sich, daß die Kinder bei den nächsten Verwandten, bei Freundschaft oder Herrschaft, bei den Hausleuten und bei den Nachbarn anklopften und ihre Wünsche mit einem ernsten Spruch darbrachten.
Mein Sprüchlein selber machte mir weniger zu schaffen, obwohl es mir ein bißchen altmodisch vorkam, und obwohl mir sein Sinn ziemlich dunkel blieb. Ich mußte den Leuten nämlich in einem Atemzug den gesunden Leib, den Heiligen Geist und das ewige Leben wünschen ...
Viel ärger war, daß man mit all diesen Leuten sozusagen in verschiedenen Sprachen reden mußte. Zur Dote, zur Großmutter und zur Tante sagte man Du. Das: ›*Dota, i wünsch dr da gsunda Leib*‹ ging leicht heraus. Zu den Nachbarn und auch zu der Hausnäherin sagte man Ihr, so daß es da anfing: ›*Nochber*‹, oder ›*Nähere, – i wünsch üch da gsunda Leib ...*‹ und so fort. Aber da war schon wieder ein Unterschied. Zum Jakob, meinte die Mutter, solle ich sagen *üch*, nicht *euch*, ›*i wünsch euch*‹, das könnte sich so anhören, als wollte ich etwas Besseres sein. Es war in unserem Stadtviertel gang und gäbe, anstatt *euch* *üch* zu sagen. Bei der Melchinger-Marie sei es aber wieder anders. Die bringe gern immer wieder ein Wort nach der Schrift hinein, und ich werde wohl noch wissen, wie sie mir das letztemal gesagt habe: ›*No net ganz so bäurisch, du solltest schon no wissa, daß dei Vater a Meister gwesa isch.*‹ Sie habe deutlich *Meister*, und nicht, wie wir es sonst gewohnt seien, *Moischter*, und außerdem *gwesa* und net *gwea* gesagt. Also bei der Marie: *I wünsch euch* – und net *üch!*
Etwas ganz anderes war es natürlich bei der Frau Oberlehrer. Zu ihr mußte ich Sie sagen, das versteht sich, so daß es dort heißen mußte: ›*Frau Oberlehrer, i wünsch Ihne da gsunda Leib ...*‹ Mit dem ›*Ihne*‹ hatte ich schon meine Schwierigkeiten, schon weil mir die Mutter ein-

geschärft hatte, es heiße *Ihne* und nicht *Ehne,* wie die einfachen Leute bei uns zu sagen gewohnt waren. Da hätte ich dann lieber alles gleich ganz hochdeutsch gesagt. Aber das sei erst recht nichts, meinte die Mutter. Denn der Herr Oberlehrer spotte gern und es könnte dann leicht sein, daß er sage: ›*Bua, brech dr d'Zung net ab. Bist älla-weil no von Mergelstett'.*‹
Und dann kam die Frau Kommerzienrat. Ja, die redete man – wie soll ich sagen –, die redete man überhaupt nicht an. Da hieß es nämlich – und zwar in diesem Fall alles auf hochdeutsch: ›*Ich wünsche der Frau Kommerzienrat den gesunden Leib und den Heiligen Geist* (nicht *Geischt,* sagte die Mutter dutzendmal) *und das ewige Leben.*‹ Also nicht etwa: *I wünsch,* sondern *ich wünsche*! Was hat mir allein das *e* hinten an dem Wort *wünsche* zu schaffen gemacht! Ich hätte gewettet, daß dies falsch war, und daß die Mutter das einfach nicht richtig wußte; denn wer sagte denn schon so dumm: *wünsche*!«[2]
Alte Leute erinnern sich oft erstaunlich genau an sprachliche Einzelheiten ihrer Kindheit. Vielleicht ist hier in der Erinnerung auch noch manches liebevoll ausgeschmückt worden. Sicher ist, daß das Phänomen der soziokulturellen Mehrsprachigkeit hier geradezu exemplarisch beschrieben wird.
Je stärker und bewußter sich die Stände, Klassen, Schichten, Gruppen einer Gesellschaft voneinander unterscheiden, desto ausgeprägter ist diese soziokulturelle Mehrsprachigkeit. Dann gilt es entweder, die Sprache der eigenen Gruppe nicht zu verleugnen (»*Bua, brech dr d'Zung net ab . . .*«) oder aber umgekehrt, sich der Sprache der Angesprochenen möglichst anzunähern, »hochdeutsch« oder »nach der Schrift« zu reden, in immer wieder anderen Annäherungs- und Mischwerten zwischen Dialekt *(»I wünsch üch«),* Regiolekt *(»I wünsch euch«)* und Hochsprache *(»Ich wünsche Ihnen«).* In der Vielfalt der zwischenmenschlichen Situationen wird das höchst differenzierte Sozialprestige der verschiedenen sprachlichen Formen offenkundig *(»a Meister gwesa«* – »*a Moischter gwea«;* »*Geist«* – »*Geischt«);* in dem unablässigen Ineinandergreifen der Sprachen können die Laute, die Wörter, die Wendungen sich unabhängig voneinander bewegen, verändern und vermischen, mitten in die Mundartrede bringt man »gern immer wieder ein Wort nach der Schrift hinein« . . .

Soziale Sprachbarrieren

Gibt es Sprachschranken, die durch Klassenschranken verschuldet sind? Sprachschranken, die ihrerseits zu unüberwindlichen Klassenschranken werden? Diese Frage hat man in den letzten zehn Jahren überall mit großer Leidenschaft diskutiert.
Die Anklage lautete: Die Kinder der Arbeiterklasse sind sprachlich benachteiligt, daher auch in ihrer geistigen Entwicklung behindert, daher auch um ihre sozialen Chancen betrogen. Sie bekommen von Zuhause eine ärmere Sprache mit, einen »restricted code«, die Kinder der Reichen eine reichere Sprache, einen »elaborated code«.
Daraus hat man verschiedene, oft widerspruchsvolle Forderungen abgeleitet. Einmal wurde die elaborierte Hochsprache als ein Privileg der Bourgeoisie gesehen, das gebrochen werden müsse, indem man den Arbeiterkindern möglichst schon im Vorschulalter durch eine »kompensatorische Spracherziehung«, durch eine »emanzipatorische Kommunikationsstrategie« hilft, sich diese reiche Sprache anzueignen. Dann wieder wurde dieselbe elitäre Sprache als das Instrument der Herrschenden angeprangert, als autoritär und repressiv entlarvt und das Recht der Unterdrückten auf ihre eigene, vom Druck der elaborierten Konvention befreiten Sprache verkündet.
In Wahrheit aber handelt es sich auch hier um verschiedene Sprachen innerhalb derselben Sprache, die durchaus nebeneinander bestehen können und müssen, die sich keineswegs einfach dadurch unterscheiden, daß die eine »ärmer« ist, die andere »reicher«; die einfach »anders« sind, weil sie verschiedene Funktionen haben.

Erziehung zur Mehrsprachigkeit

Auf dem Höhepunkt des Streites sprach der gesunde Menschenverstand aus den Worten einer jungen hessischen Lehrerin ländlicher Herkunft, die über ihre eigene Mehrsprachigkeit sagte: »Wenn ich z. B. zu Hause bei meiner Familie bin, dann benutze ich hessischen Dialekt, wenn ich mit Freunden in einer Gaststätte bin, dann rede ich einen Darmstädter Slang, und wenn ich über Rahmenrichtlinien diskutiere, dann spreche ich in einer Fachsprache. Man kann also auch

nicht vom Lehrer sagen, daß er selbst überall die Dudensprache benutzt; er fordert sie auch nicht in jedem Unterrichtsgespräch.«³
Der Lehrer muß sich als Erzieher zur Mehrsprachigkeit begreifen. Er muß die von den Kindern mitgebrachten Sprachen, Dialekte, Regiolekte, Soziolekte in ihrem Eigenwert erkennen und anerkennen, er muß seine Schüler von da aus in eine andersgeartete Bildungssprache einführen, muß ihnen das Bewußtsein ihrer wachsenden Mehrsprachigkeit geben, des ganzen Reichtums unserer sprachlichen Möglichkeiten. Er wird gerade dadurch den jungen Menschen die vielfältigen Spannungen zwischen Denken und Sprechen bewußt machen, er wird ihnen auch die Erkenntnis vermitteln, daß Denken nicht dasselbe ist wie pseudo-elitäres »Artikulieren« und »Verbalisieren«.
Der Mensch ist das Wesen, das mehrere Sprachen lernt. Es ist oft ein sehr mühevolles und immer ein unvollkommenes Lernen. Wir alle wissen nur zu gut, wie schwer es uns manchmal fällt, mit unseren eigenen phonetischen, morphologischen, lexikalischen, syntaktischen, idiomatischen Abweichungen von der idealen Norm der Hochsprache fertigzuwerden, wie leicht es da zu Interferenzen zwischen den verschiedenen Schichten und Bereichen unserer Muttersprache kommt, zu Störungen, Hemmungen und Verklemmungen, zu Trotzreaktionen und Überkompensationen. Dabei können sich, wie gesagt, die einzelnen instrumentalen Formen und Strukturen unserer Sprachen weitgehend unabhängig voneinander bewegen und gegeneinander verschieben. Wie viele soziale und regionale Misch- und Annäherungswerte färben quer durch die deutschen Sprachlandschaften gerade das sogenannte »Lehrerdeutsch« (und nicht etwa nur das Deutsch des schwäbischen Dorfschulmeisters, der seine Schüler verbessert: »Man sagt nicht: ›*Ma secht*‹! . . . Ma secht: ›*Man sagt*‹!«); wie viele Reden, Vorlesungen, Predigten haben wir in unserem Leben gehört, in denen der lexikalisch, syntaktisch, stilistisch raffinierteste »elaborated code« sich mit einer höchst angestrengten, mit einer überanstrengten Aussprache verband, die nur allzu deutliche schwäbische, fränkische, rheinische, sächsische, österreichische Abweichungen von der hochdeutschen Bühnenaussprache aufwiesen!

Regionale Mehrsprachigkeit

Aus einer Fülle von Zeugnissen greife ich nur einen besonders anschaulichen Fall heraus. Im Jahre 1899, so erzählt uns Josef Pieper in seinen Lebenserinnerungen, sei sein aus dem Paderbornschen stammender Vater, nach dem Besuch des Lehrerseminars in Büren, als Dorfschullehrer in das münsterländische Dorf Elte gekommen, habe dort eine Frau gefunden und eine Familie gegründet. »Für meinen Vater, den auf Jahre hinaus einzigen Lehrer des Dorfes, ist es sicher keine leichte Sache gewesen, überhaupt Fuß zu fassen in diesem weltverlorenen Nest, zwischen gelben Sanddünen vergraben... Nicht nur denken und reden die Leute hier noch bedächtiger als sonst in Westfalen, so daß man mit ihnen wohl etwas mehr als den berühmten »einen Scheffel Salz« verzehrt haben muß, bevor man mit ihnen warm wird. Sogar ihre Sprache ist für den aus dem Paderbornschen Stammenden erst noch zu lernen. Den Hecht aus der Ems zum Beispiel nennen sie einen ›*Snook*‹; es heißt nicht ›*aber*‹, sondern ›*patt*‹; und wenn einer wissen will, wie spät es sei, dann sagt er: ›*Wu laat is et?*‹ – Genauso habe ich dann natürlich gleichfalls gesprochen; dies ist, obwohl wir Lehrerskinder eigentlich nur hochdeutsch reden sollten, meine ›erste‹ und in besonderem Sinn meine Muttersprache, buchstäblich die Sprache meiner Mutter und ihrer ländlichen Welt – während meinem Vater, wenn er mit den Bauern oder auch mit seiner Frau plattdeutsch sprach, zeitlebens ein fremder Akzent anzumerken blieb.«[4]
Solche »gemischtsprachige« Ehen gibt es überall auf der Welt in zahllosen Spielarten. Sie sind natürlich der fruchtbarste Nährboden der Mehrsprachigkeit. Ihre Zahl ist in den letzten hundert Jahren durch Kriegsereignisse, Millionenheere von Flüchtlingen und Vertriebenen, durch den unaufhaltsam anwachsenden Strom der Binnenwanderungen und des Fremdenverkehrs sprunghaft angestiegen.

Kulturelle Mehrsprachigkeit

Dafür gibt es im deutschen Sprachgebiet ein klassisches Zeugnis in den berühmten Lebenserinnerungen des 1859 in Stettin geborenen Arztes Carl Ludwig Schleich, »Besonnte Vergangenheit«. So wie im

Buddenbrookschen Lübeck greifen damals auch in Stettin Platt, Halbplatt und Hochsprache ständig ineinander. Hier das liebevolle Porträt des Konrektors Freese, genannt Poseidon, des Stralsunder Klostergymnasiums. »Meist sprach er mit uns plattdeutsch, und ich kann noch ganze Homerszenen in seiner Art vorpommerisch rezitieren: ›Je, de oll'n Griechen de seggten nich, Ajax dat wir'n grotmächtigen Held, de stünn in de Schlacht as wi'n Boom, nee, de Homer de mockt anner Vergleiche, de wi as Beleidigung upfaten würr'n. Ajax stünn, seggt Homer, as en Esel, de den Barg vollbepackt rupkrupen sall. Em kümmern de Schläg' nich, de rechts un links up em runnerprasseln.‹ Und so zahllose Szenen. Plattdeutsch war in Stralsund um jene Zeit noch die allgemein gesellschaftliche Umgangssprache, auch in den besten Kreisen. Wir untereinander sprachen fast nur platt. Einmal aber mußte Freese schon zu einem festlichen Hochdeutsch greifen, das dann amüsant genug ausfiel.«
Man muß diese feierliche Entlassungsrede an die Abiturienten im Wortlaut nachlesen. »*Die Entlassungsrede. Die jungen Leute! Och! Frei!* (Mit gehobener, komisch skandierter Deklamation:) ›*Dahin des Schulstaubs schlimme Pein!*‹ *Hinaus! Je, das Studium. Der Beruf. Die Wahl. Vater, Mutter, Freunde raten. Klugsnackers gibt's immer. Meinen häzlichen Glückwunsch! – Je, da seh' ich welche, die wollen Philologie. Wie sagte Goethe?* ›*Neue Sprache, neues Leben!*‹ *Auch Englisch und Französisch. Och, vergessen Sie nich das Klassische, das Fundament*« [5] und so weiter. Die Rede dieses klassisch gebildeten humanistischen Originals ist ein Geschiebe und Gefüge verschiedener Sprachen, der zitierten Literatursprache (der vorgezogene Genitiv: »*des Schulstaubs schlimme Pein*«), der Festtagssprache mit phonetischen (»*häzlichen*«, »*nich*«), lexikalischen (»*Klugsnackers*«), syntaktischen (»*die wollen Philologie*«) Einsprengseln und Einfärbungen aus Dialekt und Regiolekt.
Von Stralsund geht der Abiturient zum Studium der Medizin nach Zürich – ein Sprung in eine ganz andere deutsche Sprachlandschaft (»*Choommet Sie emol, bittä, morgen in der Fruh zu mir uffe in die Berggasse. I hoab eppes Schön's für Sie* . . .« klingt das in der Erinnerung des Pommern).

Tätige und verstehende Mehrsprachigkeit

Diese wenigen Beispiele sind aufschlußreich genug, sie bringen uns das ganze Ausmaß unserer deutschen regionalen, sozialen, kulturellen Mehrsprachigkeit in Erinnerung. Sie führen uns vor Augen, daß der Schlüssel zum Verständnis unseres Verhältnisses zur Sprache in der Unterscheidung unserer tätigen von unserer verstehenden Mehrsprachigkeit liegt. Versuchen wir uns einmal zu vergegenwärtigen, wie die Formen und Strukturen unserer Muttersprache beschaffen sind, die wir selbst tatsächlich gebrauchen, und in welchem Umkreis dazu wir von uns nie verwendete Formen und Strukturen verstehen, so können wir dieses Verhältnis des Verwendens zum Verstehen getrost mit 1 : 1000 beziffern.

Dieser riesige Umkreis des Verstehens rund um das eigene Verwenden ist bisher von der Linguistik kaum beachtet worden. In keinem der uns bis heute angebotenen theoretischen Modelle der menschlichen Sprache gibt es einen Platz für diese schlechthin entscheidende Unterscheidung zwischen unserer tätigen und unserer verstehenden Mehrsprachigkeit – nicht etwa zwischen unserer aktiven und unserer passiven Mehrsprachigkeit, denn auch das Verstehen ist ja ein aktiver Vorgang.

Die schlichte Selbstbeobachtung hätte unsere Linguisten längst auf die Spur dieser erstaunlichsten Eigenschaft unserer Sprachen führen können, dem Verstehen tausendfach mehr zu bieten als dem Verwenden. Das ist doch oft unser sprachlicher Alltag: meine Sprache wird von meinen Gesprächspartnern selbstverständlich verstanden, obwohl sie selbst sie nicht sprechen – sie antworten mir jeder in der ihm eigenen Sprache, die wiederum mir völlig vertraut ist, ohne daß ich selbst sie je sprechen würde.

Sprachliche Kommunikation ist weit über das Verwenden hinaus ein gegenseitiges Verstehen. Eine Sprachgemeinschaft – sagen wir die deutsche – ist eine Gemeinschaft des Verstehens.

Österreich[6]

Die seit 1918 an dramatischen Wechselfällen reiche Geschichte dieses Landes hat es mit sich gebracht, daß das in Österreich gesprochene Deutsch in den letzten fünfzig Jahren immer »deutscher« geworden ist, daß eine Fülle früher typisch »reichsdeutscher«, später »bundesdeutscher« Wörter, Redensarten, Aussprachegewohnheiten heute auch in Österreich alltäglich gebraucht werden. Fremdenverkehr und Wirtschaftsverflechtung treiben diese Angleichung immer weiter. Die verstehende Vertrautheit mit den verschiedensten Varianten des Deutschen »von Kiel bis Konstanz«, die allabendlich vom Fernsehen in jedes Heim geliefert werden, wird immer selbstverständlicher.

Die Folge ist auch eine erhöhte tätige Mehrsprachigkeit. Vor allem in den Fremdenverkehrsgebieten kann man täglich beobachten, wie mit der größten Selbstverständlichkeit manchmal mitten im Satz von der heimischen Dorfmundart zu einer allgemeineren österreichischen Umgangssprache umgeschwenkt wird und im nächsten Augenblick zu einem »Deutsch für deutsche Gäste«, in dem die *Marillen* sich in *Aprikosen* verwandeln, die *Ribisel* in *Johannisbeeren*, die *Paradeiser* zu *Tomaten* werden, die *Erdäpfel* zu *Kartoffeln*, die *Fisolen* zu *grünen Bohnen*, der *Kren* zum *Meerrettich*, der *Topfen* zum *Quark*, das *Obers* zur *Sahne*, das *Gefrorene* zum *Eis*, das *Kipferl* zum *Hörnchen*, die *Schale* zur *Tasse* und die *Tasse* zum *Tablett*, *picken* zu *kleben*, *sich tummeln* zu *sich beeilen*, *sich verkühlen* zu *sich erkälten*, *sich ausrasten* zu *ausruhen*, *sich ausgehen* zu *reichen* oder *genügen*, *sich auszahlen* und *dafürstehn* zu *sich lohnen* ... viele solcher »Austriazismen« sind nur ältere deutsche Wörter und Wendungen, die sich hier länger als anderswo gehalten haben.

Gerade diese fortschreitende Angleichung an eine allgemeine deutsche Verkehrssprache macht den Menschen aber auch die Besonderheit der eigenen österreichischen Umgangssprache, der heimischen Mundart stärker als früher bewußt. Mit Betonung und Genuß kehrt man zum eigenen Dialekt, Regiolekt, Soziolekt zurück. Seit H. C. Artmanns Gedichtsammlung »Med ana schwoazzn dintn« (1958) hat Österreich eine literarische »Dialektwelle« erlebt, die schließlich mit dem »Wiener Evangelium« von Wolfgang Teuschl, »Da Jesus und seine Hawara« (1971) sogar das Neue Testament erfaßt hat.[7]

Die Schweiz

Die alemannische Schweiz hat in unserem Jahrhundert eine bedeutende sprachliche Entwicklung durchgemacht: in eine Richtung, die der in Österreich zu beobachtenden geradezu entgegenlief. Die politische und moralische Abkehr von Deutschland, das wachsende Bewußtsein eines schweizerischen »Andersseins«, schließlich die Abwehr der Bedrohung durch das »Großdeutsche Reich«, die »Geistige Landesverteidigung« der dreißiger und vierziger Jahre, haben eine immer stärkere Besinnung auf die eigene, eigenständige Sprache hervorgerufen, so daß die Mundarten sich nicht nur behaupten konnten, sondern auch weit in alle Bereiche des modernen politischen und kulturellen Lebens eingedrungen sind.
Es gibt über dieses Phänomen bereits eine umfangreiche Literatur, darunter die eindrucksvolle Dokumentation von Rudolf Schwarzenbach. Hier findet man die heutige Aufgabenverteilung zwischen Mundart und Schriftsprache in der Kirche, in der öffentlichen Rede, in der Armee, in Presse und Literatur, auf der Bühne, im Film und »am Radio«, schließlich in der Schule bis in die letzten Einzelheiten genauestens beschrieben – die Vitalität der lokalen Dialekte, die Entstehung regionaler Ausgleichsmundarten (auch hier mit Übersetzungen von Bibeltexten in »bärndütsch« oder »züritüütsch« oder »baselbieterdütsch«), das Zusammenleben der unterschiedlichen Mundarten im Bewußtsein der Menschen, dem auch das so beliebte Nachahmen anderer Dialekte entspringt, »am bekanntesten wohl ein Kabarettist mit einer Glanznummer, in der er eine Radiodiskussion parodiert: er spricht darin die Rollen des Gesprächsleiters aus Basel, eines Professors aus Bern, eines Akademikers aus St. Gallen und einer Frauenvertreterin aus Zürich« (S. 103) – die durch die wachsenden Binnenwanderungen immer stärker hervortretenden Mundartanpassungen, Mundartmischungen, Mehrsprachigkeiten zwischen Familien- und Ortsmundarten, Ansätze zu einem »Einheitsschweizerdeutschen«, einer »schweizerdeutschen Koiné«:
»Die Entwicklung führt stufenweise von den Lokalmundarten zunächst zu einzelnen Regionaldialekten und dann weiter zu Großmundarten wie dem ›Zürichdeutschen‹ oder dem ›Berndeutschen‹, dem ›Ostschweizerischen‹ oder dem ›Innerschweizerischen‹« (S. 92).[8] Zürichdeutsch »in seiner temperierten Form« gilt heute

bereits vielen als »Normalschweizerdeutsch« schlechthin und als Favorit in der Entwicklung zu einer »schweizerdeutschen Einheitssprache« ... »Zürich ist das Wirtschafts- und Handelszentrum der deutschen Schweiz, Sitz eines Radio- und des einzigen deutschschweizerischen Fernsehstudios (auch die häufig mundartliche Fernsehwerbung wird in Zürich gemacht), dazu ein mächtiges kulturelles Zentrum.«[9]

Hier ist alles in Bewegung. Was aber das Verhältnis von »Schrift« und »Rede« betrifft, so genügt zur Veranschaulichung eine kleine Probe aus Schwarzenbachs Materialien, das schriftdeutsche Manuskript und die Transkription der Tonbandaufnahme der Rede eines Züricher Architekten zur Einweihung eines Schulhauses in Oberurnen im Kanton Glarus. Hier das Manuskript:

»Mit besonderer Freude übergebe ich im Zeitraum von wenigen Wochen ein zweites Schulhaus seiner Bestimmung. Der Bau eines Schulhauses – und erst noch auf einem derart herrlichen Bauplatz – wird für einen Architekten immer eine der schönsten, dankbarsten und anregendsten Aufgaben sein ...«

Und hier nun der Wortlaut der tatsächlich gehaltenen Rede:

»*Mit ere psundere Fröid übergib ich hüt im Zytruum vo nur e paar Wuche e wyters Schuelhuus synere Bestimig. De Bou von somene Schuelhuus – und psunders uf eme herrliche Platz, we Sii daa z Oberuurne öis händ chöne zur Verfüegig stele – isch imer e schööni und dankbaari Uufgaab für en Architäkt ...*« (S. 442).

Diglossie ist Polyglossie

Die deutschsprachige Schweiz wird heute von vielen Linguisten als das beste Beispiel für eine ausgeprägte »Diglossie« angesehen (das zweitbeste wären dann die arabischsprechenden Länder mit ihrer »Diglossie« zwischen dem klassischen Koran- und Literaturarabischen und den lokalen und regionalen Mundarten, Umgangs- und Verkehrssprachen in Ägypten, Libyen, Tunesien, Algerien, Marokko ...). Unter »Diglossie« versteht man seit Charles A. Ferguson die Koexistenz einer »hohen« Sprache, die im Kult, im Recht, im Amt, in der Literatur verwendet wird, und einer »niedrigen« Sprache für den Werktag, den Haushalt, die Feldarbeit, das Handwerk.[10] Diese sprachliche Zweistufigkeit glaubt man bei den meisten Völkern dieser Erde nachweisen zu können.

Aber gerade das Beispiel der Schweiz zeigt am besten, daß man mit einer solchen vertikalen Opposition, mit einem solchen binären Schema die sprachliche Wirklichkeit viel zu grob vereinfacht und damit verfälscht. Man wird damit weder der Vielgestalt der tatsächlichen sozialen Schichtungen, Gliederungen, Verbindungen und Beziehungen gerecht noch der Komplexität und Variabilität der kulturellen Funktionen, noch dem unablässigen Ineinandergreifen verschiedener Register, den vielen Zwischenbereichen, den Mischgebilden, den »temperierten Formen«, den gemäßigten Ausgleichswerten, den bemühten Einblendungen und Aushilfen, von Satz zu Satz und mitten im Satz, im Tonfall, in der Wortwahl, in der Färbung eines einzigen Lautes. Um das alles zu erleben braucht man nur eine Zeitlang einen Schweizer Rundfunksender abzuhören.

Es ist nicht damit getan, daß man dann von »code-switching« spricht, von einem Umschalten von einem »Code« zu einem anderen »Code«. Das ist in Wahrheit viel mehr als ein »code-switching«, es ist ein unablässiges »code-mixing, -merging, -blending«.

Eine Sprache ist kein Code

Überhaupt ist eine natürliche menschliche Sprache gar kein Code, sie ist etwas ganz anderes, sie ist viel mehr als ein Code. Man sollte in der Linguistik endlich damit aufhören, unsere menschlichen Sprachen als Codes zu bezeichnen, von Codierung, Encodierung und Decodierung und ähnlichem zu sprechen: damit verrät man nur, welch geistlos verkürzte Vorstellung man von ihnen hat.

Sobald man sie nur etwas genauer betrachtet, erweist sich jede Diglossie als Polyglossie, als Mehrsprachigkeit. Schon die ersten hier untersuchten Beispiele schwäbischer, niederdeutscher, österreichischer, schweizerischer Mehrsprachigkeit beweisen es zur Genüge. Daher ergeben auch alle Versuche einer systematischen Opposition zwischen »gesprochenem Code« und »geschriebenem Code« ein falsches Bild. Auch Rede und Schrift greifen ja unablässig ineinander und beeinflussen sich gegenseitig. Die Ausdrücke »nach der Schrift sprechen« und »wie ein Buch reden« deuten es schon an. Seit den

Anfängen der Schrift werden Eigentümlichkeiten der gesprochenen Rede schriftlich festgehalten. Rede dringt unaufhörlich in Schreibe ein. Umgekehrt werden Eigentümlichkeiten der geschriebenen Sprache vorgelesen, vorgetragen und in die gesprochene Rede übernommen. Schreibe dringt in Rede ein.
Der Mensch ist das Wesen, das mehrere Sprachen verstehen und sprechen, lesen und schreiben lernt. Was er selbst sagt und schreibt, ist eingebettet in den tausendfach größeren Bereich dessen, was er hörend und lesend versteht.

Dialektrenaissance?

In vielen Landschaften Europas sind in den letzten hundert Jahren die Dialekte stark zurückgegangen, sind immer mehr mit großräumigeren Umgangssprachen durchmischt worden, mit landschaftlich eingefärbten Verkehrssprachen, mit Regionalsprachen oder Regiolekten.
Zwischen Mundarten und Hochsprache entstanden vielfach soziokulturelle Zwischensprachen und wurden den Menschen auch als besondere Soziolekte bewußt, hier das »Honoratiorenschwäbisch«, da das »Hamburger Missingsch«, dort das »Ruhrdeutsch«.
Heute aber erleben in vielen Teilen Europas die Dialekte eine ungeahnte literarische Renaissance.
»Warum im Dialekt?« – auf diese Frage antworteten vor kurzem siebzehn der bekanntesten alten und jungen Mundartdichter unserer Tage. Da wurden vielerlei Begründungen gegeben, von der traditionellen Heimatliebe der Älteren, der Nostalgie nach der »ursprünglichen«, »urwüchsigen«, »urchigen« Sprache, bis zur sozialen Kritik und zum politischen Protest der jungen Generation. Da waren Rottenburg am Neckar vertreten und Rothenburg ob der Tauber, München, Ingolstadt, Nürnberg, Frankfurt, Freiburg und Lörrach, die Schweiz und das dreisprachige Elsaß. André Weckmann, Jahrgang 1924, erklärte: »Ja wissen Sie, wenn wir Elsässer Dichter die Mundart zum Beispiel mit dem Französischen oder auch mit einem gestochenen Hochdeutsch vergleichen, dann finden wir, daß eben in der Mundart viel mehr Saft und Kraft drinsteckt. Sie ist so bilderreich. Und man kann so vieles andeuten und sagen, was sich auf deutsch und

auf französisch nicht sagen und andeuten läßt. Es steckt viel mehr Farbe, viel mehr Würze drin. Und es stinkt auch manchmal, aber dann stinkt es wirklich« (S. 205).
Und Ernst Eggimann, geboren 1936 in Bern, meinte trocken: »Ich weiß nicht, wer das Bonmot zuerst gebracht hat, daß man in der Schweiz immer dann, wenn man lügt, hochdeutsch spricht – also in der Schule, beim Militär und in der Kirche. Nun, ich würde sagen, auf jeden Fall ist es die Sprache, wo Autorität drin ist, die mit dem Staat verbunden ist – und so« (S. 71) [11].
So oder so wird die Verwendung der Mundart mit einem besonderen Ausdrucksbedürfnis begründet – von Menschen, die auch andere Sprachen zur Verfügung haben. Wer heute in der Mundart dichtet oder erzählt, tut das nicht, weil sie seine einzige Sprache ist. Er wählt die Mundart aus den verschiedenen Möglichkeiten seiner Mehrsprachigkeit.

Soziolekte

Stärker als die ländlichen Dialekte treten heute die städtischen Soziolekte in den Vordergrund, die besonderen Umgangssprachen einzelner Bevölkerungsschichten, Berufsgruppen, Wohnviertel, Altersklassen, die Sondersprachen der Teenager, der Studenten, der Internate, Kasernen, Gefängnisse, der sozialen Randgruppen und Subkulturen, der Rocker, Hippies, Rauschgiftsüchtigen ... Ausläufer dieser üppig wuchernden Sondersprachen dringen heute unablässig in die allgemeine Umgangssprache ein, werden durch die Massenmedien propagiert, erringen literarische Geltung. Das alles faßt man im Englischen als Slang zusammen, im Französischen als Argot. Im Deutschen gibt es merkwürdigerweise noch keinen eigenen Namen dafür.
Rotwelsch, schwarze Sprachen, Geheimsprachen von Verbrechern, Ganoven und Vagabunden kennt man auch in Deutschland schon seit dem Mittelalter. Aber erst im 19. Jahrhundert wird man auf die soziokulturelle Bedeutung dieser Sondersprachen aufmerksam, in denen der einzelne sich mit einer Gruppe identifiziert und gleichzeitig von der Außenwelt isoliert.
Je pluralistischer eine Gesellschaft, desto reicher ihre Gruppen- und

Sondersprachen, ihre Slangs, ihre Argots. Je toleranter eine Gesellschaft, desto bereitwilliger, desto begieriger übernimmt sie Wörter und Wendungen aus solchen Sondersprachen, in immer lebhafteren, immer kurzlebigeren Moden. Man will ja nicht nur etwas sagen, man will es auch immer wieder *anders* sagen, die Jungen anders als die Alten, die Abgebrühten anders als die Neulinge, die Eingeweihten anders als die Außenstehenden, wer »in« ist anders als wer schon wieder »out« ist. Der sprachliche Spieltrieb des Menschen lebt sich hier aus. Die Freude am Spiel mit der Sprache treibt zu den abenteuerlichsten Entdeckungsfahrten in den Untergrund, in die Unterwelt des alten und neuen Rotwelsch, da wo es nicht »*Essen und Trinken*« heißt, sondern »*Baffern und Schocken*«, »*Flippen und Fegen*«, »*Hauen und Blauen*«, »*Klemmen und Büssen*«, »*Picken und Schickern*«, »*Präppeln und Schwappeln*«, »*Rammeln und Busen*«, »*Schanzen und Schmettern*«, »*Schlucken und Schwächen*«, »*Schnabeln und Schnasseln*«, »*Schnappen und Schlappen*«, »*Schüren und Schmoren*«, »*Spachteln und Löten*«, »*Spinnen und Zotteln*« ... an diesem »Kundenschall« Günter Puchners hätte Rabelais seine helle Freude gehabt.[12]

Technolekte – internationale Dialekte

Argot ist nicht dasselbe wie Jargon, wenn man auch gelegentlich das eine Wort für das andere gebraucht, denn die beiden Erscheinungen berühren und durchdringen sich. Auch der Jargon, die Zunftsprache, die Fachsprache, der Technolekt schließen den Uneingeweihten, den Laien aus. Auch Fachsprachen hat es immer schon gegeben, bei den Jägern, Bergleuten, Seefahrern, in allen besonderen menschlichen Berufen und Beschäftigungen. Heute wächst unsere innere Mehrsprachigkeit unaufhaltsam weiter durch die immer zahlreicheren Technolekte, die, und sei es nur durch die Massenmedien, in unser tägliches Leben eingreifen. Die Technolekte der Raumfahrt, der Atomphysik, der Informatik, der Genetik, des Umweltschutzes, der Energiekrise, der Währungs- und Finanzprobleme, der politischen Ideologien, der Geburtenregelung, der Krebsbekämpfung, der Organverpflanzung, aber auch der verschiedensten Sportarten und Freizeitbeschäftigungen, des täglichen Wetterberichtes, das alles sind

Sondersprachen, die in unsere Umgangssprache eindringen ohne doch in ihr aufzugehen. Ihre Wörter und Wendungen sind in die Allgemeinsprache eingebettete besondere Sprachteile. Es ist unmöglich, auch nur einen einzigen Satz zu sagen, der nur aus Fachausdrücken der Kernphysiker oder der Meteorologen, der Rennfahrer oder der Musiker bestehen würde.

Heute entstehen unablässig neue Technolekte und entwickeln sich täglich weiter. Sie bilden immer stärkere Brücken zu anderen Kultursprachen. Denn eines ihrer Merkmale ist ja ihre internationale Konvergenz.[13] Dieselben griechisch-lateinischen Kunstwörter oder neuerdings auch immer mehr anglo-amerikanische Fachausdrücke finden sich mit geringfügigen phonetischen und morphologischen Abwandlungen in den verschiedensten Sprachen wieder, so daß man bei manchen internationalen Fachkongressen den Eindruck haben kann, daß auch die sich in ihrer jeweiligen Muttersprache ausdrückenden Wissenschaftler eigentlich nur verschiedene Dialekte des ihnen allen gemeinsamen internationalen Technolekts sprechen.

Unserem hilflosen Halbwissen in den allermeisten Bereichen der Wissenschaft und Technik entspricht unser mangelhaftes Verstehen dieser Fachsprachen. Und wir sind nur allzu gern bereit, die Schuld an unserem Nichtverstehen der unverständlichen fremden Sprache zuzuschieben, dem Expertenjargon, dem Professorenchinesisch, dem Ideologenkauderwelsch.

Über das kurzlebige »Adornodeutsch«, das »Marcusedeutsch« der deutschen Hochschulen am Ende der sechziger Jahre ist schon viel geschrieben worden. Zehn Jahre danach spottete ein bekanntes deutsches Wochenmagazin über die »zähflüssigen Diskussionen des Sozialistischen Deutschen Studentenbundes, die eine neue Fremdsprache in die Bundesrepublik transportierten«.[14]

Die Sprache der Dichter

In dieser kurzen Aufzählung der verschiedenen Bereiche unserer regionalen, sozialen, kulturellen Mehrsprachigkeit fehlt aber noch eine Stimme, die Eigensprache der Dichtung, der Poetolekt.

Da erscheint der *Adler* als *Aar*, der *Löwe* als *Leu*, die *Insel* als *Eiland*, das *Gehölz* als *Hain*, der *Tannenwald* als *Tann*, die *Quelle* als *Quell*, der *Brunnen* als *Born*, die *Träne* als *Zähre*, der *Atem* als *Odem* und die männliche *Brust* als *Busen*, da haben die Wörter sonst unbekannte Mehrzahlen wie die *Lüfte* und die *Fluren*, da werden die *Männer, Rösser, Länder* zu *Mannen, Rossen, Landen*, da werden *hinauf* und *herunter* zu *hinan* und *hernieder*, da gibt es eine Fülle poetischer Sonderformen (»*Ich denke dein, wenn mir der Sonne Schimmer vom Meere strahlt...*«), da gibt es Wortbildungen wie *wälderwärts, sangesfroh, wonnetrunken, morgenschön, schlangenwandelnd, silberprangend, freudebrausend, wandermüd...* Rilke nützt die dichterischen Möglichkeiten der deutschen Verbalkomposition mit *entgegenschweigen, hinklingen, aufsingen, wegsenken, hinüberverlieren, heraufwühlen, sich verflüstern, sich entgolden, ausempfinden, aufleiden, überprächtigen, entschwistern, enttöten...* Celan entgrenzt das Programm der deutschen Nominalkomposition mit *Schwefelgesträuch* und *Aschenblume, Flügelnacht, Fadensonnen, Rauchseele, Niemandsrose, Herzhammersilber, Atemwende, Wortmond, Zeltwort...* Celan sagt:

> WEGGEBEIZT vom
> Strahlenwind deiner Sprache
> das bunte Gerede des An-
> erlebten – das hundert-
> züngige Mein-
> gedicht, das Genicht.[15]

Das ist unsere Sprache und doch nicht unsere Sprache. Hier gibt uns jedes Wort zu verstehen, daß es nicht in der Normallage gesprochen sein will, sondern in einer anderen, in einer poetischen Tonart.

Umrisse einer Sprache

»Sprache« ist ein vieldeutiges Wort. Wir bezeichnen damit ganz verschiedene Arten des Ausdrucks, der Mitteilung, der Verständigung, der Information, der Kommunikation. Es gibt vielerlei Zeichensprachen. Es gibt die Sprache des Körpers, der Hände, der Augen, die Sprache des Tanzes, der Musik, der bildenden Kunst. Die Tiere haben ihre Sprachen, die wir immer besser zu verstehen lernen.
Eine Sprache nennen wir das Verständigungsmittel, das einem gan-

zen Volk gemeinsam ist oder das nur bestimmte Menschengruppen gebrauchen. Es gibt die Sprache einer Landschaft, eines Dorfes, die Sprache der Wissenschaft, der Dichtung. Wir sprechen von der Sprache eines einzelnen Menschen oder eines einzigen Werkes.
Eine Sprache weist überall Wege zu anderen Sprachen auf, Beimischungen aus vielen anderen Sprachen. Eine Sprache ist ein Gebilde mit vielfältig sich überschneidenden und überkreuzenden inneren und äußeren Grenzen.
Eine Sprache ist aber auch eine soziokulturelle und kulturpolitische, eine nationalpolitische, eine staatspolitische Institution. Als solche wird sie normiert und kodifiziert und in den Schulen gelehrt. Hier gelten dann die Wertmaßstäbe »richtig« und »falsch«, »gut« und »schlecht«, »korrekt« oder gerade noch »akzeptabel«. Das hat dann freilich auch zur Folge, daß breite Bevölkerungsschichten sprachlich »kulpabilisiert« werden. Nicht nur im deutschen Sprachgebiet, sondern überall in Europa gibt es Gegenden, deren Menschen schuldbewußt gestehen, die vorbildliche Hochsprache falsch, schlecht, fehlerhaft zu sprechen.
Viele neue Staaten normieren und kodifizieren eine Mundart und bauen sie zur Sprache aus, indem sie in ihr das internationale Instrumentarium der modernen Technolekte nachbilden.
Die Umrisse des Gebildes, das wir »deutsche Sprache« nennen, lassen sich nur ganz ungefähr und unzulänglich folgendermaßen andeuten (siehe Seite 32):

Der soziokulturelle Index

Jede unserer Sprachen ist eine ganze Welt von Sprachen. Die meisten Formen sagen uns auch, wo ihr Platz in diesem Universum ist. Das gilt für die Laute so gut wie für die Sätze. Am einfachsten läßt es sich freilich an den Wörtern zeigen. Seit langem fügt man in den guten Wörterbüchern den einzelnen Wörtern einen soziokulturellen Index hinzu, »dial.«, »fam.«, »pop.«, »vulg.«, »jur.«, »techn.«, »pol.«, »rel.«, »bibl.«, »lit.«, »poet.«, usw., um den besonderen Bereich der Sprache anzugeben, zu dem sie gehören.
Man braucht nur ein wenig zu blättern: *kakeln* für »schwatzen«, *kokeln* für »zündeln«, *kieken, kucken* für »gucken, sehen« tragen den

THEOLOGIE
(»das ökumenische Gespräch«)

PHILOSOPHIE
(»der kategorische Imperativ«)

LITERATUR
(»das Menschengeschlecht«)

POLITIK
(»die Energiekrise«)

POETOLEKTE
(»Ich denke dein...«)

RECHT
(»der Indizienbeweis«)

MEDIZIN
(»der Herzinfarkt«)

NATURWISSENSCHAFTEN
(»die Antikörper«)

(»Haben Sie etwas erhalten?«)

SCHULNORM
(»Hast du etwas bekommen?«)

T E C H N O L E K T E

TECHNIK
(»schnelle Brüter«)

WIRTSCHAFT
(»der Boom«)

UMGANGSSPRACHE
(»Hast was gekriegt?«)

SPORT
(»die Loipe«)

REGIOLEKTE
(»Hasch was kriegt?«)

MODE
(»das Make-up«)

(»gleichgültig«, »einerlei«)
SOZIOLEKTE

DIALEKTE
(»Häsch öppis übercho?«)

(»egal«, »wurscht«, »schnuppe«, »schnurz«, »piepe«, »scheißegal«)

SLANG
(»Zaster«, »Knast«, »high«, »ausgeflippt«)

Index »Regiolekt«, *kapieren* für »verstehen« den Index »Umgangssprache«, *killen* für »töten« den Index »Slang«, *kalandern* für »Stoff oder Papier glattwalzen«, *kalfatern* für »Schiffsplanken abdichten«, *kanonisieren* für »heiligsprechen«, *koagulieren* für »gerinnen«, *kollationieren, konditionieren, kontaminieren, kooptieren, korrepetieren* tragen jedes den Index eines anderen Technolekts, *kören* ist ein Fachausdruck der Viehzucht, *kosen* für »liebkosen, streicheln« ist poetisch, *küren* literarisch, *kiesen* veraltet. Zu der regionalen, sozialen, kulturellen Dimension kommt als vierte Dimension noch die der Zeit hinzu, mit dem Index »arch.« oder »neol.«; der Archaismus, der »veraltete« Ausdruck, der seinen besonderen Stellenwert gerade dadurch erhält, daß er dem heutigen Sprachgebrauch nicht mehr selbstverständlich angehört; der Neologismus, der uns nicht nur das sagt, was er uns zu sagen hat, sondern uns darüber hinaus auch noch davon in Kenntnis setzt, daß man sich neuerdings so ausdrückt. Dieser Index »Neologismus« verliert sich manchmal sehr schnell. Wer erinnert sich heute noch daran, daß vor wenigen Jahren das Wort *Sex* ein provokatorisches Neuwort war?

Konnotationen

Diese soziokulturellen Indizes (oder Indexe, Der Große Duden) darf man nicht verwechseln mit dem, was man heute im Technolekt der modernen Linguistik die Konnotationen eines Wortes, einer Wendung, eines Satzes nennt.[16]
Denotation und Konnotation gehören zu den vielen schlecht definierten, schlecht definierbaren Begriffen, mit denen die heutige Sprachwissenschaft operiert. Unter Denotation versteht man entweder die rein geistige, intellektuelle, kognitive Relation zwischen einem sprachlichen Ausdruck und dem Gegenstand oder Sachverhalt, auf den er sich bezieht – die Konnotation dieses Ausdrucks sind dann seine seelischen, affektiven, emotiven Werte. Oder die Denotation meint die Grundbedeutung eines Ausdrucks – und dann sind seine Konnotationen alle seine geistigen und seelischen Nebenbedeutungen, alle intellektuellen wie affektiven Assoziationen, die sich damit verbinden können. Oder aber die Denotation ist das, was in der Bedeutung eines Wortes für alle Mitglieder einer Sprachgemeinschaft

immer und überall gültig ist, die kollektive Konstanz – und dann sind die Konnotationen die individuellen Varianten, unsere unterschiedlichen, wechselnden, flüchtigen, oft kaum zu fassenden eigenen Assoziationen, die persönlichsten Erlebniswerte, die durch die Sprache ausgelösten Schwingungen und Stimmungen unseres Bewußtseins, die oft kaum bewußten Färbungen und Tönungen der Erinnerung.

Jede sprachliche Form kann kollektive und individuelle Assoziationen wecken, hat assoziative Konnotationen. Wörter ohne irgendeinen besonderen soziokulturellen Index, Grundwörter unserer Sprache wie *Kind, Frühling, Berg, Vater, Schnee, Mond, Blut, Meer, Mutter, Schlaf, Tod, lieben, hassen, rot, blau* ... haben für uns alle und für jeden von uns wieder etwas andere und im Laufe unseres Lebens sich auch verändernde Konnotationen – es genügt, sie langsam vor sich hinzusprechen und in sich nachklingen zu lassen, um es zu begreifen. Dich kann vielleicht schon das Wort *Blut* erschrecken, und ich kann nach einem allzu langen Winter das Wort *Schnee* nicht mehr hören ... Dichterworte, Celans *Flügelnacht, Herzhammersilber, Atemwende* leben aus ihren Konnotationen.

Jeder Index hat Konnotationen

Die Konnotation ist also etwas anderes als der Index. Aber der soziokulturelle Index hat als solcher ebenfalls seine eigenen Konnotationen!

Schon der phonetische Index, etwa eine hanseatische oder rheinische oder sächsische Aussprache weckt doch in jedem von uns bestimmte und dabei auch wieder sehr verschiedene Assoziationen. Jedes Wort kann zwei Arten von Konnotationen haben. Das Wort *Ringelspiel* hat für mich alle Konnotationen, die das Wort *Karussell* für jeden Deutschen seit seiner Kindheit besitzt – dazu die Konnotationen, die sich mit dem Index »Regiolekt meiner Kindheit«, mit dem Index »österreichisch« verbinden.

Peter Handke schreibt manchmal als Erzähler ein Deutsch, in dem sich Ausdrücke und Wendungen sehr verschiedener regionaler Herkunft zusammenfinden. »Die Angst des Tormanns beim Elfmeter« spielt zum Teil an der Südkärntner Grenze, in der Heimat seiner Mutter. Trotzdem verwendet der Erzähler das westdeutsche, in Österreich früher so gut wie unbekannte Wort *die Theke* für den Schanktisch, sagt andererseits *der Abwaschfetzen* für den Spüllumpen oder Spüllappen (»*Der Abwaschfetzen, der über dem Wasserhahn lag*« S. 109).[17] Auf einer Tagung des Verbandes deutschsprachiger Übersetzer wurde Handke von seinen ausländischen Übersetzern gefragt, warum er eigentlich in dieser Erzählung geschrieben habe, daß auf dem Ladentisch *Germbrocken* lagen (S. 120), statt der allgemein verständlichen *Hefekrümel*. Seine nachdenkliche Antwort: »Es *waren* eben Germbrocken ...« Das Wort seiner Kindheit hat hier seine besonderen assoziativen Konnotationen. In seiner Denotation läßt sich *Germbrocken* ohne weiteres mit *Hefekrümel* »übersetzen«, nicht aber in seinen Konnotationen.

Gibt es Synonyme?

Auf diese alte Streitfrage können wir von hier aus eine klare Antwort geben.[18]
In jeder Sprache gibt es eine Fülle synonymer Wörter und Wendungen. Sie haben die gleich denotative Funktion:

Tormann – Torwart – Torhüter;
Bettlaken – Bettuch – Leintuch;
Rauchfangkehrer – Kaminkehrer – Kaminfeger – Essenkehrer – Essenfeger – Schlotfeger – Schornsteinfeger;
Fleischhauer – Fleischhacker – Fleischer – Schlachter – Schlächter – Metzger;
Kiefer – Föhre; Eichhörnchen – Eichkätzchen;
Streichholz – Zündholz; Samstag – Sonnabend;
viertel nach neun – viertel zehn; dunstig – diesig;
schummeln – mogeln ...

Solche Wörter sind Synonyme. Aber sie tragen den Index verschiedener Regiolekte und können für jeden von uns unterschiedliche Konnotationen haben.
Wir selbst verwenden meist nur den kleinsten Teil der Sprache, die wir verstehen. Wir selbst sagen vielleicht nur *Torwart, Rauchfangkehrer, Leintuch, Streichholz, Samstag,* aber wir verstehen auch die anderen Namen. Oft aber gebrauchen wir bald das eine, bald das andere Wort.

Immer wieder bieten sich uns Wörter an, die sich nur durch ihren soziokulturellen Index voneinander unterscheiden:

gesund werden – gesunden – genesen; schmecken – munden;
verbieten – untersagen; aufmachen – öffnen;
unterschreiben – unterzeichnen; entschuldigen – verzeihen;
anfangen – beginnen; verstehen – begreifen;
manchmal – bisweilen – mitunter;
von jetzt ab – von nun an – fortan – hinfort – in Hinkunft – fürderhin;
sozusagen – gewissermaßen ...

Das führt zum sprachlichen Überangebot, zur synonymischen Konkurrenz, zur stilistischen Wahl.

Polymorphie

Eines der auffallendsten Merkmale unserer Sprachen ist ihre asystematische Polymorphie. Diese Polymorphie, dieses unvermutete, unberechenbare Auftreten mehrerer Formen für die gleiche Funktion unterscheidet unsere natürlichen Sprachen von jedem konstruierten Informationssystem, jeder Computersprache. Warum nur für einen einzigen Tag der Woche das Überangebot *Samstag–Sonnabend*? Warum gerade *Orange* und *Apfelsine*, warum gerade *Geige* und *Violine*? Bei dieser so unregelmäßig und unkonsequent da und dort eingestreuten Mehrsprachigkeit kann nur der geschichtliche Zufall jeweils den Ausschlag gegeben haben.

Unsere Mehrsprachigkeit drückt sich in den unabsehbaren Scharen von Wörtern aus, die, aus anderen Sprachen kommend, sich in der unseren eingebürgert haben. Sie unterscheiden sich meist nur durch ihren soziokulturellen Index und die entsprechenden Konnotationen von ihren deutschen Synonymen, die oft erst durch deren Übersetzung, deren Eindeutschung entstanden sind: *Kosmos – Universum – Weltall – All; Prinzip – Grundsatz; Resultat – Ergebnis; Komponente – Bestandteil; Intention – Absicht; Motiv – Beweggrund; Vitalität – Lebenskraft; Biographie – Lebensbeschreibung; Geographie – Erdkunde; historisch – geschichtlich; Historiker – Geschichtsschreiber; Autor – Verfasser; diabolisch – teuflisch; infernalisch – höllisch; miserabel – elend; mysteriös – geheimnisvoll; suspekt – verdächtig; lukrativ*

– gewinnbringend; egal – gleichgültig; relativ – verhältnismäßig; provisorisch – vorläufig; definitiv – endgültig; konstant – beständig, unveränderlich, gleichbleibend; monoton – eintönig; präzise – exakt, genau; kreativ – schöpferisch; imitieren – nachahmen; korrigieren – verbessern; diffamieren – verleumden; applaudieren – Beifall klatschen; Prozent – vom Hundert; Export – Ausfuhr; Kooperation – Zusammenarbeit; Experte – Sachverständiger; Prognose – Vorhersage; Premiere – Erstaufführung; Pyjama – Schlafanzug; Lift – Aufzug; Team – Mannschaft; Spital – Krankenhaus; Kardiologe – Herzspezialist; Lokalanästhesie – örtliche Betäubung; kanzerogen – krebserzeugend; Gastritis – Magenschleimhautentzündung ...

Kann man Konnotationen messen?

Man hat es schon wiederholt versucht. Das von Charles E. Osgood entwickelte, von Peter R. Hofstätter erprobte Testverfahren des Polaritätsprofils hat Rudolf Schwarzenbach benützt, um die Meinung einer Züricher Schulklasse über die besonderen Konnotationen der einzelnen Schweizer Mundarten zu ergründen. Der Fragebogen enthielt die Gegensatzpaare originell – gewöhnlich, eckig – rund, melodisch – eintönig, unruhig – ausgeglichen, urchig – abgestanden, schwerfällig – leichtfüßig, weich – hart, spitz – stumpf, fröhlich – griesgrämig, rasch – langsam, kalt – warm. Zwischen diesen beiden Polen war jeweils in einer siebenstufigen Skala die persönliche Meinung über die betreffende Mundart anzukreuzen. Die Auswertung ergab interessante Profile kollektiver Impressionen, natürlich auch die Bestätigung traditioneller Stereotypen (S. 104).
Man kann auch die Konnotationen einzelner Wörter und Wortgruppen quantifizieren und durch eine statistische Faktorenanalyse soziokulturell relevante objektive Befunde zu gewinnen trachten. Els Oksaar hat das mit alten und neuen deutschen und schwedischen Berufsbezeichnungen unternommen (z. B. *Dienstmädchen* und *Hausangestellte, Putzfrau* und *Raumpflegerin*, schwedisch *piga, hembiträde, hemassistent, städerska*): sie wurden in einem Fragebogen mit 25 Gegensatzpaaren (weich – hart, heiter – traurig, verschwommen – klar, stark – schwach, großzügig – sparsam, passiv – aktiv, verspielt – ernst, zurückhaltend – offen, hilfsbereit – egoistisch, trieb-

haft – gehemmt, kühl – gefühlvoll, redselig – verschwiegen, friedlich – aggressiv ... usw.) auf ihre Konnotationen abgehört. Der Wandel der Sozialstruktur, des Sozialprestiges tritt dabei deutlich hervor.[19]

Unsichere Idiolekte

Schon in unserer Muttersprache sind wir mehrsprachig in allen Regenbogenfarben des soziokulturellen Spektrums. Daher ist es auch so schwer zu sagen, was eigentlich unsere eigene, unsere persönliche Sprache ist, was den individuellen Sprachgebrauch jedes einzelnen von uns ausmacht.

Bei Mundartaufnahmen kann man noch in der kleinsten und abgeschiedensten Dorfgemeinschaft bei den einzelnen Sprechern individuelle Varianten feststellen. Man hat diesem individuellen Idiom den Namen *Idiolekt* gegeben und gehofft, damit den verläßlichsten Ausgangspunkt für alle sprachwissenschaftliche Beschreibung gefunden zu haben, gewissermaßen den archimedischen Punkt der Soziolinguistik.[20]

Aber auch das hat sich sehr schnell als eine Täuschung herausgestellt. Definiert man nämlich den Idiolekt eines Menschen als die Summe seiner Abweichungen von der Sprache seiner Umwelt, seiner Gemeinschaft, seiner Gruppe, so merkt man bald, daß diese Abweichungen weder kohärent noch konstant sind. Außerdem gehören wir ja in unserem Leben keineswegs nur *einer* Gemeinschaft, *einer* Gruppe an. Je größer die regionale, soziale, kulturelle Mobilität der Menschen wird, je weiter wir heute herumkommen, desto bunter, abwechslungsreicher, mehrsprachiger, aber auch schwankender, unsicherer wird unser eigener individueller Sprachgebrauch, unser Idiolekt.

Sprachen – Register – Stile

Unter Idiolekt versteht man aber auch noch etwas anderes, den charakteristischen Gebrauch, den das Individuum von den verschiedenen Mitteln macht, die die Sprache seiner Gemeinschaft ihm zur Verfügung stellt, etwa die von ihm besonders gern und oft wiederholten Wörter und Wendungen, die für ihn kennzeichnende, bewußte Wahl

des Ausdrucks innerhalb der verschiedenen Möglichkeiten der muttersprachlichen Polymorphie. So verstanden mündet der Idiolekt in das, was man den persönlichen *Stil* eines Sprechers oder Schreibers nennt, wird die Analyse seines Idiolekts zu einer stilistischen Charakterologie.
Aber haben wir denn überhaupt immer denselben Stil, wenn wir die verschiedenen Sprachen unserer Muttersprache sprechen oder schreiben? Je nach der soziokulturellen Situation bedienen wir uns doch ganz verschiedener Register, bald der »Umgangssprache« (aber auch das unterschiedlich, je nachdem, mit wem wir gerade »Umgang« haben), bald unserer Berufssprache, der Amtssprache, eines Regiolekts, eines Soziolekts, eines Technolekts, eines Poetolekts – je nachdem ob ich in einer Autowerkstätte Reparaturprobleme diskutiere oder ob ich ein heiteres Glückwunschgedicht zu einer Goldenen Hochzeit verfasse!

Eine Sprache ist viele Sprachen

Um menschliche Sprache als einen formalen Regelprozeßmechanismus beschreiben zu können, mußte Noam Chomsky einen »idealen Sprecher-Hörer in einer völlig homogenen Sprachgemeinschaft, deren Sprache er vollkommen beherrscht«, erfinden, »an ideal speaker-listener, in a completely homogeneous speech-community, who knows its language perfectly.«[21]
In unseren menschlichen Sprachen gibt es weder Perfektion noch Homogenität. Der Mensch ist kein mit maschineller Perfektion Sätze produzierender »Sprecher-Hörer«. Überhaupt »sprechen-hören« wir ja gar nicht: wir hören, lesen, verstehen unendlich viel mehr sprachliche Gebilde, als wir selbst gebrauchen. Wir leben uns schon in unserer Muttersprache immer in mehrere Sprachen hinein, immer mehr verstehend als verwendend, immer da und dort unvollständig und unvollkommen.
Eine menschliche Sprache ist kein in sich geschlossenes und schlüssiges homogenes Monosystem. Sie ist ein einzigartig komplexes, flexibles, dynamisches Polysystem, ein Konglomerat von Sprachen, die nach innen in unablässiger Bewegung ineinandergreifen und nach außen auf andere Sprachen übergreifen.

II. Selbstzeugnisse

Der Mensch ist das Wesen, das mehrere Sprachen lernt. Es gibt Kinder, die von Anfang an zweisprachig in der Sprache der Mutter und der des Vaters aufwachsen. Mehrere Sprachforscher haben dieses gleichzeitige Hineinwachsen ihrer eigenen Kinder in zwei Sprachen jahrelang aufmerksam verfolgt und genau beschrieben. Viel häufiger lernen Kinder sehr früh verschiedene Schichten zweier oder mehrerer Sprachen nacheinander, nebeneinander, ineinander verstehen und verwenden. Je nach ihrem weiteren Lebensweg können sie dann in der einen oder der anderen Sprache besondere Regiolekte oder Soziolekte und vor allem die verschiedensten modernen Technolekte weiter ausbauen. Über das alles gibt es heute schon eine Fülle von Untersuchungen.[1]
Die besondere Mehrsprachigkeit eines Menschen ist ein Ertrag seines Lebensweges. Dafür hier zuerst vier Selbstzeugnisse.

Albert Schweitzer

Geboren 1875. Im Pfarrhaus zu Günsbach im oberelsässischen Münstertal dreisprachig (elsässisch, deutsch, französisch) aufgewachsen, wurde er sich über die Art seiner Mehrsprachigkeit endgültig klar, als er mit achtundzwanzig Jahren ein französisches Buch über J. S. Bach schreiben sollte.
»Daß ich das Werk auf französisch schrieb, während ich gleichzeitig deutsche Vorlesungen und deutsche Predigten hielt, bedeutete eine Anstrengung für mich. Wohl spreche ich von Kindheit auf Französisch gleicherweise wie Deutsch. Französisch aber empfinde ich nicht als Muttersprache, obwohl ich mich von jeher für meine an meine El-

tern gerichteten Briefe ausschließlich des Französischen bediente, weil dies so Brauch in der Familie war. Deutsch ist mir Muttersprache, weil der elsässische Dialekt, in dem ich sprachlich wurzle, deutsch ist.
Nach meiner Erfahrung scheint es mir eine Selbsttäuschung, wenn jemand zwei Muttersprachen zu besitzen glaubt. Mag er sie beide in gleicher Weise zu beherrschen vermeinen, so ist es doch immer so, daß er eigentlich nur in einer denkt und nur in dieser wirklich frei und schöpferisch verfährt. Wenn mir jemand behauptet, daß ihm zwei Sprachen absolut in derselben Weise vertraut seien, komme ich ihm alsbald mit der Frage, in welcher Sprache er zähle und rechne, in welcher er mir das Küchengeschirr und das Handwerkszeug des Schreiners und des Schmiedes am besten hersagen könne und in welcher er träume. Ich habe noch keinen gefunden, der bei dieser Probe nicht das Überwiegen der einen Sprache zugeben mußte...
Den Unterschied zwischen den beiden Sprachen empfinde ich in der Art, als ob ich mich in der französischen auf den wohlgepflegten Wegen eines schönen Parkes erginge, in der deutschen aber mich in einem herrlichen Wald herumtriebe. Aus den Dialekten, mit denen sie Fühlung behalten hat, fließt der deutschen Schriftsprache ständig neues Leben zu. Die französische hat diese Bodenständigkeit verloren. Sie wurzelt in ihrer Literatur. Dadurch ist sie im günstigen wie im ungünstigen Sinne des Wortes etwas Fertiges geworden, während die deutsche in demselben Sinne etwas Unfertiges bleibt. Die Vollkommenheit des Französischen besteht darin, einen Gedanken auf die klarste und kürzeste Weise ausdrücken zu können, die des Deutschen darin, ihn in seiner Vielgestaltigkeit hinzustellen. Als die großartigste sprachliche Schöpfung in Französisch gilt mir Rousseaus ›Contrat social‹. Als das Vollendetste in Deutsch sehe ich Luthers Bibelübersetzung und Nietzsches ›Jenseits von Gut und Böse‹ an.
Vom Französischen her gewohnt, auf die rhythmische Gestaltung des Satzes bedacht zu sein und Einfachheit des Ausdrucks zu erstreben, ist mir dies auch im Deutschen zum Bedürfnis geworden. Über der Arbeit an dem französischen Bach kam ich zur Klarheit über die meiner Natur entsprechende Schreibweise.«[2]
Hier spricht aus jedem bedächtigen Wort eine tief erlebte Erfahrung. Die französische Sprache, die hier geschildert und dem Deutschen entgegengestellt wird, ist keineswegs die ganze französische Sprache

in allen ihren Breiten und Tiefen. Das ist nicht die Bauernmundart voll Saft und Kraft, die der Elsässer im benachbarten Lothringen und in Burgund hören kann, nicht die bewegliche, drastische, gar nicht prüde Umgangssprache, erst recht nicht das gärende und brodelnde Argot. Es ist das bürgerliche Bildungsfranzösisch, das so wie überall in Europa auch in diesem elsässischen Pfarrhaus mündlich und schriftlich gepflegt wurde, eine vollendet gezüchtete und gebildete Sprache, die immer noch an die unvergleichliche Klarheit der Gartenanlagen von Versailles erinnerte. Diese Sprache hat auch Goethe in Straßburg so erlebt. Sie hat ihn schließlich dazu bewogen, »wieder von der französischen Seite auf die deutsche herüberzutreten«, so wie manchen seiner Straßburger Freunde, der »lieber auf gut Deutsch schlenderte, als daß er sich auf gut Französisch hätte zusammennehmen sollen« (Dichtung und Wahrheit, Dritter Teil, Elftes Buch).
Diese »im günstigen wie im ungünstigen Sinne des Wortes« fertige französische Sprache war zweihundert Jahre lang die Sprache der gebildeten europäischen Gesellschaft. Sie hat an der Gestaltung der anderen europäischen Bildungssprachen entscheidenden Anteil gehabt. »Auf Worte und Phrasen kommt es hiebei nicht an, obwohl auch diese sich unvermerkt einschleichen, sondern auf die Gedankenreihe selbst und in ihr auf Leichtigkeit, Ordnung, Klarheit. Lessing schrieb kräftig und rein deutsch; sorgfältig vermied er französische Worte und Phrasen; und wie viele seiner Lieder, seiner Epigramme und Fabeln, seiner Wendungen im Gespräch und jeder Belehrung sind französisch« (Herder, Adrastea 1801, I, 6).[3]
Albert Schweitzer bestätigt uns die Tiefenwirkung, die im Zusammenleben der Sprachen in einem Menschen die eine auf die andere ausüben kann.
Heute sehen wir viel klarer, daß diese unvergleichliche französische Bildungssprache nur eine besondere geschichtliche Ausprägung des Französischen war und keineswegs die ganze französische Sprache ist. Unter veränderten soziokulturellen Bedingungen ist die einst so »fertige«, so »vollkommene« französische Sprache längst in Bewegung geraten, sie verwildert, sie verfachlicht sich, sie verarmt, sie bereichert sich unablässig. Auch sie ist ein Konglomerat von Sprachen.
In deutschen Landen hat seither so manche liebe alte Dame, die seit ihrer Schweizer Pensionatsjugend die französische Bildungssprache

als einen wertvollen Besitz pflegte, den entliehenen »neuesten französischen Roman« enttäuscht zurückgebracht, weil sie den neuen französischen Wortschatz nicht mehr verstand (Gott sei Dank, konnte man oft nur sagen ...).
Was meine eigentliche Muttersprache ist, und das heißt hier die mir zutiefst vertraute und als erste zu Verfügung stehende, das kann sich beim Zählen und Rechnen, beim Nennen des Küchengeschirrs und des Handwerkszeugs und beim Träumen erweisen. Aber es gibt viele Menschen, die in der einen Sprache zählen und rechnen – in der sie es eben gelernt haben – und in einer anderen träumen und die Küchengeschirr oder Handwerkszeug oder dergleichen mehr jeweils in einer dritten oder vierten am besten kennen – da, wo sie es im Laufe ihres Lebens gerade gelernt haben.
Niemand wird freilich Schweitzers Wort bezweifeln: absolute Parität, absolut gleiche Verfügbarkeit in allen Bereichen des menschlichen Lebens oder gar absolute Perfektion in zwei oder gar mehreren Sprachen gibt es nicht, kann es nicht geben.

Martin Buber

Geboren 1878. »In Wien geboren, bin ich in der ersten Kindheit in die Hauptstadt der galizischen Provinz gekommen, in der eine eigentümliche Sprachvielheit mir die Tatsache des Nebeneinanderlebens sehr verschiedener Volkstümer unauslöschlich einprägte. Im großväterlichen wie im väterlichen Hause herrschte die deutsche Rede, aber Straße und Schule waren polnisch, nur das Judenviertel rauschte von derbem und zärtlichem Jiddisch, und in der Synagoge erklang, lebendig wie je, die große Stimme hebräischer Vorzeit. Aber nicht bloß dieser, auch dem deutschen Wort wohnte ein Pathos inne. Das kam daher, daß die Großmutter, Adele Buber, die mich bis ins vierzehnte Jahr erzog, diese Sprache wie einen gefundenen Schatz hütete. Sie hatte einst, eine Fünfzehnjährige, die in ihrem heimatlichen Ghetto als weltlich verbotenen deutschen Bücher ihrer Liebe auf dem Speicher versteckt gehalten; ich besitze noch ihr Exemplar von Jean Pauls ›Levana‹, dessen Lehren sie in der Erziehung ihrer künftigen Kinder anwenden wollte und dann auch wirklich angewandt hat. Nun, in meiner Kinderzeit schrieb sie in ihre hohen schmalen Rechnungs-

bücher, zwischen die Aufstellungen über Einkünfte und Ausgaben des großen Landguts, dessen Verwaltung sie nicht aus den Augen ließ, teils Sprüche der verehrten Geister, teils eigene Eingebungen, alles in einem kernhaften und festlichen Deutsch. In dieser Sprachluft bin ich aufgewachsen.
Mit achtzehn kam ich nach Wien auf die Universität. Was da am stärksten auf mich wirkte, war das Burgtheater, in das ich mich oft Tag um Tag nach mehrstündigem ›Anstellen‹ drei Treppen hoch stürzte, um einen Platz auf der obersten Galerie zu erbeuten. Da wurde von Menschen, die Schau-spieler hießen, die deutsche Sprache gesprochen.«[4]

Elias Canetti

Geboren 1905. »Rustschuk, an der unteren Donau, wo ich zur Welt kam, war eine wunderbare Stadt für ein Kind, und wenn ich sage, daß sie in Bulgarien liegt, gebe ich eine unzulängliche Vorstellung von ihr, denn es lebten dort Menschen der verschiedensten Herkunft, an einem Tag konnte man sieben oder acht Sprachen hören.«
Seine Familie gehörte zu den 1492 aus Spanien vertriebenen Spaniolen. Bulgarisch lernte er von den Kindermädchen, die ihm abends Märchen erzählten. »Von den Märchen, die ich hörte, sind mir nur die über Werwölfe und Vampire in Erinnerung geblieben. Vielleicht wurden keine anderen erzählt. Ich kann kein Buch mit Balkanmärchen in die Hand nehmen, ohne manche von ihnen auf der Stelle zu erkennen. Sie sind mir in allen Einzelheiten gegenwärtig, aber nicht in der Sprache, in der ich sie gehört habe. Ich habe sie auf bulgarisch gehört, aber ich kenne sie deutsch, diese geheimnisvolle Übertragung ist vielleicht das Merkwürdigste, was ich aus meiner Jugend zu berichten habe, und da das sprachliche Schicksal der meisten Kinder anders verläuft, sollte ich vielleicht etwas darüber sagen.
Meine Eltern untereinander sprachen deutsch, wovon ich nichts verstehen durfte. Zu uns Kindern und zu allen Verwandten und Freunden sprachen sie spanisch. Das war die eigentliche Umgangssprache, allerdings ein altertümliches Spanisch, ich hörte es auch später oft und habe es nie verlernt. Die Bauernmädchen zu Hause konnten nur Bulgarisch, und hauptsächlich mit ihnen wohl habe ich es auch ge-

lernt. Aber da ich nie in eine bulgarische Schule ging und Rustschuk mit sechs Jahren verließ, habe ich es sehr bald vollkommen vergessen. Alle Ereignisse jener ersten Jahre spielten sich auf spanisch oder bulgarisch ab. Sie haben sich mir später zum größten Teil ins Deutsche übersetzt. Nur besonders dramatische Vorgänge, Mord und Totschlag sozusagen und die ärgsten Schrecken, sind mir in ihrem spanischen Wortlaut geblieben, aber diese sehr genau und unzerstörbar. Alles übrige, also das meiste, und ganz besonders alles Bulgarische, wie die Märchen, trage ich deutsch im Kopf.
Wie das genau vor sich ging, kann ich nicht sagen. Ich weiß nicht, zu welchem Zeitpunkt, bei welcher Gelegenheit dies oder jenes sich übersetzt hat. Ich bin der Sache nie nachgegangen, vielleicht hatte ich eine Scheu davor, das Kostbarste, was ich an Erinnerung in mir trage, durch eine methodisch und nach strengen Prinzipien geführte Untersuchung zu zerstören. Ich kann nur eines mit Sicherheit sagen: die Ereignisse jener Jahre sind mir in aller Kraft und Frische gegenwärtig – mehr als sechzig Jahre habe ich mich von ihnen genährt –, aber sie sind zum allergrößten Teil an Worte gebunden, die ich damals nicht kannte.«[5]
Dieses Zeugnis wirft ganz überraschend Licht in die Verbindung zwischen unseren Worten und den Vorstellungen, den Bildern, die sie in unserem Bewußtsein hervorrufen, die sie unserem Gedächtnis einprägen. Es erhellt das eigentümliche Verhältnis, das zwischen unserer Sprache und unserem Denken besteht. Diese Verbindung ist keineswegs so eng und unauflöslich, wie man meist als selbstverständlich annimmt.
Da wecken Wörter und Sätze der bulgarischen Sprache in einem Kind Vorstellungen, Bilder von Dingen, von Bäumen, Tieren, Menschen, von Vorgängen und Sachverhalten, ein ganzer Märchenfilm prägt sich seinem Gedächtnis ein. Die Wörter, die Sätze, die das alles ausgelöst haben, verblassen und verlöschen. Die ganze Sprache ist vergessen. Aber die Vorstellungen, die Bilder, der ganze Film, das alles ist noch da und setzt allmählich Wörter und Sätze einer anderen Sprache an, besetzt sich mit deutscher Sprache. Denn das ist kein Übersetzen, vielmehr ein Neubesetzen der Bilder mit Sprache. Der Film wird nicht synchronisiert: sein Geschehen wird in einer anderen Sprache neu besprochen.
Das soll nicht etwa heißen, daß in der Seele des Kindes der bulgari-

sche Sprechfilm erst einmal zum Stummfilm werden mußte, um dann erst zum deutschen Sprechfilm werden zu können. Ein Kind spielt sich ja sicher nicht ohne Unterlaß die eigenen Märchenfilme vor. Aber jedes Mal, wenn es sie in den folgenden Jahren mit seinem inneren Auge wiedersieht, müssen die Bilder, die einmal durch die eine Sprache ausgelöst worden sind, ihrerseits in ihm immer vernehmbarer eine andere Sprache, die neu gelernte Sprache ausgelöst haben.
Mit sechs Jahren wird das Kind plötzlich aus seiner Rustschuker Sprachwelt herausgerissen. Die Familie übersiedelt nach England, wo Elias die Volksschule besucht und sich schnell in die englische Sprache einlebt. Aber ein Jahr später stirbt der Vater, und die Mutter zieht mit den Kindern nach Wien. In Lausanne macht sie Zwischenhalt und hämmert mit Hilfe einer englisch-deutschen Grammatik dem terrorisierten Kind Satz für Satz Deutsch ein. »Wenn sie besonders ungeduldig wurde, schlug sie die Hände über dem Kopf zusammen und rief: ›Ich habe einen Idioten zum Sohn! Das habe ich nicht gewußt, daß ich einen Idioten zum Sohn habe!‹ oder: ›Dein Vater hat doch auch deutsch gekonnt, was würde dein Vater dazu sagen!‹« Mit dieser abenteuerlichen Methode, von einer dritten Sprache aus eine vierte zu lernen, zeigen sich nach drei Monaten erste Erfolge. »Jetzt konnte es sogar vorkommen, daß ich sie in Staunen versetzte, und es geschah mitunter gegen ihren Willen, daß ihr ein Lob entfuhr und sie sagte: ›Du bist doch mein Sohn.‹
Es war eine erhabene Zeit, die jetzt begann. Die Mutter begann mit mir deutsch zu sprechen, auch außerhalb der Stunden. Ich spürte, daß ich ihr wieder nahe war, wie in jenen Wochen nach dem Tod des Vaters. Erst später begriff ich, daß es nicht nur um meinetwillen geschah, als sie mir Deutsch unter Hohn und Qualen beibrachte. Sie selbst hatte ein tiefes Bedürfnis danach, mit mir deutsch zu sprechen, es war die Sprache ihres Vertrauens. Der furchtbare Schnitt in ihrem Leben, als sie 27jährig das Ohr meines Vaters verlor, drückte sich für sie am empfindlichsten darin aus, daß ihr Liebesgespräch auf deutsch mit ihm verstummt war. In dieser Sprache hatte sich ihre eigentliche Ehe abgespielt. Sie wußte sich keinen Rat, sie fühlte sich ohne ihn verloren und versuchte so rasch wie möglich, mich an seine Stelle zu setzen. Sie erwartete sich sehr viel davon und ertrug es schwer, als ich zu Anfang ihres Unternehmens zu versagen drohte. So zwang sie mich in kürzester Zeit zu einer Leistung, die über die Kräfte jedes Kindes

ging, und daß es ihr gelang, hat die tiefere Natur meines Deutsch bestimmt, es war eine spät und unter wahrhaftigen Schmerzen eingepflanzte Muttersprache. Bei diesen Schmerzen war es nicht geblieben, gleich danach erfolgte eine Periode des Glücks, und das hat mich unlösbar an diese Sprache gebunden ... In Lausanne, wo ich überall um mich französisch sprechen hörte, das ich nebenher und ohne dramatische Verwicklungen auffaßte, wurde ich unter Einwirkung der Mutter zur deutschen Sprache wiedergeboren, und unter dem Krampf dieser Geburt entstand die Leidenschaft, die mich mit beidem verband, mit dieser Sprache und mit der Mutter. Ohne diese beiden, die im Grunde ein und dasselbe waren, wäre der weitere Verlauf meines Lebens sinnlos und unbegreiflich.«[6]
Man müßte Canettis Erinnerungsbuch »Die gerettete Zunge« von der ersten bis zur letzten Seite hier zitieren. Es ist das außergewöhnlichste Zeugnis unserer menschlichen Mehrsprachigkeit, in dem wir uns doch alle in irgendeiner Weise wiedererkennen. Es braucht ja nicht gerade Spaniolisch, Bulgarisch, Englisch, Französisch und Deutsch zu sein. Aber das Leben in verschiedenen Sprachen, in jeweils verschiedenen Schichten dieser Sprachen, auch das Umsetzen der Bilder aus einer Sprache in eine andere, und sei es nur aus der Mundart in die Hochsprache, das Ineinandergreifen und Zusammenleben der Sprachen in ihrer sich ständig abwechselnden Ungleichheit und Ungleichwertigkeit, das alles haben wir selbst in tausendfach abgewandelten Spielarten zumindest in Ansätzen erlebt.
Aber auch die in diesem Buch liebevoll aufgezeichneten allzu menschlichen Schwächen unserer menschlichen Mehrsprachigkeit kennen wir nur zu gut.
In Wien (1913–1916) und in Zürich (1916–1919) lebt sich der junge Canetti ganz in die deutsche Sprachwelt ein, auch in ihre inneren, österreichisch-schweizerischen Spannungen. Manchmal kommt der Großvater Canetti aus Rustschuk zu Besuch. »Er suchte zu allen Menschen in *ihrer* Sprache zu sprechen, und da er diese nur nebenher auf seinen Reisen gelernt hatte, waren seine Kenntnisse, mit Ausnahme der Sprachen des Balkans, zu denen auch sein Spanisch gehörte, höchst mangelhaft. Er zählte gern an den Fingern auf, wieviel Sprachen er spreche, und die drollige Sicherheit, mit der er es bei dieser Aufzählung – Gott weiß wie – manchmal auf 17, manchmal auf 19 Sprachen brachte, war trotz seiner komischen Aussprache für die

meisten Menschen unwiderstehlich. Ich schämte mich dieser Szenen, wenn sie sich vor mir abspielten, denn was er da von sich gab, war so fehlerhaft, daß er selbst in meiner Volksschule beim Herrn Lehrer Tegel damit durchgefallen wäre, wie erst bei uns zu Hause, wo die Mutter uns mit erbarmungslosem Hohn den kleinsten Fehler verwies. Dafür beschränkten wir uns zu Hause auf bloß vier Sprachen, und wenn ich die Mutter fragte, ob es möglich sei, 17 Sprachen zu sprechen, sagte sie, ohne den Großvater zu nennen: ›Nein! Dann kann man keine!‹« (S. 124)

W. Theodor Elwert

Geboren 1906. »Die ersten Jahre meiner Kindheit verbrachte ich in und bei Mailand. Meine Mutter war Engländerin; sie konnte damals kaum Deutsch; meine Eltern sprachen Englisch untereinander. Die italienischen Bekannten meiner Eltern sprachen das Italienisch der Gebildeten, das Dienstmädchen lombardische Mundart. Außerdem kamen ins Haus die englischen Freundinnen und Verwandten meiner Mutter, die Englisch sprachen, sowie die Freunde meines Vaters, die Deutsch und Italienisch konnten. Mit mir sprachen die Eltern und die Freundinnen der Mutter englisch, die Freunde des Vaters italienisch, das Dienstmädchen den Dialekt. Als ich ins Schulalter kam und die Scuola Elementare besuchte, sprachen die Kameraden aus einfachen Kreisen mit mir Dialekt, die aus bürgerlichen Kreisen schriftitalienisch. In der frühen Kindheit war ich gewöhnt, in drei Sprachen angesprochen zu werden: Englisch, Italienisch, Mailändisch, und zwar zuerst, bis zum Schulbeginn, in der Häufigkeit dieser Reihenfolge. Als ich zur Schule kam, wurde das Italienische die meistgehörte Sprache, nicht der Dialekt, was sozial bedingt war. So ergab es sich, daß ich von klein auf Englisch und Italienisch sprach, den Dialekt aber nur verstand.«
Elwert bestätigt uns die frühe Erfahrung und Erwartung des Kindes, von verschiedenen Menschen in verschiedenen Sprachen angesprochen zu werden und jedem in seiner Sprache zu antworten. Er bestätigt uns auch, daß das Verstehen einer Sprache oder Mundart weit über das eigene Verwenden hinausreicht. Seine kindliche Mehrsprachigkeit erfuhr eine dramatische Wendung, als der Erste Weltkrieg ausbrach und die Familie Italien verlassen mußte.

»In der Mitte meines neunten Lebensjahres, im Juli des Jahres 1915, verließen wir Italien und übersiedelten nach einem kleinen Städtchen in Süddeutschland, in Württemberg, wo alles, Hoch und Niedrig, schwäbisch spricht ... Zwei Jahre lang besuchte ich das Gymnasium in der schwäbischen Kleinstadt, an deren Ende ich die deutsche Umgangssprache, d. h. vor allem den Dialekt erlernt und die Schriftsprache, soweit sie mir auf der Schule geboten wurde, in gleichem Maße wie meine Schulkameraden mir angeeignet hatte.
Doch bald sollte ich einen neuen Zusammenstoß mit meiner sprachlichen Umwelt erleben. Meine Eltern zogen aus Württemberg fort in die Hansestadt Bremen, wo ich ebenfalls das alte Gymnasium besuchte. Nun wurde meine Sprache abermals ein Gegenstand des Gelächters und des Spottes; ich hatte nämlich inzwischen zwar Deutsch gelernt, aber was für ein Deutsch! – Schwäbischen Dialekt, den ich bis dahin in Württemberg gesprochen hatte und den dort alle Welt sprach, Schüler wie Lehrer. Ich mußte mich nun wieder umstellen und sprach bald wie meine Umgebung. Aber meine Odyssee durch die deutschen Aussprachetypen war damit noch nicht beendet. Vier Jahre später wurde ich auf ein Landschulheim in Mitteldeutschland geschickt; hier stammten Schüler wie Lehrer aus verschiedenen Teilen Deutschlands – jede allzu mundartlich gefärbte Aussprache verbot sich dadurch von selbst. Hier fiel ich nun durch meine hanseatische Aussprache von St und Sp auf; denn außerhalb der Hansestädte wirkt sie lächerlich. Also tilgte ich auch diesen Fehler und gelangte so zu der bühnendeutschen Normalaussprache, an der ich nichts mehr zu ändern brauchte und an der ich bis heute festgehalten habe.«[7]
Als Sprachforscher hat W. Th. Elwert sich später eine Reihe weiterer Sprachen – romanische, skandinavische Sprachen –, verstehend und verwendend angeeignet und deren wechselvolles Verhältnis zueinander in sich selbst beobachtet. Er hat sich dabei kritisch und selbstkritisch mit der wachsenden Zahl wissenschaftlicher Untersuchungen über die Bedingungen, Möglichkeiten, Grenzen menschlicher Mehrsprachigkeit auseinandergesetzt, auch mit den beiden menschlichen Phänomenen, die in dieser Diskussion eine besondere Rolle spielen, dem Virtuosen und dem Schizophrenen.

Virtuosen

Manche Menschen sollen eine phantastische Zahl von Sprachen beherrscht haben, Mithridates VI., König von Pontus, der Humanist Pico della Mirandola, der Kardinal Giuseppe Mezzofanti. Solche Sprachwunder sind bis jetzt noch nie ernsthaft überprüft worden. Auch hier müßte man untersuchen, ob es sich nur um das schriftliche oder mündliche Verstehen der Sprachen handelt, um eine verstehende Vertrautheit, oder auch um ihre tätige Verwendung in allen Lebenslagen, in allen Registern und Stilen ihrer inneren Mehrsprachigkeit, von der Poesie bis zum Slang, und nicht etwa nur in einem bestimmten Technolekt, etwa in dem der internationalen Politik oder des Weltluftverkehrs oder des Hotelwesens.
Zweifellos gibt es Virtuosen der Mehrsprachigkeit, etwa unter den internationalen Dolmetschern. Es gibt sehr verschiedene Formen der »Sprachbegabung« und zweifellos auch eine für die meisten Menschen unvorstellbare Leistungsfähigkeit auf diesem Gebiet, von der wir noch nicht recht wissen, wie weit sie auf einer abnormen Ausbildung des Sprachzentrums des menschlichen Gehirns beruht. Befragt man aber solche Menschen, so stellt man auch da sehr schnell fest, daß von einer absoluten Parität zwischen zwei oder gar mehreren Sprachen keine Rede sein kann. Auch da ist bald die eine, bald die andere Schicht dieser oder jener Sprache unverhältnismäßig stärker ausgebildet.
In unsere Bewunderung mischt sich Unbehagen und Mißtrauen. Die spielerisch vollendete Selbstverständlichkeit, mit der manche Menschen von einer Sprache zur anderen wechseln, ihr offenkundig genießerisches Auskosten dieses Rollenspiels hat leicht etwas Schauspielerisches, um nicht zu sagen Komödiantisches.
Zum richtigen Verwenden fremder Sprachen gehört ja auch ein gewisses Imitationstalent, eine gewisse spielerische Freude daran, ganz auf die Sprache des anderen einzugehen. Daher auch die Hemmungen vieler Menschen, die ganz genau wissen, wie es »richtig« englisch, amerikanisch, französisch klingen müßte, und die es dann doch nicht über sich bringen können, genauso zu sprechen, weil sie doch nicht den Engländer, den Amerikaner, den Franzosen »spielen« möchten.
In andere Sprachen zu schlüpfen und sich in diesem fremden Federkleid täuschend echt zur Schau zu stellen kann ja auch ein ziemlich

eitles Spiel sein. Bissig sagt Lichtenberg:
»Um eine fremde Sprache recht gut sprechen zu lernen und wirklich in Gesellschaft zu sprechen mit dem eigentlichen Akzent des Volkes, muß man nicht allein Gedächtnis und Ohr haben, sondern auch in gewissem Grad ein kleiner Geck sein.«[8]

Schizophrene

Andere Vorwürfe wiegen noch schwerer. Ein mehrsprachig aufwachsendes Kind, sagt man, hat keine Muttersprache, in der es verläßlich zu Hause ist. Seine Mehrsprachigkeit bringt ihm gegenüber seinen Altersgenossen mehr geistige und seelische Belastung als Bereicherung.
Jede Sprache, so meint man, enthält eine bestimmte Welterfahrung, Weltanschauung, ist ein geprägtes und prägendes Weltbild. Der Mensch, der in mehreren Sprachen lebt, muß daher ständig von dem einen zu dem anderen Weltbild wechseln, er entwickelt dadurch einen zweideutigen, zwiespältigen Charakter, er leidet an einer Art von Bewußtseinsspaltung, von Schizophrenie. Manche Untersuchungen in Wales, in Belgien, in Luxemburg, im Elsaß scheinen diese Gefahren zu bestätigen.[9] Das sind doppelzüngige Menschen, die reden bald so, bald so, sagen dann manchmal die Nachbarn.
Aber ist es denn wirklich die Verschiedenheit der Sprachen als solche, sind es einfach die sich in einem menschlichen Bewußtsein widersprechenden Sprachen, die eine solche Bewußtseinsspaltung hervorrufen können? Wo eine solche Persönlichkeitskrise, eine solche Identitätskrise sich tatsächlich bemerkbar macht, sind da nicht viel mehr die außersprachlichen Ursachen der Mehrsprachigkeit daran schuld, die spannungsgeladenen politischen, sozialen, ökonomischen, kulturellen Situationen – und die widersprüchlichen seelischen Konnotationen, die seine verschiedenen Sprachen dadurch für einen solchen Menschen annehmen?

III. Zweisprachige Bevölkerungen

Die Ausbildung und Ausbreitung der Nationalsprachen hat sich in Europa von Land zu Land unter anderen geographischen, politischen, kulturellen, religiösen Bedingungen, in anderen Zeiträumen und in anderer Reihenfolge abgespielt. Die Entstehung einer transregionalen Schriftsprache aus einer besonders begünstigten Mundart, unter kräftigen Beimischungen aus verschiedenen anderen Mundarten und Sprachen, ihre literarische Ausgestaltung, Bereicherung, Verfeinerung durch zahlreiche Übersetzungen antiker und christlicher Texte, vor allem durch Bibelübersetzungen, die Ablösung des Lateinischen durch eine politisch zentrale Kanzleisprache für Verwaltung und Rechtsprechung, die sprachbildende Wirkung verschiedener Dichterschulen und einzelner vorbildlicher Werke, die phonetische, lexikalische, grammatische Normierung und Kodifizierung einer höheren Bildungssprache für Adel und Bürgertum, die Aufklärung mit ihrer Bildung für das Volk, das alles mündet im 19. Jahrhundert in das große Werk der Erziehung des Volkes zu seiner Nationalsprache.
Die Schullehrer sind die Missionare der nationalen Bildungssprache. Die Mundarten und Sprachen der verschiedenen Landschaften werden jetzt immer mehr mit Elementen der Nationalsprache durchsetzt und durchmischt. Manche Minderheiten verstummen. Andere leisten Widerstand. Die Bevölkerung gerät in einen Zustand widerwilliger Zweisprachigkeit.
Es gibt viele Berichte darüber, mit welchem zivilisatorischen Fanatismus in vielen Gegenden Europas die anderssprachigen Hinterwäldler zur staatlichen Bildungssprache bekehrt wurden. Stellvertretend für viele hier nur ein berühmtes Zeugnis.

Widerwillige Mehrsprachigkeit:

Wales

Richard Llewellyn, geboren 1907, beschrieb 1939 in seinem autobiographischen Roman »So grün war mein Tal« die Waliser Schule seiner Kindheit.
»Herr Motshill, der Direktor, war ein Engländer, ein großer Mann mit dünnen Beinen, einem hohen Stehkragen, einem langen blonden Backenbart, kahlköpfig, ohne Schnurrbart. Er kam gerade aus seinem Zimmer, als wir in die Schule hineingingen. ›Suchen Sie jemand?‹ fragte er in der englischen Schriftsprache und so, als ob er eine Schnur um die Kehle hätte. ›Dies ist mein kleiner Schwager‹, erklärte Bronwen. ›Seine Eltern möchten, daß er hier in die Schule geht‹. . . . ›Machen Sie seine Eltern darauf aufmerksam, daß der Junge unter keinen Umständen Dialekt sprechen darf, weder in noch außerhalb der Schule. Englisch, immer Englisch. – Guten Morgen.‹«
Ein Lehrer, Herr Jonas-Sessions, ein gebürtiger Waliser. »Er sprach reines Englisch nur mit Mühe, bemühte sich aber, seine Worte englischer klingen zu lassen als die jedes Engländers. Es ist eine Schande, daß eine schöne Sprache solchen Menschen ausgeliefert ist . . . Er hielt sich für viel klüger und bedeutender, als er war, und das machte ihn böse. Aber nichts machte ihm so sehr zu schaffen wie sein walisisches Blut; er schämte sich, ein Waliser zu sein, und bemühte sich mit aller Kraft, es zu verbergen. Nichts, was walisisch war oder aus Wales kam, hatte in seinen Augen den geringsten Wert.« (S. 183, 195)
»Richtig Englisch schreiben und sprechen ist sogar für einen Engländer schwierig, viel schwieriger noch für einen walisischen Jungen. Er spricht, liest, schreibt und denkt in seiner eigenen Sprache; zu Hause, auf der Straße und in der Kirche hört und spricht er nur walisisch; wenn er Englisch liest, so versteht er es auf walisisch, und wenn er Englisch spricht, so wollen ihm die Worte nur schwer und mühsam aus dem Munde. Und wahrhaftig, wenn man die englische Sprache nicht klar und richtig aussprechen kann, dann verliert sie die Hälfte ihrer Schönheit. Welch eine Schande ist es, eine edle Sprache zerkaut und beschmutzt zu hören durch solche Esel in Menschengestalt, wie unser Herr Jonas-Sessions einer war . . .

Da hörte ich aus dem Klassenzimmer der Kleinen ein Weinen dringen, als ob ein Kind hingefallen wäre. Das Weinen ertönte nun näher, dann kam ein kleines Mädchen herausgelaufen, tat ein paar Schritte auf uns zu und blieb stehen, die Hände in Scham vor das Gesicht geschlagen. Um den Hals trug die Kleine eine Schnur, und an der Schnur hing eine Tafel, die ihr beinahe bis zu den Füßen ging und ihr bei jedem Schritt, den sie machte, in die Beine schnitt. Auf der Tafel aber stand, von der Klaue des Herrn Jonas-Sessions mit Kreide geschrieben: ›Ich soll in der Schule nicht Walisisch sprechen.‹« (S. 327) [1]
Dieses Buch schildert nicht nur die brutalen Methoden, mit denen noch in unserem Jahrhundert den in der Geschichte unterlegenen Sprachen vollends der Garaus gemacht werden sollte. Es beschreibt ebenso lebendig die krampfhafte Überanpassung der »Hundertfünfzigprozentigen«, die sich ihres Volkes und seiner Sprache schämen, und den Zwiespalt, die »divided loyalty« des Jungen, der in derselben Schule tatsächlich eine »schöne«, eine »edle« Sprache kennenlernt, der die Sprache Shakespeares und Miltons, John Stuart Mills und Herbert Spencers in sich aufnimmt und der eines Tages selbst ein englischer Schriftsteller wird.
Dramatische Formen hat der Kampf der Sprachen da angenommen, wo im Gefolge zweier Weltkriege durch die Veränderung von Staatsgrenzen eine Bevölkerung einer fremden Staatssprache unterworfen wurde. Auch dafür genügt hier ein Beispiel.

Südtirol

Claus Gatterer, 1924 in Sexten in Südtirol geboren, erzählt von seiner Volksschule und der ersten Lehrerin, einer Barmherzigen Schulschwester.
»Die Fibel war italienisch; was wir lasen und sahen, war italienisch. Für ein Kind, das seine ersten Buchstaben schreiben, die ersten Sätze formulieren und auf diese Weise denken und reden lernen soll, ist es nicht einerlei, ob der Lehrer aus seiner Welt kommt und somit seine Vorstellungswelt kennt oder ob er von dieser heimatlichen Welt keine Ahnung hat und sich auch gar nicht um den Zugang zu ihr bemüht.
Schwester Blanka nahm uns gewissermaßen an der Hand und führte

uns behutsam vom ›Haus‹ zur ›casa‹, von der ›Kirche‹ zur ›chiesa‹, vom ›Apfel‹ zur ›mela‹, vom ›Esel‹ zum ›asino‹, vom ›Hund‹ zu ›cane‹ – die neuen Begriffe blieben zwar fremd und widerborstig, aber sie waren nicht feindselig, weil die gute Schwester nie das Gefühl aufkommen ließ, daß die eine Sprache besser sei als die andere oder daß man etwa eines nicht sagen dürfe und ein anderes sagen müsse. Sie achtete den gesetzlich vorgeschriebenen absoluten Primat des Italienischen, und sie lehrte uns zugleich, die Muttersprache zu achten, indem sie uns das Wunder der Sprache überhaupt erschloß.

Wie schwierig das war, werden nur jene erahnen, die wissen, daß für viele Kinder in unserer Klasse auch die Muttersprache Fremdsprache war. Man stellt sich eine Schulklasse in einem Bergdorf als etwas Einheitliches, Einförmiges vor: Kinder nicht nur gleichen Alters, sondern auch aus dem gleichen Milieu kommend, durch die Enge der Gemeinschaft miteinander verbunden, annähernd gleich begabt und willig. Wie wenig entsprach unsere Klasse einer solchen Vorstellung! Der geistige Abstand, der das Kind des Einschichtbauern von jenem des Kaufmanns in der Talsohle trennt, ist bei weitem größer als der Abstand zwischen dem Sohn des Generaldirektors und des Hilfsarbeiters in der städtischen Schule. Da waren Kinder, die hoch oben vom Berg kamen, in deren Häusern man nur die dürftige Sprache der Einsamkeit sprach: ein paar hundert Dialektworte, die ausreichten, um ein Selbstgespräch beim Hüten in Gang zu halten oder einen Plausch mit dem Nachbarn über Feld, Wald und Vieh.«[2]

In der Volksschule dieses Bergdorfes erfährt man mehr als aus vielen Büchern über soziale Sprachbarrieren und die Mehrsprachigkeit der Muttersprache. Die Barmherzige Schwester handelt daher auch nach einer schlichten Wahrheit, die man heute allmählich wieder entdeckt: eine fremde Sprache muß man von der Muttersprache aus lehren, in engster Verbindung und ständiger Auseinandersetzung mit der Muttersprache, es muß ein unablässiges Gespräch zwischen den beiden Sprachen sein, das beide klärt und festigt, erweitert und vertieft.

Ein Jahr später wurden die Tiroler Schulschwestern durch italienische Lehrkräfte abgelöst, die kaum Deutsch und noch weniger Tirolerisch verstanden. »Unsere Namen waren für ihre an italienische Laute gewöhnten Zungen stachelig wie Disteln und Dornen. ›Fe-ifóffer!‹ rief die Lehrerin, wenn sie den Pfeifhofer meinte. Wenn sie ›Apáker‹ sagte, sollte der Happacher aufstehen ...«

Dann kamen für den Bergbauernbuben acht Jahre in der »Kiste«, dem kleinen Brixener Priesterseminar, in dem auf Anordnung des Bischofs dreimal wöchentlich den ganzen Tag nur italienisch geredet werden durfte, bei der Einbrennsuppe und beim Fußballspiel, beim Tarockieren und beim Studium – nur beim Beten nicht.
»Man sagte, dies wäre nötig, damit wir uns im Italienischen perfektionieren könnten. Was wir an diesen Tagen zusammenredeten, war ein Kauderwelsch, Volapük für jedes ungeschulte Ohr: ›schuhputzare‹, ›anstrengare‹, ›ma è klar‹, so sprachen wir.« (S. 264)
Da kommt eines Tages ein Brief von zu Hause, und dieser Brief ist italienisch geschrieben. »Ein walscher Brief von daheim!« heißt es voll Verachtung und Hohn bei Erziehern und Zöglingen. »Die Schwester schrieb, daß die Mutter krank sei, und sie bat um Entschuldigung dafür, daß sie italienisch schreiben müsse, aber im Deutschen würden ihr Fehler unterlaufen, und sie wolle sich nicht schämen müssen. Ich bat die Mutter, mir nie wieder italienische Briefe schreiben zu lassen. Es war das einzige Mal, daß ich alle Italiener, alles Italienische haßte, selbst Dante, den göttlichen Dichter.
Aber – war's denn eine Schande, lieber richtig als deutsch zu schreiben? ... Wenn es da Schande gab, dann lag sie bei jenen, die uns zwangen, unsere Sprache zu vergessen und dafür Italienisch zu lernen, italienisch zu schreiben, italienisch zu lügen – nicht ›doppelsprachig‹, aber perfekt doppelzüngig zu sein.« (S. 267)
Das Bauernmädchen, das tirolerisch spricht, aber nur italienisch richtig schreiben kann; ihr Bruder, der drei Tage in der Woche italienisch reden und deutsch beten soll, der sich seiner »Doppelzüngigkeit« bewußt wird: ein menschlicher Zwiespalt, der nicht die Folge der Zweisprachigkeit ist, sondern ihre politische, religiöse, soziale, kulturelle Ursache.
Heute, nach sechzig stürmisch bewegten Jahren, haben sich die Südtiroler in ihrer widerwilligen Zweisprachigkeit alles in allem gut eingerichtet. Es gibt darüber eingehende Untersuchungen.[3] Die Zahl der Virtuosen oder der Schizophrenen läßt sich freilich statistisch nicht erfassen. Es ist eine in Stadt und Land nach Bevölkerungsschichten und Berufsgruppen und ihren besonderen Erfordernissen sehr unterschiedliche Zweisprachigkeit. In Wahrheit aber ist es keine Zweisprachigkeit, sondern eine doppelte Mehrsprachigkeit, in der dieses Land heute lebt: tirolerisch – hochdeutsch – fremdenverkehrs-

deutsch – schulitalienisch – umgangsitalienisch. Ganz zu schweigen von den in verschiedensten Mischverhältnissen dreisprachigen Ladinern Südtirols.

Die Italiener Südtirols beginnen ihrerseits unter den neuen Verhältnissen zu begreifen, daß sie besser als bisher die Sprache der Mehrheit der Bevölkerung lernen müssen – und sei es nur, um Stellen im öffentlichen Dienst beanspruchen zu können, für die nunmehr Zweisprachigkeit Vorschrift ist.

Seit zweihundert Jahren sind ungezählte Millionen Italiener den Weg in die Fremde gegangen, um sich in den verschiedensten Teilen der Welt eine neue Existenz aufzubauen. Sie wissen nur zu gut, zumindest in der ersten Generation, daß es eine »lingua del cuore« gibt, eine Sprache des Herzens, die Muttersprache, und eine »lingua del pane«, die Sprache des Brotverdiensts.

Vielleicht ist es diese selbstverständliche, unverkrampfte, bereitwillige, in jedem einzelnen menschlichen Leben wieder anders verlaufende Mehrsprachigkeit, auf die sich eines Tages alle Einwohner Südtirols einigen werden, die Deutschen, die Ladiner, die Italiener.

»Die abgeschnittenen Zungen«

Auf dem Gebiet des italienischen Staates leben neben der deutschsprachigen Minderheit (über eine Viertelmillion Menschen) weitere zehn sprachliche Minderheiten. Sie sprechen dolomitenladinisch (30 000 Menschen), friaulisch (700 000), slowenisch (in den Provinzen Triest, Görz, Udine, 100 000), kroatisch (in drei Dörfern der Provinz Campobasso, 3500), albanisch (in Mittel-, Unteritalien und Sizilien, 100 000), griechisch (in Apulien und Kalabrien, 20 000), sardisch (1 200 000), katalanisch (in Alghero auf Sardinien, 15 000), französisch (mit frankoprovenzalischer Mundart, vor allem im Aostatal, 90 000), okzitanisch (südlich davon in den piemontesischen Alpen, 200 000) – insgesamt zweieinhalb Millionen Menschen. Die Größe und Lage, die lokalen und regionalen Lebensbedingungen dieser Sprachgemeinschaften, die Wahrscheinlichkeit ihres Überlebens, die Möglichkeiten neuer Entfaltung sind denkbar verschieden.[4]

»Le lingue tagliate«, die abgeschnittenen Zungen, die zum Schweigen verurteilten Sprachen, unter diesem grausamen Titel veröffentlichte der Florentiner Sergio Salvi 1975 einen flammenden Aufruf, allen diesen Minderheiten endlich das ihnen von der Italienischen Verfassung des Jahres 1947 zugesicherte Recht auf ihre eigene Muttersprache auch wirklich zu geben, diese Sprachen durch geeignete Maßnahmen vor weiterem Verfall zu bewahren und vor dem drohenden Untergang zu retten.

Friaul

Das ist seit alter Zeit ein Land der Mehrsprachigkeit, in dem das alpenromanische »Furlan« sich mit dem Venezianischen, mit der italienischen Nationalsprache, mit dem Deutschen, mit dem Slowenischen trifft und verbindet.

Wie im Alltag des dreisprachigen Bergdorfes Sauris die altertümliche deutsche Haussprache, die friaulische Gemeindesprache, die italienische Staatssprache sich zueinander verhalten und in verschiedenen soziokulturellen Funktionen einander ablösen, hat Norman Denison jahrelang beobachtet.[5]

Weite Teile der Bevölkerung Friauls leben in einem dynamischen »Trilinguismus«, sie sprechen friaulisch, venezianisch, italienisch abwechselnd und vielfältig abgestuft entsprechend den unterschiedlichen regionalen, lokalen, sozialen, kulturellen Gegebenheiten, je nach der zwischenmenschlichen Situation und dem Gesprächspartner, mit unterschiedlich fortschreitenden Italianisierungen und Venetisierungen des Friaulischen, bei gleichzeitiger Nivellierung der lokalen Varianten des Friaulischen zu größeren regionalen Einheiten. Darüber eine gemeinsame friaulische Literatursprache, eine »friaulische Renaissance« in Poesie und Prosa.[6]

Sardinien

Die im Norden der Insel gesprochenen Mundarten tragen mehr dem Italienischen verwandte Züge, das Kerngebiet spricht die altertümlichste Tochtersprache des Lateinischen, und aus diesem »Logudoresischen« hat man ein einheitliches Sardisch gemacht, es wird in Abendschulen unterrichtet, man erkämpft ihm einen immer größe-

ren Platz in den Schulen und Universitäten, in Funk und Fernsehen, es entstehen zweisprachige Zeitungen und Zeitschriften, eine neue sardische Dichtung, sozialkritische Protestsongs ... Man hat Sardinien »Italiens Irland« genannt. Die verantwortlichen Führer der »sardistischen« Bewegung wollen sich nicht in ein neues linguistisches Ghetto einsperren, ihr erklärtes Ziel ist ein sardisch-italienischer Bilinguismus und eine neue Verteilung der soziokulturellen Funktionen zwischen den beiden Sprachen.[7]
1977 wurde die erste sardische Messe zelebriert. Der Priester sprach auch die Schlußformel nicht etwa auf lateinisch »Ite, missa est« oder italienisch »La Messa è finita, andate in pace«, sondern auf sardisch: »Sa Missa es finida, andais in paxi.« »Nach den Nationalsprachen jetzt auch noch die Messe im Dialekt?« fragte ironisch ein Journalist, der darüber berichtete. »Werden wir demnächst in den Mailänder Kirchen hören: ›El Signor el sia con vialter‹, in den römischen: ›Ahò, ch'Iddio vi bbenedica‹, in den neapolitanischen: ›La Messa è fornuta, iatevenne in santa pace‹ und so weiter?«[8]

Das Recht auf Zweisprachigkeit

Die zweieinhalb Millionen »Fremdsprachigen« Italiens, so hat man Salvi geantwortet, befinden sich in keiner anderen Lage als die sechzig Millionen »Mundartsprecher« dieses Landes.[9] Zwischen Sprachen wie dem Sardischen oder dem Friaulischen und Mundarten wie dem Piemontesischen oder dem Sizilianischen besteht in dieser Hinsicht kein großer Unterschied.
Auch in Italien hat seit der politischen Einigung 1870 der Triumph der Nationalsprache, haben die allgemeine Schulpflicht, der Militärdienst, die Binnenwanderung großer Bevölkerungsgruppen, die wachsende Mobilität der Menschen, die Massenmedien, das Massenstudium an den Universitäten alle nur denkbaren Spielarten individueller und kollektiver Mehrsprachigkeit erzeugt. Die Linguisten unterscheiden heute mindestens vier Sprachschichten, die sich gegenseitig durchdringen und verändern: die Nationalsprache als Hochsprache – die regional gefärbte Umgangssprache – der regionale Dialekt in seiner »temperierten« Form – der archaische lokale Dialekt.[10] Die Massenmedien haben zwischen den Mundarten des

Nordens und denen des Südens eine verstehende Vertrautheit geschaffen, der römische Soziolekt, der neapolitanische Dialekt haben sich die nationale Szene erobert.
So wie überall in Europa sind auch in Italien die Sprachen immer stärker in Bewegung geraten. Die siegreiche Nationalsprache hat die Mundarten und Minderheitensprachen zurückgedrängt und zersetzt, hat Zwischensprachen, Mischsprachen hervorgerufen, hat eine ineinandergreifende Mehrsprachigkeit erzeugt.
Und auch in Italien erleben wir heute überall Gegenbewegungen zur Rettung der bedrohten Mundart, der Sprache der Minderheit, zu ihrer instrumentalen Festigung, ihrer literarischen Bereicherung, ihrer institutionellen Verankerung.

Spanien

In Spanien ist man schon einen Schritt weiter.
Jahrhundertelang hat die »stolze Herrensprache« der Kastilier, die zentrale Staatssprache, die Weltsprache Spanisch alle anderen Sprachen des Landes zu Mundarten herabgewürdigt. Gegen die sich zur Wehr setzenden Katalanen und Basken verkündete nach dem Bürgerkrieg die siegreiche franquistische Staatsideologie: »Idioma uno en la España una« – *Eine* Sprache in dem einen Spanien, »Si eres español, habla el español« – Bist du Spanier, dann sprich spanisch.[11]
Im Namen dieser Ideologie wurden vierzig Jahre lang und oft mit äußerster Härte die Minderheitensprachen aus dem politischen und kulturellen Leben ausgeschaltet und aus den Schulen verbannt.
Nach Francos Tod kam die große Wende zur pluralistischen Demokratie und damit auch zur regionalen Autonomie. Es kam an allen Ecken und Enden des Landes zum Kampf um neue Formen des politischen und kulturellen Zusammenlebens der Landschaften Spaniens, um föderalistische, da und dort um separatistische Parolen. Es sind vor allem drei Landschaften, die in der ganzen Verschiedenartigkeit der Gegebenheiten und Möglichkeiten die Problematik der europäischen Mehrsprachigkeit in diesen letzten Jahrzehnten des 20. Jahrhunderts uns exemplarisch vor Augen führen: Katalonien, das Baskenland, Galicien.

Katalonien

Das Katalanische ist eine der in Frankreich und Spanien gesprochenen romanischen Schwestersprachen. Im Mittelalter wurde daraus eine politisch und kulturell souveräne Hochsprache. Aber die Vormachtstellung Barcelonas am Mittelmeer ging mit der Entdeckung Amerikas und dem Aufstieg Spaniens zur überseeischen Weltmacht zu Ende. Seither geriet das Katalanische immer mehr in den Schatten des Kastilischen, der spanischen Reichssprache.
Katalanisch wird heute von sechs bis sieben Millionen Menschen gesprochen. Die meisten von ihnen sprechen auch spanisch, vor allem haben sie bisher in ihrem Leben fast nur spanisch gelesen und geschrieben. Nach Schätzungen der besten Kenner vermochten bisher höchstens 150 000 Menschen sich auf katalanisch schriftlich korrekt auszudrücken.[12]
Das soll nun alles anders werden. In allen Schulen, in allen Bereichen des öffentlichen Lebens ist Katalanisch heute die autonome Landessprache Kataloniens. Das bedeutet eine gewaltige Erziehung und Umerziehung. Nicht alle Bewohner Kataloniens sprechen katalanisch. Die Industrialisierung hat eineinhalb Millionen Arbeiter vor allem aus Südspanien nach Katalonien gezogen, die wenig Katalanisch verstehen. Vor einem solchen Arbeitervorort von Barcelona konnte man schon vor fünfzig Jahren die spöttische Straßentafel lesen: »Hier endet Katalonien und beginnt Murcia.«[13] »Murcianos« nennt man die Gastarbeiter nicht nur aus der Provinz Murcia, sondern aus dem ganzen Süden. Das ergab eine merkwürdige soziolinguistische Umkehrung der Verhältnisse: in vielen Fabriken sprechen die Arbeiter spanisch, die mittleren und höheren Angestellten katalanisch.
Die Intensität der katalanisch-spanischen Mehrsprachigkeit der Stadt Barcelona (1965 waren es 63,2 % »Katalanophone«, 36,8 % »Kastilianophone«) wird durch die Tatsache erhellt, daß ein Drittel der in der Stadt geschlossenen Ehen katalanisch-spanische »Mischehen« sind.[14]
Die Begeisterung der Katalanen über ihre wiedergewonnene sprachliche Hoheit hat allmählich einer nüchterneren Beurteilung Platz gemacht. Eine Verbannung des Spanischen aus dem öffentlichen Leben, die einigen Hitzköpfen vorgeschwebt hatte, kommt offensichtlich nicht mehr in Frage. Aber welche soziokulturellen Funktionen

soll man jetzt dem Katalanischen, welche dem Spanischen geben, wie sollen sie sich etwa ihre Aufgaben in den Massenmedien teilen? Soll das vom Spanischen unterdrückte Katalanisch jetzt seinerseits das Spanische unterdrücken?

Kastilisch-katalanische Mischungen

Katalanisch ist eine dem Kastilischen verwandte Sprache, durch Jahrhunderte des Gebens und Nehmens mit ihm eng verbunden. Gerade die katalanischen Linguisten waren es, die nachwiesen, wieviel das Spanische dem Katalanischen verdankt, wie groß der Anteil der katalanischen Wörter oder der durch das Katalanische vermittelten provenzalischen und französischen Wörter am Aufbau des spanischen Wortschatzes ist.[15]

Nach einem langen und lebhaften Gelehrtenstreit um die Mittelstellung des Katalanischen zwischen den galloromanischen und den iberoromanischen Sprachen faßte Antonio M. Badia Margarit 1955 die Tatsachen zusammen: »Das Katalanische ist eine Brückensprache, una lengua-puente. Es ist, wie alle Sprachen, die Nachbarn zur rechten und zur linken haben, eine Übergangssprache zwischen ihnen ... die Analyse der lautlichen Merkmale des Katalanischen sagt uns, daß sie in ihrer Mehrheit galloromanischer Abkunft sind. Dagegen zeigt die Morphologie, insbesondere die Flexion, eher den iberoromanischen Typus. Im Wortschatz herrschen die galloromanisch gebildeten Wörter vor, wenn man auch den iberoromanischen Wortbestand nicht übersehen darf. Alles in allem ist das Katalanische eine eigene Sprache, wie gesagt eine Brückensprache.«[16]

In seiner großen deskriptiv-normativen »Katalanischen Grammatik« nimmt Badia Margarit alle die Formen und Strukturen unter die Lupe, in denen das Katalanische in den letzten Jahrhunderten in den Einflußbereich des Spanischen geraten ist. Wörter, die in »korrektem Katalanisch« männlich sind *(el corrent, el costum)*, werden entsprechend dem Spanischen *(la corriente, la costumbre)* weiblich gebraucht, umgekehrt weibliche Wörter *(la dent, la suor, la vall)* entsprechend dem Spanischen *(el diente, el sudor, el valle)* männlich (§ 86). Die innerhalb der Romania das Spanische auszeichnende besondere Form eines neutralen Artikels (*el bueno,* der Gute, *lo bueno,* das Gute), dieser glückliche Fund des Kastilischen ist tief ins Katalanische eingedrungen, wegen seiner ausgezeichneten Brauchbarkeit, *por una razón de comodidad significativa.* Das Katalanische kennt nur eine einzige Form für Maskulinum und Neutrum (*el bo,* der Gute und das Gute), so wie das Französische (*le plus drôle,* der Komischeste und das Komischeste). Trotzdem soll man jetzt dieses so brauchbare spanische *lo* aus dem Katalanischen ausmerzen (§ 102). Der spanische präpositionale Akkusativ (*¿ a quién has encontrado?* »Wen hast du getroffen?«) ist ebenfalls ins Katalanische eingedrungen *(a qui has trobat?),* aber es ist korrekter, den Akkusativ auch bei Personen ohne Präposition zu verwenden (*qui has trobat?* § 242). So, wie die Deutschen manchmal Schwierigkeiten haben, sich über die Uhrzeit zu verständigen, weil die einen für 7 Uhr 15 »Viertel nach sieben« sagen und die anderen »Viertel acht«, für 7 Uhr 45 »Viertel vor acht« und »dreiviertel acht«, so heißt es auch im Katalanischen korrekt »*un quart de vuit*« und »*tres quarts de vuit*«, aber viele Städter sagen statt dessen »*les set i quart*« nach dem spanischen Vorbild »*las siete y cuarto*« (§ 230). Vielfach hat auch der spanische Gebrauch des Konjunktivs auf das Katalanische abgefärbt (§ 197), der Infinitiv (§ 200), auch die im Spanischen schärfer ausgebildete Unterscheidung von *ser* und *estar* (§ 269). Aus dem Spanischen sind das so viel gebrauchte unbestimmte Pronomen *algo,* die Adverbien *antes* und *después* (§ 130, 230) und viele andere »castellanismos«, spanische Interferenzen in das Katalanische aufgenommen worden [17] und sollen jetzt wieder ausgeschieden werden.

Mischung oder Reinheit

Eine der ersten Maßnahmen Antoni M. Badia Margarits als neuer Rektor der Universität Barcelona war die Einsetzung einer Kommission von Linguisten, um die so plötzlich über die Öffentlichkeit hereinbrechende katalanische Flut in Wort und Schrift in die Bahnen der korrekten, der wahren, der reinen katalanischen Sprache zu lenken. Aber die »Reinheit« einer Sprache ist eine romantische Illusion. Es gibt keine »reine« Sprache, am allerwenigsten wenn es sich um eine so ausgesprochene »Brückensprache« handelt wie das Katalanische, eine Übergangssprache, die so deutlich von verschiedenen Seiten Beiträge und Beimischungen in sich aufgenommen hat. Jede Sprache hat durch die Jahrhunderte andere Sprachen in sich aufgenommen und sich mit ihnen vermischt. So können die phonetischen Strukturen der einen Sprache sich mit den Flexionsmustern der anderen verbinden, ein galloromanischer Wortschatz mit einem iberoromanischen, Entlehnungen aus dem Französischen und aus dem Spanischen, aus dem gemeinsamen lateinischen Überbau der europäischen Kultur und aus allen neuen Technolekten der modernen Zivilisation.

Das Baskenland

Unter ganz anderen Voraussetzungen, mit noch viel größerer Erbitterung, wird der Kampf seit langem im Baskenland geführt.
Das Baskische ist eine in viele Mundarten zersplitterte bäuerliche Rückzugsprache, die in den westlichen Ausläufern der Pyrenäen und deren südlichem und nördlichem Vorland, auf spanischer Seite von schätzungsweise 500 000, auf französischer Seite von etwa 100 000 Menschen gesprochen wird. In den drei baskischen Provinzen Guipúzcoa, Vizcaya und Alava wird Baskisch nur mehr von einem Teil der Bevölkerung gesprochen, in Guipúzcoa von der Hälfte, in Vizcaya von einem Viertel, in Alava von 7 %, und auch in dem alten politischen Kerngebiet der Basken, in der Provinz Navarra, nur mehr von 7 %.
Eine wichtige Rolle in der »Entbaskisierung« spielten die durch die Industrialisierung angezogenen Arbeitskräfte aus den angrenzenden spanischsprechenden Gebieten. Die politischen und sozialen Auseinandersetzungen greifen weit über die Sprache hinaus. Man kann für die Autonomie Euskadis, der drei baskischen Provinzen und Navarras kämpfen, ohne Baskisch zu sprechen. Die Bemühungen um eine sprachliche »Rebaskisierung« sind im vollen Gang. Baskische Schulen, Ikastolas, gibt es seit 1903. Gleichzeitig gilt es, aus und über den Dutzenden verschiedener Bauernmundarten ein einheitliches, für alle Bereiche der modernen Welt brauchbares Instrument zu schaffen, ein unifiziertes Baskisch oder Euskera. Man will dabei von den Israelis lernen, denen es gelungen ist, innerhalb einer Generation ein modernes Hebräisch als gemeinsame Sprache für die aus allen

Windrichtungen gekommenen jüdischen Einwanderer durchzusetzen – während die Iren mit der offiziellen Wiedereinsetzung des Irischen als Nationalsprache bisher weniger Erfolg gehabt haben.[18]
In die Sprache des Westens eingesprengt, ist das Baskische ein geheimnisvoller Fremdkörper. Ein besonders auffallendes Merkmal ist sein sogenannter Passivismus, genauer gesagt, was von den indoeuropäischen Sprachen und ihrem Aktiv-Passiv-Reflexiv-Instrumentarium her gesehen als passive Konstruktion erscheint (»er wird von mir geschlagen« für »ich schlage ihn«). Einer der besten Kenner des Baskischen unter den großen Sprachforschern, Hugo Schuchardt, wies bereits darauf hin, daß es sich zweifellos um eine besondere Instrumentalstruktur der baskischen Sprache handelt, die es uns aber keinesfalls gestattet, daraus auf eine eigentümliche Mentalstruktur, Vorstellungs- oder Denkstruktur der Welt des baskischen Menschen zu schließen.[19]
Das Baskische hat seit frühester Zeit eine Fülle lateinischer Lehnwörter in sich aufgenommen, wobei die Christianisierung eine entscheidende Rolle spielte. Später kamen in immer neuen Schichten Übernahmen aus den romanischen Sprachen dazu. Der ganze Wortschatz des geistigen Überbaus ist lateinischer und romanischer Herkunft. Auf diesem Weg der Übernahme und der Nachbildung kann natürlich auch das Baskische heute ohne größere Schwierigkeiten zu einer modernen »Ausbausprache« werden, wie man diese sich mit den Technolekten der modernen Welt ausstattenden Sprachen seit Heinz Kloss nennt.[20]
Aber gerade deshalb ist auch die Rückkehr zu einem »reinen« Baskischen als dem einzig wahren Ausdruck der baskischen Seele, die Ausschaltung des Spanischen wie des Französischen genauso eine Illusion und wäre in ihren Auswirkungen genauso eine selbstmörderische Autoklaustration wie der Traum von einem selbständigen Baskenstaat zwischen Spanien und Frankreich (»Sieben in einem«, die vier Provinzen südlich und die drei Provinzen nördlich der Pyrenäen in einem einzigen Staat der Basken). Gerade für das Baskische – dessen Überleben in Frankreich viel stärker bedroht ist als in Spanien –, gibt es keine andere Zukunft als eine institutionalisierte Zweisprachigkeit und eine Neuverteilung der soziokulturellen Funktionen zwischen dem Baskischen und dem Spanischen oder dem Französischen.

Galicien

Galicisch-portugiesisch war im Mittelalter die Sprache der spanischen Minnesänger. Im 12. und 13. Jahrhundert wurden in Kastilien drei literarische Gattungssprachen nebeneinander verwendet: für die himmlische und irdische Gelehrsamkeit das Lateinische, für die erzählende Prosa und die epische Dichtung das Kastilische, für die höfische Lyrik das wegen seiner besonderen Musikalität bevorzugte Galicisch-portugiesische. Der größte spanische Herrscher dieser Zeit, Alfons X., der Weise, schrieb in Toledo galicisch-portugiesische Verse und kastilische Prosa.[21]
Mit der staatlichen Selbständigkeit Portugals trennten sich die beiden Zweige der gleichen Sprache. Im Süden wurde das Portugiesische Staatssprache und überseeische Weltsprache. Im Norden sank das Galicische zu einer Bauernmundart herab. In den folgenden Jahrhunderten gingen der Adel und das Bürgertum zum Kastilischen über. Galicisch sprach man nur mehr mit den Bauern.
Um 1840 begannen gebildete Bürger von der Wiedergeburt der galicischen Sprache zu reden, unter Berufung auf ihre mittelalterliche Blütezeit. Seither ist sie zu einer neuen Bildungssprache ausgebaut worden, die bereits eine reiche Literatur besitzt. Sie hat viele spanische Züge angenommen, ist aber doch dem Portugiesischen so verwandt geblieben, daß Gallegos und Portugiesen sich mühelos miteinander unterhalten.
Man schätzt die Zahl der »Gallegophonen« in der Nordwestecke Spaniens und in der Neuen Welt auf vier Millionen. Ihre Heimat ist ein Land der Bauern und Fischer, der Seefahrer und Auswanderer. Die Sprachenfrage bietet hier weniger politischen Zündstoff als im Baskenland und in Katalonien. Aber auch hier geht es heute darum, im Rahmen einer politischen und kulturellen Autonomie dem Galicischen seinen Rang als moderne Bildungssprache neben dem Spanischen zu geben, in einer institutionalisierten Zweisprachigkeit.

Frankreich

Die 1789 in Paris zusammengetretene Konstituierende Nationalversammlung beauftragte den Abbé Grégoire, ihr einen Bericht über den sprachlichen Zustand Frankreichs vorzulegen. Grégoire versandte Fragebögen in alle Teile des Landes und legte am 6. Juni 1794 der Konvention das niederschmetternde Ergebnis vor: die Mehrheit der Franzosen, vor allem auf dem Lande, versteht entweder überhaupt kein Wort Französisch oder ist unfähig ein französisches Gespräch zu führen. Diese Menschen sprechen deutsch, flämisch, bretonisch, auvergnatisch, provenzalisch, gaskognisch, baskisch, katalanisch, korsisch ... »trente patois différents«, dreißig verschiedene Bauernmundarten, »une diversité d'idiomes grossiers«, eine Vielzahl ungeschlachter Sprechweisen. Nur eine Minderheit versteht Französisch, »die Sprache der Freiheit«.
Diesen unverständlichen Mundarten und fremden Sprachen, diesen gefährlichsten Widerstandsnestern des Obskurantismus und Separatismus sagte das revolutionäre Frankreich im Namen der Freiheit, Gleichheit und Brüderlichkeit den Kampf an, im Namen der Nation »une et indivisible« und ihrer Sprache »unique et invariable«.
»Der Föderalismus und der Aberglaube sprechen niederbretonisch, die Emigration und der Haß auf die Republik sprechen deutsch, die Gegenrevolution spricht italienisch, und der religiöse Fanatismus spricht baskisch.«[22]
Seither haben Frankreichs Schullehrer hundertfünfzig Jahre lang das Land bis in seine letzten Winkel zivilisationsgläubig und antiklerikal missioniert – nicht viel anders als später das riesige Kolonialreich in Afrika, Asien und Ozeanien.
Dabei wird ausgiebig von dem uns schon bekannten »Schandzeichen« Gebrauch gemacht. Das Kind, dem im Schulbereich ein nichtfranzösisches Wort entschlüpft, bekommt eine Papptafel mit den Umrissen eines Holzschuhs oder einer Kuh um den Hals gehängt, es kann auch ein Hufeisen sein. Dieses Zeichen muß es so lange tragen, bis dem nächsten Kind das gleiche Unglück widerfährt. Wer es abends als letzter trägt, erhält eine Strafarbeit. Der kleine Bretone muß vor dem Nachhausegehen fünfzig- bis hundertmal abschreiben: »Je ne parlerai plus jamais breton«, ich werde nie mehr bretonisch sprechen.[23]

Den entscheidenden Sieg für das Französische erringt die III. Republik nach der Einführung der allgemeinen Schulpflicht und den Schulgesetzen von Jules Ferry (1881–1884). Es ist ein eindrucksvoller Sieg. In keinem Land Europas sind die Mundarten so weit von der Einheitssprache zurückgedrängt und abgewertet worden wie in Frankreich. In vielen Gegenden sind sie so gut wie erloschen, was bleibt ist allenfalls eine gewisse regionale Färbung der Aussprache und ein paar Dutzend regionaler Wörter und Wendungen. Auch gegen die auf dem nationalen Territorium gesprochenen »peripheren Sprachen« dringt die Nationalsprache überall siegreich vor. Die Schule, der Militärdienst, die Landflucht und Verstädterung, die Mischehen, alles trägt zu diesem Sieg bei.

Zwei Weltkriege

Durch die Eingliederung Elsaß-Lothringens 1918 erhält der Kampf gegen die »Minderheitensprachen« oder »Regionalsprachen« eine neue staatspolitische Dimension. Man spricht es nicht gern aus, daß es die deutsche Sprache ist, die man da vorfindet, deutsche Mundarten, man sagt lieber ungenau und geringschätzig »patois« oder »alémanique«, obwohl man im nördlichsten Zipfel des Elsaß und in Lothringen nicht alemannisch, sondern rheinfränkisch und moselfränkisch redet. Man hofft, innerhalb einer Generation, auf dem Land vielleicht in zwei Generationen, mit Hilfe der französischen Einheitsschule damit fertig zu werden.
Aber nun beginnen überall in Frankreich die vom langsamen, aber sicheren Aussterben bedrohten »Minderheitensprachen« sich zu wehren. Das Bretonische erlebt eine literarische Renaissance. Junge Bretonen nehmen den Kampf für die kulturelle und politische Autonomie der Bretagne auf, und dieser Kampf nimmt im Lauf der Jahre immer gewalttätigere Formen an. Im Elsaß, aber auch auf Korsika, gerät die tägliche Auseinandersetzung zwischen Staatssprache und Muttersprache zu allem Unglück auch noch in den Strudel der Ideologien der zwanziger und dreißiger Jahre zwischen Frankreich, Deutschland, Italien, schließlich in das Wüten des Zweiten Weltkrieges.
Nach dem Krieg sucht man in Paris eine Lösung zu finden. Aber im

Weltbild des jakobinischen Zentralismus ist auf französischem Boden kein Platz für eine andere Sprache als das Französische. Zögernd und widerwillig räumt man (Loi Deixonne vom 11. 1. 1951) dem Bretonischen, Baskischen, Katalanischen, Okzitanischen als Freifach ein paar Wochenstunden in der höheren Schule ein. Vom Elsässischen, vom Korsischen ist vorerst noch keine Rede, auch weil man dahinter immer noch das Deutsche, das Italienische als Gefahr sieht.[24]

In den sechziger Jahren scheint das endgültige Erlöschen der Minderheitensprachen nur mehr eine Frage weniger Jahre zu sein – bis auf dem letzten Bauernhof die letzten Großeltern gestorben sind, deren Sprache von ihren Kindern noch verstanden wurde, die aber untereinander und mit ihren eigenen Kindern nur mehr französisch sprechen.

Aber gerade in diesem Augenblick erlebt Frankreich ein unerwartetes Schauspiel. An allen Ecken und Enden des Landes bilden sich Gruppen junger Menschen, die im Namen der verschiedensten politischen Ideologien von der äußersten Rechten bis zur äußersten Linken die Rettung, die Wiederbelebung, die Erneuerung der sterbenden Sprachen auf ihre Fahnen schreiben. Man lernt und lehrt sie außerhalb der Schule mit dem gleichen missionarischen Sendungsbewußtsein, mit dem man sie in der Schule verfolgt hat. Zeitschriften, Zeitungen, Liederdichter, Theatergruppen, politische Aktionen, Sprengstoffanschläge, besonders gegen den Todfeind, das französische Fernsehen ...

»Okzitanien«[25]

Der Süden Frankreichs, ein Drittel des Landes, gehört sprachgeschichtlich nicht zur »langue d'oïl«, aus der die französische Nationalsprache hervorgegangen ist, sondern zur »langue d'oc«, in der im 12. Jahrhundert die erste romanische Kultursprache entstand, die Sprache der höfischen Troubadours, die über das ganze Abendland ausstrahlte.

Die Albigenserkriege bereiteten dieser frühen Blüte ein blutiges Ende. Ein Teil des Landes wurde als Territorium »de langue d'oc« dem Kronbesitz des Königs von Frankreich einverleibt. In den folgenden Jahrhunderten geriet der Süden Stück um Stück unter die Oberhoheit des Nordens. Die Sprache des Nordens wurde zur Sprache des Königreiches, die des Südens sank zur Mundart herab. Um die Mitte des 19. Jahrhunderts erlebte das untere Rhônetal um Avignon, Arles, Aix eine wunderbare poetische Renaissance in den Werken der Felibres. Das Haupt dieser Schule, ein großer Dichter, Frederi Mistral, schuf 1859 das Epos des provenzalischen Landlebens in zwölf Gesängen MIRÈIO:

> *Cante uno chato de Prouvènço.*
> *Dins lis amour de sa jouvenço,*
> *A travès de la Crau, vers la mar, dins li bla,*
> *Umble escoulan dóu grand Oumèro,*
> *Iéu la vole segui...*

Seinen provenzalischen Versen gab er zur Rechten eine französische Prosaübersetzung bei:

> *Je chante une jeune fille de Provence.*
> *Dans les amours de sa jeunesse,*
> *à travers la Crau, vers la mer, dans les blés,*
> *humble écolier du grand Homère,*
> *je veux la suivre...*

In Mistral entdeckte Europa eine der klangvollsten und bildungsreichsten romanischen Sprachen. 1904 erhielt er den Nobelpreis. Mistral, seine Gefährten und Jünger, waren Menschen im Besitz zweier Schwestersprachen, mit verteilten Aufgaben zwischen der »inneren« Sprache, dem Provenzalischen, und der »äußeren«, dem Französischen. Ihre Nachfolger versuchen bis heute, die Flamme des Felibrige am Leben zu erhalten.

Provenzalisch oder okzitanisch

Aber den Provenzalen mißlang, was ihren bewunderten und beneideten Brüdern, den Katalanen, geglückt ist. Barcelona ist heute eine katalanische Stadt, Marseille keine provenzalische. Der Schwerpunkt des Kampfes um die eigene Sprache hat sich seither nach Westen verlagert, nach Montpellier, nach Toulouse.

Hier hat man nun für den ganzen Süden, von den Pyrenäen bis in das Zentralmassiv und in die Alpen, von der Atlantik- zur Mittelmeerküste, für das gesamte Gebiet der »langue d'oc« das große »Okzitanien« ausgerufen, für das man stürmisch eine kulturelle und politische Autonomie verlangt.

Aber diese große Einheit ist weder geographisch noch historisch vorgezeichnet, vor ihrer Eingliederung in den französischen Staat hatten die einzelnen Landschaften kaum etwas miteinander zu tun. Die Sprachen dieser Landschaften, vom Gaskognischen zum Limousinischen, zum Auvergnatischen, zum Provenzalischen, zum Nizzardischen, sind in ihren Formen und Strukturen so sehr »Brückensprachen«, Übergangssprachen, Mischsprachen, daß die Schaffung einer einheitlichen »panokzitanischen« Aussprache und Rechtschreibung erbitterte Kämpfe zwischen den einzelnen Richtungen und Schulen auslösen mußte.

Daß es im Verstehen eine umfassende okzitanische Sprachgemeinschaft geben kann, stellt man erst heute mit freudigem Erstaunen fest. Yvon Bourdet erzählt von seinem Dorf im Limousin: Sein Vater stammte aus dem Nachbartal und mußte daher einen anderen Wortschatz für die Arbeiten auf dem Feld und im Stall und selbst für so alltägliche Dinge wie Streichhölzer lernen, mußte sich vor allem eine andere Aussprache, einen anderen Tonfall angewöhnen, um nicht ausgelacht zu werden. Für den Sohn ist es daher ein beglückendes Erlebnis, daß er jetzt plötzlich mit Intellektuellen aus allen Gegenden des Südens über die schwierigsten Themen in der Sprache seiner engsten Heimat sprechen kann und verstanden wird – »daß die Dialektvarianten in Okzitanien nicht größer sind als die des Deutschen von Hamburg bis Wien.«[26]

Freilich, darüber gibt man sich keinen Illusionen hin, die gemeinsame Sprache des Südens ist heute kein wie immer geartetes »occitan«. Was heute von alt und jung gesprochen wird, ist »francitan«, ist das »andere Französisch«, das von der Nationalsprache in ihrer Pariser Norm so ohrenfällig abweicht. Das unbetonte *e* wird immer kräftig gesprochen, auch wo es im Norden völlig verstummt ist (das sogenannte *e muet*), die französischen Nasalvokale sind kaum in Ansätzen vorhanden, die ganze Sprache folgt einem anderen Rhythmus, einer anderen Melodie – alles zusammengenommen der so gern belächelte und spöttisch nachgeahmte »accent méridional«. Dieses »Französisch von Marseille« oder von Toulouse oder Bayonne oder Saint-Flour oder Brive-la-Gaillarde hat dazu noch jeweils seine besonderen lokalen und regionalen lexikalischen und idiomatischen Eigenheiten aus der alten Mundart bewahrt.

Mehrsprachigkeit 2000

Auch in ihren kühnsten Forderungen und Plänen müssen daher die Propheten und Propagandisten Okzitaniens für den Süden »im Jahr 2000« mit vier Sprachschichten rechnen:

1. die französische Staatssprache in ihrer nationalen Pariser Norm;
2. die »meridional« eingefärbte französische Sprache;
3. ein »Panokzitanisch«, das sich leicht mit allen Technolekten und intellektuellen Superstrukturen der modernen Zivilisation anreichern läßt, weil es meistens genügt, dem entsprechenden französischen Wort eine okzitanische Lautgestalt zu geben;
4. die jeweilige Mundart der einzelnen Landschaft.

Wie soll sich das Zusammenleben dieser vier Sprachen gestalten? Welche soziokulturellen und kulturpolitischen Funktionen sollen sie jeweils übernehmen? Welche Rolle soll die eine, welche die andere in der Schule, im öffentlichen Leben, in den Massenmedien spielen? »L'occitan – pour dire quoi?« fragt René Merle, ein Bekenner und Lehrer des Okzitanischen, »Okzitanisch – um was damit zu sagen?«[27] In einem pathetischen »Offenen Brief an die Franzosen, von einem Okzitanier« schreibt Robert Lafont, französischer Professor für französische Literatur und okzitanischer Dichter und Schriftsteller: »Als französierter Okzitanier bin ich ebenso französisch wie Ihr. Diese Sprache, die ich von Euch gelernt habe, beherrsche ich wie sonst irgend jemand in Frankreich. Um zu Euch auf französisch von meiner langue d'oc zu sprechen, muß ich meine Sätze nach grammatikalischen Gepflogenheiten abstecken, deren Raffiniertheit mir ebensowenig entgeht wie Euch. Könntet Ihr mich hören, so würdet Ihr sicher merken, daß ich ein ›Meridionaler‹ bin. Aber ich schreibe nicht mit einem ›Akzent‹. Das machen wir nur zum Spaß, damit kann man mich nicht mehr einfangen. Ich will Euch jetzt vielmehr durch meinen sehr ernstgemeinten entregionalisierten Satzbau und Wort-

schatz in Verwirrung bringen. Ich muß die Waffen, die ihr gegen mich verwendet und mir dadurch gegeben habt, jetzt gegen Euch richten. Das ist das alte Geheimnis der Integrierten, auf das sie alle kommen, wenn sie sich befreien: ich weiß alles von Euch, aber auch noch etwas anderes; Ihr habt nur eine Sprache, und ich habe zwei; Ihr habt nur eine Kultur, die habe auch ich ganz und dazu noch das Verlangen nach einer anderen.«[28]
Für die sprachliche Wiedergeburt des Südens kämpfen heute viele Bewegungen, die sich, wie es sich gehört, untereinander heftig befehden, »Mistraliens« und »Occitanistes«, Felibres verschiedener politischer Färbung, Traditionalisten, Folkloristen und Progressisten, Kommunisten und Gauchisten, die gegen den Pariser Imperialismus und Kolonialismus demonstrieren, Heimattreue und Umweltschützer.[29]
Das Land verändert unterdessen immer mehr sein Gesicht, ganze Landstriche entvölkern sich und veröden, in anderen geht das alte Bauerntum in der technischen Revolutionierung der Landwirtschaft unter, riesige industrielle Ballungszentren entstehen, der Zustrom von Millionen sonnenhungriger Touristen aus dem Norden überfremdet die Küsten und das Hinterland. Die Einheimischen, die Jungen wissen nicht, wohin sie gehören:

> *Vos vau parlar d'un païs que vol viure*
> *Vos vau parlar d'un païs que moris . . .*

singt der Liedermacher Claude Marti: Ich sage euch von einem Land, das leben will, und das stirbt.
Frankreich weiß heute, daß der Süden seine eigene Sprache haben will. Das Elsässische, Flämische, Bretonische, Baskische, Katalanische, Korsische kann man zur Not als »periphere« Probleme betrachten, das Okzitanische nicht.
Auch Frankreich erlebt heute seine innere Mehrsprachigkeit.[30]

Mehrsprachigkeit auf der ganzen Welt

So ziehen sie an uns vorüber: der schwäbische Arbeiterbub, der zu den Leuten in verschiedenen Sprachen reden muß, . . . der Stralsunder Gymnasiallehrer, der Homer auf plattdeutsch erklärt, . . . der Zü-

richer Architekt, der im Kanton Glarus ein Schulhaus einweiht,
... Albert Schweitzer, der ein französisches Buch über Johann Sebastian Bach schreibt und dabei Klarheit gewinnt über die seiner Natur gemäße Weise, deutsch zu schreiben, ... Elias Canetti, dem die in der Kindheit gehörten bulgarischen Märchen sich in deutsch umsetzen, ... sein Großvater, der siebzehn bis neunzehn Sprachen spricht, ... die Tiroler Bauerntochter, die einen Brief nur auf italienisch richtig schreiben kann, ... ihr Bruder, der italienisch reden und deutsch beten soll, ... der katholische Priester, der eine sardische Messe liest, ... das kleine Mädchen mit dem Schandzeichen um den Hals, weil es ein Wort seiner Muttersprache gesagt hat, ... der Terrorist, der im Kampf um die Muttersprache den staatlichen Fernsehsender in die Luft jagt, ... der Rektor der Universität Barcelona, der das Katalanische gegen die Überfremdung durch das Spanische verteidigt, ... der leidenschaftliche Okzitanist der Universität Montpellier, der eine ebenso brillante französische Prosa schreibt wie nur irgendein Pariser Literat ...
In den letzten Jahrzehnten hat man die menschliche Mehrsprachigkeit und ihre Probleme überall erforscht, in Europa, in Amerika, in Afrika, in Asien. Man hat sie überall, unter allen überhaupt vorstellbaren sozialen, ökonomischen, politischen, kulturellen Lebensbedingungen in tausend unfaßbar beweglichen kollektiven und individuellen Abwandlungen und Spielarten gefunden. William F. Mackey, der geistige Vater des Internationalen Zentrums zur Erforschung des Bilinguismus an der Universität Laval in Québec, zieht daraus den Schluß: der kollektive und individuelle Bilinguismus, Plurilinguismus ist ein universales Problem der Menschheit.[31]
Manche Linguisten versuchen, Diglossie und Bilinguismus voneinander zu trennen, andere entwerfen ein Schema mit vier Fächern, in die sie alles und jedes einordnen können:

1. Diglossie plus Bilinguismus
2. Diglossie minus Bilinguismus
3. Bilinguismus minus Diglossie
4. weder Diglossie noch Bilinguismus[32]

Dieses terminologische Kartenhaus fällt in sich zusammen, sobald man nur einen einzigen Fall aufmerksam und unvoreingenommen untersucht. Es genügt, an die Mehrsprachigkeiten zu denken, von denen hier bisher die Rede war. Jede Diglossie ist Polyglossie, jeder Bilinguismus ist Plurilinguismus, ist Mehrsprachigkeit, die innerhalb einer Sprache um sich greift, so wie sie darüber hinaus in andere Sprachen hineingreift.

Mehrsprachigkeit ist kein Zustand, sondern ein Vorgang, ein sich in den Köpfen der Menschen unablässig wiederholender und erneuernder Vorgang. Hier erlöscht eine Mehrsprachigkeit, da entsteht eine andere.

Im Bewußtsein der Menschen leben mehrere Sprachen nebeneinander, miteinander. In diesem Zusammenleben nehmen sie voneinander an, durchdringen und durchmischen sie sich. Daher gibt es keine »reinen« Sprachen. Überall ist es zu Interferenzen und Interpenetrationen gekommen. So weit wir in der Geschichte zurückblicken können, überall finden wir Sprachen, die schon diese Mehrsprachigkeit bezeugen, die schon aus mehreren Sprachen gemischt sind.

Alle menschlichen Sprachen sind gemischte Sprachen.

IV. Sprachmischung

Die moderne Sprachwissenschaft ist vor zweihundert Jahren aus der Entdeckung, Erforschung und Vergleichung einer immer größeren Zahl der verschiedensten Sprachen der Erde hervorgegangen. Man hat sogleich versucht, in diese verwirrende Fülle von Formen und Strukturen Ordnung zu bringen und einige Grundmuster herauszufinden, um sie danach einteilen zu können.

Typologien

August Wilhelm Schlegel teilte 1818 alle Sprachen in drei Klassen ein: Sprachen ohne jede grammatische Struktur; Sprachen, die Affixe aneinanderfügen; flektierende Sprachen. Die Sprachen dieser dritten Klasse stehen für ihn auf der höchsten Stufe. »Man könnte sie die organischen Sprachen nennen, denn sie enthalten ein lebendiges Prinzip der Entfaltung und Vermehrung, sie allein haben ein, wenn ich so sagen darf, reiches und fruchtbares Wachstum.« Bei den flektierenden Sprachen unterscheidet er synthetische, wie das Griechische und Lateinische, und analytische, wie die romanischen Sprachen und das Englische. »Ich verstehe unter analytischen Sprachen diejenigen, die vor dem Substantiv den Artikel, vor dem Verbum das Personalpronomen setzen müssen, die in der Konjugation Hilfszeitwörter verwenden, die durch Präpositionen die fehlenden Kasusendungen ersetzen, die die Steigerung der Adjektive durch Adverbien ausdrücken und so weiter.«
Synthetische Sprachen können zu analytischen werden, manchmal sehr schnell, »gewissermaßen in Stößen, wenn als Folge einer Eroberung ein Konflikt zwischen zwei Sprachen besteht, der der Eroberer

und der der alten Bewohner des Landes. So war es in den Provinzen des Weströmischen Reiches, als sie von den Germanen erobert wurden, und in England nach der Invasion der Normannen. Aus dem lange Zeit währenden Kampf zweier Sprachen, die eine Sprache die der großen Masse der Bevölkerung, die andere die der herrschenden Oberschicht, und aus der schließlichen Amalgamierung der Sprachen und der Völker sind das Provenzalische, das Italienische, das Spanische, das Portugiesische, das Französische und das Englische entstanden.«[1]

Schlegels Klassifikation ist seither vielfach verändert, erweitert, schärfer gefaßt worden – die flektierenden Sprachen hat man längst entthront –, man unterscheidet agglutinierende, flektierende, introflexive, isolierende, polysynthetische oder holophrastische Sprachen, man versucht es mit ganz anderen Klassifikationen und ist doch bis heute mit keiner zufrieden.[2]

Sätze aus Wörtern aus Lauten

Unsere Sprachen bilden Sätze aus Wörtern aus Lauten, genauer besehen Sätze aus Wortverbindungen aus Wörtern aus Silben aus Lauten. In jeder Sprache kann jede dieser drei bzw. fünf verschiedenen Ebenen besondere Merkmale aufweisen. In welchem Verhältnis stehen die charakteristischen, die typischen Merkmale der einzelnen Ebenen jeweils zueinander?

Schlegels Entwurf und alle seine späteren Verbesserungen und Erweiterungen berücksichtigen nur einen einzigen morphologischen Aspekt unserer Sprachen, die formale Modifikation der Wörter und ihrer Beziehungen zueinander. Unsere Sprachen sind aber sehr viel komplexere Gebilde, sie haben außerordentlich differenzierte syntaktische, lexikalische, phonetische Strukturen. Das alles darf in einer wirklich umfassenden Typologie der menschlichen Sprachen nicht fehlen.

Die Frage ist nur, wie sich die besonderen Merkmale der verschiedenen Ebenen einer gegebenen Sprache, einer Sprachklasse, eines Sprachtyps zu einem Gesamtbild vereinigen lassen. Welcher Vokalismus, welcher Konsonantismus, welches Lautinventar oder welche Form der Frage, der Bejahung, der Verneinung oder welche lexikalische Instrumentalisierung des erlebten menschlichen Raumes, der erlebten Zeit, der menschlichen Verwandtschaftsbeziehungen oder welche durchschnittliche Satzlänge, welches Verhältnis von Anreihung und Unterordnung, von Parataxe und Hypotaxe gehören typologisch etwa zu den flektierenden Sprachen? Läßt sich zwischen den phonetischen, den lexikalischen, den syntaktischen Strukturen einer Sprache ein gewisser Isomorphismus oder Strukturparallelismus erkennen?

In letzter Zeit hat man diese Frage mathematisch, mit den neuesten quantifizierenden Methoden der numerischen Taxonomie zu beantworten versucht. Aber je größer die Zahl der erfaßten Eigenschaften, je vielseitiger die Quantifizierung derart heterogener Phänomene, desto enttäuschender die Ergebnisse. Je großartiger die Zahlengebäude, desto geringer ist ihr Erkenntniswert.[3] Es gehört keine besondere Sehergabe dazu, vorauszusagen: würde es jemals gelingen, sämtliche typischen Merkmale sämtlicher Sprachen in eine solche mit mathematischem Totalitätsanspruch auftretende »allgemeine Sprachtypologie« einzufüttern, wäre der Erkenntniswert gleich Null.

Sprache als »Organismus«

Isomorphistische Theorien sind in der Sprachwissenschaft nichts Neues. Seit Johann Gottfried Herder glaubte man in Deutschland die menschliche Sprache als einen Organismus begreifen zu können, der nach dem Lebensgesetz der in ihm schlummernden Urgestalt sich organisch entfaltet, entwickelt, der wächst, blüht, reift, Früchte trägt, welkt, stirbt, der Wurzeln, Stämme, Äste, Zweige hat – die am häufigsten gebrauchten bildhaften Vergleiche für dieses geheimnisvolle Leben sind nicht zufällig dem Pflanzenreich entnommen. Als man aber nach dem Vorbild der Naturwissenschaften daranging, den ungeheuren Bestand menschlicher Sprachen zu sichten, zu ordnen, zu klassifizieren, fand man nirgends einen Typus, nirgends ein Bildungsprinzip, wie Wilhelm von Humboldt es nannte,[4] rein und unvermischt verwirklicht, stieß man überall auf Kreuzungen, auf hybride Formen und Strukturen.

Humboldt bemühte sich immer wieder, diese Tatsache mit der poetischen Vision der Sprache als Organismus, als lebendige Ganzheit in

Einklang zu bringen. Über die Schlegelschen Klassen sagt er: »Von allen drei Methoden finden sich in den meisten Sprachen einzelne, stärkere oder schwächere Spuren. Wo aber eine derselben bestimmt vorwaltet und zum Mittelpunkt des Organismus wird, da lenkt sie auch den ganzen Bau, in strenger oder loser Konsequenz, nach sich hin.«[5]

Aber auch Humboldt erkannte die Bedeutung der Sprachmischung. »Das mächtigste Prinzip in der Veränderung der Sprachen und ihres Gebiets ist die Mischung der Nationen ... Wie weit sich die Mischung der Sprachen erstreckt haben möge, läßt sich im einzelnen nicht entscheiden. Bei dem Völkergewühle, das beständig auf dem Erdboden geherrscht hat, bei der Reihe von Jahrhunderten, die für unsere Geschichtskunde in Nacht begraben liegen, ist wohl mit Sicherheit anzunehmen, daß es auch unter den uns für einfach geltenden Sprachen keine einzige reine und unvermischte gibt ... Wo aber verschiedene Volksstämme wahrhaft zusammenfließen oder doch Teile desselben Staatskörpers werden, da entstehen sehr verschiedenartige Verhältnisse nach dem Übergewicht, welches die Sprache des einen über den andren erhält. Der schwächere Stamm wird genötigt, die Sprache des stärkeren anzunehmen, und dieser drückt sich nun in zwei Sprachen aus, wie es in Biscaya, Nieder-Bretagne und Wales geschieht und bei so vielen amerikanischen Völkerschaften der Fall war und noch heute selbst ohne politischen Zwang ist. Dann stirbt die Sprache des schwächeren Stammes entweder ganz aus, wie es der kornischen, altpreußischen und mehreren asiatischen und amerikanischen gegangen ist, oder sie erhält sich in immer kleiner werdendem Umfang, wird auch mit Ausdrücken der vorherrschenden Sprache vermischt. Zugleich aber nimmt auch diese Elemente von ihr in sich auf.«[6]

Indogermanisches »Völkergewühl«

Als in den ersten Jahrzehnten des 19. Jahrhunderts die gewaltigen Umrisse der neu entdeckten indogermanischen oder indoeuropäischen Sprachenfamilie den Forschern immer deutlicher vor Augen traten, versuchten sie sich zu erklären, warum alle diese Sprachen neben so vielen gleichen und verwandten Formen und Strukturen so viel Andersartiges und Fremdartiges enthielten. Als organische Entfaltung einer jeweils anderen inneren Eigengesetzlichkeit ließen sich diese unterschiedlichen, ja gegensätzlichen Entwicklungen in mehreren Dutzend offenkundig verwandter Sprachen ja nicht begreifen. Blieb als Erklärung nur die Einwirkung und Beimischung nichtindogermanischer Sprachen, mit denen die indogermanischen seit frühester Zeit in unterschiedlicher Symbiose zusammengelebt haben müssen, von denen sie später immer wieder neue Anstöße zu Veränderungen erfahren haben müssen. Von diesen fremden Sprachen ließen sich freilich meist nur Reste auffinden und verläßlich deuten. Das alles führte zu Spekulationen, zu kühnen Rekonstruktionen und immer neuen Diskussionen, die bis heute andauern.

Das älteste Zeugnis einer indogermanischen Sprache wurde erst zu Beginn unseres Jahrhunderts gefunden: die hethitischen Tontafeln aus dem 2. Jahrtausend vor Christi Geburt ergaben entziffert eine Sprache mit einem überwiegend nichtindogermanischen Wortschatz in einem indogermanisch flektierenden Gehäuse. Seither hat man vom innerasiatischen Tocharischen bis zum Inselkeltischen die einzelnen indogermanischen Sprachen noch aufmerksamer nach nichtindogermanischen Bestandteilen durchforscht, nach kaukasischen, kleinasiatischen, balkanischen, apenninischen, mediterranen, nordafrikanischen, alteuropäischen Relikten, nach vorindogermanischen Alpen- oder Pyrenäenwörtern, man hat sogar nach den geheimnisvollen »japhetitischen« Sprachen einer über Europa und Asien verbreiteten Urbevölkerung gesucht, Unterschichtsprachen, die sich mit den indogermanischen Eroberersprachen vielfältig gekreuzt und vermischt hätten. Das Dunkel der menschlichen Frühgeschichte verlockt oft zu allzu phantastischen Hypothesen. Aber auch den umsichtigsten und vorsichtigsten Forschern bieten sich unsere Sprachen in ihren frühesten Zeugnissen schon als Konglomerate dar, mit den verschiedenartigsten Einsprengseln und Beimischungen aus anderen Sprachen.[7]

Römer und Romanen

Auch die Sprache Roms ist keineswegs aus einem Guß. Sie hat Elemente vorindogermanischer mediterraner Sprachen in sich aufgenommen, noch viel mehr aus den umliegenden indogermanischen Sprachen und Mundarten, dem Oskisch-Umbrischen, dem Sabinischen. »Die Vielfalt des lateinischen Wortschatzes, nicht zuletzt aber auch die Unstimmigkeiten in der lautlichen und morphologischen Entwicklung sind sicher zum Teil aus der starken Mischung des ursprünglich so eng begrenzten Dialektes der Stadt Rom mit vielen Nachbardialekten zu erklären.«[8]

Das Lateinische hat eine jahrhundertelange Auseinandersetzung zwischen städtischen und bäuerlichen Sprachschichten durchgemacht. Seit frühester Zeit hat aus dem benachbarten Unteritalien das Griechische auf das Lateinische eingewirkt. Eine ständig wachsende Zahl von Lehnwörtern, Bedeutungsentlehnungen, Lehnübersetzungen bilden allmählich im Lateinischen eine intellektuelle lexikalische Superstruktur griechischer Herkunft. Die Dichter der goldenen Latinität verwenden in ihren Werken bis zu 20 % griechische Wörter. Griechisches dringt in die lateinische Morphologie und Syntax ein. Griechisch setzt sich auf zwei verschiedenen soziokulturellen Ebenen durch, als Bildungssprache der Herrenschicht und als Sprache von Kaufleuten, Wanderhändlern, Schauspielern, Sängern, Musikern, Ärzten, bildenden Künstlern, Handwerkern, Sklaven.

Das Römische Weltreich ist ein halbes Jahrtausend lang weithin zweisprachig, lebt in engster griechisch-lateinischer Symbiose. Das Ergebnis ist eine einzigartige »wechselseitige Durchdringung griechischer und lateinischer Elemente«, die uns beispielhaft vor Augen führt, in welchem Ausmaß unsere Sprachen füreinander durchlässig und aufnahmefähig sind, in welcher Weise zwischen ihnen Osmose entsteht.[9]

Aus der Sprache Roms sind dann die romanischen Sprachen geworden. Dieser Vorgang, »die Ausgliederung der romanischen Sprachen«, ist ohne das Ineinandergreifen vieler Sprachen gar nicht vorstellbar, wie schon Schlegel und Humboldt wußten.

Kein Wunder, daß gerade hier vor hundert Jahren die Substratforschung entstand. Sie untersucht seither die Wirkungen, die die durch das Lateinische überschichteten Sprachen in den verschiedenen Gebieten des Weltreiches auf das dort gesprochene Latein ausgeübt haben, das vorrömische, keltische, iberische, baskische *Substrat*; die Einwirkungen der Eroberersprachen, das germanische oder das arabische *Superstrat*; die Beimischungen aus den Sprachen von Völkern, mit denen ein mehr oder weniger enges »commercium et conubium« sich entwickelte, wie das slawische *Adstrat* im Rumänischen.

Lateinisch *LUNA* – französisch *LA LUNE*

Warum haben sich die Laute der lateinischen Sprache in jedem Gebiet, jeder Landschaft, jeder Stadt, jedem Dorf anders verändert? In Gallien, in der westlichen Gallia Cisalpina Oberitaliens, im westlichen Alpenromanischen erscheint das lange lateinische *u* als *ü*:

lat.	*murus,*	*cura,*	*nudus,*	*nullus,*	*plus,*	*tu* ...
fr.	*le mur,*	*la cure,*	*nu,*	*nul,*	*plus,*	*tu* ...

Das ist die Sprache der Römer im Mund der Gallier, erklärte der italienische Sprachforscher Graziadio Isaia Ascoli, die auch sonst das Lateinische nach ihren alten gallischen Aussprachegewohnheiten lautlich verformt haben, wie sich aus einer Reihe weiterer Merkmale des Galloromanischen schließen läßt. Ein zwingender Beweis dafür ließ sich freilich bis heute nicht erbringen. Solche Verformungen prägen sich am stärksten in der Sprache der Unterschichten aus, und es dauert oft Jahrhunderte, bis sie in die Hochsprache aufsteigen und sich dort dokumentieren – ihre endgültige Durchsetzung und weitere Verbreitung hängt von den tausend Wechselfällen des geschichtlichen Zufalls ab.

Lateinisch *FILIUS* – spanisch *EL HIJO*

Das Kastilische unterscheidet sich von seinen iberischen Nachbarsprachen, dem Galicischen und Portugiesischen im Westen, dem Katalanischen im Osten, durch eine Reihe auffallender Veränderungen der lateinischen Lautgestalt. So wird das lateinische *f* im Wortanlaut zu *h* und verstummt schließlich ganz:

lat.	*farina,*	*facere,*	*ferrum,*	*folia,*	*formosus,*	*furnus* ...
sp.	*la harina,*	*hacer,*	*el hierro,*	*la hoja,*	*hermoso,*	*el horno* ...

Man ist sich heute darüber einig, daß hier das Baskische »durchgeschlagen« hat. Es ist ein Vulgarismus, der sich im Mittelalter von Norden nach Süden ausgebreitet und erst zu Beginn der Neuzeit in der Hochsprache durchgesetzt hat. Nördlich der Pyrenäen zeigt auch die südwestlichste Mundart Frankreichs, das Gaskognische, diese Ausstrahlung des baskischen Substrats:

lat. *filius, ferrum, festa, furnus* ...
gask. *hilh, her, hèsto, hour* ...[10]

Die vorrömischen Sprachen Galliens und Hispaniens haben das Lateinische nicht nur lautlich verändert, auch Elemente ihres Wortschatzes leben in den einzelnen galloromanischen und iberoromanischen Sprachen weiter. Besondere Namen für Pflanzen und Tiere, für Landschafts- und Geländeformen, aber auch schon die Eigennamen von Bergen und Gewässern, von menschlichen Siedlungen bezeugen, daß es zwischen den Alteingesessenen und den Neukömmlingen immer wieder Perioden der Zweisprachigkeit gegeben haben muß, in denen diese Namen von Mund zu Mund gegangen sind.

Frankenreich – Frankreich

Nach der Völkerwanderung und dem Seßhaftwerden germanischer Stämme und vor allem der Franken auf galloromanischem Boden waren weite Gebiete Nordfrankreichs lange Zeit germanisch-romanisch zweisprachig. Dann gaben die neuen Herren der Städte und Burgen, aber auch die ländlichen Siedler allmählich ihre alte Stammessprache auf und redeten nur mehr so wie die galloromanische Bevölkerung, in deren Mitte sie lebten.

In den Jahrhunderten der Zweisprachigkeit wurde aus dem Galloromanischen das Französische. An dieser lautlichen Umgestaltung haben zweifellos germanische Aussprachegewohnheiten, hat vor allem der starke germanische Akzent auf den Tonsilben mitgewirkt.

Auch die Sprachforschung kann sich von kulturellen und politischen Zeitströmungen nicht ganz freihalten. Hat man gestern die Germanen überbewertet, so versucht man heute, ihren Anteil am Werden der französischen Sprache möglichst zu verkleinern.[11]

Die unbestrittenen und unbestreitbaren germanischen Einwirkungen sind aber eindrucksvoll genug. So unter anderem das starke germanische *h,* das ins Französische aufgenommen wurde. Das römische *h* war ja längst verstummt, erschien nur mehr als Schriftzeichen, in Erinnerung an die lateinische Schreibung: lat. *habere* – fr. *avoir;* lat. *habilis* – altfr. *able,* später *habile;* lat. *herba* – fr. *l'herbe;* griech.-lat. *historia* – altfr. *estoire,* später *l'histoire;* griech.-lat. *hora* – fr. *l'heure* ...

Jetzt erscheinen in großer Zahl Wörter mit starkem Expirationsdruck: [12] fränkisch *hagja »Hecke« – fr. la haie; *haistr »Heister, Buche« – fr. le hêtre; *halla »Halle« – fr. la halle; *hnapp »Napf« – fr. le hanap; *hâring »Hering« – fr. le hareng; *hatjan »hassen« – fr. haïr, la haine; *haunjan »höhnen« – fr. honnir, la honte...
Auch dieses starke h ist im Französischen später wieder verstummt. Aber dieses (heute nur mehr da und dort gelegentlich affektisch aspirierte) sogenannte h aspiré hat in der Struktur der französischen Sprache eine bleibende Spur hinterlassen, gewissermaßen eine Verwerfung, eine merkwürdig asystematische Anomalie: einige hundert Wörter ganz verschiedener Herkunft lauten heute zwar vokalisch an, aber sie werden so behandelt, als würden sie mit einem Konsonanten beginnen, es kommt daher weder zur Elision noch zur Liaison: *la hauteur, les hauteurs, la halte, les haltes, la hache, la hardiesse, la houille, la houle, la hotte, la hutte...*
Die Franken haben Frankreich nicht nur den Namen gegeben. Hunderte fränkischer Wörter haben im französischen Wortschatz Aufnahme gefunden, Ausdrücke der neuen fränkischen Staatsverwaltung und Rechtsprechung, der Besitzverhältnisse und Sozialstruktur, des Heerwesens, der Bewaffnung und Kriegsausrüstung, der Jagd, der Viehzucht und Landwirtschaft, des Hauswesens, Namen für Nahrung, Kleidung, Schmuck, Spiel und Tanz, für Landschaft und Gelände, für Pflanzen und Tiere des Waldes.
Wie tief die beiden Sprachen ineinandergriffen, deutet auch die Eingliederung einzelner Formelemente an, wie der Vorsilbe *miss-* (fr. *la mésaventure, le méfait, médire, méconnaître, méchant*...) oder der Nachsilbe *-hard* (fr. *le bâtard, renard, couard, gaillard, vieillard, campagnard, montagnard*...). Die germanische Stellung des Adjektivs vor dem Substantiv hat im Altfranzösischen diese Wortfolge begünstigt, auch in vielen Ortsnamen, wie den überall im Norden verbreiteten *Neuchâtel, Neufchâteau, Neuville, Neuveville, Rougemont* – gegenüber *Châteauneuf, Villeneuve, Montrouge*. [13]
An das Sozialprestige der germanischen Eroberernamen erinnern bis heute die zahllosen *Charles, Louis, Guillaume, Bernard, Gérard, Richard, Robert, Roger, Roland, Hugo, Henri*.
Das alles sind Zeugnisse einer germanisch-romanischen Interpenetration, die aus Gallien Frankreich gemacht hat.

Lateinisch-französische Mehrsprachigkeit

Die Namen der Windrichtungen haben die Franzosen von den Angelsachsen übernommen: *le nord, le sud, l'est, l'ouest*. Der Nordwestwind im Ärmelkanal heißt *le noroît*, der Südwestwind – und der wasserdichte Seemannshut, *Südwester* genannt, *le suroît*. Aber die dazugehörenden Adjektive stammen aus dem Buchlatein und haben sich erst in der zweiten Hälfte des Mittelalters im Französischen eingebürgert: *septentrional, méridional, oriental, occidental*. Von den skandinavischen Seefahrern haben die Franzosen das Wort *la vague* »die Woge, die Welle«. Das lateinische Wort *unda, l'onde*, wird in der französischen Literatur viel gebraucht und erhält später mannigfache neue Verwendungen.

In seiner Lautgestalt hat sich das Französische weiter vom Lateinischen entfernt als die anderen romanischen Sprachen. In *eau* »Wasser« ist lat. *aqua* nicht mehr wiederzuerkennen. Aber die dazugehörigen Adjektive *aquatique* und *aqueux* hat man sich, das eine im 13., das andere im 16. Jahrhundert, aus dem Lateinischen geholt und kaum verändert. Viele Adjektive haben so eine lateinischere Form als ihre Substantive: *la nuit* »die Nacht« – *nocturne* »nächtlich«; *le dimanche* »der Sonntag« – *dominical* »sonntäglich«. Oder es hat umgekehrt das Adjektiv eine volkstümlichere, das Substantiv, das Verbum eine gelehrtere Form: lat. *humilis* »niedrig, bescheiden, demütig«, fr. *humble*, aber *l'humilité, humilier, l'humiliation*; lat. *maturus* »reif«, fr. *mûr, mûrir*, dazu seit dem Ende des Mittelalters *la maturation, la maturité*; lat. *securus* »sicher«, fr. *sûr, la sûreté*, dazu *la sécurité*.

Lat. *multum* »viel«, in der Volkssprache lautlich auf *mou(t)* zusammengeschrumpft und daher mehrdeutig oder undeutlich, wird durch das kräftigere *beau coup – beaucoup* ersetzt, aber das Lateinische liefert *multitude, multiplier, multiplication, multiplicité, multiforme* und viele weitere Neubildungen mit *multi-*. Zu lat. *masculus* und *femina*, fr. *mâle* und *femme*, treten die lateinischen Formen *masculin* und *féminin*. Lat. *pater, mater, frater* lauten in der Volkssprache *le père, la mère, le frère* – die Bildungssprache steuert aus dem Lateinischen *paternel, maternel, fraternel, paternité, maternité, fraternité* bei.

Oder das Verbum gehört zu einer anderen Sprachschicht als das Substantiv oder Adjektiv: lat. *abbreviare* »abkürzen«, fr. *abréger* –

l'abréviation; lat. *recipere* »empfangen«, fr. *recevoir – la réception;* lat. *comprehendere* »begreifen«, fr. *comprendre – la compréhension, compréhensible, compréhensif;* lat. *exstinguere* »auslöschen«, fr. *éteindre – l'extinction;* lat. *negare* »verneinen«, fr. *nier – la négation, négatif;* lat. *legere* »lesen«, fr. *lire – la lecture, le lecteur;* lat. *scribere* »schreiben«, fr. *écrire* – aber der öffentliche Schreiber oder auch der Schriftgelehrte des Alten Testaments ist *le scribe;* lat. *benedicere, maledicere* »segnen, verfluchen«, fr. *bénir, maudire* – aber fast unverändert die kirchenlateinische Form *la bénédiction, la malédiction.*

Der französische Wortschatz ist das Ergebnis jahrhundertelanger, stärkster und innigster lateinisch-französischer Sprachmischung. Aus lat. *fides* »Glaube, Treue« wird fr. *la foi,* dazu das Adjektiv *féal* – aber auch *fidèle* und *la fidélité.* Aus lat. *causa* »Fall, Grund, Angelegenheit, Sache, Streitfall« wird *la chose* – aber für den Juristen, den Philosophen, den Theologen *la cause.*

Mittelalterliche Polyglossie

Tausend Jahre lang bilden Latein und Französisch gemeinsam ein großes Polysystem, in dem viele Sprachen sich durchdringen. Auch Latein ist ja in Wahrheit eine Vielzahl von Sprachen, es ist die Sprache der Kirche und der Universität, der geistlichen und der weltlichen Gelehrsamkeit, der Scholastik und der Mystik, der großen mittellateinischen Literatur Europas, es ist der Technolekt der Juristen, Politiker, Administratoren, die Sprache der Kanzleien, der Technolekt der Ärzte und Naturforscher, es ist Schreiblatein und Sprechlatein, Vagantenlatein, Mönchslatein, Küchenlatein ... und auch das Französische hat in der Heldendichtung, der höfischen Lyrik und Epik eine Hochsprache ausgebildet, in den Werken der Chronisten, in der bürgerlichen Dichtung, es hat seine dialektalen und regionalen Urkundensprachen [14] und die immer weiter um sich greifende Sprache des Pariser Hofes und der Hauptstadt des Königreichs.

Auch hier handelt es sich nirgends um eine »Diglossie«, etwa eine Opposition zwischen dem »hohen« Latein und dem »niedrigen« Französisch oder auch zwischen einem »hohen« und einem »niedrigen« Französisch. Auch hier greifen in einer dynamischen Polyglossie viele Sprachen unaufhörlich ineinander. Da alle Schulen Lateinschu-

len sind, steht vielen Menschen Latein zu Verfügung, ist auch ihr Alltag mit Latein gesättigt.
Die wachsende Flut der Übersetzungen pumpt immer mehr Lateinisches ins Französische. Meist begnügt man sich damit, durch geringfügige Veränderungen des Auslauts aus einem lateinischen Wort ein französisches zu machen. Man bemüht sich andererseits, die volkssprachlichen Wörter möglichst zu relatinisieren, sie in ihrer Lautgestalt und ihrem Schriftbild, so gut man es versteht, dem Lateinischen anzunähern. Manchmal irrt man sich dabei. Lat. *pensum* »Abgewogenes« von *pensare* »wiegen«, altfranzösisch *le pois,* bringt man mit lat. *pondus* »Gewicht« zusammen und schreibt daher bis heute fälschlich *le poids.*
Diese ineinandergreifende Mehrsprachigkeit wird auch durch eine Fülle von »Dubletten« bezeugt: das gleiche lateinische Wort erscheint zu verschiedenen Zeiten in verschiedenen Sprachschichten, in verschiedener Form und meist in mehr oder weniger verschiedener Bedeutung; beide Formen können schließlich in der gleichen Sprache nebeneinander Aufnahme finden. Diese doppelte Bewegung kann man ablesen an:

lat. *sacramentum*	fr. *serment* »Eid« – *sacrement* »Sakrament«
lat. *redemptio*	fr. *rançon* »Lösegeld« – *rédemption* »Erlösung«
lat. *pietas*	fr. *pitié* »Mitleid« – *piété* »Frömmigkeit«
lat. *ministerium*	fr. *métier* »Beruf« – *ministère* »Amt«
lat. *monasterium*	fr. *moutier* »Kloster« – *monastère* »Kloster«
lat. *sarcophagus*	fr. *cercueil* »Sarg« – *sarcophage* »Sarkophag«
lat. *tabula*	fr. *tôle* »Blech« – *table* »Tafel«
lat. *fabrica*	fr. *forge* »Schmiede« – *fabrique* »Fabrik«
lat. *capitale*	fr. *cheptel* »Viehbestand« – *capital* »Kapital«
lat. *species*	fr. *épice* »Spezerei, Gewürz« – *espèce* »Spezies, Art«
lat. *charta*	fr. *charte* »Urkunde« – *carte* »Karte«
lat. *potio*	fr. *poison* »Gift« – *potion* »Trank«
lat. *fragilis*	fr. *frêle* »schwach, zart« – *fragile* »zerbrechlich«
lat. *gracilis*	fr. *grêle* »schwach, dünn« – *gracile* »zierlich«
lat. *rigidus*	fr. *raide, roide* »steif« – *rigide* »starr«
lat. *mobilis*	fr. *meuble* »locker, beweglich« – *mobile* »beweglich«
lat. *legalis*	fr. *loyal* »treu, ergeben« – *légal* »gesetzlich«
lat. *originalis*	fr. *originel* »ursprünglich« – *original* »originell«

lat. *captivus*	fr. *chétif* »armselig« – *captif* »gefangen«
lat. *nativus*	fr. *naïf* »einfältig« – *natif* »gebürtig, angeboren«
lat. *integer*	fr. *entier* »ganz« – *intègre* »unbestechlich«
lat. *strictus*	fr. *étroit* »eng« – *strict* »streng«
lat. *apprehendere*	fr. *apprendre* »lernen« – *appréhender* »ergreifen«
lat. *recuperare*	fr. *recouvrer* »wiedererlangen« – *récupérer* »wiedererlangen«
lat. *separare*	fr. *sevrer* »abstillen« – *séparer* »trennen«
lat. *operari*	fr. *œuvrer* »werken« – *opérer* »wirken, operieren«
lat. *masticare*	fr. *mâcher* »kauen« – *mastiquer* »kauen«
lat. *blasphemare*	fr. *blâmer* »tadeln« – *blasphémer* »lästern« …

Der Weg, den jedes dieser Wörter genommen hat, ist jedesmal ein anderer. Jedes Wort hat seine eigene Geschichte. Zusammengenommen geben sie den besten Einblick in die vielfältigen Bewegungsmöglichkeiten unserer Mehrsprachigkeit, in die Mischung unserer Sprachen, ihrer Schichten, Register, Stile, aber auch in die oft so überraschenden und unberechenbaren Bedeutungswanderungen der Wörter.

In diesen Jahrhunderten bildete sich die französische Prosa auch syntaktisch und stilistisch nach dem lateinischen Vorbild, im Gebrauch der Tempora und der Modi, des Infinitivs, des Gerundiums, des Partizipialgefüges, in der Gestaltung der Nebensätze.

»Der Scholar aus dem Limousin«

Im »Herbst des Mittelalters« wurde das Latinisieren schließlich zur alles überwuchernden literarischen Mode. Die burgundische Dichterschule der »Rhétoriqueurs« hatte keinen größeren Ehrgeiz, als auf französisch mit großartigen lateinischen Wörtern und Wendungen zu prunken. Die humanistischen Dichter wurden dann von Joachim du Bellay in seiner »Deffence et Illustration de la Langue françoyse« (1549) aufgefordert, die sprachlichen Schätze der griechischen und römischen Tempel zu plündern und die poetischen Tempel Frankreichs damit zu schmücken und zu bereichern. Damit meinte er freilich nicht, daß man auch die Alltagsrede lateinisch herausputzen sollte. François Rabelais läßt seinen gutmütigen Riesen Pantagruel eines Tages vor den Toren von Orléans einem schmucken Studenten be-

gegnen. »Mein Freund, woher kommst du zu dieser Stunde?« fragt er ihn und erhält zur Antwort: »De l'alme, inclyte, et celebre academie que l'on vocite Lutece.«
(Was soll das heißen? fragt Pantagruel einen seiner Begleiter, der ihm erklärt: er kommt aus Paris.)
»Du kommst also aus Paris. Und womit verbringt Ihr Herren Studenten eure Zeit in besagtem Paris?«
»Nous transfretons la Sequane au dilucule et crepuscule; nous deambulons par les compites et quadrivies de l'urbe; nous despumons la verbocination latiale, et, comme verisimiles amorabonds, captons la benevolence de l'omnijuge, omniforme, et omnigene sexe feminin...«
(Der Kerl will zweifellos die Sprache der Pariser nachahmen, sagt ein anderer Begleiter Pantagruels, dabei zieht er nur dem Latein die Haut ab und hält sich für einen großen französischen Redner, weil ihm die gewöhnliche Redeweise nicht gut genug ist.)
»Signor Missayre, mon génie n'est poinct apte nate à ce que dict ce flagitiose nebulon pour escorier la cuticule de nostre vernacule Gallicque, mais viceversement je gnave opere, et par veles et rames je me enite de le locupleter de la redundance latinicome.«
»Bei Gott«, sagt Pantagruel, »ich werde Euch sprechen beibringen. Aber erst sagt mir: woher bist du?«
»L'origine primeves de mes aves et ataves fut indigene des regions Lemovicques, où requiesce le corpore de l'agiotate sainct Martial.«
»Ich verstehe, du bist also schlicht und einfach ein Limousiner und spielst dich als Pariser auf. Komm einmal her...«, und er packt ihn an der Gurgel. Da beginnt der arme Limousiner in seiner Mundart zu schreien:
»Vée dicou! gentilastre. Ho, sainct Marsault, adjouda my! Hau, hau, laissas à quau, au nom de Dious, et ne me touquas grou.«
»Jetzt sprichst du natürlich«, sagt Pantagruel und läßt ihn laufen.[15]
In seiner Todesangst hat der Ärmste alle seine angelernten Bildungssprachen vergessen, weiß nur mehr seine Mundart – in solchen Augenblicken ist es aus mit unserer Mehrsprachigkeit.
Bleibt nur noch anzumerken, daß einige Wörter, die Rabelais hier als hochtrabende Latinismen verspottet, *célèbre, crépuscule, capter, génie, indigène,* seither im Französischen ganz selbstverständlich geworden sind.

Lateinisch *CA* – französisch *CHIE CHE CHA*

Die Lautgeschichte unserer Sprachen wird tausendfach durch die Wortgeschichte durchkreuzt.

Die lateinische Lautverbindung *ca* ist im Französischen zu *chie, che, cha* geworden: *caput* – *chief, chef; canis* – *chien; capra* – *chèvre; caballus* – *cheval; carus* – *cher; carrus* – *char; camera* – *chambre; casa* – *chez; castellum* – *château; cathedra* – *chaire, chaise; cantare* – *chanter; siccare* – *sécher; collocare* – *coucher; mercatus* – *marché; ducatus* – *duché; peccatum* – *péché*...

Wären unsere Sprachen homogene und konsequente Systeme, so dürfte es eigentlich im Französischen die Lautverbindung *ca* gar nicht geben (außer wenn sie auf lat. *qua* zurückgeht: *quattuor* – *quatre, quadratus* – *carré, qua re* – *car* und ein paar ähnliche Fälle).

Tatsächlich aber enthalten heute Tausende französischer Wörter diese Lautverbindung. Sie sind spätere Beimischungen aus anderen Sprachen:

1. Aus dem Lateinischen, wie *cas, case, cage, cave, caverne, calcul, calice, calvaire, cadavre, carotte, castor, calomnie, capitaine, cardinal, catholique, calendrier, catalogue, catastrophe, caractère, capable, candide, caduc*...
2. Aus französischen Mundarten, wo, wie in der Pikardie und einem Teil der Normandie, *ca* erhalten geblieben ist (wo man auch die Ortsnamen *Calais, Cambrai, Le Cateau-Cambrésis, Cabourg, Caen, Cambremer, Camembert* findet): *cabaret, caillou, caboche, cafouiller*...
3. Aus dem Süden Frankreichs (wo die Orte *Carpentras, Cavaillon, Cassis, Castres, Carcassonne, Cahors, Castelnau, Castelsarrasin* heißen): *cap, cabane, cambrioler, caisse, cabri, escargot, cadeau, cadet*...
4. Aus dem Italienischen, Spanischen, Portugiesischen: *calme, caresse, carrosse, caleçon, casanier, casemate, canon, caporal, camarade, casque, cantate, cadence, caprice, caracoler, calebasse, caramel, caravelle, escapade*...
5. Aus anderen Sprachen: *café, cacao, caoutchouc, calibre, casaque, cannibale, cafard*...
6. Aus dem Englischen, darunter auch Wörter, die aus dem Norman-

nisch-Pikardischen ins Englische gelangt sind und von dort ins Französische zurückkehren: *cabine, cabinet, car, camping*...

Das hat im Französischen einen bunt gemischten Wortschatz ergeben, in dem viele Wörter, die auf dasselbe Grundwort zurückgehen, ein verschiedenes Aussehen haben: *chien – canin, canicule, canaille; cheval – cavale; chevalier – cavalier; charger – cargo, cargaison; charge – caricature; champ – camp; Champagne – campagne; chenal – canal; chemise – camisole, chape – cape; chancre – cancre, cancer; châtrer – castrer; chair – carnivore; chandelle – candélabre; chaîne – cadenas; échelle – escalier, escale, escalade; chapitre – récapituler; charbon – carboniser; marchand – mercantile; chaux – calcaire; chauve – calvitie; chauffage – caléfaction*...
Für die Heterogenität der Formen läßt sich da und dort eine kulturhistorische Erklärung finden. Der Sänger und die Sängerin heißen *le chanteur* und *la chanteuse*. Der Ruhm italienischer Opernsängerinnen brachte in der zweiten Hälfte des 18. Jahrhunderts auch in Paris den italienischen Namen *cantatrice* in Umlauf, und heute verfügt die französische Sprache über zwei Wörter und unterscheidet *la chanteuse* und *la cantatrice*.
Vieles aber ist einfach geschichtlicher Zufall, wirklich Zu-fall. Lat. *excappare* »aus dem Mantel schlüpfen«, it. *scappare*, sp., port. *escapar*, »entkommen, entweichen« lautet im Französischen *échapper*. 1906, bei einem Grubenunglück im nordfranzösischen Kohlenrevier, berichteten die Pariser Zeitungen tagelang von den Bergleuten, die aus der Tiefe gerettet werden konnten und die man in der dortigen Mundart »*les rescapés*« nannte. In dieser pikardischen Form und von diesem Ereignis ausgehend, ist das Wort in die französische Sprache aufgenommen worden: »entkommen, sich retten« heißt *échapper,* aber die bei einem Schiffs-, einem Flugzeugunglück, einem Verkehrsunfall, einer Katastrophe Davongekommenen, die Geretteten, sind *les rescapés*.

Lateinisch -*ATA* – französisch -*ÉE*

Die lautliche Entwicklung unserer Sprachen wird ebensoleicht durch die Wortbildung überspielt.
Die lateinische Partizipialendung -*ata: amata, armata, intrata, corrogata* ... hat im Französischen -*ée* ergeben: *aimée, armée, entrée, corvée* ... und für diese Endung hat man viele neue Verwendungen gefunden: *levée, montée, portée, purée, poussée, dictée, contrée, vallée, maisonnée, bouchée, chambrée, gorgée, brassée, cuillerée, assiettée, journée, matinée, soirée, année* ...[16]
Aber bald werden die Franzosen auch mit einer anderen Form dieser Endung vertraut, durch eine wachsende Zahl von Wörtern aus dem Süden, dem Provenzalischen, Okzitanischen, Italienischen, Spanischen, Portugiesischen mit der Endung -*ata*, -*ada*, die man als -*ade* einbürgert. Aus *malum granatum*, dem mit Körnern gefüllten Apfel, wird so *la pomme grenade, la grenade,* der Granatapfel; später auch das mit Körnern gefüllte Geschoß, *la grenade,* die Granate. Den Kreuzzug nennen die Franzosen zuerst *la croisée, le croisement,* dann so wie der Süden *la croisade,* eine Gesandtschaft zuerst *ambassée,* dann *ambassade*. Neben *la chevauchée* tritt *la cavalcade,* neben *l'échappée l'escapade*. Neben *la chambrée*, die Stube voll Soldaten, tritt *la camarade*, die *camerata* oder Stubengemeinschaft, aus der sich später *le camarade,* der Stubengenosse, herauslöst (dazu in unserer Zeit *la camarade,* die Kameradin).
Die Nordwanderung dieser Südwörter ist ein Stück europäischer Kulturgeschichte: *ballade, aubade, sérénade; façade, arcade, balustrade, estrade, colonnade, cascade; brigade, escalade, embuscade, canonnade, barricade; estocade, taillade, estafilade; accolade, parade, mascarade, bravade, fanfaronnade, rodomontade, gambade, arlequinade, pantalonnade; limonade, orangeade, marinade, brandade, marmelade, pommade* ...
Die eingeführten Wörter sind schließlich so zahlreich, daß sie den Franzosen das Gefühl geben, mit dieser Endung ein frei verfügbares Programm zu besitzen, mit dem sie selbst neue Wörter bilden können: *oeillade, embrassade, promenade, glissade, goutade, bourrade, ruade, galopade, levade, rigolade, dégringolade, bousculade, engueulade, toquade, brimade, dérobade, lapalissade, brillade, baignade, noyade* ... Die Mischung der Formen ist hier vollkommen.

Viele dieser Wörter sind aus dem Französischen ins Englische, ins Deutsche, in andere europäische Sprachen gewandert. Sie bezeugen die gegenseitige Aufnahmebereitschaft unserer Sprachen. Sie sind ein Teil unseres gemeinsamen europäischen Wortschatzes.

Vom Angelsächsischen zum Englischen

In der zweiten Hälfte des 19. Jahrhunderts war in England die Zeit für die wissenschaftliche Erforschung der Geschichte der englischen Sprache gekommen. Das Englische war zur Weltsprache geworden. Die Sprachforscher suchten Antwort auf die Fragen nach der Herkunft dieser Weltsprache, nach den verschlungenen Wegen, auf denen sie zustande gekommen war.
Henry Bradley, einer der vier Hauptverfasser des monumentalen »Oxford English Dictionary« (1884–1928), zeichnete diese wechselvolle Geschichte in seinem Buch »The Making of English« (1904) nach.
Die Angeln, Sachsen und Jüten, die im 5. und 6. Jahrhundert Britannien besiedelten, redeten zwar eine gemeinsame Sprache, aber in dialektalen Varianten, und da sie sich in verschiedenen Gegenden des Landes niederließen, mußten sich diese Unterschiede noch verstärken.
Eine zweite Eroberwelle aus Skandinavien vom 9. bis zum 11. Jahrhundert brachte den größeren Teil der Insel unter dänische Herrschaft und einen weiteren Zustrom von Siedlern mit wieder einer anderen germanischen Sprache. Im Verkehr zwischen diesen verschiedenen Bevölkerungsgruppen entstand allmählich eine Mischsprache, in der die unterschiedlichen Endungen der Flexion, des Genus und Numerus immer mehr vernachlässigt wurden. Wenn verschiedensprachige Bevölkerungen sich vermischen, ist oft Unsicherheit im Gebrauch des grammatischen Instrumentariums und gegenseitige Neutralisierung der Flexionsendungen die Folge.
Die sehr komplizierten altgermanischen Flexionsstrukturen waren also bereits brüchig geworden, als nach der Schlacht bei Hastings 1066 die französischsprechenden Normannen England in Besitz nahmen.

SWINE und *PORK*

Im ersten Kapitel seines historischen Romans »Ivanhoe« (1820) läßt Walter Scott zwei angelsächsische Leibeigene, den Schweinehirten Gurth und den Hofnarren Wamba, hundert Jahre nach Hastings, sich über ihre normannischen Herren unterhalten.
Deine Schweine werden auch bald in Normannen verwandelt werden, sagt der Narr und erklärt dem staunenden Hüter: »Wie nennst du diese grunzenden Biester, die da auf ihren vier Beinen herumlaufen?« – »*Swine,* das weiß doch jeder Narr« – »Und *swine* ist gut sächsisch ... aber wie nennst du die Sau, wenn sie abgehäutet und ausgenommen und geviertelt und wie ein Verräter an den Füßen aufgehängt worden ist?« – »*Pork.*« – »Auch das weiß jeder Narr, und *pork* ist gutes Normannenfranzösisch. Solange das Tier lebt und von einem sächsischen Leibeigenen gehütet wird, hat es seinen sächsischen Namen; wird aber ein Normanne und *pork* genannt, wenn es in die Festhalle des Schlosses getragen wird, um mit den Edelleuten ein Fest zu feiern.«
In gleicher Weise, meint Wamba, verwandelt sich *old Alderman Ox* in *Beef, a fiery French gallant,* und *Mynheer Calf* in *Monsieur de Veau.* An *swine* und *pork, ox* und *beef, calf* und *veal* denkt heute jedermann zuerst, wenn vom französischen Superstrat des Englischen die Rede ist.[17]
Die Herren dieser neuen Sprache waren Normannen, Nordmänner, Wikinger, die selbst erst seit dem Ende des 9. Jahrhunderts sich in der Normandie festgesetzt und innerhalb eines Jahrhunderts ihre germanische Sprache gegen das Französische eingetauscht hatten.
Auf eine Zeit, in der die französische Herrensprache und die angelsächsische Volkssprache nebeneinander lebten, folgten Jahrhunderte der Zweisprachigkeit. Bis in die Mitte des 15. Jahrhunderts, bis zum Ende des Hundertjährigen Krieges bildete England eine politische Einheit mit weiten Gebieten Westfrankreichs, von wo ein ununterbrochener Strom von Franzosen auf die Insel herüberkam. Französisch war selbstverständlich die Sprache des königlichen Hofes, des Adels, des höfischen Lebens, der feudalen Kultur, der verfeinerten Bildung, bald auch die Sprache des aufstrebenden, bildungsbeflissenen Bürgertums. Französisch war die Sprache der Staatsverwaltung und der Gerichte.

Als nach Jahrhunderten des Zusammenlebens mit dem Französischen das Englische langsam die Oberhand gewann, war es eine veränderte Sprache. Viele Bereiche des Wortschatzes waren ganz durchsetzt mit französischen Wörtern. Wie lang und stark die Zweisprachigkeit, wie tief die gegenseitige Durchdringung der Sprachen gewesen sein muß, wird einem bewußt, wenn man sich einige dieser Wortgruppen vergegenwärtigt: *sovereign, crown, state, country, people, parliament, council, counsel, chancellor, power, peace, war, battle, arms, armour, banner, standard, assault, siege, enemy, navy, vessel, gallant, coward, traitor, spy, danger, damage, prison, justice, judge, heritage, marriage, penalty, pardon, abbey, cloister, clergy, prayer, grace, please, pity, mercy, jealousy, beauty, joy, cheer, pleasure, delight, ease, comfort, chair, cushion, towel, mirror, jewel, manner, fashion, dinner, supper, butler, servant, sauce, sausage, cream, venison, pigeon, partridge, salmon, oyster, courteous, fine, refined* ... man könnte noch lange so fortfahren und dabei viele Wörter nennen, die heute zum englischen Grundwortschatz gehören, wie *air, mountain, valley, plain, river, fountain, village, city, flower, fruit, age, change, charge, hour, place, point, piece, party, price, reason, measure, matter* ...

Wie innig die Verschmelzung der beiden Sprachen war, geht auch aus den vielen Hybriden hervor, französische Wörter mit englischen Vorsilben *(outcry, outnumber, overboil, overturn, unable, uncertain)*, englische Wörter mit französischen Nachsilben *(understandable, eatable, unthinkable; leakage, cottage; utterance, hindrance)*, französische Wörter mit englischen Nachsilben *(doubtful – doubtless, graceful – graceless, merciful – merciless; clearness, gentleness, tenderness)*.[18]

In den Jahrhunderten der Zweisprachigkeit hat das Englische seine germanische Nominalflexion mit Ausnahme des sächsischen Genitivs abgestreift, hat das unnütze grammatische Geschlecht mit seinen sowohl angelsächsischen wie französischen Ungereimtheiten über Bord geworfen, hat zur Bezeichnung der Mehrzahl die Endung -*(e)s* verallgemeinert und nur wenige Erinnerungen an die alten »buntscheckigen« angelsächsischen Pluralformen behalten *(children, oxen, men, women, teeth, feet, geese, mice ...)*.[19]

»Potentially English«

Humanismus und Renaissance brachten der englischen Sprache das folgenschwerste literarische Superstrat Europas, die klassischen alten Sprachen. Daß das Englische bereits eine so große Menge französischer Wörter in sich aufgenommen hatte, erleichterte jetzt auch die Aufnahme eines riesigen griechisch-lateinischen Wortschatzes, oft in einer lautlichen Gestalt, die es uns heute unmöglich macht zu sagen, ob das betreffende Wort über das Französische oder direkt integriert wurde. Dabei geht das Englische weit über alle anderen germanischen Sprachen hinaus. Henry Bradley: »Das lateinische Element im Englischen ist so groß, daß es nicht schwer wäre, Hunderte von Seiten zu schreiben, in denen die Wörter einheimischer englischer und französischer Herkunft, ausgenommen Partikel, Pronomina, Hilfszeitwörter und Verba substantiva, nicht mehr als fünf Prozent des Ganzen ausmachen ... Allmählich kam man zu der Überzeugung, daß der gesamte lateinische Wortschatz oder zumindest der Teil davon, der in den allgemein bekannten klassischen Texten vorkommt, potentiell Englisch ist, und wenn ein neues Wort gebraucht wird, ist es oft leichter und entspricht mehr unseren literarischen Gewohnheiten, ein lateinisches Wort zu anglisieren oder aus lateinischen Elementen ein zusammengesetztes Wort zu bilden als eine einheimische Zusammensetzung oder Ableitung zu erfinden, die diesen Zweck erfüllt.« (S. 93)
Und tatsächlich, nimmt man ein lateinisches Schullexikon zur Hand, so kann man feststellen, daß jedes vierte bis fünfte lateinische Wort entweder über das Französische oder unmittelbar den Weg ins Englische gefunden hat.[20]

FREEDOM und *LIBERTY*

Diese doppelte Überschichtung durch das Französische und das Lateinische hat das Englische in einzigartiger Weise zur Sprache der Synonyme gemacht, von *freedom* und *liberty, mankind* und *humanity, land* und *country, haven, harbour* und *port; fall – autumn, beast – animal, snake – serpent, fatherhood – paternity, motherhood – maternity, brotherhood – fraternity, neighborhood – vicinity, forefathers – ancestors, food – aliment, nourishment – nutrition, building – edifice, trade*

– *commerce, help – aid, danger – peril, outcome – result, speed – velocity, strength – force, fortitude, vigor, vigorousness greatness – magnitude, loneliness – solitude, thankfulness – gratefulness, gratitude; reminding, remindful – remembering, reminiscent; forgetful – oblivious, foregoing – preceding, eatable – edible, unbelievable – incredible, unavoidable – inevitable, unripe – immature, upright – erect, easy – facile, weighty – ponderous, choice – select, exquisite; far – remote, only – solely, to begin – to commence, to end – to finish, to terminate; to allow – to permit, to forbid – to prohibit, to go in – to enter, to go up – to mount, to ascend; to go on – to continue, to go back – to return, to foretell – to predict, to increase – to augment, to shut – to close* ...

Oft unterscheiden sich diese Synonyme durch ihre Polysemie, ihre Bedeutungen und Verwendungen decken sich nicht genau, sie überlappen einander vielfältig; sie werden in dem einen oder anderen Kontext bevorzugt gebraucht, sie tragen einen unterschiedlichen soziokulturellen Index oder haben einfach durch die Häufigkeit oder Seltenheit ihrer Verwendung einen verschiedenen Stellenwert; sie haben oft ganz verschiedene assoziative Konnotationen.

Die englische Synonymik ist eine eigene Wissenschaft, die uns besonders eindrucksvoll zeigt, was die Polymorphie einer natürlichen Sprache, die Verfügbarkeit mehrerer Formen für die gleiche Funktion, für uns leistet, was sie für das Verhältnis von Denken und Sprechen bedeutet, welche Möglichkeiten feinerer und feinster Abstufungen und Abtönungen, welche Vielfalt der Obertöne, welchen Reichtum uns dieses Überangebot eröffnet.

Aber dieses Überangebot kann auch ein nutzloser Überfluß sein. »Wir haben mehr Wörter als Begriffe, ein halbes Dutzend Wörter für dieselbe Sache«, sagte man schon im Barock. Bei vielen Doppel- und Tripelformen ist die Denotation genau dieselbe. »*Kingly, royal* und *regal*: wer ist imstande, genau zu sagen, worin sich diese Adjektive in ihrer Bedeutung unterscheiden?«[21]

»Johnsonese«

Als literarische Mode erreichte die Latinisierung ihren Höhepunkt im klassizistischen 18. Jahrhundert. Ihr Inbegriff war die Prosa und Poesie Dr. Samuel Johnsons, Schriftsteller, Kritiker, Literaturpapst,

Verfasser des »Dictionary of the English Language« (1755). »My brother and I meet every week, by an alternate reciprocation of intercourse, as Sam Johnson would express it«, schrieb der Dichter William Cowper in einem seiner Briefe. Später verspottet man diese französisch-lateinisch-griechische Gespreiztheit. Man vergnügt sich damit, volkstümliche Sprichwörter in »Johnsonese« zu übersetzen. »When the cat 's away the mice will play« wird so zu: »In the absence of the feline race, the mice give themselves up to various pastimes.« »Too many cooks spoil the broth« übersetzt man in: »More confectioners than are absolutely necessary are apt to ruin the potage.« Und »A rolling stone gathers no moss« gießt man in die Verse:

> Cryptogamous concretion never grows
> On mineral fragments that decline repose.[22]

Man muß an den Scholaren aus dem Limousin denken.

Soziale Sprachbarrieren

Es ist kein Zufall, daß die Frage der sozialen Sprachbarrieren vor dreißig Jahren gerade in England aufgeworfen wurde.
Hunderte fremdartiger Wörter, oft schwer zu schreiben oder auszusprechen, ohne erkennbaren Zusammenhang mit anderen vertrauteren Wörtern, haben hier besonders deutliche gesellschaftliche Schranken zwischen »Gebildeten« und »Ungebildeten« aufgerichtet. Es sind die »hard words«, die langen und schwierigen Wörter, die ein Mensch ohne höhere Schulbildung nur allzu leicht verwechselt oder sonst mißhandelt. Er begeht einen »malapropism«. Das ist seit Shakespeares Tagen eine unversiegbare Quelle der Komik.
Nun ist auch in anderen Sprachen der Umgang mit Fremdwörtern, mit *Konifere* und *Koryphäe,* nicht ohne Schwierigkeit, woraus freiwillige oder unfreiwillige Komik entstehen kann. Man braucht nur an die »namenlosen Bildungsschnitzer« von Frau Stöhr in Thomas Manns »Zauberberg« zu denken, die *insolvent* und *insolent, obskur* und *obszön, Eroica* und *Erotika* verwechselt, die *desinfiszieren* und *Sterilett* sagt.[23]
Im Englischen aber geht es um mehr. Die Masse der »hard words« mag im britischen Englisch auch heute noch den soziokulturellen In-

dex »Sprache der gebildeten Oberschicht« tragen, im amerikanischen Englisch ist das ganz gewiß nicht der Fall, und gerade das Amerikanische macht vom griechisch-lateinischen Wortschatz den stärksten und unbefangensten Gebrauch.
Was vielmehr heute jedem Beobachter auffallen muß, ist ein merkwürdiger Widerspruch, ist eine englische Mehrsprachigkeit, die Ernst Leisi folgendermaßen beschreibt:
»Die Wörterbücher und Statistiken zeigen, daß das Englische über einen größeren Wortreichtum verfügt als alle andern Sprachen. Dem widerspricht die praktische Erfahrung eines jeden, der in England an durchschnittlichen Unterhaltungsgesprächen teilgenommen hat. Es scheint, daß in der englischen Umgangssprache, viel mehr als in der deutschen oder französischen, gewisse einfache Wörter endlos wiederkehren: *do, get, job, nice, put, say,* so daß aus ihnen fast die ganze Konversation bestritten werden kann.«[24]
Es gibt ein schlichtes Englisch, das weitgehend aus einsilbigen Wörtern besteht. Seit das Englische die angelsächsischen Flexionsendungen abgestreift hat, ist es ja unter unseren Sprachen diejenige mit der weitaus größten Zahl von Einsilbern. In dieser Umgangssprache spielt eine Handvoll einfacher Verben germanischer Herkunft eine entscheidende Rolle. Es ist ganz erstaunlich, was man mit diesen paar Verben zusammen mit ihren Richtungszusätzen alles sagen kann: *to get about, to get across, to get at, to get away with, to get by, to get down, to get off, to get on, to get out, to get over, to get round, to get through, to get together, to get up* ... Der Erfinder des Basic English, C. K. Ogden, konnte daher behaupten, mit achtzehn Verben auszukommen und damit alles und jedes sagen zu können: *come, go, get, give, keep, let, make, put, seem, take, be, do, have, say, see, send, may, will.*[25] Man muß Engländer sein, um überhaupt auf einen solchen Gedanken zu kommen.
Stärker als anderswo heben sich im Englischen zwei Sprachen voneinander ab, die Umgangssprache und die Bildungssprache mitsamt ihren verschiedenen Technolekten; die eine gekennzeichnet durch die vielen meist einsilbigen Wörter meist germanischer Herkunft, die andere durch die erdrückende Mehrzahl meist mehrsilbiger französisch-lateinisch-griechischer Bildungswörter.
Mit Germanen und Lateinern hat das aber nichts mehr zu tun. Die englische Romantik brachte zwar eine Gegenbewegung auf die grie-

chisch-lateinische Überfrachtung der Sprache. Die altheimischen Wörter angelsächsischer Herkunft fand man schlichter, erdnäher, gemütvoller. Man versuchte, sie in der Dichtung wieder zu Ehren zu bringen. Für *people* holte man das alte *folk* wieder hervor, *tradition* übersetzte man mit *folk-lore* – aber das neue Wort nahm bald eine andere Bedeutung an als das alte, das es ersetzen sollte. Für *preface* schlug man *foreword* vor. Aber die Lehnübersetzung, die für die deutsche Sprache von entscheidender Bedeutung war, die Einverleibung fremden Sprachguts durch Eindeutschung, die im frühen Mittelalter begann und seither nicht mehr zum Stillstand gekommen ist, verfing für das Englische nicht mehr. Der »Saxonismus« brachte es nur zu einer archaisierenden Poesie, für die Prosa war der Kampf aussichtslos.[26]

Eine Sprache ist viele Sprachen

Eine Sprache ist eine ganze Welt von Sprachen; dieser Satz gilt für das Englische mehr als für jede andere. Es ist dieselbe Sprache und doch nicht dieselbe auf den britischen Inseln und in Amerika, in Australien, in Afrika und Asien. Sie reicht von der Sprache Shakespeares bis zum Slang verschiedenster Menschengruppen in allen Teilen der Erde, bis zu den internationalen Technolekten der modernen Welt, vom Sport bis zur Astronautik.

Der gemeinsame Nenner aller dieser Sprachen, die gemeinsamen Grundformen und -strukturen, die einfachste englische Schulnorm ist das Ergebnis jahrhundertelanger Mehrsprachigkeit und Sprachmischung. Was Mehrsprachigkeit für uns bedeutet, wie sich unsere Sprachen mischen, läßt sich wohl nirgends besser untersuchen als im Englischen.

Dieses Konglomerat von Sprachen wirkt heute immer stärker auf andere Sprachen ein, mit denen es schon so viel gemeinsam hat.

Konvergenzen

In der Einverleibung des griechisch-lateinischen Wortschatzes gehen das britische und mehr noch das amerikanische Englisch oft noch über die romanischen Sprachen hinaus: *to apologize, to emphasize, agonizing, tantalizing, sophisticated, galaxy, spleen, flux, focus, stimulus, status, curriculum, campus, donor, sponsor, computer, emergency, efficiency, suspense, elation, retaliation, fallacy, assumption, previous, prior, incipient, reluctant, repellent, deterrent, succinct, perfunctory, desultory, compulsory, ludicrous, affluent, permissive* ... viele amerikanische Gräcolatinismen sind seit dem letzten Krieg in andere Sprachen eingedrungen, *genocide, astronaute, technology, strategy, symposium, proliferation, pollution, recycling, mass media, authoritarian, cognitive, to relax, to articulate, to frustrate* ...

Aber es ist noch viel mehr das ganze Programm der Wortbildung mit Hilfe von griechisch-lateinischen Präfixen, Präfixoiden, Suffixen, Suffixoiden, das das Englische mit den romanischen Sprachen verbindet und darüber hinaus auch mit den anderen europäischen Sprachen. Es ist dieser gewaltige Überbau, der unsere Sprachen zu Dialekten derselben modernen Sprache gemacht hat. Es ist das Programm

der Präfixe	*ante-, post-, pre-, pro-, counter-, co-, de-, dis-, re-, retro-, in-, intra-, ex-, extra-, ultra-, trans-, cis- supra-, super-, sub-, non-, semi-, uni-, bi-, pluri-, multi-, omni-* (und seit kurzem *mini-, maxi-*); *a-, anti-, arch-, auto-, crypto-, hyper-, hypo-, micro-, macro-, mono-, poly-, pan-, paleo-, neo-, para-, proto-, pseudo-;*
der Präfixoide	*centri-, alti-, biblio-, audio-, tele-, radio-, astro-, geo-, hydro-, thermo-, bio-, ethno-, eco-, psycho-;*
der Suffixe	*-ation, -ity, -ment, -ure, -acy, -ize, -ism, -ist, -fy, -fication;*
der Suffixoide	*-form, -grade, -mobile, -phile, -phobe, -cracy, -graphy, -logy, -mania, -rama* ...[27]

Es ist dieses weit offene Programm der bereits verwirklichten und der »potentiell englischen« und »potentiell internationalen« Wortbildungen, das die immer stärkere Konvergenz unserer Sprachen bewirkt.

Kanada

»Faced with the present fact of a very large deficit and with the prospect of declining expenditures, it may well seem prudent to maintain our revenues, reduce our borrowings and extinguish our deficit as rapidly as possible. Such a policy is not without its attractions to a Minister of Finance, but there are other considerations which claim attention.«
Diese in keinerlei Hinsicht aufsehenerregenden oder auch nur ungewöhnlichen Worte sprach der kanadische Finanzminister Ilsley am 12. Oktober 1945 vor dem Abgeordnetenhaus in Ottawa. Am nächsten Tag konnte man sie in Montreal auf englisch in »The Gazette« und auf französisch in »La Presse« lesen (als Kriegsgefangener hatte ich damals durch drei endlose kanadische Winter täglich Zeit und Muße, die englisch-französische Zweisprachigkeit der kanadischen Presse zu studieren). Auf französisch lauteten die Ministerworte: »En face de la réalité d'un déficit considérable et avec la perspective d'un abaissement des dépenses, il peut sembler prudent de maintenir nos revenus, de réduire nos emprunts et de combler notre déficit le plus promptement possible. Une telle politique n'est pas sans attrait pour un ministre des finances, mais d'autres considérations doivent retenir son attention.«
Als Entsprechungen boten sich dem Übersetzer ohne weiteres an: *deficit – déficit, prudent – prudent, maintain – maintenir, revenues – revenus, reduce – réduire, possible – possible, minister – ministre, finance – finances, considerations – considérations, attention – attention.* Manchmal hat sich der englische Sprachgebrauch für eine andere Vor- oder Nachsilbe entschieden als der französische: *prospect – perspective, expenditures – dépenses, policy – politique, attractions – attrait.*
Lateinisch *clamare* »rufen«, altfranzösisch *clamer, claim,* daher englisch *to claim,* wird im Gegensatz zum Englischen heute im Französischen nur selten gebraucht, lebt nur mehr in den Zusammensetzungen *acclamer, proclamer, exclamer, déclamer, réclamer.* Der Übersetzer muß daher auf *retenir* ausweichen, dem im Englischen *to retain* entspricht.
Hier hat überall der geschichtliche Zufall die Hand im Spiel. Obwohl für die englischen Wörter *present, fact, large, declining, extinguish,*

rapidly durchaus geläufige französische Entsprechungen vorhanden sind, *présent, fait, large, déclinant, éteindre, rapidement,* kann der Übersetzer sie hier nicht brauchen. Die einen wären in diesem Zusammenhang falsch, die anderen ungeschickt oder auch nur ungebräuchlich. Das gleiche Wort hat heute im Englischen einen anderen Verwendungsbereich als im Französischen, ohne daß es dafür eine andere Erklärung gäbe als den Zufall. Oft sind es kleinere oder größere Unterschiede in der Metaphorik, der Idiomatik der beiden Sprachen: *to extinguish our deficit – combler notre déficit.* Und die Wörter, die man zur Umschreibung heranzieht, zeigen ihrerseits wieder unvorhersehbare und unberechenbare Abweichungen: französisch *abaissement* »Herablassen, Herabsetzung, Verminderung, Abnahme«, auch »Erniedrigung, Demütigung« – englisch *abasement*, nur mit dieser letzteren, im Französischen heute veralteten Bedeutung.

»Zwei Sprachen, sechs Idiome«

Seit 1969 besitzt Kanada ein Statut, das den offiziellen englisch-französischen Bilinguismus gesetzlich verankert (1970 und 1975 habe ich als Gastprofessor an kanadischen Universitäten diese mehrsprachige Wirklichkeit und widerwillige Zweisprachigkeit alltäglich erlebt und mit den Studenten durchgearbeitet).
In der riesigen Flut der täglichen Übersetzungen wiederholt sich heute das gleiche Spiel zwischen diesen beiden sich so ähnlichen und so fremden Sprachen. Einige tausend englische Wörter sehen entsprechenden französischen Wörtern zum Verwechseln ähnlich, aber sie bedeuten etwas anderes, oder sie haben einen anderen Verwendungsbereich, einen anderen Stellenwert. Das sind die »deceptive cognates«, schlicht »false friends« genannt, »les faux amis«, die falschen Freunde, die tückischeste Gefahr für jeden Übersetzer. Man hat sie auch in Kanada bereits in vielen Veröffentlichungen zusammengestellt und ausführlich besprochen.[28]
Aber auch sonst kommt dabei oft ein Französisch zustande, das einen Franzosen aus Frankreich etwas fremdartig anmutet. So liest man in dem amtlichen Jahrbuch »Canada 1974« (S. 192):
SOCIAL WELFARE. A wide range of income security and social services are provided by federal, provincial, and local governments

and by voluntary agencies in Canada.« Und in der französischen Ausgabe:
»BIEN-ÊTRE SOCIAL. Au Canada, bon nombre de services sociaux et de sécurité du revenu sont assurés par les gouvernements fédéral, provinciaux et les administrations locales, et par des organismes bénévoles.«
Welfare muß wohl oder übel mit *bien-être* wiedergegeben werden, obwohl das für französische Ohren seltsam klingt, und so gibt es auch amtlich ein *Ministère du Bien-être social.* Das vielgebrauchte englische Wort *range* findet, obwohl es aus dem Französischen kommt, hier kein französisches Echo und muß anders wiedergegeben werden; *are provided* wird zu *sont assurés; local governments* wird zu *administrations locales* und *voluntary agencies* zu *organismes bénévoles* – und nicht etwa zu *agences volontaires*.
Die Vermeidung des formal entsprechenden Wortes ist dadurch geradezu eine Übersetzergewohnheit geworden. Im Jahrbuch »Canada 1975« heißt es (S. 100):
»Canada has played a substantial role in the creation and support of the International Institute of Applied Systems Analysis in Vienna...« und auf französisch:
»Le Canada a pris une part très active à la fondation et au soutien de l'Institut international pour les applications d'analyses des systèmes à Vienne...«
Auch hier geht es in Wirklichkeit nicht um eine Auseinandersetzung zwischen zwei Sprachen. »Deux langues, six idiomes« lautet der Titel eines vielbeachteten Buches von Irène de Buisseret, »Pour un bon entendement des six variétés des deux langues officielles du Canada«.[29] Hier treffen täglich sechs Sprachen aufeinander, britisches Englisch, kanadisches Englisch, US-Englisch, kanadisches Französisch, »le français universel«, »le néo-français«.

Le Québec

Im Jahre 1763, als Frankreich das Land an England abtreten mußte, blieben rund 60 000 französischsprechende Bewohner an den Ufern des Lorenzstroms zurück. In zweihundert Jahren haben sie ihre Zahl fast verhundertfacht. Die meisten dieser Frankokanadier leben in der

Provinz Québec und nennen sich heute Québécois. Sie sprechen frankokanadisch, le québécois, eine Sprache, die ihre bäuerliche Herkunft aus den westfranzösischen Landschaften nicht verleugnet. In den letzten Jahrzehnten hat die französische Bildungssprache, le français de France, le français universel, immer weitere Bereiche des Lebens erobert, nicht zuletzt durch die Massenmedien. Auch hier kann man oft beobachten, daß bei dieser Annäherung und Angleichung die Aussprache, der Wortschatz, die Syntax und Stilistik sich unabhängig voneinander entwickeln können. Heute läßt sich das Verhältnis zwischen kanadischem Französisch und Französisch etwa vergleichen mit dem zwischen österreichischem Deutsch und Deutsch.
Aber mit der Industrialisierung ist in Montréal auch ein hybrider Soziolekt entstanden, eine abenteuerliche Mischung aus alten französischen Mundarten, viel Englischem und noch mehr US-Englischem, *le joual* (so wird da *le cheval*, das Pferd, ausgesprochen). Gleichzeitig mit der europäischen Dialektrenaissance eroberte sich auch *le joual* die Bühne, den Film, die Literatur. In den letzten entscheidenden Jahren der Bildung eines neuen »Québécois«-Bewußtseins entstand ein lebhafter Streit über die Frage, welche Aufgaben jeder der drei Sprachen, dem »français français«, dem »français canadien«, dem *joual* übertragen werden sollten.[30]
In einem langen und erbitterten Kampf ist es den »amerikanischen Franzosen« gelungen, in der Provinz Québec das Französische als die offizielle Sprache durchzusetzen, es Schritt für Schritt in den Fabriken und Büros und Geschäften und im gesamten Wirtschaftsleben zur Pflicht zu machen, die jahrhundertelange soziale und kulturelle Inferiorität des Französischen zu beseitigen. Der Brennpunkt der Auseinandersetzung ist Montréal, die vielsprachige Millionenstadt mit ihren Einwanderern aus allen Teilen der Erde, mit einer Bevölkerung, die zu zwei Dritteln französischer, zu einem Sechstel englischer Muttersprache ist, mit der politischen Macht in der Hand der Frankophonen, der wirtschaftlichen Macht bisher in der der Anglophonen.
Ähnlich wie in Katalonien und in Barcelona ist man jetzt auch in Québec und in Montréal bereit, nach so langer Unterdrückung durch das Englische den Spieß umzudrehen und das Englische zu unterdrücken. Als Begründung führt man an, daß die sechs Millionen

Frankophoner gegen die erdrückende Übermacht der über zweihundert Millionen Anglophoner der Neuen Welt keine andere Wahl haben, um das Überleben ihrer Sprache zu sichern.
Québec ist heute das Land einer widerwilligen und dabei oft selbstverständlichen und ausgezeichneten Zweisprachigkeit. Es ist auch das Land der Sprachmischung, der Interferenzen und Interpenetrationen zwischen den beiden Sprachen.[31] Da kann es sogar geschehen, daß selbst ein Führer der französischen Unabhängigkeitsbewegung in der Öffentlichkeit erklärt: »Nous voulons l'autonomie, et éventuellement l'indépendance« – wobei dieses *éventuellement* offenbar nicht seinen französischen Sinn hat (»eventuell, unter Umständen«), sondern den von englisch *eventually* (»schließlich, am Ende«).
In Québec ist heute alles im Fluß, der Widerstreit der Sprachen, die Mehrsprachigkeit, die Sprachmischung.

»Sprechen Sie Franglais?«

Gegen die zahllosen Anglizismen, US-Anglizismen, kämpft man in Québec mit dem Mut der Verzweiflung, versucht mit allen Mitteln, sie auszurotten und durch französische Bildungen zu ersetzen.
Aber auch das französische Mutterland hat die größte Not, sich der angloamerikanischen Invasion zu erwehren. Wollte man René Etiemble, dem Verfasser des Pamphlets »Parlez-vous franglais?« Glauben schenken, so wäre die Sprache Voltaires und Rousseaus heute im Begriff, in einem hybriden »franglais«, »babélien«, »sabir atlantique« unterzugehen.[32]
Englische Wörter treten im Französischen in größerer Zahl erst seit dem 17. Jahrhundert auf. Viele sind »Rückwanderer«, französische Wörter, die in veränderter Form und Funktion aus England zurückkehren und in Frankreich nochmals umgebildet werden. Viele englische Gräcolatinismen kommen über den Kanal. Viele sind »Gastwörter«, die nach einiger Zeit wieder verschwinden. Geblieben sind: aus fränkisch *kotta, fr. *cotte* – e. *riding-coat* – fr. *la redingote;* aus fr. *contrée* und *danse* – e. *country-danse* – fr. *la contredanse;* aus niederländisch *stikken*, altfr. *estiquet* »Etikett« – e. *ticket* – fr. *le ticket;* aus altfr. *toster* »rösten« – e. *toast* – fr. *le toast;* aus altfr. *estendart* »Standarte« – e. *standard* – fr. *le standard;* aus lat. *bulga* »Ledersack« – altfr. *bolgete*

»Geldsack« – e. *budget* – fr. *le budget;* aus altfr. *desport* »Vergnügen« – e. *sport* – fr. *le sport* ... *l'utopie, la suprématie, le panthéisme, le pamphlet, le panorama, le square;* Stoffe und Speisen, Getränke, *la flanelle, la moire, le mohair, le tweed, le jersey, le pudding, le rhum, le punch, le grog, le whisky, le rosbif, le bifteck, le sandwich;* ... *l'humour, le spleen, sentimental, romantique, le confort, le touriste* ...

»Anglomanie«

In der zweiten Hälfte des 18. Jahrhunderts ergreift eine wahre »Anglomanie« (das Wort stammt aus dieser Zeit) die französische Gesellschaft, die Nachahmung englischer Sitten und Gebräuche, englischer Lebensart, die Bewunderung für alles Englische. Immer mehr englische Wörter und Wendungen strömen seither in die französische Sprache ein.

Die politischen Institutionen, das öffentliche Leben Englands sind das große Vorbild. Von dort holt man *la session, le comité, le jury, le verdict, le vote, la majorité, la minorité, la coalition, la popularité, le meeting, le club, la motion, la pétition;* viele Wörter erhalten unter englischem Einfluß neue Bedeutungen und Verwendungen, wie *législatif, exécutif, constitutionnel, parlementaire, conservateur, libéral.* Englische Kurzformen werden auch in Frankreich heimisch, wie lat. *tractatus,* e. *tractate, tract* – fr. *le tract.*

Der Sport kommt aus England und hat in der Vielfalt seiner Technolekte die englische Terminologie zu einem großen Teil bewahrt, so, um nur ein paar Beispiele zu nennen, *la boxe, le ring, le round, le punch, le swing, l'uppercut, le knock-out; le jockey, le groom, le box, le derby, le handicap, l'outsider, le poney, le polo; le tennis* (aus dem französischen Zuruf *tenez!*), *le court* (altfr. *la court*), *le smash, le lob; le drive, le drop; le football, le corner, le penalty, dribbler, shooter, le match, le score, le challenge; le volley-ball, le basket-ball, le waterpolo, le crawl, le rugby, le hockey, le golf, le caddie* (aus fr. *le cadet*); *doper, sprinter, le finish, le record* (aus altfr. *recort, recorder* (»im Gedächtnis bewahren, aufzeichnen«), Nachbildungen wie *entraîner* oder *disqualifier* ...

Die industrielle Revolution bringt aus England viele neue technische Ausdrücke, darunter die Terminologie der Eisenbahn, *the railway,*

übersetzt als *le chemin de fer: le rail, le wagon, le tender, l'express, le viaduc, le tunnel* (aus fr. *la tonnelle*), *le terminus* ...
Dazu Schauspiel, Unterhaltung, Musik, *le clown, l'attraction, le music-hall, le festival, le récital, le sketch, le show,* die mit Anglizismen und Amerikanismen durchsetzte Sprache des Films und des Fernsehens.
Englisch ist die Sprache der besseren Gesellschaft, *le lunch, la garden-party, le tea-room, le grill-room, le bar, le barman, le cocktail, le palace, le bridge, sélect, flirter, le boston, le fox-trot, le slow, le charleston* und viele spätere Tänze ... Es ist die Sprache der *snobs,* der *snobinettes* und *snobinards.*

»Amerikanolatrie«

Seit 1945 scheinen sich alle Schleusen zu öffnen, die letzten Dämme zu brechen. Heute gibt es bereits eine französische Endung *-ing,* mit einem velaren Nasallaut, der bisher im französischen Lautbestand gar nicht vorkam: *le meeting, skating, shampooing, dancing, building, dumping, camping, caravaning, parking, bowling, pressing, travelling, marketing, forcing, living, kidnapping, chewing-gum, brain-storming, shopping, happening, standing, footing.*[33]
Da häufen sich die Wörter mit der Endung *-er,* die man früher in *-eur* verwandelte *(the planter – le planteur, the boxer – le boxeur),* jetzt aber beibehält und mit e oder ö spricht: *le revolver, leader, speaker, reporter, supporter, manager, gangster, teenager, challenger, starter, scooter, mixer, container, bulldozer, bestseller.*
Das Bedürfnis nach diesen Wörtern erklärt sich daraus, daß sie von neuen Dingen und neuen Vorstellungen sprechen. Sie haben außerdem noch einen besonderen Reiz: es sind oft einsilbige, durch einen kräftigen, ausdrucksvollen Konsonantismus gekennzeichnete Wörter, sie klingen modern, knapp, zupackend, »snappy«: *le match, catch, punch, sketch, speech, start, sprint, stop, rush, boom, boss, job, jazz, twist, hit, spot, jeep, quiz, drink, jet, bang, gag, flash, crash, stress, fit, flop, shorts, clips, slip.* Manche sind durch »clipping«, durch das Zusammenschneiden auf eine einzige Silbe zustande gekommen: *vamp* (aus *vampire*), *fan* (aus *fanatic*), *pop* (aus *popular*). Häufig sind auch Zusammensetzungen von zwei Einsilbern: *pick-up, pin-up,*

make-up, hold-up, come-back, flash-back, play-back, feed-back, snack-bar, drug-store, strip-tease, call-girl, kidnap, cockpit, jet-set ...

Abwehrmaßnahmen

Gegen diese Sturmflut kämpft ein halbes Dutzend amtlicher und halbamtlicher Stellen an; darunter L'Office du vocabulaire français (gegründet 1957), bekanntgeworden durch seine Kampagnen gegen *parking, speaker* usw., l'Association »Défense de la langue française« (gegründet 1958); l'Association française de normalisation en matière de langage technique (gegründet 1926), die französische Neubildungen vorschlägt, wie *craquage* für *cracking,* oder *conteneur* für *container*; le Comité d'études des termes techniques français (gegründet 1954); le Haut Comité pour la Défense et l'Expansion de la Langue française (gegründet 1966). Mit amtlichen Ermahnungen und behördlichen Verordnungen greift der Staat ein. Das Gesetzblatt bringt lange Listen verordneter Ersatzwörter: statt *spot* habe man *message publicitaire* zu sagen, statt *hit-parade – palmarès,* statt *flash-back – retour (en) arrière,* statt *black-out – extinction,* statt *jumbo jet – gros porteur* usw.[34]

Sehr weit kommt man damit nicht. Die Franzosen sind seit langem daran gewöhnt, mit Wörtern zu leben, die eine merkwürdig »unfranzösische« Schreibung aufweisen, *toast, stock, club, outsider, wagon, clown, sketch, football, rugby.* Da hat es wenig Sinn, nach dem Muster *riding-coat – redingote, packet-boat – paquebot* die neue Einwandererwelle graphisch zu »französisieren« und *spiqueur, pouloveur* oder *pulovère, gazoale, coquetèle* und *blougines* zu schreiben. Die morphologische Assimilation ist da und dort möglich: *parking – parcage, pressing – pressage.* Aber das französische Wort kann schon anderweitig besetzt sein: *interview* könnte ich zwar in seine französische Entsprechung *entrevue* zurückverwandeln, aber *l'entrevue* ist ja schon etwas anderes, die Unterredung, die Aussprache. Für den Rückwanderer *le suspense* »die Spannung« hat man *le suspens* vorgeschlagen – aber *être en suspens* heißt ja schon in der Schwebe, unentschieden sein. Der Rückkehrer *le design* läßt sich besonders schwer französisch einkleiden – *désigner* heißt ja »bezeichnen, bestimmen«.

Es geht uns auch nicht um das einzelne Wort, sagen die Streiter gegen Anglomanie und Amerikanolatrie, sondern um das erschreckende Ausmaß der Überfremdung.

Geben und Nehmen

Die französischen Aufrufe und Maßnahmen werden in England und Amerika meist mit ironischen Kommentaren versehen. Dort weist man darauf hin, daß umgekehrt das Englische unendlich mehr Französisch in sich aufgenommen hat, ohne an seiner Seele Schaden zu leiden, nicht nur in den Jahrhunderten der angelsächsisch-normannischen Zweisprachigkeit, sondern auch später und bis auf den heutigen Tag.
Mehr noch, an die zweitausend Wörter und Wendungen werden in ihrer französischen Form täglich in englischer Rede und Schreibe gebraucht. Die Hälfte von ihnen stammen aus Bereichen, in denen Frankreich seit langem für die Engländer ein besonderes kulturelles und soziales Prestige besitzt:
Die Gastronomie: *cuisine, chef, maître d'hôtel, menu, hors-d'œuvre, entrée, pièce de résistance, dessert,* Namen von Gerichten, von Käsen und Süßspeisen, von Weinen und Likören, der ganze kulinarische Technolekt der Franzosen, *gourmand* und *gourmet, bon vivant* und *bonne bouche.*
Die Damenmode: *toilette, couture, haute couture, modiste, mannequin, midinette, chic, dernier cri, de luxe, lingerie, brassière, peignoir, décolletage, frou-frou, fichu, foulard, eau de cologne, parfum, rouge, maquillage, crêpe de chine, charmeuse, chatoyant, moiré, pailleté, plissé, bouclé.*
Die Einrichtung: *boudoir, fauteuil, bergère, chaise longue, guéridon, canapé, jardinière, bibelot, chinoiserie.*
Spiel und Vergnügen: *roulette, baccara, chemin de fer, faites vos jeux, les jeux sont faits, rien ne va plus, boîte de nuit, thé dansant, café chantant, vaudeville;* das Theater: *parterre, parquet, loge, foyer, lever de rideau, répertoire, répétition générale, entr'acte, ballet, pirouette, entrechat,* der ganze Technolekt des Balletts.
Kunst und Literatur: *aquarelle, gouache, plein air, l'art pour l'art, hors concours, ensemble, morceau, étude, chef d'orchestre, bâton, homme*

de lettres, nom de plume, nom de guerre, feuilleton, journal intime, monologue intérieur.

Die Gesellschaft: *le beau monde, homme du monde, demi-monde, élite, clique, crème de la crème, jeunesse dorée, nouveau riche, parvenu, arriviste, protégé, enfant terrible, débutante, grande dame, femme fatale, entre deux âges, d'un certain âge, à la mode, à la page, intime, blasé, roué, savoir-vivre, gaffe, maladresse, politesse, déplacé, bienséance, sans façon, sans gêne, sans cérémonie, laisser-aller, en grande tenue, de rigueur, causerie, bon mot, jeu de mots.*

Die Frauen und die Liebe: *bonne fortune, affaire de cœur, amourette, grande passion, liaison, coup de foudre, chagrin d'amour, cri du cœur, cocotte, gigolo.*

Diese und viele andere Wörter – so französisch wie möglich ausgesprochen – werden begleitet von zahlreichen französischen Wendungen, Redensarten, Sprichwörtern, von französischer Idiomatik wie:

> *à propos, à quoi bon, à la bonne heure, tant mieux, tant pis, bien entendu, malgré tout, coûte que coûte, au pied de la lettre, c'est la vie, ça va sans dire, ça saute aux yeux, chacun son goût, cherchez la femme, revenons à nos moutons, après nous le déluge, il faut souffrir pour être belle, ce n'est que le premier pas qui coûte, qui s'excuse s'accuse, plus ça change plus c'est la même chose...*[35]

Mit dieser ausgesprochenen Vorliebe für französische Wörter und Wendungen huldigen die Engländer bis heute dem traditionellen Cliché einer bestimmten französischen Kultur. Alle anderen germanischen und romanischen Nachbarsprachen zusammengenommen haben ihnen keinen auch nur annähernd vergleichbaren Eindruck gemacht. Dieses ins Englische eingestreute Französisch ist eine zusätzliche Sprache. Sie hat eine besondere soziostilistische Funktion. Sie hat Symbolwert, ist ein Statussymbol, soll die Zugehörigkeit zu einer Klasse von Menschen ausdrücken, die eine vornehmere, feinere, reifere Lebensart kennen.

Symbiosen

Französisch und Englisch: zwei Sprachen, sehr verschieden in ihren phonetischen Strukturen, in ihrem Lautbestand, ihrer melodischen und rhythmischen Gestalt. Weniger verschieden, als man meint, in ihren grammatischen, ihren syntaktischen Strukturen. Wer von einer dritten Sprache herkommt, erkennt am besten, wie unauflöslich sich die lexikalischen Strukturen der beiden Sprachen in neun Jahrhunderten engsten Zusammenlebens durchdrungen und verbunden haben.
Viele Kräfte wirken an der Vermischung unserer Sprachen mit, politische, soziale, religiöse, kulturelle, ökonomische Triebkräfte, oder lösen umgekehrt sprachliche Abwehr und Abstoßung aus.
Eroberung und Herrschaft – die Römer in Gallien, die Franken in Frankreich, die Normannen in England –, die kulturelle Ausstrahlung des Griechischen im Römerreich, des Lateinischen im Mittelalter und bis in die Neuzeit, des Französischen in den Jahrhunderten der Hegemonie Frankreichs in Europa, die politischen, kulturellen, sozialen Bedingungen der französischen »Anglomanie« seit dem 18. Jahrhundert, die davon sehr verschiedenen Bedingungen der heutigen »Amerikanolatrie« – das alles erzeugt den Zwang, die Notwendigkeit, das Bedürfnis, den Ehrgeiz, die Eitelkeit und auch einfach die spielerische Lust, über die eigene Sprache hinauszugreifen und von einer anderen oder auch mehreren anderen möglichst viel in sie hereinzunehmen.

V. Deutsch

Mauer, Fenster, Pfosten, Pfeiler, Ziegel, Kalk, Mörtel, Küche, Keller, Kammer, Speicher, Mühle, Fackel, Kerze, Kiste, Tisch, Kessel, Schüssel, Pfanne, Becken, Becher, Kelch, viele Wörter des Steinbaus, viele Namen von Haus- und Küchengeräten gehören heute für uns ganz selbstverständlich zu unserem deutschen Grundwortschatz, sind urdeutsche Wörter, bevor uns der Linguist sagt, daß es die Römer waren, die diese Wörter mit den damit bezeichneten Sachen an den Niederrhein in die Germania Romana brachten: *murus, fenestra, postis, pilare, tegula, calx, mortarium, coquina, cellarium, camera, spicarium, molina, facula, charta, cista, discus, catillus, scutella, patina, baccinum, bicarium, calix.*
Die Römer haben den Germanen auch den Wein- und Obstbau, den Anbau von Gemüsen und Gewürzen beigebracht und viele Wörter dazu, *Wein, Most, Essig, Kelter, Presse, Spund, Trichter, Kirsche, Pflaume, Pfirsich, Pfeffer, Kümmel, Senf, Minze,* lateinisch *vinum, mustum, acetum, calcatura, pressa, expunctum, traiectorium, ceresia, prunum, persica, piper, cuminum, sinapis, menta.*
Römisch sind die *Münze,* das *Pfund* und die *Meile,* das *Pflaster,* die *Straße* und das *Pferd,* lateinisch *moneta, pondus, milia passuum, emplastrum, via strata, paraveredus.* Römischer Herkunft ist der *Kaufmann* und der *Zöllner,* lateinisch *caupo* und *tolonarius.*[1] Später kommen *Anker* und *Kette, Butter* und *Käse* dazu, lateinisch *ancora* und *catena, butyrum* und *caseus,* und vieles andere.

Latein erzeugt Deutsch

Die deutsche Sprache ist aus germanischen Dialekten, aus den Stammessprachen der Franken, der Baiern, der Alemannen hervorgegangen. Einen gemeinsamen Überbau dazu schufen, von der karolingischen Renaissance bis zu den sächsischen und fränkischen Kaisern, die Übersetzer sakraler und profaner lateinischer Texte. Glossare, Interlinearversionen, lateinisch-deutsche Mischprosa, Paraphrasen geben uns einen guten Einblick in das Werden dieser Sprache. Das Erstaunliche, das Bewundernswerte daran ist: dieses Deutsch steht den Übersetzern nicht bereits zu Verfügung, es muß durch Übersetzen überhaupt erst geschaffen werden.
Werner Betz hat als erster das Lehngut der althochdeutschen Benediktinerregel durchleuchtet: neben den Lehnwörtern die ganze Fülle der Lehnprägungen dieser Zeit – Lehnsyntax, Lehnwendungen, Lehnbedeutungen, schließlich die eigentlichen Lehnbildungen und diese wieder nach dem Grad der Genauigkeit oder Freiheit der Nachbildung unterschieden in Lehnübersetzungen, Lehnübertragungen, Lehnschöpfungen.[2]
Dabei geht es weniger um die Lehnwörter. Den christlichen Lehnwortschatz besitzt ja das Deutsche so gut wie die anderen europäischen Sprachen mit *Papst, Bischof, Priester, Pfarrer, Mönch, Nonne, Kirche, Münster, Dom, Kapelle, Kloster, Kreuz, Altar, Kanzel, Predigt, Opfer, Segen, Almosen, Feier* und so weiter.
Die eigentliche Leistung der Übersetzer besteht vielmehr darin, die ganze Welt der Antike und des Christentums durch Lehnprägungen einer deutschen Sprache einzuverleiben, die dadurch erst entsteht.
In den ersten Jahrhunderten bieten diese Übersetzungen oft ein Dutzend verschiedener Versuche, ein gräcolateinisches Wort einzudeutschen, bevor sich eine dieser Lösungen allgemein durchsetzt:

> *omnipotens – allmächtig, misericors – barmherzig, oboediens – gehorsam, communis – gemeinsam, humilis – demütig, unanimis – einmütig, immortalis – unsterblich, creator – Schöpfer, peccatum hereditarium – Erbsünde, purgatorius ignis – Fegfeuer, temptatio – Versuchung, remissio – Vergebung, redemptio – Erlösung, resurrectio – Auferstehung, providentia – Vorsehung, conscientia – Gewissen, superbia – Übermut, superfluitas – Überfluß, contradictio – Widerspruch, aditus – Zugang, maioritas – Mehr-*

heit, praepositus – vorgesetzt, subditus – untergeben, subiectus – unterworfen, adducere – zuleiten, explicare – entfalten, persistere – durchstehen, subiacere – unterliegen, sufferre – ertragen, interdicere – untersagen, interrumpere – unterbrechen ...³

Eine neue Sprache entstand so durch Übersetzung.

Eindeutschungen

Damit war das Verfahren geschaffen, nach dem dann durch die Jahrhunderte und bis auf den heutigen Tag Tausende fremder Formen in deutsche Formen umgebildet worden sind.

Die Nachbildung, die Nachschöpfung mit eigenen Mitteln ist ja die wirkungsvollste und eindringlichste Weise, andere Sprachen in der eigenen aufzunehmen. Wahrscheinlich kennen alle Sprachen dieses Verfahren, wahrscheinlich gehört es zu den in allen menschlichen Sprachen möglichen universalen Phänomenen. Ohne dieses Verfahren wäre jedenfalls die deutsche Sprache nicht das geworden, was sie ist.

Dazu kann das Deutsche alle seine Möglichkeiten der Komposition verwenden, die Nominalkomposition: *patria – Vaterland, manuale – Handbuch, promontorium – Vorgebirge, superficies – Oberfläche, aequilibrium – Gleichgewicht, duellum – Zweikampf, clavicula – Schlüsselbein, retina – Netzhaut;* die Verbalkomposition: *advenire – ankommen, praevenire – zuvorkommen, praedominare – vorherrschen, circumdare – umgeben, circumscribere – umschreiben, participare – teilnehmen.*

Bald sind es wörtliche Übersetzungen, Glied-für-Glied-Entsprechungen: *in-fluxus – Ein-fluß, im-pressio – Ein-druck, ex-ceptio – Aus-nahme, prae-iudicium – Vor-urteil, accidens (ad-cadens) – Zu-fall, circum-stantia – Um-stand, circum-spectus – um-sichtig, re-spectus – Rück-sicht, ineffabilis (in-ex-fari) – un-aus-sprechlich, extra-or-dinarius – außer-gewöhnlich, satis-factio – Genug-tuung, manu-scrip-tum – Hand-schrift, uni-cornis – Ein-horn, rhino-zeros – Nas-horn, vis imaginationis – Einbildungskraft, curriculum vitae – Lebenslauf, nota marginalis – Randbemerkung, numerus fractus – Bruchzahl ...*

Bald sind es Lehnübertragungen, in denen das Gemeinte freier wiedergegeben wird: *paeninsula – Halbinsel, configuratio – Ebenbild,*

constellatio – Sternbild, privilegium – Vorrecht, spectaculum – Schauspiel, monologia, soliloquium – Selbstgespräch, verisimilis – wahrscheinlich, arbor generationis – Stammbaum ...
Oder wir haben Lehnschöpfungen vor uns, in denen die Entsprechung in anderer Weise gesucht wird: *saeculum – Jahrhundert, existentia – Dasein, testamentum – Letzter Wille, archetypus – Urbild, emblema, symbolum – Sinnbild, comoedia – Lustspiel, tragoedia – Trauerspiel* ...
Schließlich das weite Feld der Lehnbedeutungen, die polysemische Ausweitung des heimischen Wortes, um den Bedeutungen und Verwendungen des fremden zu entsprechen: die *Tugend,* ursprünglich die männliche Tauglichkeit, Tüchtigkeit, die nun unter dem Einfluß von *virtus* zur christlichen Tugend und schließlich zur weiblichen, zur jungfräulichen Tugendhaftigkeit wird; der *Fall,* der nun alle übertragenen, auch die juristischen und grammatischen Bedeutungen von *casus* mit übernimmt.
Bei den meisten dieser Lehnprägungen vergißt man sehr schnell, daß sie einem Anstoß von außen, einer anderen Sprache ihr Dasein verdanken. Sie können ihrerseits ebensoleicht wieder neue Bedeutungen und Verwendungen annehmen. *Zufall, Rücksicht, Handschrift* sind deutsche Wörter, die längst ein von *accidens, respectus, manuscriptum* unabhängiges eigenes Leben führen.

Lateinische Vorbilder

Die deutsche Sprache hat sich nicht aus sich selbst heraus entfaltet und entwickelt. Sie ist durch das Lateinische – durch das Lateinische hindurch – zu einer europäischen Kultursprache geworden.
Das gilt nicht nur für den Wortschatz und die Wortbildung. »Alle althochdeutschen Übersetzer sehen sich zu künstlicher Neubildung von Wörtern gezwungen, vor allem wegen der sehr zahlreichen Abstrakta des Lateinischen, denen die germanischen Sprachen nur wenig Hergebrachtes entgegenzusetzen haben.« Um die Abstraktionsstufe des Lateinischen wiedergeben zu können, bildet man immer neue Wörter auf *-heit, -ung, -tum, -nis* usw. Zur Bildung von nomina agentis entlehnt man dem Lateinischen die Endung *-arius* in der Form *-âri,* Mittelhochdeutsch *-aere,* aus der schließlich unsere so viel gebrauchte,

»urdeutsche« Endung -*er* geworden ist: *scrîbâri* »Schreiber«, *trinkâri* »Trinker«, *huotâri* »Hüter«.

»Bevor Wörter wie *toufâri* ›Täufer‹ und *betalâri* ›Bettler‹ gebildet wurden, konnte man im Deutschen das damit Bezeichnete nur verbal ausdrücken, also nicht ›er ist ein Bettler‹, sondern nur ›er bettelt‹. Man konnte nicht sagen ›in meiner Kindheit‹, sondern nur ›als ich noch ein Kind war‹, nicht ›in der Finsternis, in der Dunkelheit‹, sondern ›wenn es finster (dunkel) ist‹. Es bleibt also nicht bei der Schaffung neuer Wörter, sondern mit diesen Wörtern eröffnen sich zugleich ganz neue Möglichkeiten des Ausdrucks und des Satzbaus. Gewöhnt man sich an die neuen Ausdrucksweisen, so werden sie allmählich sprachüblich, und damit kann dann auch ein Bedarf nach immer neuen Wortschöpfungen nach dem gleichen Muster entstehen. Es ist an die Leichtigkeit zu erinnern, mit der wir heute immer neue Wörter auf -*er* oder auf -*heit* bilden können... Wer zuerst ›Bettler‹ sagte, glaubte, damit nur lat. *mendicus* übersetzt zu haben, und war sich nicht bewußt, daß er damit eine neue Möglichkeit des Satzbaus eröffnete. Es waren aber Hunderte von neuen Ausdrucks-, Verknüpfungs- und Satzbaumöglichkeiten, die auf solche Weise unversehens entstanden, und indem die neuen Wörter sich festsetzten, wurde aus den Möglichkeiten unbemerkt ein neuer Brauch.«[4]

Das Althochdeutsche besaß nur die beiden alten germanischen Zeitformen Praesens und Praeteritum. Die zusammengesetzten Zeiten, das *werde*-Futur, das *bin*- und *habe*-Perfekt usw., aber auch das *werde*-Passiv waren erst im Entstehen. Durch die Nachschöpfung der differenzierten lateinischen Verbalstrukturen mit deutschen Mitteln haben die Übersetzer das fast ebenso reich gegliederte Programm der deutschen zusammengesetzten Verbalformen geschaffen, das wir heute kennen.[5]

Auch die Syntax und Stilistik des Deutschen ist jahrhundertelang in die Lateinschule gegangen.[6]

COURTOISIE – HÖFLICHKEIT

Eine neue weltliche Kultur entfaltete sich im 12. Jahrhundert zuerst an den Höfen, in den Burgen und Schlössern Frankreichs. Diese höfische Kultur, die neue adelige, ritterliche Gesittung und Lebensart, ihre gesellschaftlichen Lebensformen, die lyrische Dichtung der Troubadours aus dem Süden, die höfische Epik von König Artus und seiner Tafelrunde, von Parzival und dem Gral, Lanzelot, Iwein, Tristan und Isolde schlugen ganz Europa in ihren Bann. Auch Deutschland empfing diese neue Kultur, die das Leben der feudalen Herrenschicht von Grund auf veränderte. Die Werke Hartmann von Aues, Wolfram von Eschenbachs, Gottfried von Straßburgs sind voll von französischen Wörtern und Wendungen.

Die neue Lehre kristallisiert sich in dem Zauberwort *cortois, courtois* – *hövesch, hovelîch, hovebaere,* eine Summe von Werten, an die uns heute noch *höfisch, höflich* und *hübsch* erinnern. Aus einem anderen höfischen Wertbegriff, *fin,* ist unser deutsches *fein* geworden.

Viele deutsche Wörter erhalten jetzt durch Lehnbedeutungen aus dem Französischen einen neuen Klang: der deutsche *rîter* durch den französischen *chevalier, Ritterschaft, Ritterlichkeit* durch die französische *chevalerie;* die deutsche *frouwe* durch die französische *dame;* die deutsche *mâze* durch die französische *mesure;* die deutsche *minne,* die deutsche *vröude* durch die beiden höfischen Schlüsselbegriffe *amour* und *joie.* Aus der *joie de la cour,* der *terre de la joie* wird die *Schoidelacurt,* die *Terdelaschoie* der deutschen Dichter.

Die mittelhochdeutsche Dichtung bezeugt uns die Durchdringung des Deutschen mit Französischem. Seit dem Ende des höfischen Rittertums sind auch die meisten damit zusammenhängenden französischen Lehnwörter und -wendungen wieder in Vergessenheit geraten. Übriggeblieben sind, heute wie zufällig an verschiedenen Stellen des deutschen Wortschatzes eingestreut, *tornoi* – das *Turnier, lance* – die *Lanze, bocle* »Schildbeschlag« – der *Buckel, baniere* – das *Banner* und das *Panier, galop* – der *Galopp, hurter* »aufeinanderprallen« – *hurtig, pris* »Kampfpreis« – der *Preis, pancier* – der *Panzer, harnais* – der *Harnisch, wambais* – das *Wams, broche* – die *Brosche, maniere* – die *Manier, table ronde* – die *Tafelrunde, rond* – *rund, danse* – der *Tanz, buisine* – die *Posaune, tabor* – der *Tambour, rime* – der *Reim, fable* – die *Fabel, aventure* – das *Abenteuer, fee* – die *Fee* ... Viele germanisch-französisch-deutsche Wanderwörter sind darunter, *Banner, Galopp, hurtig, Harnisch, Reim.* Manche Wörter sind dabei, ohne die wir uns die deutsche Sprache gar nicht vorstellen können, wie *fein, rund, Tanz, Abenteuer.*[7]

Französisch-deutsche Endungen

Wie tief und nachhaltig das Französische auf das Deutsche eingewirkt hat, beweisen die Wortbildungsinstrumente, die das Deutsche dem Französischen entlehnt und kräftig weiterentwickelt hat:
Die Endung *-ieren: turnieren, galoppieren, lancieren, servieren;* mit der man dann auch so gut wie alle lateinischen Verben eindeutschen konnte – *approbieren, artikulieren, demonstrieren, experimentieren, imponieren, repetieren, jubilieren, zelebrieren, illustrieren*[8] –, die man schließlich auch an deutsche Stammwörter fügte: *hofieren, hausieren, stolzieren, sinnieren, gastieren, halbieren, schattieren, buchstabieren, verschnabulieren, sich verlustieren,* und die heute ein unentbehrlicher Bestandteil unseres Wortbildungsprogramms ist: *elektrisieren, elektrifizieren, identifizieren, qualifizieren, rationalisieren, amerikanisieren, russifizieren, internationalisieren* ... An die zweitausend solcher Verben lassen sich heute belegen, aber es ist ein offenes, jederzeit erweiterungsfähiges Programm.
Die Endung *-ie, -ei: kumpanîe, Kumpanei* und *Kompanie, melodîe, Melodei* und *Melodie, Phantasei* und *Phantasie, Melancholei* und *Melancholie, Tyrannei, Barbarei, Arznei, Wüstenei, Narretei, Reiterei, Fischerei, Jägerei, Gärtnerei, Bücherei, Sklaverei, Vielweiberei, Dieberei, Schurkerei, Raserei, Protzerei, Fragerei, Schmiererei, Aufschneiderei, Augenauswischerei, Spiegelfechterei, Drückebergerei, Heuchelei, Liebelei, Tüftelei, Witzelei,* auch das ein weit offenes Programm voll semantischer und stilistischer Ausdrucksmöglichkeiten; dazu auf *-ie* die späteren Entlehnungen: *Galanterie, Koketterie, Prüderie* und zur Eindeutschung der gräcolateinischen Endung *-ia* ebenso unbegrenzt verwendungsfähig in: *Geographie, Philosophie, Monarchie, Demokratie, Idiosynkrasie, Epistemologie* ...
Die Endung *-lei,* die auf die altfranzösische Wendung *a lei de* »nach Art von« (lat. *ea lege* »nach diesem Gesetz, dieser Art«) zurückgeht: *einerlei, keinerlei, zweierlei, beiderlei, fünferlei, tausenderlei, mancherlei, allerlei, solcherlei, derlei* ...[9]
Die Bereitschaft unserer Sprachen, sich an völlig unvermuteten und unvermutbaren Stellen plötzlich einer anderen Sprache zu öffnen, ihre Fähigkeit, das aufgenommene Fremdgut selbständig weiterzuverarbeiten und schöpferisch unbegrenzt weiterzuentwickeln, läßt sich nirgends deutlicher ablesen als an diesen wenigen Proben.

Sprachmischmasch

Es sind jetzt ziemlich genau siebenhundert Jahre her, da lief ein oberösterreichischer Bauernbursch seinem Vater, dem Meier Helmbrecht, davon, um in der Welt auf Abenteuer auszugehen. Als er wieder in die Heimat zurückkam, begrüßte er die Seinen mit einem buntscheckigen Kauderwelsch, das er auf seinen Fahrten überall aufgeschnappt hatte. Das klang zuerst ganz flämisch:

>Er sprach: »viel liebe soete kindekîn,
>got lâte iuch immer saelec sîn!«

Die Schwester lief und umarmte ihn. Ihr antwortete er küchenlateinisch:
>dô sprach er zuo der swester:
>»gratia vester!« ...

Den Vater begrüßte er französisch und die Mutter böhmisch:

>zem vater sprach er: »deu sal!«
>zuo der muoter sprach er sâ
>bêheimisch: »dobra ytra!«
>sie sâhen beide einander an,
>beide daz wîp und der man.
>diu hûsfrou sprach: »herre wirt,
>wir sîn der sinne gar verirt.
>er ist niht unser beider kint:
>er ist ein Bêheim oder ein Wint.«
>der vater sprach: »er ist ein Walh.«

Ist er ein Böhm, ein Windischer oder ein Welscher? Der Großknecht aber meint:

>als ich von im vernomen hân,
>sô ist er ze Sahsen
>oder ze Brâbant gewahsen.
>er sprach »liebe soete kindekîn«:
>er mac wol ein Sahse sîn.

Sprich doch ein Wort nach unserer Sitte, bittet ihn da der Vater, sag doch ein deutsches Wort, »sprich ein wort tiutischen«. Der Sohn aber fährt ihn an:

>»Ey waz snacket ir gebûrekîn ...«[10]

KINDERCHEN und *KINDERLEIN*

Um 1280, nach einem halben Jahrtausend bewegter deutscher Geschichte, in dem die deutschen Stämme in so vielen Kriegszügen miteinander und gegeneinander sich kennengelert haben, sind die einzelnen Sprachlandschaften durch Wanderbewegungen, durch Umsiedlungen und Neugründungen aufgelockert (Ortsnamen wie *Frankenmarkt, Sachsenburg, Sachsenheim* erinnern heute noch daran), durch die nebeneinander und miteinander unternommene Besiedlung immer weiterer Gebiete im Osten verbunden, vereint in einer gemeinsamen geistlichen und weltlichen Kultur. Die verstehende Mehrsprachigkeit zwischen den Deutschen, der gegenseitige Austausch von oberdeutschen, mitteldeutschen, niederdeutschen Formen ist bereits in vollem Gang.

Das Deutsche besitzt durch einen geschichtlichen Zufall zwei Diminutivsuffixe, -*chen* (in den niederdeutschen und westmitteldeutschen Mundarten -*ken, -ke, -ske(n), -sche(n), -tje(n), -tsje(n)* usw.) und -*lein* (in den oberdeutschen Mundarten -*lin, -li, -le, -el, -l, -erl* usw.). Als literarische Formen wandern -*lein* in das niederdeutsche, -*chen* in das oberdeutsche Gebiet. Luther verwendet in seiner Haussprache -*chen*, in seinen Druckschriften und vor allem in der Bibelübersetzung überwiegend -*lin*.

Die weitere Geschichte dieser beiden Endungen ist ein Musterbeispiel für das Sichineinanderschieben zweier Sprachen. In der hochdeutschen Umgangssprache gewinnt allmählich -*chen* die Oberhand, -*lein* wird dadurch zur literarischeren Form, hat oft auch einen altdeutschen, einen Volkslied- und Märchenklang, *Spieglein* und *Spiegelein* neben *Spiegelchen, Gärtlein* neben *Gärtchen, Blümlein* neben *Blümchen, Tischlein, Bettlein, Tellerlein, Becherlein, Stücklein* neben *Tischchen, Bettchen, Tellerchen, Becherchen, Stückchen*. Aber auch im Märchen finden wir die beiden Formen und ihre Varianten, *Rotkäppchen, Scheewittchen, Schneeweißchen* und *Rosenrot*, neben dem tapferen *Schneiderlein*, den sieben jungen *Geißlein* und *Hänsel* und *Gretel*.

Heute können diese einander abwechselnden freundlichen Endungen für uns jeweils verschiedene, im einzelnen kaum faßbare Konnotationen, Färbungen, Tönungen haben, *Männchen* und *Männlein*, *Töchterchen* und *Töchterlein, Brüderchen* und *Schwesterchen* – und

Brüderlein und *Schwesterlein*, *Liedchen* und *Liedlein*, *Schlückchen* und *Schlücklein*, *Fläschchen* und *Fläschlein*, *Briefchen* und *Brieflein*. Fragt man die Menschen danach, kann man jedesmal eine andere Antwort erhalten. Die landschaftliche Herkunft, der Bildungsgang, der weitere Lebensweg, das Lebensalter, das persönliche Verhältnis zur Literatur und noch vieles andere spielt offenbar dabei herein. Es ist ein abwechslungsreiches sprachliches Spiel.

Die Disponibilität der beiden Formen erlaubt es uns andererseits, unangenehmen Lautverbindungen auszuweichen, an auf -*ch* endende Wörter nicht noch -*chen* anzufügen, also nicht *Bäch-chen, Bäuch-chen, Büch-chen, Däch-chen, Sprüch-chen, Tüch-chen, Küch-chen* zu sagen, sondern *Bächlein, Bäuchlein, Büchlein* oder auch *Büchelchen, Dächlein, Sprüchlein, Tüchlein* oder *Tüchelchen, Küchlein* oder *Küchelchen;* umgekehrt nicht *Bäll-lein, Spiel-lein, Stühl-lein, Mäul-lein, Röll-lein, Ställ-lein,* sondern *Bällchen, Spielchen, Stühlchen, Mäulchen, Röllchen, Ställchen.* [11]

Nord und Süd

Schon im »Heliand«, dem großen sächsischen Christus-Epos des 9. Jahrhunderts, läßt sich im Wortschatz, in einzelnen Wendungen, im Satzbau fränkischer Einfluß erkennen. In den folgenden Jahrhunderten wurde die Hochsprache des Nordens immer stärker durch die des Südens überformt.[12]
Umgekehrt wandern zu allen Zeiten Wörter aus dem Niederdeutschen, auch aus dem Niederländischen, über das Mitteldeutsche nach dem Süden und werden in den allgemeinen deutschen Wortschatz aufgenommen, Zeugen der innerdeutschen Mehrsprachigkeit und Sprachmischung:

Suppe, Treppe, Krüppel, Schuppen, Happen, Klumpen, Stempel, Krempe, stülpen, kappen, kippen, nippen, wippen, rappeln, klappen, Klappe, Klaps, Schnaps, Schwips, Mops, Schlips, Stubs, Schubs, ... Stapel, Köper, hapern, Tüte, Puter, Makler, mäkeln, Ekel, blöken, sich räkeln, Spuk, Schmöker, krakeelen ...

So wie das Französische kennt auch das Deutsche lautliche »Dubletten«:

Wappen und *Waffe, schleppen* und *schleifen, stoppen* und *stopfen, Schlappen* und *Schlapfen, Schnuppe* und *Schnupfen, schlapp* und *schlaff, Stapel* und *Staffel, kneipen* und *kneifen.*

Luthers Sprachgebrauch setzt *Stoppel* allgemein statt *Stupfel* durch, und die *Lippe* für die oberdeutsche *Lefze*, die dann nur mehr für die Tierlippe gilt (aber noch 1847 muß eine österreichische Schulfibel den Kindern vorschreiben, *Lippe* statt *Lefzen* für die menschliche Lippe zu sagen [13]). Die *Nelke* (aus *Nägelken*) hat *Nägelchen, Nägele, Nagerl* usw. in die Mundarten verdrängt. Das *Küken* gilt neben dem *Küchlein.* Das niederdeutsche *cht* für *ft* führt zu »Dubletten« wie *sacht* und *sanft, Schacht* und *Schaft.*

Das alltägliche Zusammenleben und Ineinandergreifen der Landschaftssprachen hat oft überraschende, nicht weiter zu begründende Folgen: die Geschwisterkinder heißen im Hochdeutschen *Neffe* und *Niftel,* bevor sich im 17. Jahrhundert die niederdeutsche Form *Nichte* durchsetzt. Die niederdeutsche Lautung ist auch in *echt, schüchtern, Gerücht, berüchtigt, beschwichtigen* durchgedrungen.

Ein besonders auffallender Fremdkörper in der Lautgestalt des Hochdeutschen ist die Lautfolge kurzer Vokale – stimmhaftes *bb* oder *dd* oder *gg.* Sie ist aus dem Niederdeutschen, dem Niederländischen in die deutsche Hochsprache und Umgangssprache eingedrungen: *Ebbe, Krabbe, Robbe, schrubben, knabbern, krabbeln, kribbeln, Troddel, Kuddelmuddel, Leichenfledderer, Bagger, schmuggeln* – aus dem Englischen *Hobby, Paddel, Pudding, Flagge, Dogge.* In *Widder, Egge, Roggen, flügge* hat sich diese Form auch im Süden gegen die entsprechenden oberdeutschen Formen durchgesetzt. Bis heute wandern spielerisch ausdrucksvolle niederdeutsche Wörter wie *babbeln, bibbern, blubbern, sabbern, schlabbern, quabbelig, pladdern, buddeln, sich verheddern, schnoddrig, schmuddelig* durch die deutschen Landschaftssprachen weiter nach dem Süden.

Die Zuwanderung aus dem Norden macht sich auch vielfach in der Synonymik des Deutschen bemerkbar mit *Bulle* und *Stier, Schippe* und *Schaufel, Pocken* und *Blattern, Dose* und *Büchse, Brause* und *Dusche, Apfelsine* und *Orange.*

Auffallend groß ist die Zahl der niederdeutschen Eigenschaftswörter, die in der innerdeutschen Mehrsprachigkeit der Dialekte und Regiolekte, der Umgangssprache und der Hochsprache immer häufiger

auch in Mittel- und Oberdeutschland nachgesprochen worden sind und sich eingebürgert haben: *plump, platt, knapp, schlapp, schal, schlau, schwül, drollig, drall, prall, dreist, deftig, ruppig, knickerig, schludrig, schlaksig, tapsig, dusselig, flink, flott, flau, mau, fies* ...
Doof, lautlich eine niederdeutsche Dublette von *taub,* hat sich in unserem Jahrhundert von Berlin aus in ganz Deutschland herumgesprochen, *stur* als ein Soldatenwort. *Diesig,* ein Wort von der Waterkant, tritt heute auch im Süden immer mehr in synonymische Konkurrenz mit *dunstig.*
Das alte oberdeutsche Wort für »Süden«, *sund* (an das nur noch Namen wie *Sundgau, Sonthofen* usw. erinnern), war seit langem von *Mittag* abgelöst worden, bevor das Seefahrerwort *Süden* auf seiner Wanderung ins Binnenland vom ganzen deutschen Sprachgebiet Besitz ergriff.

Wörter und Sachen

Sprachhistoriker und Sprachgeographen bemühen sich seit hundert Jahren, getreu der Devise Hugo Schuchardts »Wörter und Sachen«, Leben und Schicksal der Wörter aus den von ihnen bezeichneten Sachen zu verstehen.
Es ist nicht weiter verwunderlich, daß die Wörter der deutschen Sprache, die von den Dingen des Meeres, der Seefahrt, der Küstengebiete sprechen, aus dem Niederdeutschen kommen. Sie stammen ihrerseits wieder oft aus den Sprachen der europäischen Nachbarn oder auch aus mediterranen oder aus exotischen Sprachen.[14]
Um den Umfang dieses Wortschatzes anzudeuten, genügen ein paar Beispiele: die *Küste* (ein lateinisch-französisch-niederländisch-deutsches Wanderwort), die *Bucht,* der *Strand, Düne, Klippe, Riff, Schlick, Tang,* der *Hafen, Reede, Werft, Dock, Flut, Brise, Bö, Brecher, Brandung, Dünung, Boje, Flotte, Boot, Bord, Bug, Heck, Deck, Reling, Mast, Topp, Wimpel, Kiel,* das *Steuer,* das *Tau, Trosse, Kabel, Tran, Teer, Kabine, Kajüte, Kombüse, Lotse, Matrose, Maat, Wrack, leck, kentern, entern, schlingern, hissen, kreuzen* ...
Ein Teil dieses Wortschatzes ist landschaftsgebunden oder bleibt in seinem Technolekt: *Watt, Marsch, Geest, Förde, Brackwasser, Fallreep, Luv, Lee, Steuerbord, Backbord, fieren, zurren* ...

Vieles aber ist weit ins Binnenland gewandert und heute auch an den südlichsten Seen und Wasserläufen des deutschen Sprachgebietes zu Hause. Als Luther *das Ufer* schrieb, mußte man das Wort seinen oberdeutschen Zeitgenossen noch mit *Gestade* erklären. *Damm, Deich, Schleuse, Pegel, peilen, Pumpe, Kran, Block, Kante, Stapel,* viele der zuerst genannten Wörter sind längst in den allgemeinen deutschen Sprachbesitz eingegangen, so wie *Schlagseite haben, einen Abstecher machen, gute, schlechte Sicht haben, in, außer Sicht sein, flau, Flaute, abflauen, lavieren, bugsieren* oder auch in der heutigen Umgangssprache *überholen* für gründlich durchsehen und instand setzen.

DIE SEE und *DAS MEER*

Unsere innersprachliche Mehrsprachigkeit, das Eindringen des niederdeutschen in den gesamtdeutschen Wortschatz zeigt sich schließlich am deutlichsten darin, daß wir zwei Wörter haben, die *See* und das *Meer,* wo andere Sprachen, auch die großer Seefahrervölker, sich mit einem einzigen Namen begnügen.

Eine andere Begründung als den geschichtlichen Zufall läßt sich für diese merkwürdige synonymische Konkurrenz nicht finden. Sie ist außerdem noch mit einem nur durch das grammatische Geschlecht unterschiedenen Gleichlaut belastet: *die See* (das Meer) – *der See* (der Binnensee). Diese Homophonie bewirkt, daß sich zusammengesetzte Wörter ohne äußere Unterscheidung bald auf die See beziehen (*Seewasser, Seefisch* – ein Bodenseefisch ist für die meisten Deutschen kein *Seefisch*), bald auf den See (*Seerose, Seeufer* – das Ufer der Nordsee ist kein *Seeufer*) und daß die See keine Mehrzahl hat: die Nordsee und die Ostsee sind *Meere,* keine *Seen*.

Die Verteilung der *See*- und der *Meer(es)*-Zusammensetzungen läßt sich teilweise aus ihrer verschiedenen Herkunft erklären. Wir sagen *Seemann, Seebär, Seeräuber, Seeschlacht, Seereise, Seegang, Seekrankheit, Seenot, Seerecht, Seefracht, Übersee* (der Ort *Übersee* am Chiemsee bezieht sich dagegen begreiflicherweise auf den und nicht auf die See ...), aber *Meerenge, Meerbusen, Meeresarm, Meeresspiegel, Meerestiefe, Meeresgrund, Meereskunde*... Die *See*-Verbindungen betreffen das menschliche Tun auf dem Meer, wecken meist die

Vorstellung größerer Vertrautheit mit den Dingen des Meeres, die *Meer*-Verbindungen haben den größeren Abstand, sind häufiger in der Sprache der Dichtung, der Wissenschaft zu finden.
Dazu kommt die geographische Differenzierung: wir sagen *Mittelmeer*, *Schwarzes Meer*, *Rotes Meer*, auch *Totes Meer*; für Nord- und Ostsee ist die *See* das heimische Wort, weiter im Norden liegen das *Nordmeer*, aber auch die nach dem Niederländer Barents benannte *Barents-See* . . .
Alles in allem eine höchste seltsame sprachliche Gemengelage, deren Überprüfung ungefähr den folgenden Befund ergibt:

1. Die *See* sagt dasselbe wie das *Meer*, aber mit einem Zusatz von Vertrautheit. Das Wort kann sich dem Eigennamen nähern: die *See* = die Nordsee oder die Ostsee – im Sommer an die *See* fahren.
2. Nach dem Vorbild des Englischen kann jedes noch so entfernte Meer *See* heißen: wir sagen das *Nordmeer*, aber die *Südsee*.
3. In Zusammensetzungen sind *See* und *Meer* oft synonym: ein *Seesturm* ist ein Sturm auf dem Meer – während der *Seewind* der Wind sein kann, der von der Nordsee oder vom Bodensee her weht.[15]

Wer als Kind in die deutsche Sprache hineingewachsen ist und damit auch in die vielen Ungereimtheiten in der Verwendung der beiden Wörter – daß man aufs *Meer* hinausfährt und draußen *seekrank* wird, daß auf hoher *See* das Schiffsdeck mit *Meerwasser* gewaschen wird –, macht sich gewöhnlich keine Gedanken darüber. Wie aufschlußreich gerade dieser Fall für die innere Mehrsprachigkeit unserer Sprachen, ja überhaupt für die eigentümliche, eigenwillige Natur unserer natürlichen Sprachen ist, erkennt man erst, wenn man die Dinge von außen her, von den Nachbarsprachen her betrachtet.
Die Geschichte des niederdeutschen Wortschatzes im Deutschen zeigt besonders klar, wie sich eine solche Beimengung und Beimischung von Lauten und Bedeutungen in unseren Sprachen vollzieht, wie viele innere Spannungen und Widersprüche dadurch entstehen können. Das Bild, das sich dem unvoreingenommenen Beobachter aufdrängt, ist das eines bunten Gemenges, nicht das eines »Ausgleichs«.

Die deutsche »Ausgleichssprache«

»Ich habe keine gewisse, sonderliche, eigene Sprache im Deutschen, sondern brauche der gemeinen deutschen Sprache, daß mich beide, Ober- und Niederländer verstehen mögen. Ich rede nach der sächsischen Canzeley, welcher nachfolgen alle Fürsten und Könige in Deutschland; alle Reichsstädte, Fürsten-Höfe schreiben nach der sächsischen und unsers Fürsten Canzeley, darum ist's auch die gemeinste deutsche Sprache.«
Diese so viel zitierten und diskutierten Sätze aus Dr. Martin Luthers »Tischreden« kündigen eine Sprache an, die jedermann, die der gemeine Mann in Nord und Süd verstehen kann.[16] Eine »Ausgleichssprache« ist sie aber nur insofern, als sie die Schreibweise und die grammatischen Formen der ostmitteldeutschen Kanzleien übernimmt, die seit den Tagen der kaiserlichen Kanzlei in Prag eine gewisse transregionale Gültigkeit erlangt haben – freilich keineswegs so weit wie Luther sagt, bis zu allen deutschen Fürstenhöfen und Reichsstädten.
Im Wortschatz, in der Wortwahl, in der Satzgestaltung aber gibt es keinen »Ausgleich«. Da gibt es nur eine unvergleichlich kraftvolle, schöpferische Sprachmischung.
Martin Luther, der Sprachgewaltige, ist die Verkörperung des mehrsprachigen Menschen, der aus seiner Mehrsprachigkeit Sprache schafft. Er hat die Sprachen der Bücher gelernt. Aber er weiß auch, um deutsch zu reden, muß man »die Mutter im Hause, die Kinder auf der Gasse, den gemeinen Mann auf dem Markt drum fragen und denselbigen auf das Maul sehen, wie sie reden«. Aus der Übersetzung, aus Latein, Griechisch, Hebräisch, aus Mittel-, Nieder- und Oberdeutschem schafft er seine deutsche Sprache.
Durch die Sprache Luthers – durch das Lutherdeutsche hindurch – haben die Deutschen im Norden, Westen, Süden eine gemeinsame Sprache gelernt, durch die Sprache der Bibel, der Unterweisung im Glauben, der Predigt, des Kirchenlieds, in einer Zeit, deren Alltag durchtränkt war von der Sprache des Glaubens.
Sie wurde weder in Niederdeutschland noch in Oberdeutschland überall sofort verstanden. 1523 gab der Basler Buchdrucker Adam Petri seiner Lutherbibel ein Glossar mit zweihundert Wörtern bei mit der Erklärung: »Lieber Christlicher Leser, So ich gemerckt hab,

das nitt yederman verston mag ettliche wörtter im yetzt gründtlichen verteutschten neuwen Testament, doch die selbigen wörtter nit on schaden hetten mögen verwandlet werden, hab ich lassen die selbigen auff unser hoch teutsch ausslegen...« Dieses Glossar, später auch in Straßburg, Augsburg, Nürnberg nachgedruckt, enthält unter anderem die folgenden erklärungsbedürftigen Wörter mit ihren oberdeutschen »Übersetzungen«:

> Anstoß – ergernuss, strauchlung; Bang – engstich, zwang, gedreng; Befremden – verwundern; Betaget – alt, hat vile tage; Blehen – hochmütig sin; Brachtig – hochmütig, hochfertig; Darben – nott, armut leyden; Flikken – bletzen; Fülen – empfinden; Gefess – geschir; Gerücht – geschrey, leümed; Haschen – erwischen, fahen; Hauchen – blosen, wehen; Heuchler – gleissner, trügner; Hügel – gipffel, bühel; Kerich – fäget, staub, kutter; Küchlin – hunklen, iunge hünlin; Lappen – stuck, pletz, lumpen; Motten – schaben; Preyss – lob, rhum; Rawm – weite, platz; Rüstzeug – werckzeug; Schnur – sonssfraw; Schwulstig – auffgeblasen; Splitter – spreyss; Stachel – eisene spitz an der stangen; Storrig – widerspennig, streittig; Stuffen – staffel, steyg; Tadlen – stroffen, nachreden; Tauchen – tunken; Teuschen – betriegen; Wetterwindisch – unstet; Zygenfell – geyssfell, kitzenfell.[17]

Diese und viele andere Wörter und Wendungen, Redensarten und schöpferische Prägungen Luthers haben dann alle Deutschen zu ihrer eigenen Sprache gemacht.

Luther heute

Das alte Wort für die Schwiegertochter, die *Schnur* (verwandt mit lat. *nurus* »Schwiegertochter«), haben die Lutherbibeln bis in unser Jahrhundert hinein bewahrt, so im Buch Ruth: »Da machte sie sich auf mit ihren zwo Schnüren... Naemi mit ihrer Schnur Ruth.« Es ist schließlich an dem geschichtlich zufällig zustande gekommenen störenden Gleichklang mit *Schnur* »Bindfaden« zugrunde gegangen. Manches Lutherwort ist aus unserer Sprache verschwunden oder hat einen anderen Sinn bekommen. Luther übersetzt noch Gen 29, 17: »Lea hatte ein blödes Gesicht« für »schwache Augen«, und so steht es auch noch in den Stuttgarter Lutherbibeln des 20. Jahrhunderts. Dieses *blöd* in der Bedeutung »schwach, kraftlos« ist bis in unsere

Zeit hinein regional lebendig geblieben (ein *blöder* Stoff, eine *blöde* Stelle), die allgemein umgangssprachliche Verwendung des Wortes hat es aber ratsam erscheinen lassen, es aus den Bibelübersetzungen zu verbannen. Seither wird auch das Salz nicht mehr *blöde,* sondern schal oder kraftlos, oder es verliert seinen Geschmack.
Auch das *Gesicht* ist heute für uns nicht mehr so wie für Luther das Sehen, die Sehkraft.
Bei Luther heißt es (Mt 5, 39): »So dir jemand einen Streich gibt auf deinen rechten Backen, dem biete den andern auch dar.« In der katholischen Herderbibel lesen wir dagegen heute: »Wer dich auf die Wange schlägt, dem halte auch die andere hin.«
In seiner »Wortgeographie der hochdeutschen Umgangssprache« erklärt Paul Kretschmer: »In Berlin wird in der Umgangssprache nur die *Backe* gesagt, dagegen in der gehobenen Sprache wieder nur *Wange* vertragen.«[18] Diese soziokulturelle Differenzierung gilt aber keineswegs für das ganze deutsche Sprachgebiet. In Österreich ist fast überall nur die *Wange* heimisch. Die regionale und soziale Verteilung wird außerdem noch durch eine weitere Differenzierung durchkreuzt und überlagert: *Backen* sind *dick, rund, rot, voll, aufgeblasen, geschwollen,* dagegen würden wir nicht ohne weiteres von *holden, zarten* oder auch von *hohlen* oder *eingefallenen Backen* sprechen. Wir sagen *Pausbacken, Hängebacken,* aber *Rosenwangen.* Das ist zweifellos wieder durch einen geschichtlichen Zufall mitbedingt, daß nämlich zwei ursprünglich ganz verschiedene Wörter, die nicht das geringste miteinander zu tun hatten, von denen das eine die Kinnbacke, das andere die Gesäßbacke bezeichnete, in dem deutschen Wort *Backe* lautlich zusammengefallen sind.
Luther sagt Joh 18, 22: »Als er aber solches redete, gab der Diener einer, die dabeistanden, Jesu einen Backenstreich.« Kretschmer untersucht die Verteilung von *Backpfeife, Ohrfeige, Backenstreich, Maulschelle, Dachtel, Watsche, Batsch, Dätsche* und fügt hinzu: »*Backenstreich* ist für den Berliner ein schriftsprachliches Wort, das ihm hauptsächlich aus der Bibel bekannt ist. In den katholischen Gegenden wird es für den Schlag auf die Backe gebraucht, den der Bischof bei der Firmung dem Firmkinde gibt.« Gerade diese Sonderverwendung im religiösen Technolekt, für eine würdigsanfte symbolische Geste, macht das Wort heute wenig geeignet zur Bezeichnung eines brutalen Schlags ins Gesicht, um den es doch in Joh 18, 22 geht.

Vieles, was für Luther lebendigste sprachliche Gegenwart und kühne sprachliche Neuerung war, hat in der heutigen deutschen Sprache einen ganz anderen Stellenwert, trägt für uns den soziokulturellen Index »Bibelsprache«. Seit die Vergangenheitsform *ward* allgemein durch *wurde* abgelöst worden ist, trägt auch »*und es ward Licht*« diesen Index und die entsprechenden Konnotationen. Das gilt ebenso für den vorgezogenen Genitiv *(der Diener einer, des Johannes Zeugnis, der Juden König, eines Zimmermanns Sohn)*, für den Genitivus possessivus *(So gebet dem Kaiser, was des Kaisers ist, und Gott, was Gottes ist)*. Das gilt auch für den aus unserer Alltagssprache fast verschwundenen Konjunktiv oder für das unbetonte *e* der letzten und der vorletzten Silbe, das im Laufe der Zeit da früher, dort später verstummt ist (Ex 15, 14: »*Da das die Völker höreten, erbebeten sie*«; Rut 1, 9: *Da huben sie ihre Stimme auf und weineten*«; Lk 22, 46: »*Was schlafet ihr? Stehet auf und betet, auf daß ihr nicht in Anfechtung fallet!*«).

Die Sprache Luthers, die Sprache der Kirchenlieder, der Passionen und Kantaten Johann Sebastian Bachs, das ist unsere Sprache und doch nicht mehr unsere Sprache. Man begreift daher die Schwierigkeit, wenn nicht Unmöglichkeit, diese Sprache des Glaubens in ihren besonderen Prägungen und den damit unlöslich verbundenen Konnotationen, das heißt seelischen Werten, Tönungen und Schwingungen, in einer neuen deutschen Bibelübersetzung zu bewahren, dabei aber das Deutsch der »Menschen von heute« zu sprechen.[19]

Deutsche Sprachenverwirrung

Seit dem Ende des Mittelalters herrschen in Deutschland sehr verschiedene Sprachen.

Die Sprache des deutschen Humanismus ist nicht das Deutsche, sondern das Lateinische. Die gebildete, die gelehrte Welt schreibt und dichtet lateinisch, dissertiert, disputiert und korrespondiert lateinisch. Die Übersetzer lassen nichts unversucht, die lateinische Syntax, Rhetorik und Stilistik in ihren deutschen Sätzen nachzubilden. Sie klagen immer wieder darüber, daß die deutsche Sprache zu arm und zu grob sei, die Fülle und Feinheit der lateinischen Eloquenz wiederzugeben.

Es ist die Zeit, in der so viele *Fischer, Weber, Schneider, Schmid, Krämer, Bauer* sich in *Piscator, Textor, Sartorius, Faber, Mercator, Agricola* verwandeln, der *Fergenhans* in *Nauclerius* und *Philipp Schwarzert* in *Melanchthon*, in der die alten deutschen Monatsnamen durch die lateinischen verdrängt werden, in der lateinische Formen und Formeln alle Bereiche der deutschen Umgangssprache durchdringen.[20]
Die Universität spricht lateinisch, alle alten und neuen Wissenschaften formulieren ihre Erkenntnisse und Entdeckungen lateinisch, daher sind dreihundert Jahre lang alle lateinischen Technolekte von der Politik und Jurisprudenz bis zur Medizin und den mächtig aufstrebenden Naturwissenschaften »potentiell deutsch«. Jede seriöse Prosa ist in dieser Zeit entweder lateinisch oder mit lexikalischen, syntaktischen, stilistischen Latinismen gespickt.
Da hinein mischen sich immer stärker die »welschen« Sprachen, Italienisch, Spanisch, Französisch. Auf den großen Kriegsschauplätzen der Neuzeit ist ein neuer europäischer Militärtechnolekt entstanden. Er breitet sich schnell über ganz Europa aus, auch in Deutschland mit *Infanterie, Kavallerie, Artillerie, Kanone, Kartätsche, Kartusche, Granate, Pistole, Karabiner, Muskete, Kürassier, Dragoner, Soldat, Soldateska, Korporal, Offizier, Lieutenant* (erst Ende des 19. Jh. eingedeutscht als *Leutnant*), *General, Marschall* (ein fränkisch-französisch-deutsches Wanderwort, dem fränkisch *marh* »Mähre« – *skalk* »Knecht«, der Pferdeknecht zugrunde liegt), *Regiment, Brigade, Bataillon, Truppe, Front, Bastion, Kasematte, Fortifikation, Munition, Lazarett, Alarm* (italienisch *all'armi!* »Zu den Waffen!«, eingedeutscht als *Lerman* und *Lärm*), *Marketenderin, marode* und vieles andere mehr, eine ganze europäische Fachsprache des Kriegswesens.
Mit dem Ausgang des Dreißigjährigen Krieges beginnt die Zeit der Vorherrschaft Frankreichs und der französischen Sprache in Europa. Die deutschen Fürstenhöfe, die vornehme Gesellschaft schreiben und sprechen französisch, die gelehrte Welt latcinisch. Die Zeit der großen deutschen Sprachenverwirrung ist angebrochen.

Klagelieder

Der deutsche Michel versteht seine eigenen Landsleute nicht mehr.
Er macht seinem bedrängten Herzen in Spottversen Luft. EIN NEWES
KLAGLIED WIDER ALLE SPRACHVERDERBER, DER TEUTSCHE MICHEL GE-
NANDT heißt das berühmteste.

>Ich teutscher Michel, versteh schier *nichel*
>In meinem Vatterland, es ist ein schand.
>Man thuet jetzt reden als wie die Schweden
>In meinem Vatterland, es ist ein schand.
>
>Ein jeder Schneyder will jetzund leyder
>Der Sprach erfahren sein und redt Latein,
>Welsch und frantzösisch, halb Japonesisch,
>Wann er ist voll und doll, der grobe Knoll.
>
>Was ist *campieren,* was *chortesieren,*
>*contribuieren, crepieren?*
>Was ist *citieren,* was *callopieren?*
>Was *conuoyieren, charchieren?*
>
>Was ist *Armada,* was *retirada?*
>Was ist *palisada, steggada?*
>Was ist *intrada,* was *della spada?*
>Was ist *caualcada, pronada?*
>
>Was ist ein *Officier,* was ein *Auanturier?*
>Wer ist der *Ingenieur,* wer ist *curîer?*
>Was ist ein *Passagier,* was ist ein *forestier?*
>Was ist ein *Curisier?* ein wilder Stier?
>
>Was ist *condition,* was *annuition?*
>Was *reformation, confusion?*
>Was ist *relation,* was *information,*
>Was *visitation?* Ich lauff darvon...

und so weiter, fünfundfünfzig Strophen lang.[21] Zahlreich sind die Parodien auf das alamodische Kauderwelsch:
»Wenn aber solches entretien nicht a la moderne accomodirt ist, so werden gewiß die Damen einen schlechten gusto darvon haben, und viel lieber Cavalliers discuriren hören, als scholaren. Der Herr perdonire meiner libertet im Reden, ich will mich candide expectoriren: Die tratementi der Gespräch-Spiel sind nicht wenig mit der Schulfüxerey parfumiret, und bringen vil res sur le tapis, welche unter den Philosophis besser als unter Damen können agitiret werden. Wann man auch die terminos consideriret, welche von allen Scientiis in unsere vernâculam translatiret werden wollen; tribuirt man vielleicht der Teutschen Sprach mehr zu, als nicht ihre vires vermögen ...« So Georg Philipp Harsdörffer 1641 in seinen »Frauenzimmer-Gesprächspielen«.[22]
Nicht anders parodiert man heute in Frankreich die snobistische »Anglomanie« und »Amerikanolatrie«. René Etiemble erfindet lange Erzählungen, die im wesentlichen nur aus modischen Franglaiswörtern bestehen.
Im 17. Jahrhundert wehrt man sich in Deutschland ebenso verzweifelt gegen das Französische wie im 20. in Frankreich gegen das Englische.

Sprachreiniger

Die seit dem 16. Jahrhundert von allen Seiten auf die deutsche Sprache hereinbrechende Überfremdung ist viel zu groß, um von ihr noch aufgenommen und verarbeitet zu werden. Die Dinge nehmen in Deutschland einen anderen Verlauf als in England. Die frühe Durchmischung mit einem großen französischen Bildungswortschatz hat es dem Englischen leicht gemacht, seit dem Humanismus auch den lateinischen Wortschatz zu assimilieren, zu integrieren. In Deutschland dagegen löste die lateinisch-romanisch-französische Überschwemmung eine heftige Gegenbewegung aus.
Die erste Sprachgesellschaft, die Fruchtbringende Gesellschaft, später auch »Palmenorden« genannt, wurde 1617 von deutschen Fürsten und Mitgliedern des hohen Adels gegründet, um »unsere hochgeehrte Muttersprache in ihrem gründlichen Wesen und rechten

Verstande, ohn Einmischung fremder ausländischer Flikkwörter, sowol in Reden, Schreiben als Gedichten, aufs aller zier- und deutlichste zu erhalten und auszuüben«.[23] Andere Gesellschaften folgten. Man schloß sich zusammen, um in Wort und Schrift deutsch zu sein, keine fremden Wörter und Wendungen zu gebrauchen und diejenigen, die trotz aller Bemühungen unentbehrlich schienen, einzudeutschen.

Man darf sich nicht täuschen lassen durch den Übereifer einiger der vaterländischen Allesreiniger, deren barocke Verdeutschungsvorschläge mit Recht verlacht worden sind, *Jungfernzwinger* für *Nonnenkloster*, *Meuchelpuffer* für *Pistole*, *Zeugemutter* für *Natur* und dergleichen mehr. Die durch die Sprachgesellschaften ausgelöste Verdeutschungsbewegung hat den Bemühungen um die deutsche Sprache zweihundert Jahre lang ihre Richtung gegeben, sie erreichte ihren Höhepunkt mit der Klassik und der Romantik, die besten Geister der Zeit, Dichter, Schriftsteller, Sprachmeister trugen mit zahllosen Neubildungen, Lehnprägungen, -übersetzungen, -übertragungen, -schöpfungen, -bedeutungen dazu bei: Opitz, Zesen, Harsdörffer, Schottel, Gryphius, Gottsched, Klopstock, Lessing, Wieland, Haller, Voss, Herder, Winckelmann, Goethe, Schiller, Schubart, Jean Paul, Kleist, Arndt, Jahn, Tieck, Brentano, Chamisso, Uhland, Immermann, Grillparzer, Heine.

Das Verfahren ist seit den Tagen der ersten althochdeutschen Übersetzer dasselbe. Für die Lehnprägungen nützt man vor allem die unbegrenzten Möglichkeiten der deutschen Nominal- und Verbalkompositionsprogramme aus. Tausende neuer Wörter werden versucht, besprochen, angenommen oder verworfen. Was sich endgültig durchsetzt, ist entweder eine genaue Entsprechung des fremden Wortes und hat sich bis heute als getreues Synonym erhalten, oder es besitzt nur einen Teil des Umfangs und Inhalts des Wortes, das es ersetzen sollte, oder es ist seither zu einer eigenen selbständigen Bedeutung und Verwendung weitergewandert und erfüllt daher nicht mehr seinen Zweck, ein fremdes Wort zu verdeutschen.

Verdeutschtes

Das Ausmaß der Erneuerung und Bereicherung der deutschen Sprache durch Verdeutschung, des geglückten und mißglückten Ersatzes des fremden Wortschatzes kann hier nur mit ein paar Beispielen angedeutet werden:

Locus communis, lieu commun – Gemeinplatz; Pomum Eridis – Zankapfel; Filum Ariadnes – Leitfaden; Labyrinth – Irrgarten; Cornu copiae – Füllhorn; Centrum gravitatis – Schwerpunkt; Attractio electiva – Wahlverwandtschaft; Theorema – Lehrsatz; Sophisma – Trugschluß; Misanthropus – Menschenfeind; Philanthropus – Menschenfreund; Enthusiasmus – Begeisterung; Egoismus – Selbstsucht; Altruismus – Selbstlosigkeit; Heroismus – Heldentum; Kosmopolitismus – Weltbürgertum; Epoche – Zeitalter; Universum – Weltall; Atmosphäre – Dunstkreis; Horizont – Gesichtskreis; Kontinent – Festland; Asyl – Freistatt; Diameter – Durchmesser; Dialekt – Mundart; Dialog – Wechselrede; Anthologie – Blütenlese; Lexikon – Wörterbuch; Substantiv – Hauptwort; Adjektiv – Eigenschaftswort; Praesens – Gegenwart; Singular – Einzahl; Orthographie – Rechtschreibung; Kolon – Doppelpunkt; Semikolon – Strichpunkt; Korrespondenz – Briefwechsel; Adresse – Anschrift; Expression – Ausdruck; Motiv – Beweggrund; Projekt – Entwurf; Produkt – Erzeugnis; Fragment – Bruchstück; Cursus – Lehrgang; Statue – Standbild; Karikatur – Zerrbild; Individuum – Einzelwesen; Temperament – Gemütsstimmung; Sanguiniker – Frohnatur; Energie – Tatkraft; Disposition – Anlage; Divagation, Digression, Exkurs – Abschweifung; Exkursion – Ausflug; Allusion – Anspielung; Introduktion – Einleitung; Inskription – Inschrift; Instruktion – Dienstanweisung; Definition – Begriffsbestimmung; Akklamation – Zuruf; Administration – Verwaltung; Konvention – Übereinkunft; Expropriation – Enteignung; Eruption – Ausbruch; Indisposition – Unwohlsein; Resignation – Entsagung; ... Adieu – Lebewohl; Au revoir – Auf Wiedersehen; Rendez-vous – Stelldichein; Façon de parler – Redensart; Faux pas – Fehltritt; Avant-goût – Vorgeschmack; Arrière-pensée – Hintergedanke; Contre-poids – Gegengewicht; Malentendu – Mißverständnis; Disproportion – Mißverhältnis; Passion – Leidenschaft; Grazie – Anmut; Koketterie – Gefallsucht; Delikatesse – Zartgefühl; Takt – Feingefühl; Présence d'esprit – Geistesgegenwart; Point de vue – Gesichtspunkt; Bel esprit – Schöngeist; Homme du monde – Weltmann; Homme d'affaires – Geschäftsmann; Elève – Zögling; Rivale – Nebenbuhler, Parvenu – Emporkömmling; Bonvivant, viveur – Lebemann; Accoucheur – Geburtshelfer; Kamerad – Waffenbruder; Théâtre de la guerre – Kriegsschauplatz; Armi-

stice – *Waffenstillstand;* Haute trahison – *Hochverrat;* Coup de grâce – *Gnadenstoß;* Ressource – *Hilfsquelle;* Entreprise – *Unternehmen;* Karriere – *Laufbahn;* Humanität – *Menschlichkeit;* Royauté – *Königtum;* Progrès – *Fortschritt;* Penseur – *Denker;* Citoyen – *Staatsbürger;* Fraternité – *Brüderlichkeit;* Guillotine – *Fallbeil;* Silhouette – *Schattenriß;* Feuille volante – *Flugblatt;* Journal – *Tageblatt;* Refrain – *Kehrreim;* Revers – *Kehrseite;* Pendant – *Gegenstück;* Serpentine – *Schlangenlinie;* Portée – *Tragweite;* Elastizität – *Spannkraft;* Varietät – *Spielart;* … perfektionieren – *vervollkommnen;* intendieren – *bezwecken;* autorisieren – *ermächtigen;* charakterisieren – *kennzeichnen;* votieren – *abstimmen;* emigrieren – *auswandern;* … konsequent – *folgerichtig;* inkonsequent – *folgewidrig;* authentisch – *echt;* spirituel – *geistreich;* abusiv – *mißbräuchlich;* approximativ – *annähernd;* attraktiv, attrayant – *anziehend;* prätentiös – *anspruchsvoll;* monoton – *eintönig;* clair-obscur – *helldunkel;* borniert – *beschränkt;* prononciert – *ausgesprochen* …[24]

Man müßte seitenlang so weiterzitieren, um auch nur eine annähernde Vorstellung von alldem zu geben, was die deutsche Sprache der eindeutschenden Übersetzung verdankt.

Heute besitzt das Deutsche alles in allem den gleichen Kulturwortschatz wie die romanischen Sprachen und das Englische. Aber es hat seit 1200 Jahren einen großen Teil dieses gemeinsamen europäischen Wortschatzes mit eigenen Mitteln nachgebildet: ein übersetzter Wortschatz.

Im Rückblick erscheint es uns heute immer wieder unbegreiflich, daß es eines Anstoßes von außen bedurfte, um auf deutsch so selbstverständliche Dinge sagen zu können wie *Leitfaden, Schwerpunkt, Tatkraft, Ausdruck, Anspielung, Redensart, Auf Wiedersehen, Denker, Geburtshelfer, Brüderlichkeit, abstimmen, auswandern, eintönig, helldunkel.*

Fremdkörper

Und doch ist bis heute die deutsche Sprache überall durchmischt mit Fremdwörtern, mit Lehnwörtern, die in ihrer Schreibung und Aussprache nur notdürftig dem Deutschen angepaßt sind. Viele haben sich weder ausmerzen noch völlig verdeutschen lassen, darunter zahlreiche Schlüsselwörter der europäischen Kultur – man braucht nur an *Form, Formel, Organ, Organismus, Natur, Kultur, Zivilisation, Nation, Rasse, Instinkt, Intuition, Inspiration, Intelligenz, Charakter,*

Mentalität, Sensibilität, Person, Genius und *Genie, Idee* und *Ideal* zu denken.[25]
Oft hat die Verdeutschung zu dem Ergebnis geführt, daß wir heute in unserer inneren Mehrsprachigkeit beide Wörter haben, *Testament* und *Letzter Wille, Karriere* und *Laufbahn, Rivale* und *Nebenbuhler, Humanität* und *Menschlichkeit, Toleranz* und *Duldsamkeit, Takt* und *Feingefühl, Memoiren* und *Lebenserinnerungen, Premiere* und *Erstaufführung, Adresse* und *Anschrift, Telefongebühren* und *Fernsprechgebühren, Pension* und *Ruhegehalt, Budget* (dieses englische Wort, das wir französisch aussprechen) und *Haushalt*.
Die deutsche Polyglossie ist im 18. Jahrhundert von unerschöpflicher Vielfalt. Latein, Französisch, Italienisch am Wiener Kaiserhof, dazu die deutsche Nationalsprache und die bairisch-österreichische Mundart, das Wienerische. Latein und vor allem Französisch am Hof des Preußenkönigs, Hochdeutsch und Niederdeutsch und viel Hugenottenfranzösisch. In den Hansestädten, im Westen und Süden des Reiches in jeder Landschaft, in jeder Stadt, an jedem Hof eine wieder anders gemischte Mehrsprachigkeit.
Die Französische Revolution, das Napoleonische Kaiserreich und sein Untergang, die Befreiungskriege und ihre patriotische Begeisterung ändern nichts an der europäischen Vormachtstellung der französischen Sprache. Sie bleibt durch das ganze 19. Jahrhundert nicht nur die Sprache der internationalen Diplomatie, sondern auch der europäischen Adelsgesellschaft. Sie ist ein Besitz des europäischen Bildungsbürgertums.

Goethe

Nach Luther hat kein Sterblicher die deutsche Sprache stärker geprägt als Goethe. »Von allen, die sich jemals des Deutschen bedient haben, vermochte er den Reichtum dieser Sprache am tiefsten auszuloten sowie am vielseitigsten zu verwenden, zugleich aber auch am wirkungsvollsten zu bereichern.«[26] Seine Sprache wurde Vorbild für ein Jahrhundert deutscher Literatur. Sie ist voll kühner Neuschöpfungen, Neubelebungen alter Wörter, neuer Sinngebungen, voll eigener Verdeutschungen und anderer, von den Zeitgenossen vorgeschlagener, denen sie zum Sieg verhilft.

Sein Verhältnis zur französischen Sprache seit seiner Frankfurter Kindheit und später in Straßburg hat er in »Dichtung und Wahrheit« (XI) ausführlich geschildert. »Die französische Sprache war mir von Jugend auf lieb; ich hatte sie in einem bewegteren Leben, und ein bewegteres Leben durch sie kennengelernt. Sie war mir ohne Grammatik und Unterricht, durch Umgang und Übung wie eine zweite Muttersprache zu eigen geworden ... Von Bedienten, Kammerdienern und Schildwachen, jungen und alten Schauspielern, theatralischen Liebhabern, Bauern und Helden hatte ich mir die Redensarten so wie die Akzentuationen gemerkt, und dieses babylonische Idiom sollte sich durch ein wunderliches Ingrediens noch mehr verwirren, indem ich den französischen reformierten Geistlichen gern zuhörte ... Aber auch hiermit sollte es noch nicht genug sein: denn als ich in den Jünglingsjahren immer mehr auf die Deutschheit des sechzehnten Jahrhunderts gewiesen ward, so schloß ich gar bald auch die Franzosen jener herrlichen Epoche in diese Neigung mit ein. Montaigne, Amyot, Rabelais, Marot waren meine Freunde und erregten in mir Anteil und Bewunderung. Alle diese verschiedenen Elemente bewegten sich nun in meiner Rede chaotisch durcheinander, so daß für den Zuhörer die Intention über dem wunderlichen Ausdruck meist verlorenging, ja daß ein gebildeter Franzose mich nicht mehr höflich zurechtweisen, sondern geradezu tadeln und schulmeistern mußte.«

Eine Sprache ist viele Sprachen, das hat Goethe mit seinem Französischen von früh auf am eigenen Leib erfahren. Später traten die anderen französischen Sprachen für ihn immer mehr zurück hinter der »ausgebildeten Hof- und Weltsprache« (Aus »Makariens Archiv« 1829).

PERFID und *TREULOS*

Gegen diese Sprache der großen Welt richtet sich in »Wilhelm Meisters Lehrjahren« (V, XVI) der leidenschaftliche Ausbruch der unglücklichen Aurelie:

»›Ich hasse die französische Sprache von ganzer Seele.‹ – ›Wie kann man einer Sprache feind sein‹, rief Wilhelm aus, ›der man den größten Teil seiner Bildung schuldig ist und der wir noch viel schuldig werden müssen, ehe unser Wesen eine Gestalt gewinnen kann!‹ – ›Es ist kein Vorurteil!‹ versetzte Aurelie; ›ein unglücklicher Eindruck, eine verhaßte Erinnerung an meinen treulosen Freund hat mir die Lust an dieser schönen und ausgebildeten Sprache geraubt. Wie ich sie jetzt von ganzem Herzen hasse! Während der Zeit unserer freundschaftlichen Verbindung schrieb er deutsch, und welch ein herzliches, wahres kräftiges Deutsch! Nun, da er mich los sein wollte, fing er an, französisch zu schreiben, das vorher manchmal nur im Scherze geschehen war. Ich fühlte, ich merkte, was es bedeuten sollte. Was er in seiner Muttersprache zu sagen errötete, konnte er nun mit gutem Gewissen hinschreiben. Zu Reservationen, Halbheiten und Lügen ist es eine treffliche Sprache; sie ist eine *perfide* Sprache! Ich finde, Gott sei Dank, kein deutsches Wort, um perfid in seinem ganzen Umfange auszudrücken. Unser armseliges *treulos* ist ein unschuldiges Kind dagegen. Perfid ist treulos mit Genuß, mit Übermut und Schadenfreude. O, die Ausbildung einer Nation ist zu beneiden, die so feine Schattierungen in einem Worte auszudrücken weiß! Französisch ist recht die Sprache der Welt, wert, die allgemeine Sprache zu sein, damit sie sich nur alle untereinander recht betrügen und belügen können! Seine französischen Briefe ließen sich noch immer gut genug lesen. Wenn man sichs einbilden wollte, klangen sie warm und selbst leidenschaftlich; doch genau besehen, waren es Phrasen, vermaledeite Phrasen! Er hat mir alle Freude an der ganzen Sprache, an der französischen Literatur, selbst an dem schönen und köstlichen Ausdruck edler Seelen in dieser Mundart verdorben; mich schaudert, wenn ich ein französisches Wort höre!‹«

Da taucht in unserer Erinnerung Lessings Chevalier Riccaut de la Marlinière auf, der höfische Falschspieler, der dem entsetzten Fräulein Minna von Barnhelm erklärt: »Comment, Mademoiselle? Vous appelez cela betrügen? Corriger la fortune, l'enchaîner sous ses doigts, être sûr de son fait, das nenn die Deutsch betrügen? Betrügen! Oh, was ist die deutsch Sprak für ein arm Sprak, für ein plump Sprak!«

Diese schnöde »Sprache der Welt« (nicht der großen weiten Welt, sondern entsprechend *le monde* der vornehmen Welt, der herrschenden Gesellschaft, der Herren und Damen von Welt) ist für Goethe aber auch die schöne und ausgebildete Sprache, »der man den größten Teil seiner Bildung schuldig ist und der wir noch viel schuldig werden müssen, ehe unser Wesen eine Gestalt gewinnen kann.« In ihren Wörtern, Wendungen, Sätzen ist eine Fülle von Vorstellungen, Gedanken, Empfindungen vorgebildet, die der Deutsche für seine eigene Bildung entlehnen oder nachbilden muß.

Goethes Fremdwörter

Die mehrsprachige Bildung seines Geistes erklärt seinen unbefangenen und freizügigen Umgang mit den fremden Wörtern. Man hat Anstoß daran genommen. In seiner Besprechung von »Wilhelm Meisters Lehrjahren« in den Heidelberger Jahrbüchern 1808 schrieb Friedrich Schlegel:
»Man halte es mehr für eine Anfrage als für einen Tadel, wenn wir ein Verzeichniss der im Meister gebrauchten ausländischen und Französischen Worte hersetzen. *Produciren, determiniren, rezitiren, reduziren, Inspiration, Sensation, Disproportion, Komposition, personificiren, qualificiren, korrigiren, variiren* und unzählige andere, sind in der Büchersprache aufgenommen; wenn sie aber in einer Abhandlung, wo nicht unentbehrlich, doch unschädlich sind, sollte ein darstellendes Werk sie nicht eher vermeiden, als beynah aufsuchen und im Übermaß anwenden; Unter denen, die mehr der Gesellschaftssprache angehören, wie *Equipage, Engagement, Negligée, applaudiren, Route, Douceur, respectiren, Calculs, secundiren, tractiren* für bewirthen, *undelicat, Indiscretion, Conferenzen, Dislocationsplan, imponiren, assecuriren, paradiren, repraesentiren, Sukkurs, Gage, Details, Societät* – sind doch nur sehr wenige, die sich nicht sehr leicht und ungezwungen durch deutsche Worte geben ließen. Wir bemerken noch aus mehreren andern: *honorabel, Confidenz, Condescendenz, brouillirt, Sagacität, souteniren* und *Mystificationen* ...«
Überprüfen wir heute unsererseits die bei Goethe beanstandeten Wörter, so stellen wir fest, daß die ersten 12 heute ohne weiteres gebraucht werden könnten, ohne aufzufallen, daß in der folgenden Gruppe von 22 Wörtern der »Gesellschaftssprache« nur 9 nicht mehr verwendet werden, während von den letzten 7 bis auf *Mystificationen* alle untergegangen sind.
Für Goethe war der Reichtum der sprachlichen Ausdrucksmöglichkeiten mehr wert als die unmögliche Reinheit der Sprache. Er spot-

tete über die Puristen, nannte sie pedantische Tyrannen. Zu Joachim Heinrich Campe, dem unerschrockenen Großreinemacher, Verfasser des »Wörterbuchs zur Erklärung und Verdeutschung der unserer Sprache aufgedrungenen fremden Ausdrücke« (Braunschweig 1801), meinte er lächelnd:

Sinnreich bist du, die Sprache von fremden Wörtern zu säubern.
Nun, so sage doch, Freund, wie man Pedant uns verdeutscht? [27]

Sprache als »Weltansicht«

Wilhelm von Humboldt, achtzehn Jahre jünger als Goethe und mit ihm befreundet, begriff wie Goethe die Sprache als Bildung der Welt – *Bildung* in allen Bedeutungen, die dieses Schlüsselwort der deutschen Klassik nur haben kann –, *Welt* als Weltall, Außenwelt und Innenwelt, die Welt um uns, die Welt in uns.

Das Wort *Bildung* ist der rote Faden, der alle Schriften Humboldts durchzieht. Wer den Weg zu unserer inneren Bildung kennt, »will nicht mehr bloß dem Menschen Kenntnisse oder Werkzeuge zum Gebrauch zubereiten, nicht mehr nur einen einzelnen Theil seiner Bildung befördern helfen; er kennt das Ziel, das ihm gesteckt ist, er sieht ein, daß, auf die rechte Weise betrieben, sein Geschäft dem Geiste eine eigne und neue Ansicht der Welt und dadurch eine eigne und neue Stimmung seiner selbst geben, daß er von der Seite, auf der er steht, seine ganze Bildung vollenden kann; und dies ist es, wohin er strebt.«[28]

Wilhelm von Humboldt, Reformator des preußischen Bildungswesens, des auf dem Bildungswert des Griechischen und Lateinischen gegründeten Humanistischen Gymnasiums, Schöpfer der Universität Berlin (»Schulen und Gymnasien sind von dem wichtigsten Nutzen für das Land, in dem sie sich befinden. Allein nur Universitäten können demselben Einfluß auch über seine Grenzen hinaus zusichern, und auf die Bildung der ganzen, dieselbe Sprache redenden Nation einwirken.«[29]), sieht die Sprache als das Urvermögen des Menschen, sich seine Welt zu bilden.

»Die Sprache ist das bildende Organ des Gedanken. Die intellectuelle Thätigkeit, durchaus geistig, durchaus innerlich und gewisserma-

ßen spurlos vorübergehend, wird durch den Laut in der Rede äußerlich und wahrnehmbar für die Sinne. Sie und die Sprache sind daher Eins und unzertrennlich von einander.«[30]
»Durch die gegenseitige Abhängigkeit des Gedankens und des Wortes von einander leuchtet es klar ein, daß die Sprachen nicht eigentlich Mittel sind, die schon erkannte Wahrheit darzustellen, sondern weit mehr, die vorher unerkannte zu entdecken. Ihre Verschiedenheit ist nicht eine von Schällen und Zeichen, sondern eine Verschiedenheit der Weltansichten selbst. Hierin ist der Grund, und der letzte Zweck aller Sprachuntersuchung enthalten. Die Summe des Erkennbaren liegt, als das von dem menschlichen Geiste zu bearbeitende Feld, zwischen allen Sprachen, und unabhängig von ihnen, in der Mitte; der Mensch kann sich diesem rein objectiven Gebiet nicht anders, als nach seiner Erkennungs- und Empfindungsweise, also auf einem subjectiven Wege, nähern.«[31]
Die Verschiedenheit der menschlichen Sprachen, so betont Humboldt immer wieder, ist eine Verschiedenheit der Weltansichten. So wie *Weltanschauung*, wie er gelegentlich auch sagt, ist *Weltansicht* damals ein neues Wort. Welches Gewicht es in dieser Zeit hat, geht daraus hervor, daß Campe den Vorschlag macht, *Philosophie* durch *Weltansicht* zu verdeutschen.[32]

»Weltansicht« und fremde Sprachen

»Da auch auf die Sprache in derselben Nation eine gleichartige Subjectivität einwirkt, so liegt in jeder Sprache eine eigenthümliche Weltansicht. Wie der einzelne Laut zwischen den Gegenstand und den Menschen, so tritt die ganze Sprache zwischen ihn und die innerlich und äußerlich auf ihn einwirkende Natur. Er umgiebt sich mit einer Welt von Lauten, um die Welt von Gegenständen in sich aufzunehmen und zu bearbeiten. Diese Ausdrücke überschreiten auf keine Weise das Maß der einfachen Wahrheit. Der Mensch lebt mit den Gegenständen hauptsächlich, ja, da Empfinden und Handlen in ihm von seinen Vorstellungen abhängen, sogar ausschließlich so, wie die Sprache sie ihm zuführt. Durch denselben Act, vermöge dessen er die Sprache aus sich herausspinnt, spinnt er sich in dieselbe ein, und jede zieht um das Volk, welchem sie angehört, einen Kreis, aus dem

es nur insofern hinauszugehen möglich ist, als man zugleich in den Kreis einer andren hinübertritt. Die Erlernung einer fremden Sprache sollte daher die Gewinnung eines neuen Standpunkts in der bisherigen Weltansicht seyn und ist es in der That bis auf einen gewissen Grad, da jede Sprache das ganze Gewebe der Begriffe und die Vorstellungsweise eines Theils der Menschheit enthält. Nur weil man in eine fremde Sprache immer, mehr oder weniger, seine eigne Welt-, ja seine eigne Sprachansicht hinüberträgt, so wird dieser Erfolg nicht rein und vollständig empfunden.«[33]
(Humboldt benützt *Erfolg* noch als Verdeutschung von *Resultat* [»was erfolgt«], zu Beginn des 18. Jahrhunderts von Christian Wolff eingeführt, später auf Vorschlag von Friedrich Gedike abgelöst durch *Ergebnis*).

Die »innere Sprachform«

Die Formen der verschiedenen Sprachen unterscheiden sich voneinander durch das, was Humboldt ihre innere Sprachform nennt. »Dieser ihr ganz innerer und rein intellectueller Theil macht eigentlich die Sprache aus.« Es sind »die Bahnen, in welchen sich die geistige Thätigkeit in der Spracherzeugung bewegt«, oder auch »die Formen, in welchen diese die Laute ausprägt«.[34]
»Unendliche Mühe ist in der Sprachforschung auf die Klärung des Begriffes der inneren Sprachform verwandt worden, im Grunde aber ohne rechten Erfolg«, schrieb noch 1962 Leo Weisgerber.[35] Er selbst deutete diese *Form* als *Formung,* als formende, gestaltende, bildende, prägende Kraft.
Hundert Jahre nach Humboldt baute Leo Weisgerber darauf seine Lehre vom »Weltbild der deutschen Sprache« auf. Fundament dieser Lehre war Humboldts Satz: »Jede Sprache in jedem ihrer Zustände bildet das Ganze einer Weltansicht, indem sie Ausdruck für alle Vorstellungen enthält, welche die Nation sich von der Welt macht, und für alle Empfindungen, welche die Welt in ihr hervorbringt.«[36]
Aus Humboldts *Weltansicht* wurde bei Weisgerber die *Welterschließung,* die *Weltgestaltung* durch die Sprache, der *sprachliche Zugriff, das Worten der Welt,* das *Weltbild* der Muttersprache, die *weltgestaltende Kraft* der deutschen Sprache.

Aber wie verträgt sich »das Ganze einer Weltansicht« oder, wie Weisgerber immer wieder erneut zu beweisen suchte, »die innere Geschlossenheit« dieses Weltbildes der deutschen Sprache mit den zahllosen Einwirkungen anderer Sprachen, mit den ununterbrochenen Beimischungen und Entlehnungen seit frühester Zeit und bis auf den heutigen Tag, mit all den Superstraten und Adstraten, die die deutsche Sprache so geformt, gebildet, geprägt haben, wie sie heute ist?

»Weltbild« und Sprachmischung

Die lautliche Prägung, die »sinnliche Form« jedes Wortes, glaubte Humboldt, enthält eine eigentümliche Weltansicht, »und es läßt sich daher mit Grunde behaupten, daß auch bei durchaus sinnlichen Gegenständen die Wörter verschiedener Sprachen nicht vollkommene Synonyma sind, und daß wer *hippos, equus* und *Pferd* ausspricht, nicht durchaus und vollkommen dasselbe sagt.

»Wo von unsinnlichen Gegenständen die Rede ist, ist dies noch weit mehr der Fall, und das Wort erlangt eine weit größere Wichtigkeit, indem es sich noch bei weitem mehr als bei sinnlichen von dem gewöhnlichen Begriff eines Zeichens entfernt. Gedanken und Empfindungen haben gewissermaßen noch unbestimmtere Umrisse, können von noch mehr verschiedenen Seiten gefaßt und unter mehr verschiedenen sinnlichen Bildern, die jedes wieder eigne Empfindungen erregen, dargestellt werden.«[37]

Zu Ende gedacht würde das aber bedeuten: wer heute im Deutschen *Phantasie, Melancholie, Poesie, Lyrik, Drama, Theater, Orchester, Musik, Rhythmus, Melodie, Harmonie, Mathematik, Gymnasium* und *Gymnastik, Mythus, Mystik, Idee, Symbol, Allegorie, Charakter, Typus, System, Schema, Problem, Methode, Synthese* und *Analyse, Theorie* und *Praxis, Energie, Kritik, Physik, Biologie, Astronomie, Technik* oder *Kategorie, Katalog, Katarrh* oder *Katastrophe* sagt, der würde einen Wortschatz verwenden, dessen Lautgestalt nicht durch eine deutsche, sondern durch eine griechische »Weltansicht«, ein »griechisches Weltbild« geprägt wäre; aber auch wer *Eindruck, Umstand, Zufall, Vorurteil, Genugtuung, Inschrift, Ausbruch, Standbild, Bruchstück* sagt, würde dann Wörter gebrauchen, deren »innere

Form« eine lateinische wäre, *im-pressio, circum-stantia, ac-cidens, prae-iudicium, satis-factio, in-scriptio, e-ruptio, statua, fragmentum.*
Die Lehre von der ganzheitlichen »Weltansicht«, dem geschlossenen »Weltbild« der Sprache widerspricht sich selbst.
Es genügt, das von Humboldt gewählte Beispiel etwas näher anzusehen, unser gutes deutsches *Pferd,* dessen Name in seiner »sinnlichen Form«, seiner »inneren Form« so laut das Spiel des geschichtlichen Zufalls bezeugt: griechisch *para* »bei« – gallisch-lateinisch *veredus* »Hauptpferd«, also *paraveredus* »Nebenpferd« – wahrscheinlich sogar dem griechischen *para-hippos, parippos* nachgebildet –, althochdeutsch *pfarafrit,* mittelhochdeutsch *phärfrit, phärit, phärt,* unser *Pferd.*
Was die »unsinnlichen Gegenstände« betrifft, so braucht man nur an die deutsche *Romantik* zu erinnern, an die sprachliche Herkunft dieses deutschen Wortes, die »innere Form«, die seine Lautgestalt geprägt hat: *ROMA – ROMANUS – romanicus – romanice* »in romanischer, in der Volkssprache« – altfranzösisch (Nominativ) *romanz,* (Akkusativ) *romant* – von da aus auch die *Romanze,* der *Roman, romanesk* usw. – englisch seit der Mitte des 17. Jahrhunderts *romantic* – daraus hundert Jahre später in Deutschland *romantisch,* das Wort, das dann lange Zeit gleichbedeutend war mit deutscher Waldeinsamkeit, mondbeglänzter Zaubernacht, deutscher Innerlichkeit und Seelentiefe.
Geprägte und prägende Formen des Griechischen, des Lateinischen, des Christentums, des lateinischen und des französischen Mittelalters, der deutschen landschaftlichen Mehrsprachigkeit, des Humanismus, der Reformation und Gegenreformation, des Barock, des Pietismus, der Aufklärung, der deutschen Klassik und Romantik wären in das »Weltbild der deutschen Sprache« eingegangen, ein Konglomerat heterogener »Weltbilder« – wenn, ja wenn die »Weltbilder«, die diese Formen einmal prägten, in ihnen lebendig geblieben wären!
Wir werden dieser Frage später auf den Grund gehen.

Ineinanderwirken

In der Verschiedenheit der menschlichen Sprachen sah Humboldt aber auch ihre Einheit. Er erkannte,»daß die Sprache eigentlich nur Eine, und es nur diese eine menschliche Sprache ist, die sich in den zahllosen des Erdbodens offenbart«.

»Ebenso als man behaupten kann, daß jede Sprache, ja jede Mundart verschieden ist, kann man, von einem andren Standpunkte aus, den Satz aufstellen, daß es im Menschengeschlecht nur Eine Sprache giebt und von jeher gegeben hat. Um zu der einen oder der andren dieser Folgerungen zu gelangen, kommt es nur darauf an, bei der Betrachtung der Eigenthümlichkeiten der einzelnen Sprachen ihre Verschiedenheiten oder ihre Ähnlichkeiten aufzufassen, da sie immer beide zugleich besitzen, vermittelst jener sich bis ins Besonderste hin spalten, vermittelst dieser sich bis zur Einheit verbinden.«

Humboldt sah auch das Ineinanderwirken der Sprachen, die geistige Wechselwirkung der Sprachen aufeinander und fand dafür ein merkwürdiges und eindrucksvolles Bild:»Die Sprachen trennen allerdings die Nationen, aber nur um sie auf eine tiefere und schönere Weise wieder inniger zu verbinden; sie gleichen darin den Meeren, die, anfangs furchtsam an den Küsten umschifft, die länderverbindendsten Straßen geworden sind.«

In den vielen Sprachen dieser Erde, die er im Laufe seines Lebens durchforschte, fand Humboldt überall Mischung, – »höchst wahrscheinlich giebt es keine einzige unvermischte«.

Diese Tatsache der sich immer und überall vollziehenden Sprachmischung versuchte er, so gut es ging, in Einklang zu bringen mit seinem Glauben an die Sprache als einen sich entfaltenden und entwickelnden lebenden Organismus (wovon hier schon im IV. Kapitel, Sprachmischung, Sprache als »Organismus«, die Rede war).

Wie aus Mischung ein neuer Organismus entsteht, bleibt ihm freilich geheimnisvoll, unerklärbar. »Man kann einer vielfachen Reihe von Veränderungen nachgehen, welche die Römische Sprache in ihrem Sinken und Untergang erfuhr, man kann ihnen die Mischungen durch einwandernde Völkerhaufen hinzufügen: man erklärt sich darum nicht besser das Entstehen des lebendigen Keims, der in verschiedenartiger Gestalt sich wieder zum Organismus neu aufblühender Sprachen entfaltete.«

Tatsache ist jedenfalls, daß aus der Vermischung der Sprachen eine neue sprachliche Organisation hervorgehen kann.»Bei den Töchtersprachen des Lateinischen, bei der Neugriechischen und bei der Englischen, welche für die Möglichkeit der Zusammensetzung einer Sprache aus sehr heterogenen Theilen eine der lehrreichsten Erscheinungen, und der dankbarsten Gegenstände für die Sprachuntersuchung ist, läßt sich die Organisationsperiode sogar geschichtlich verfolgen, und der Vollendungspunkt bis auf einen gewissen Grad ausmitteln.«[38]

Französisches im Deutschen

In seiner Schrift »Das achtzehnte Jahrhundert« unterscheidet Humboldt die wesentlichen und die zufälligen Züge eines Charakters. Zu den zufälligen Zügen im Charakter dieses Jahrhunderts »muß die Herrschaft rechnen, welche Frankreich seit so langer Zeit in Geschmack, Sprache und Sitten über den größten Theil der kultivirten Welt ausübt«.[39]

Was ist von dieser »zufälligen« Herrschaft der Sprache Voltaires und Rousseaus über die Sprache Goethes und Schillers heute übriggeblieben?

Formelemente, Ableitungssilben weisen uns den Weg:

-eur, -euse: Deserteur, Konstrukteur, Ingenieur, Redakteur, Souffleur, Regisseur, Amateur, Hypnotiseur, Magnetiseur, Dekorateur, Masseur, der *Chauffeur,* den man schriftlich als *Schofför* eindeutschen kann, der unglückselige *Friseur* oder *Frisör,* der in Frankreich längst *Coiffeur* heißt; die *Souffleuse, Masseuse, Friseuse;*
-är: Legionär, Revolutionär, Sekretär, Funktionär, Millionär, Militär;
-ier (seltener werdend): *Portier, Privatier, Bankier, Hotelier, Romancier;*
-ant: Passant, Fabrikant, Intendant, Emigrant, Restaurant, interessant, extravagant, galant, charmant, amüsant, pikant, süffisant, brillant, kulant.

Mit allen diesen dem Französischen entlehnten Endungen hat man auch viele lateinische und romanische Wörter ins Deutsche aufgenommen.

-ös: religiös, seriös, graziös, melodiös, skandalös, pompös, muskulös, porös, tuberkulös, (aus ital. *strapazzare* »überanstrengen«, *strapazieren) strapaziös, schikanös, luxuriös, mysteriös, nervös;*

-*ell*, das oft mit seiner lateinischen Form -*al* in Konkurrenz tritt: *formell – formal, rationell – rational, funktionell – funktional, universell – universal; originell, traditionell, provinziell, prinzipiell, materiell, experimentell, konventionell, konfessionell, kriminell, sensationell, eventuell, aktuell;*
-*(i)tät: Humanität, Naivität, Sentimentalität, Eslastizität, Nervosität;*
-*üre: Lektüre, Broschüre, Ouvertüre, Konfitüre, Allüren;*
-*ment: Abonnement, Arrangement, Appartement, Engagement, Ressentiment;*
-*age: Garage, Etage, Passage, Massage, Spionage, Sabotage, Reportage;*
griech.-lat. *blasphemare* »lästern« – franz. *blâmer* »tadeln« – deutsch *blamieren* »bloßstellen, lächerlich machen«, dazu die *Blamage* (die es im Französischen nie gegeben hat); zu *stellen* und *ausstaffieren Stellage* und *Staffage.*

Dazu noch die Programme von -*ie* und -*ieren,* von denen bereits die Rede war (Französisch-deutsche Endungen S. 121).

Es hat in Kriegs- und Friedenszeiten viele völkische Bestrebungen gegeben, die französischen Wörter auszumerzen oder einzudeutschen. Man hat *Billett, Passagier, Perron, Waggon, Coupé, Kontrolleur, Barriere* vorteilhaft durch *Fahrkarte, Fahrgast, Bahnsteig, Wagen, Abteil, Zugschaffner, Bahnschranke* ersetzt. Aber bis heute ist erstaunlich viel Französisches dem deutschen Wortschatz beigemengt.

Dabei passen die meisten dieser Wörter nach Laut und Schrift sehr schlecht ins Deutsche. Wir lernen sie mühsam als graphische und phonetische Anomalien, wir wissen, daß man sie anders aussprechen muß, als man sie schreibt, und bringen es in ihrer Aussprache meist nur zu Annäherungswerten, bei *Toilette, Foyer, Repertoire, Memoiren* (*loyal* wird häufig überhaupt deutsch ausgesprochen), *Detail, Email, Medaille, Feuilleton, Fauteuil.* Die größten Schwierigkeiten machen bekanntlich die französischen Nasalvokale, da kann man täglich die verschiedenartigsten Variationen hören, bei *Refrain, Terrain, Satin, Mannequin, Timbre, Teint, Pointe, Parfum, Chance, Balance, Nuance, Renaissance, Orange, Branche, Revanche, Restaurant, Gendarm, Enquete, Ensemble, Engagement, Avant-Garde, Chanson, Pension, Saison, Champignon, Fonds, Bronze, Bonbon, Bonmot . . .*
Damit hat sich auch ein französischer Laut im Deutschen ungefähr eingebürgert, den es im »phonologischen System« des Deutschen gar nicht gibt, das stimmhafte [ž]: das *Genie,* der *Gendarm,* der *Journa-*

list, der *Regisseur,* der *Ingenieur,* die *Garage, Spionage* usw., das *Prestige,* der *Page,* die *Gage,* die *Loge, beige, jonglieren, arrangieren,* die doppelt schwierigen Wörter *Orange* und *Engagement,* das politische und soziale *Engagement,* das heute in der Öffentlichkeit so viel beschworen wird.

Das alles war für die strukturalistische Systemlinguistik eine große Verlegenheit: gehört dieser ganze französische Wortschatz, gehören diese französischen Laute zum »System« der deutschen Sprache oder nicht?

Kein Zweifel, das alles sind deutsche Wörter, wenn man ihnen auch ihre fremde Herkunft ansieht, so wie Gruppen von Einwanderern in der Masse der Bevölkerung, auch wenn sie längst eingebürgert und ein vertrauter Anblick geworden sind.

In allen nur möglichen Aussprachen, vom völlig stimmlosen bis zum ganz stimmhaften Laut, sind der *Gendarm,* der *Ingenieur,* der *Journalist,* die *Loge,* die *Orange* usw. doch deutsche Wörter, so gut wie der *Friseur* oder *Frisör,* die *Creme* oder die, oder der *Krem,* der *Chef,* das *Büro,* das *Restaurant,* das *Menü,* die *Möbel,* der *Fauteuil,* die *Lektüre,* das *Porträt,* die *Medaille,* das *Milieu,* die *Saison,* die *Tournee,* die *Premiere,* das *Debüt,* das *Manöver,* das *Korps,* das *Gros,* tausend andere Wörter.

»Der Gallomanie«, so Wilhelm von Humboldt in der erwähnten Schrift über das achtzehnte Jahrhundert, »folgte bald die Anglomanie nach, und diese beiden Nationen theilten dem übrigen Europa die Zwietracht mit, welche sie beide unter einander spaltet.«

Das Eingreifen des Englischen, des Anglo-Amerikanischen in unsere Sprachen läßt sich noch besser beobachten und beschreiben, weil es sich heute vor unser aller Augen und Ohren abspielt.

VI. Das Englische dringt ein

»*Die Franzosen sind ihrem geographischen Hintergrund sehr verhaftet*«: das ist ein etwas merkwürdiger deutscher Satz, den wir erst richtig verstehen, wenn wir uns besinnen, daß wir ihn in der deutschen Übersetzung eines amerikanischen Bestsellers lesen und dieser »*Hintergrund*« ganz offensichtlich *the background* wiedergeben soll, ein Wort, das sehr viel heißen kann, Herkunft, Heimat, Familie, Vorbildung, Umgebung, Umwelt, Milieu, Lebenssphäre.
Im Original, in Alvin Tofflers »Future Shock«,[1] lesen wir auch tatsächlich: »*The French are very attached to their geographical backgrounds.*« Wir schlagen die französische, italienische, spanische, portugiesische Übersetzung des Buches auf und finden: fr. *leur cadre géographique,* it. *i loro ambienti geografici,* sp. *su medio geográfico,* port. *os seus antecedentes geográficos.* Jedes dieser durch e. *background* provozierten Wörter würde eine eigene Untersuchung verdienen.
In einem anderen Bestseller, in Erich Segals »Love Story«, wird dagegen aus dem amerikanischen *background* noch kein deutscher *Hintergrund,* wenn ein allgewaltiger angelsächsischer Bankmann und Millionär von seiner zukünftigen Schwiegertochter, der Tochter eines kleinen italienischen Kuchenbäckers, sagt:

   e.   I think Jennifer is admirable. And for a girl from her background...
           (LS 55)[2]
   d.   Ich finde Jennifer bewundernswert. Wenn ein Mädchen aus ihren Kreisen...
   fr.   *une jeune fille de son milieu*   it. *una ragazza del suo ambiente*
   sp.   *una chica de su procedencia familiar*
   port. *uma rapariga com os seus antecedentes*

Hintergrund im Sinne von *background* bürgert sich im Deutschen erst langsam ein. Bisher nur in der Einzahl: »*Die Franzosen sind ihren geographischen Hintergründen sehr verhaftet*« (für *their geographical backgrounds*) wirkt heute noch komisch. Aber unter dem Druck des Englischen entstehen im Deutschen auch neue Plurale. Die meisten Deutschen werden wohl auf Befragen aus tiefster Überzeugung erklären, daß es für *die Zukunft* einen Plural »nicht gibt«. Aber das englische Original kann den Übersetzer dazu drängen, das deutsche Pluralisierungsprogramm auf eigene Faust auszuweiten und den Plural *Zukünfte* zu bilden:

    e. *Every society faces not merely a succession of probable futures, but an array of possible futures, and a conflict over preferable futures* (FS 460)
    d. *Jede Gesellschaft sieht sich nicht nur einer Folge wahrscheinlicher Zukünfte, sondern auch einer Skala möglicher Zukünfte und einem Konflikt hinsichtlich wünschenswerter Zukünfte gegenüber*
    fr. *une série de futurs*   it. *un susseguirsi di futuri*
    sp. *una sucesión de futuros*   port. *uma sucessão de futuros*

Eine andere Interferenz von e. *the future* kann man heute in den romanischen Sprachen beobachten. Im Französischen wurde bisher neben *l'avenir*, dem Grundwort für die Zukunft, das Substantiv *le futur* vor allem für das grammatische Futurum gebraucht. Unter dem Druck von *the future* schreibt und sagt man heute immer mehr auch *le futur* für die Zukunft schlechthin, ohne zu merken, daß das ein Anglizismus ist, daß das »franglais« ist – dieses *le futur* für *l'avenir* hat manchmal noch einen besonderen »neologischen«, »futurologischen« Beigeschmack.[3] Die anderen romanischen Sprachen verwenden seit langem, neben it. *l'avvenire*, sp. *el porvenir*, port. *o porvir* auch *il futuro, el futuro, o futuro* ganz allgemein für die Zukunft, eine synonymische Konkurrenz, die heute durch den Einfluß des Englischen noch verstärkt wird.

Lehnübersetzungen

Wir Alten erinnern uns noch gut daran, wie mühelos das aus England kommende *week-end* (nach Einführung des arbeitsfreien Samstagnachmittags, dann des ganzen Samstags) in den zwanziger Jahren als

Wochenende eingedeutscht wurde – die Jüngeren kommen heute gar nicht mehr auf den Gedanken, daß es einmal eines Anstoßes von außen bedurfte, ein so selbstverständlich deutsch zusammengesetztes Wort zu bilden. Die romanischen Sprachen kennen dieses Programm der Nominalkomposition nicht. Die nächstliegende Entsprechung ist die Präpositionalverbindung (fr. *la fin de la semaine, en fin de semaine*), und gerade das Französische kann da nicht ohne weiteres auf den Artikel verzichten, so daß sich recht schwerfällige Umschreibungen ergäben, vor allem in so geläufigen Ausdrücken wie »das Wochenende verbringen«, »das verlängerte Wochenende«, »eine Wochenendreise«, »das Pfingstwochenende« usw. Man sagt daher lieber, allen Puristen zum Trotz, *le week-end*, und wünscht sich *un bon week-end* und nicht etwa *une bonne fin de semaine*.

e. *It was Friday and he decided to spend the weekend with Virginia and the kids* (GF 377)
d. *Es war Freitag, und er beschloß, das Wochenende mit Virginia und den Kindern zu verbringen*
fr. *passer le week-end*
sp. *pasar el fin de semana*
it. *trascorrere la fine settimana*
port. *passar o fim-de-semana*

In ungezählten Glied-für-Glied-Übersetzungen kann man heute anglo-amerikanische Bildungen in anderen Sprachen wiederfinden:

e. *these patterns of behavior* (FS 362)
d. *solche Verhaltensmuster*
fr. *ces types de comportement*
it. *queste modalità di comportamento*
sp. *estas pautas de comportamiento*
port. *estes padrões de comportamento*

e. *a symbol of status* (FS 69)
d. *ein Statussymbol*
fr. *le symbole du statut social*
it. *un simbolo della condizione sociale*
sp. *un símbolo de posición social*
port. *um símbolo de situação social*

e. *the quality of life* (FS 458)
d. *die Qualität des Lebens*
fr. *la qualité de la vie*
it. *la qualità della vita*
sp. *la calidad de vida*
port. *a qualidade da vida*

Heute spricht alles von *Lebensqualität*. Niemand denkt daran, daß das eine Lehnübersetzung aus dem Amerikanischen ist, die gerade erst zehn Jahre alt ist.

    e.   *We develop a throw-away mentality to match our throw-away products* (FS 54)
    d.   *Parallel zu den Wegwerf-Produkten entwickeln wir eine Wegwerf-Mentalität*
    fr.   *une mentalité »à jeter« ... nos produits à jeter*
    it.   *una mentalità del getta-via ... i nostri prodotti da gettar via*
    sp. *una mentalidad de »tírese después de usado« ... los productos que sólo se emplean una vez*
    port. *uma mentalidade condizente com os nossos produtos de usar e deitar fora*

Eine amerikanische Neuschöpfung aus dem Koreakrieg, *brainwashing*, wird seither in den verschiedensten Zusammenhängen gebraucht:

    e.   *practitioners of political or religious brainwashing* (FS 348)
    d.   *politische oder religiöse Gehirnwäscher*
    fr.   *les spécialistes du lavage de cerveau*[4]
    it.   *coloro che si avvalgono del lavaggio del cervello*
    sp. *los que practican el lavado de cerebro*
    port. *os praticantes de lavagens ao cérebro*

    e.   *They've brainwashed you too* (FF 227)
    d.   *Sie haben auch bei dir Gehirnwäsche gemacht*

Lehnübertragungen

Wir haben im Deutschen ein begrenztes Kompositionsprogramm mit *-macher* (*Schuhmacher, Handschuh-, Hut-, Korb-, Kamm-, Uhr-, Instrumente-, Regen-, Schönwetter-, Geschäftemacher*), das aber nicht die Reichweite des englischen *-maker-*Programms besitzt. Durch das Englische ist das deutsche Programm ausgeweitet worden, vom *Buchmacher* und *Schrittmacher* zu den *peace makers*, den Friedensmachern von Versailles, bis zum *Filmemacher*. Aber für *policy-makers* und *decision-makers* sagen wir weder **Politik-* noch **Entschei-*

dungenmacher, hier haben wir nur Lehnübertragungen zu Verfügung:

- e. *To justify these breaches of the »permanent Indian frontier«, the policy-makers in Washington invented Manifest Destiny* (BH 8)
- d. *Um diese Verletzungen der »ewigen Indianergrenze« zu rechtfertigen, erfanden die Politiker in Washington die »Manifest Destiny«*
- fr. *les politicards (!) de Washington*   it. *i politici*
- sp. *los politicos*   port. *os homens que tomavam decisões*

- e. *This radically altered fact of life must be internalized by decision-makers in industry, government and elsewhere* (FS 459)
- d. *Diese radikal veränderte Lebenstatsache muß von den Menschen, die in der Industrie, in der Regierung und Verwaltung Entscheidungen fällen, künftig berücksichtigt werden*
- fr. *tous ceux à qui incombe la charge de prendre des décisions*
- it. *coloro che prendono le decisioni*   sp. *los que deben tomar decisiones*
- port. *aqueles a quem compete tomar decisões*

- e. *decision-makers* (FS 470)   d. *die Verantwortlichen*
- fr. *nos dirigeants*   it. *coloro che prendono le decisioni*
- sp. *los encargados de tomar decisiones*   port. *os que tomam as decisões*

Als Lehnübertragungen sind *Entscheidungs-*zusammensetzungen ins Deutsche gedrungen, sie gehören heute zu unserem festen politischen Vokabular:

- e. *democratic decision-making* (FS 480)
- d. *der demokratische Entscheidungsprozeß*
- e. *a new decision-making function ... their monopoly on decision-making* (FS 140)
- d. *eine neue Entscheidungsfunktion ... ihr Entscheidungsmonopol*
- e. *a decision-making crisis in the techno-societies* (FS 358)
- d. *die Entscheidungskrise in den technisierten Gesellschaften*
- e. *decision-stress* (FS 355)   d. *Entscheidungsstreß*
- e. *decisional processes* (FS 447)   d. *Entscheidungsprozesse* usw.

Lehnschöpfungen

Auf viele englische Wörter gräcolateinischer oder romanischer Herkunft antwortet das Deutsche mit Lehnschöpfungen.
The environment (von fr. *environner* »umgeben«, *l'environnement* »das Umgeben, die Umgebung«, im Französischen lange Zeit ein kaum mehr gebrauchtes Wort, dem man *les environs* vorzog) ist heute zu einem soziologischen, ökologischen, biologischen Schlüsselbegriff geworden:

- e. *Life implies a constant interaction between organism and environment ... All of us are constantly bathed in a shower of signals from our environment – visual, auditory, tactile* (FS 334)
- d. Leben bedeutet ständige Wechselbeziehung zwischen Organismus und Umwelt ... Auf uns alle stürmt ständig eine Fülle von Signalen aus der Umwelt ein, die Augen, Ohren, Tastsinn ansprechen
- fr. *l'environnement*   it. *l'ambiente*   sp. *el medio*   port. *o ambiente*

In diesem Sinn löst *the environment* ein französisches Wort ab, *le milieu*, das im Denken des 19. Jahrhunderts eine so bedeutende Rolle gespielt hat – man braucht nur an die Milieutheorie zu denken –, das aber auch schon seit 1800 durch die Lehnschöpfung *Umwelt* eingedeutscht worden war.

- e. *the ancient controversy over »heredity vs. environment«* (FS 197)
- d. die uralte Streitfrage, ob Erbeigenschaften oder Umwelteinflüsse entscheidender sind
- fr. *milieu*   it. *ambiente*   sp. *medio*   port. *ambiente*

- e. *environmentalism* (FS 159)   d. die Milieutheorie
- fr. *des théories sur l'environnement*   it. *l'ambientalismo*
- sp. *la teoria del medio ambiente*   port. *o ambientalismo*

- e. *we must question the long-term impact of a technical innovation on the social, cultural and psychological environment* (FS 437)
- d. Wir müssen die langfristigen Konsequenzen einer technischen Neuerung auf die gesellschaftliche, kulturelle und psychologische Umwelt prüfen
- fr. *sur l'environnement*   it. *sull'ambiente*
- sp. *en los medios*   port. *no ambiente*

Das Englische wirkt also auch hier wieder auf das Französische zurück, und gibt dem alten Wort *l'environnement* ganz neue Bedeutungen und Verwendungen. Ironisch sagt man heute in Frankreich dazu: »*Environnement:* alles was unseren Lebensrahmen ausmacht, sowohl was die Architektur, den Urbanismus, die Ausschmückung betrifft als auch die Luft, die wir atmen, das Wasser, das wir trinken usw. Das hieß früher *le milieu* und schuf keine Probleme. Seitdem wir von verschiedenen Gefahren bedroht werden, ist das *milieu* zum *environnement* geworden.«[5]

Bekanntlich haben sich auch die Künstler des Wortes bemächtigt:

- e. Artists also have begun to create whole »environments« – works of art into which the audience may actually walk, and inside which things happen (FS 228)
- d. Außerdem haben Künstler begonnen, vollständige »Environments« zu schaffen, Kunstwerke, in denen das Publikum herumlaufen kann und in denen etwas passiert
- fr. des »environnements«   it. »ambienti«   sp. »ambientes«   port. »ambientes«

Ebenso vielfältig gebraucht werden die Ableitungen und Zusammensetzungen dieses so aktuellen Wortes:

- e.   the pace of environmental change (FS 4)
- d.   das Tempo der Umweltveränderung
- fr.   la cadence des modifications qui affectent notre cadre de vie
- it.   la rapidità del mutamento ambientale
- sp.   la velocidad de cambio del medio
- port. o ritmo de mudança ambiental

- e.   a Department of Environmental Affairs (FS 454)
- d.   eine Sonderabteilung für Umweltfragen
- fr.   de l'environnement   it.   degli affari ambientali
- sp.   de Asuntos del Medio Ambiente   port. de Assuntos Ambientais

Schließlich die *Umweltverschmutzung.* Für dieses die Menschheit plötzlich in Angst und Schrecken versetzende Phänomen hat man im Englischen ein lateinisches Bildungswort gewählt, *pollutio – the pollution,* ein Wort, das bis dahin als »Befleckung, Besudelung, Entweihung« nur eine religiöse, moraltheologische und sexualmedizinische Bedeutung hatte. Diese unvermutete polysemische Erweiterung ist von den anderen Sprachen als Lehnbedeutung übernommen worden. Im Italienischen und Spanischen fühlte man sich aber offenbar zuerst durch die alte theologische und medizinische Bedeutung des Wortes gehemmt, es in diesem neuen Sinn zu gebrauchen. Man nahm andere Latinismen zu Hilfe, it. *l'inquinamento, la contaminazione,* sp. *la contaminación.* Aber auch da drängt durch das Englische it. *la polluzione,* sp. *la polución* herein.

e. to check pollution (FS 452) d. die Umweltverseuchung bekämpfen
fr. *la pollution* it. *l'inquinamento*
sp. *la contaminación* port. *a poluição*

e. air and water pollution (FS 454) d. Luft- und Wasserverschmutzung
fr. *la pollution* it. *l'inquinamento*
sp. *la contaminación* port. *a poluição*

Lehnbedeutungen

Der berühmteste Fall einer polysemischen Ausweitung, die in kurzer Zeit als Lehnbedeutung von anderen Sprachen aufgenommen wurde, ist e. *the challenge,* die Herausforderung durch einen Gegner. Man weiß, daß erst Arnold Toynbee auf seinem Gang durch die Weltgeschichte auch die Mächte der Natur, des Klimas, die Nöte und Gefahren, die den Menschen bedrohen, als *challenge* gesehen und bezeichnet hat, als eine »Herausforderung«, die den Menschen »fordert«, die ihn herausfordert, sie zu überwinden. Diese in dem Wort *challenge* kristallisierte Vision hat auch den entsprechenden Wörtern anderer Sprachen, d. *die Herausforderung,* fr. *le défi,* it. *la sfida,* sp. *el desafío, el reto,* port. *o desafio,* die bis dahin ja auch nur die Herausforderung durch einen menschlichen Gegner bedeutet hatten, eine neue Verwendung gegeben.
Seither ist jede Krise, jedes Problem, jede Schwierigkeit »*eine Herausforderung*« an uns, dafür eine Lösung zu finden. Nach der Unabhängigkeitserklärung am 15. August 1947 baten die Inder am 6. September den bisherigen Vizekönig Lord Mountbatten, noch einmal die Regierungsgewalt zu übernehmen, um das ausgebrochene Chaos zu meistern:

e. *Mountbatten thought a moment. He loved a challenge and this was a formidable one* (FM 315)
d. *Mountbatten überlegte einen Augenblick. Er hatte es gern, wenn er sich bewähren konnte, und dies war eine enorme Herausforderung*
fr. *les défis*   it. *le sfide*   sp. *los retos*   port. *os desafios*

Die Herausforderung ist zu einem richtigen Modewort geworden:

e. *Hardly a meeting or conference takes place today without some ritualistic oratory about »the challenge of change«* (FS 19)
d. *Fast bei jeder Konferenz oder Tagung fühlt sich der Redner veranlaßt, von der »Herausforderung des schnellen Wandels« zu sprechen*
fr. *le »défi que nous jette le changement«*
it. *la »sfida del cambiamento«*   sp. *el »desafío del cambio«*
port. *o »desafio da mudança«*

Die französische Übersetzung macht das Bild noch deutlicher: die Beschleunigung der Geschichte wirft uns ihre Herausforderung wie einen Fehdehandschuh zu.

DAS IMAGE

Eine polysemische Erweiterung hat auch e. *the image* in unseren Tagen erlebt: vom Bild, Bildnis, Abbild, der Vorstellung, dem Ansehen, zu dem Bild, das die öffentliche Meinung sich von einer Person oder Sache macht, das durch Öffentlichkeitsarbeit und Werbung in den Massenmedien, durch Propaganda und Reklame aufgebaut, gefestigt, gepflegt, verbessert wird.

e. *There was much more to Mountbatten, however, than his public image indicated* (FM 7)
d. *Allerdings wurde sein öffentliches Image Mountbatten bei weitem nicht gerecht*
fr. *son image publique*   it. *la sua immagine pubblica*
sp. *su imagen pública*   port. *a sua imagem pública*

e. *(Gandhi's fasts) They were as much a part of his public image as his bamboo stave, his dhoti and his bald head* (FM 307)
d. *Seine Hungerstreiks gehörten ebenso zu seinem Bild in der Öffentlichkeit wie sein Bambusstab, sein Dhoti und sein kahler Schädel*

Die Reaktion auf diesen mit einem altgewohnten Wort, *the image,* ausgedrückten neuen Gedanken ist von Sprache zu Sprache verschieden. Im Deutschen erscheint »*das Bild in der Öffentlichkeit*« gelegentlich als ungefähre Übersetzung. Für Politiker und Publizisten ist das *Image* ein unentwegt gebrauchtes, unentbehrliches Fach- und Modewort geworden (gesprochen mit mehr oder weniger stimmlosem Auslaut fast als *Imitsch*).

e. *Parenthetically, at the same time that Freudian images of the child were altering the behavior of parents ... the image of the psychoanalysts changed, too. Psychoanalysts became culture heroes* (FS 159)

d. *Zur selben Zeit, als das Freudsche Image des Kindes das Verhalten der Eltern gegenüber dem Kind beeinflußte, änderte sich übrigens auch das Image des Psychoanalytikers. Psychoanalytiker wurden zu Kulturhelden.*

fr. *l'image*   it. *l'immagine*   sp. *la imagen*   port. *a imagem*

Auch die verschiedensten Dinge, die die Werbung mit bestimmten Qualitäten zu assoziieren versucht, von den angepriesenen Natur- und Industrieprodukten bis zu Urlaubsreisen und Ferienorten, haben ihr *Image:*

e. *Advertisers strive to stamp each product with its own distinct image* (FS 223)

d. *Die Werbung bemüht sich, jedem Erzeugnis sein eigenes, unverwechselbares Image aufzuprägen*

fr. *une image de marque*   it. *una immagine distinta*
sp. *su imagen distintiva*   port. *a sua imagem distintiva*

Anders als im Deutschen war in den romanischen Sprachen das Wort *image, immagine, imagen, imagem* schon vorhanden, es brauchte also die neueste polysemische Erweiterung nur in sich aufzunehmen. Im Deutschen ist *Image* ein Lehnwort, in den romanischen Sprachen erhält das Wort eine neue Lehnbedeutung. Aber gerade das kann oft als nicht deutlich genug empfunden werden. Und so erleben wir heute, daß man im Französischen statt *l'image* lieber *l'image de marque* sagt, und zwar nicht nur, wenn es sich tatsächlich um einen Markenartikel handelt, sondern auch etwa um *l'image de marque* der französischen Eisenbahnen, der Ecole des Sciences Politiques, der Pariser Métro, einer Industriestadt, der Studenten in den Augen der Bevölkerung,

der Eltern in den Augen der Kinder, der französischen Volksschule, des Gaullismus, eines Politikers, einer Gewerkschaft ...[6]
Entlehnungen aus anderen Sprachen zeigen, wo die Grenzen der Polysemie in der eigenen Sprache liegen, wo die polysemische Erweiterung nicht mehr alle Bedürfnisse befriedigt und man daher ein fremdes Wort braucht. Im Deutschen sagen wir *das Image,* offenbar weil *das Bild* oder *die Vorstellung* in ihrer Polysemie allzu unbestimmt und allgemein wären, so daß wir für den neuen Gedanken lieber bei dem prägnanten neuen Wort bleiben, auch wenn es lautliche Schwierigkeiten macht – von dem *snob appeal* des Neuwortes einmal ganz abgesehen. Aber auch im Französischen scheint *l'image* allein nicht zu genügen, um die neue Bedeutung von *the image* einfach zu übernehmen. So entspricht dem, was heute im Deutschen *das Image* ist, oft im Französischen nicht einfach *l'image,* sondern *l'image de marque.*

Neue Verwendungen

Viele gemeineuropäische lateinisch-romanische Wörter haben im Englischen neue Verwendungen bekommen, die jetzt auf die anderen Sprachen zurückfärben.
Ein internationales Wort französischer Herkunft, die *Kontrolle, kontrollieren,* hat in unseren Sprachen bis vor kurzem nichts anderes bedeutet als »die Überprüfung, überwachen«. Im Englischen hat dagegen das Wort seit langem auch andere Aufgaben übernommen, bedeutet »etwas unter seine Herrschaft bringen, beherrschen, meistern, bändigen, bezähmen, unterwerfen«. *Self-control* ist ja die Selbstbeherrschung.

- e. *Bagh Das had a vomiting sensation, but he controlled it* (FM 288)
- d. *Bagh Das verspürte einen würgenden Brechreiz, riß sich aber zusammen*
- fr. *mais il fit un effort*   it. *ma si vinse*
- sp. *pero hizo un esfuerzo*   port. *mas fez um esforzo*

- e. *unless we capture control of the accelerative thrust* (FS 403)
- d. *wenn es uns nicht gelingt, den Beschleunigungsschub unter Kontrolle zu bekommen*
- fr. *maîtriser*   it. *dominare*   sp. *controlar*   port. *dominar*

163

e. *Can one live in a society that is out of control?* (FS 446)
d. *Kann man in einer Gesellschaft leben, die außer Kontrolle geraten ist?*
fr. *qui échappe à tout contrôle*   it. *che sfugge ad ogni controllo*
sp. *fuera de control*   port. *descontrolada*

Im Deutschen sagen wir heute alltäglich: *das Feuer unter Kontrolle bringen, die Kontrolle über den Wagen verlieren, die Kontrolle über seine Nerven behalten.* Wir wissen gar nicht mehr, daß wir erst seit kurzer Zeit so reden.

Modewörter

Wir wissen gar nicht, wie »englisch«, wie »anglo-amerikanisch« wir uns ausdrücken, wenn wir deutsch sprechen oder schreiben, wie vielen Wörtern wir eine neuartige Verwendung geben, z. B. *explodieren, explosiv, Explosion:*

e. *the exploding high-speed complexities of life* (FS 364)
d. *die explodierende Komplexität des heutigen Daseins*

e. *the explosive multiplication of subcults in society* (FS 306)
d. *die explosive Vervielfachung der gesellschaftlichen Subkulturen*

e. *the knowledge explosion* (FS 161)   d. *die Wissensexplosion*
fr. *l'explosion du savoir*   it. *l'esplosione della conoscenza*
sp. *la explosión de conocimientos*   port. *a explosão dos conhecimentos*

Heute gibt es nicht nur eine *Wissensexplosion,* sondern auch eine *Leistungsexplosion,* eine *Kostenexplosion* und sogar eine *Geburtenexplosion* und *Bevölkerungsexplosion.*
Ein anderes Modewort ist *Strategie:*

e. *Strategies for survival ... an array of creative strategies for shaping, deflecting, accelerating or decelerating change selectively* (FS 373)
d. *Überlebensstrategien ... eine Skala schöpferischer Strategien zur selektiven Gestaltung, Ablenkung, Beschleunigung oder Verlangsamung des Wandels*

e. *social strategies* (FS 397)
fr. *une stratégie sociale*
sp. *la estratégia social*
d. *gesellschaftliche Strategien*
it. *strategie sociali*
port. *estratégias sociais*

Die meisten Modewörter der letzten zwanzig Jahre sind gräcolateinisch-französisch-anglo-amerikanischer Herkunft, *effizient, effektiv, signifikant, repressiv, permissiv, antiautoritär, kreativ* ...

e. *Writes one fashion expert:* »*Little girls will soon be able to spill ice cream, draw pictures and make cutouts on their clothes while their mothers smile benignly at their creativity*« (FS 54)
d. *So schrieb eine Modeexpertin:* »*Bald werden kleine Mädchen ihre Kleider mit Speiseeis vollkleckern, darauf herummalen oder sie mit der Schere zerschneiden können, während ihre Mütter ihr schöpferisches Tun lächelnd beobachten.*«

e. *The cycle of birth, Dr. Weitzen suggests,* »*fulfills for most women a major creative need*« (FS 240)
d. *Der Geburtszyklus, so Dr. Weitzen,* »*erfüllt bei den meisten Frauen ein grundlegendes kreatives Bedürfnis*«

Und zur *Kreativität* die *Sensitivität* und die *nichtverbale Kommunikation:*

e. *Group therapy and sensitivity training* (FS 227)
d. *Gruppentherapie und Sensitivitätstraining*

e. *weekend seminars in* »*body-awareness*« *and* »*non-verbal communication*« (FS 227)
d. *Wochenendseminare über* »*Körperbewußtsein*« *und* »*nichtverbale Kommunikation*«.

Lehnwörter: TREND

Das *Streben,* der *Zug,* der *Hang,* der *Drang,* die *Neigung,* die *Absicht,* mit einem dieser Wörter hätte man wohl das sagen können, wofür man im 18. Jahrhundert lieber ein französisches Wort heranzog, *la tendance – die Tendenz.* Man sagte zu oder nach etwas *tendieren,* fand für *Tendenz* von der Börse bis zur Literatur die verschiedensten Verwendungen, sprach und spricht von *Tendenzdichtung,* einem *Ten-*

denzstück, von einer *Tendenzwende,* verwendete das Eigenschaftswort *tendenziös* in verschiedenen Bedeutungen.
Zur *Tendenz* ist nun aus dem Englischen noch der *Trend* dazugekommen. Ein *Trend* ist nichts anderes als eine *Tendenz,* suggeriert vielleicht da und dort eine etwas stärkere Dynamik. Im Deutschen ist in Politik und Wirtschaft ein ungeheuer überanstrengtes Fetischwort daraus geworden. Warum eigentlich? Die romanischen Sprachen kommen sehr gut ohne es aus.

    e. *Two economic factors encourage this trend* (FS 266)
    d. *Dieser Trend wird durch zwei Faktoren wirtschaftlicher Art gefördert*
    fr. *cette tendance*   it. *questa tendenza*
    sp. *esta tendencia*   port. *essa tendência*

    e. *the projection of social trends* (FS 473)
    d. *die Untersuchung zukünftiger gesellschaftlicher Trends*
    fr. *tendances*   it. *tendenze*   sp. *tendencias*   port. *tendências*

Gegenüber der *Tendenz* hat der *Trend* nur den Vorzug der größeren Modernität und der modernen Knappheit in seiner Einsilbigkeit. Wir gebrauchen heute *Trend* statt *Tendenz,* abwechselnd mit *Tendenz,* die Übersetzer verwenden sogar häufig *Trend,* wo im englischen Original das Wort gar nicht steht!

    e. *What is involved in all this activity is not a casual tendency but a historic movement* (FS 131)
    d. *Hinter allen diesen Vorgängen steckt nicht nur ein vorübergehender Trend, sondern eine neue historische Bewegung*

    e. *tendencies toward uniformity* (FS 281)
    d. *Trends zur Uniformität*

    e. *this thrust toward media diversity* (FS 280)
    d. *dieser Trend zur Medienvielfalt*
    fr. *tendance*   it. *tendenza*   sp. *tendencia*   port. *impulso*

    e. *The same push toward pluralism ... The push for diversity* (FS 271-2)
    d. *Der gleiche Trend zum Pluralismus ... die Tendenz zur Differenzierung*

    fr. *Cette même tendance ... Cette tendance*
    it. *La stessa tendenza... La tendenza*
    sp. *Idéntico impulso ... El impulso*
    port. *A mesma tendência ... A tendência*

Der *Trend,* die *Tendenz* – so wie die Polysemie ist auch ihr Gegenstück, die Polymorphie, ein Merkmal natürlicher Sprachen, das Angebot mehrerer Formen für die gleiche Funktion und ihre synonymische Konkurrenz und das Spiel der Konnotationen.

JOB

Seit 1945 hat sich im Deutschen der *Job,* im Französischen *le job* eingebürgert. Ein *Job* (meist lautlich mehr oder weniger eingedeutscht in der Nähe von »Tschop«) ist nicht dasselbe wie Arbeit, Tätigkeit, Beruf. Es ist meist eine vorübergehende Tätigkeit, ein guter Verdienst, Nebenverdienst, Ferienverdienst, mit dem uns sonst nichts weiter verbindet. Die zunehmende Verbreitung des Wortes, so hat man gemeint, sei »ein Symptom einer veränderten Einstellung des heutigen Menschen gegenüber Arbeit und Beruf«.[7] Das ist vielleicht etwas zu viel gesagt, handelt es sich doch nur um ein willkommenes Wort für eine besondere Art von Arbeit, die eben durch unser vorübergehendes Verhältnis zu ihr gekennzeichnet ist.

Das gilt aber für *den Job* und *le job* viel mehr als für *the job*! Denn wie so oft hat auch hier das Wort in den Sprachen, in denen es Aufnahme gefunden hat, nicht den gleichen Inhalt und Umfang wie in der Ausgangssprache, läßt andere Konnotationen hervortreten, weckt andere Assoziationen (man braucht nur an d. *der Reiter* – fr. *le reître* »Haudegen« zu denken oder an fr. *le visage* »Antlitz« – d. *die Visage*).

The job hat eine viel größere Reichweite als *der Job* und *le job.* Im Deutschen und Französischen lebt das Wort nur in der Umgangssprache und nur in der erwähnten Sonderbedeutung. Im Englischen, vor allem im Amerikanischen ist es ein Grundwort, ein Allerweltswort, kann alle Arten von Arbeiten, Tätigkeiten, Berufen meinen, das niedrigste und schmutzigste Geschäft, das »Ding« des Verbrechers, kann auch eine sexuelle Bedeutung haben (in Mario Puzos »Godfather« hat Michael Corleone den Rauschgifthändler Sollozzo erschossen; – »›Did you do the job on Sollozzo?‹ Tessio asked. For that moment Michael was struck by the idiom Tessio had used. It was always used in a sexual sense, to do the job on a woman meant seducing her« p. 152). Es kann aber genausogut die größte und verantwortungsvollste Aufgabe sein. Am 1. Januar 1947 erteilte die Britische Regierung dem Admiral Viscount Mountbatten den Auftrag, als letzter Vizekönig nach Indien zu gehen und den Subkontinent in die Unabhängigkeit zu entlassen, eine Mission *(a task, an assignment),* die der Urenkel der Königin Viktoria nur sehr ungern übernahm:

    e. *Mountbatten wanted no part of the job* ... *He was going to be forced to accept a job in which the risk of failure was enormous* (FM 6, 9)
    d. *Mountbatten wollte von dieser Aufgabe nichts wissen* ... *Es würde ihm nichts übrigbleiben, als eine Aufgabe zu übernehmen, die das Risiko des Scheiterns in sich barg*
    fr. *cette tâche*   it. *quel compito*   sp. *esta tarea*   port. *esta tarefa*

Bei seinem ersten Besuch in Indien im Jahre 1921 hatte der junge Mountbatten noch gedacht:

    e. *India is the most marvellous country and the Viceroy has the most marvellous job in the world* (FM 31)
    d. *Beim Abschied fand Mountbatten, Indien sei das herrlichste Land und der Vizekönig habe den großartigsten Job auf der Welt*
    fr. *le poste*   it. *il posto*   sp. *el puesto*   port. *o lugar*

Hier darf man sicher nicht, beeinflußt vom deutschen *Job* und seinen Konnotationen, aus diesem englischen *job* etwa einen ironischen Unterton heraushören wollen. Die deutsche Übersetzung: »*der großartigste Job auf der Welt*« gibt einen ganz falschen Klang – paradoxerweise gerade weil sie das englische Wort beibehält.

SEX

Zu den anglo-amerikanischen Kurzwörtern, die sich die internationale Szene erobert haben, gehört auch *sex:* ein Schlüsselwort unserer Zeit, ein so alltäglich und selbstverständlich gebrauchtes bedeutungsüberladenes Kurzwort, daß wir Mühe haben, uns daran zu erinnern, wie es noch vor zwanzig Jahren aussah, als *Sexualität* und *sexuell* halbe Tabuwörter waren, als *sex-appeal* und *sexy* die ersten Vorboten des kommenden Siegeszuges waren. Auch im Französischen hatte bis dahin *le sexe,* im Italienischen *il sesso,* im Spanischen *el sexo,* im Portugiesischen *o sexo* nur entweder die sehr allgemeine Bedeutung des biologischen (männlichen, weiblichen) Geschlechts oder die sehr präzise des männlichen oder weiblichen Geschlechtsteils.

Seitdem ist die große Sexwelle auch durch unsere Sprachen gerollt, hat dem Deutschen ein neues Wort gebracht, *Sex,* und in den romanischen Sprachen dem schon vorhandenen Wort eine neue Bedeutung gegeben.

- e. *different conceptions of time, space, work, love, religion, sex* (FS 11)
- d. *mit anderen Raum- und Zeitbegriffen, anderen Auffassungen über Arbeit, Liebe, Religion, Sex*
- fr. *le sexe*   it. *il sesso*   sp. *sexo*   port. *sexo*

- e. *a week or two of sun and sex* (FS 227)
- d. *zwei Wochen lang Sonne und Sex*
- fr. *sexe*   it. *sesso*   sp. *sexo*   port. *sexo*

- e. *I've seriously considered giving him a father-to-son talk about sex* (GF 313)
- d. *Ich habe ernsthaft überlegt, ob ich ihm nicht mal einen väterlichen Vortrag über Sex halten soll*
- fr. *sur les questions sexuelles*   it. *sul problema sessuale*
- sp. *de las cuestiones sexuales*   port. *sobre sexo*

In den romanischen Sprachen könnten die früheren Bedeutungen des Wortes hier zu Mehrdeutigkeiten führen, daher verwendet der portugiesische Übersetzer das Wort artikellos, die anderen weichen auf das Adjektiv aus.

Im Deutschen ist *Sex* heute eine so beliebte und vielsagende Wortmarke, meist durch Artikellosigkeit noch besonders als solche gekennzeichnet, daß die Übersetzer manchmal sogar das Wort gebrauchen, wo es im Original nicht steht:

- e. »*Renaissance polyphony.*« – »*What's polyphony?*« – »*Nothing sexual...*« (LS 5)
- d. »*Polyphonie der Renaissance.*« – »*Und was ist Polyphonie?*« – »*Nichts, was mit Sex zu tun hat...*«
- fr. *Rien de sexuel*   it. *Non ha niente a che fare col sesso*
- sp. *Nada sexual*   port. *Não tem nada que ver com sexo*

- e. *At forty-eight he had been the most powerful movie magnate in Hollywood, still rough-spoken, rapaciously amorous...* (GF 55)

- d. *Mit achtundvierzig war er der mächtigste Filmmagnat Hollywoods, grobklotzig, sexbesessen ...*
- fr. *sa voracité amoureuse*
- it. *rapacemente amoroso*
- sp. *en amor era como un lobo*
- port. *àvidamente amoroso*

Andererseits ist *Sex,* diese modisch kesse Kurzform, nicht recht am Platz, wenn etwa von dem siebenundsiebzigjährigen Mahatma Gandhi die Rede ist:

- e. *in that force which Gandhi had struggled to sublimate and control for forty years, sex ... his philosophy of sex* (FM 64)
- d. *in dem Urtrieb, den Gandhi seit vierzig Jahren zu sublimieren und zu beherrschen trachtete – der Sexualität ... seine Anschauung über das Geschlechtliche*
- fr. *sa sexualité*
- it. *la propria sessualità*
- sp. *su sexualidad*
- port. *a sua sexualidade*

In dem deutschen Wortfeld *Geschlechtlichkeit, Geschlechtsleben, Erotik, Sexualität,* nimmt heute das Kurzwort, das Schlagwort *Sex* einen besonderen Platz ein, der im Übersetzungsvergleich besonders deutlich wird.

DRINK

Für e. *a drink* hätten wir im Deutschen *Trank, Trunk, Getränk* zur Verfügung. Trotzdem nehmen wir lieber ein neues Wort, *Drink,* besonders wenn es sich um neue gesellschaftliche Trinkgewohnheiten und Getränke handelt, die teilweise auch aus Amerika kommen. Wieder hat hier das Wort im Deutschen einen engeren Anwendungsbereich als im Englischen:

- e. *She mixed a drink for both of them and sat on his lap as they drank* (GF 120)
- d. *Sie mixte einen Drink und saß auf seinem Schoß, während sie tranken*
- fr. *un cocktail* it. *un drink* sp. *una bebida* port. *uma bebida*

- e. *Sometimes Nino came over for a drink* (GF 191)
- d. *Manchmal kam Nino auf einen Drink*
- fr. *prendre un verre*
- it. *per un drink*
- sp. *tomar una copa*
- port. *tomar um copo*

Außerhalb dieser besonderen gesellschaftlichen Sphäre ist ein englischer *drink* kein deutscher *Drink,* sondern weiter ein *Getränk:*

- e. But you needed a drink first (GF 272)
- d. Aber du mußtest zuerst etwas trinken
- fr. Tu avais besoin de boire un coup avant
- it. un bicchierino   sp. un trago   port. um trago

- e. Hagen waited on his boss, ... bringing him a cold drink, lighting his cigar (GF 280)
- d. Hagen ging seinem Boß zur Hand, ... Er brachte ihm kalte Getränke, reichte ihm Feuer für die Zigarre
- fr. il lui apporta à boire   it. una bibita fresca
- sp. una bebida fría   port. uma bebida gelada

DROGE

Es gibt viele Wörter, die keine Neubildungen sind, die schon lange zum Bestand unserer Sprachen gehören, die aber dann eines Tages in der einen oder anderen Sprache eine neue Funktion erhalten. Im Französischen ist seit langem *une drogue,* im Englischen *a drug* ein pflanzliches oder tierisches Heilmittel, das in einer *droguerie,* einem *drug-store* verkauft wird, ein Körper- oder Haushaltspflegemittel und manches andere. Man denkt in erster Linie an Arzneimittel, wenn man liest:

- e. *Trained pigeons are used to identify and eliminate defective pills from drug factory assembly lines* (FS 193)
- d. *Abgerichtete Tauben müssen fehlerhafte Tabletten aus Fließbändern von Arzneimittelfabriken erkennen und aussondern*
- fr. *dans les laboratoires pharmaceutiques*
- it. *delle industrie farmaceutiche*
- sp. *en ciertos laboratorios farmacéuticos*
- port. *nas fábricas de produtos farmacêuticos*

Aber vom *Arzneimittel* ist es nur ein Schritt zur *Droge:*

- e. *personality-altering drugs* (FS 232)
- d. *persönlichkeitsverändernde Drogen*
- fr. *des drogues modifiant la personnalité*
- it. *droghe capaci di modificare la personalità*

sp. *fármacos modificadores de la personalidad*
port. *drogas transformadoras da personalidade*

Und die *Droge* wird dann das Stichwort für alles *Rauschgift* und seinen Teufelskreis.

 e. *drug abuse* (FS 349)   d. *Drogenmißbrauch*
 fr. *l'abus de la drogue*   it. *l'abuso di stupefacenti*
 sp. *el abuso de las drogas*   port. *o abuso de drogas*

 e. *There is more money potential in narcotics than in any other business* (GF 72)
 d. *Im Rauschgift stecken mehr Geldmöglichkeiten als in jedem anderen Geschäft*
 fr. *dans la drogue*   it. *nei narcotici*
 sp. *con los narcóticos*   port. *em narcóticos*

 e. *There's more money in drugs* (GF 290)
 d. *Im Rauschgift steckt eben mehr Geld.*
 fr. *la drogue*   it. *le droghe*   sp. *las drogas*   port. *os estupefacientes*

Lehnidiomatik

 e. *A brand-new world is emerging, but people are still operating in terms of the old one* (FS 246)
 d. *Eine brandneue Welt entsteht gegenwärtig, aber die Menschen arbeiten und denken immer noch in den Kategorien einer alten Welt*
 fr. *entièrement nouveau*   it. *nuovo di zecca*
 sp. *completamente nuevo*   port. *novinho em folha*

Im Englischen bezieht sich *brand-new* auf *the brand,* das eingebrannte Markenzeichen, die funkelnagelneue Warenmarke. Im Deutschen können wir *brandneu* eigentlich nur auf den *Feuerbrand* beziehen, mit dem wir ja auch tatsächlich Komposita bilden: *brandrot, brandeilig.* Aber in solchen Bildungen ist auch sonst das affektive Element wenig durchsichtig (warum eigentlich *nagel-*neu, *splitter-*nackt, *stein-*reich, *tod-*schick?), und so hat man das englische Wort *brand-new* zu *brandneu* gemacht, ohne sich viel dabei zu denken. Ob »*eine brandneue Welt*« nicht trotzdem allzusehr »nach Übersetzung schmeckt«, ist eine andere Frage.
Den meisten idiomatischen Wendungen merkt man es nicht an, daß

sie dem Englischen entlehnt sind, wie *eine Menge Geld machen,
Schlagzeilen machen, das Beste daraus machen.* Es kommen immer
neue dazu, wie z. B. *eine Sache herunterspielen,* oder *jemandem die
Schau stehlen:*

    e.   the press must be kept out at all costs ... Just play it down (DJ 412)
    d.   *die Presse muß unter allen Umständen ausgeschlossen werden ...
        Spielen Sie die Sache herunter, das ist die Hauptsache*
    fr.   *Débrouillez-vous pour atténuer les choses au maximum*
    it.   *Si limiti a gettare acqua sul fuoco*
    sp. *Quítele importancia al asunto*

    e.   A country like the United States has an open public drama, in which new faces appear daily, there is always a contest to steal the show (FS 155)
    d.   *In einem Land wie den Vereinigten Staaten spielt sich gewissermaßen ein »offenes« Drama ab, in dem täglich Neubesetzungen vorgenommen werden. Pausenlos ist man damit beschäftigt, sich gegenseitig die Show zu stehlen*
    fr.   *la compétition pour monopoliser les feux de la rampe*
    it.   *una battaglia per rubare lo spettacolo*
    sp. *una contienda para ocupar las candilejas*
    port. *os primeiros papéis são sempre acèrrimamente disputados*

Die *Show* wird dann völlig eingedeutscht zur *Schau,* man *zieht eine
Schau ab, macht eine Schau ...*

RUND UM DIE UHR

Für e. *round the clock* hieß es in den Übersetzungen noch bis vor
kurzem:

    e.   *radio and television should be broadcast only for a few hours a day, instead of round the clock* (FS 391)
    d.   *Radio und Fernsehen dürften nur wenige Stunden senden und nicht vierundzwanzig Stunden*
    fr.   *et non pas vingt-quatre heures sur vingt-quatre*
    it.   *invece che ventiquattr'ore su ventiquattro*
    sp. *en vez de hacerlo continuamente*
    port. *em vez do dia todo*

- e. *Nurses especially recruited and checked had been hired for round-the-clock care* (GF 250)
- d. *Die ständige Pflege des Kranken übernahmen vierundzwanzig Stunden am Tag besonders geprüfte und ausgewählte Schwestern*
- e. *keeping the hotel under round-the-clock surveillance* (DJ 105)
- d. *die Tag und Nacht aufrechterhaltene Überwachung des Hotels*

Früher nur da und dort gebräuchlich, liest und hört man heute überall in Deutschland die Formel *rund um die Uhr*. Bald wird sie uns so selbstverständlich sein, als hätten wir schon immer so gesagt.

Durchdringung

Um das ganze Ausmaß, die Stärke und Tiefe der Durchdringung unserer Sprachen mit angloamerikanischen Bildungen richtig zu erfassen, muß man alle diese Nachbildungen einbeziehen, alle Lehnübersetzungen, -übertragungen, -schöpfungen, -bedeutungen. Die Lehnwörter sind nur der sichtbare Teil davon, die berühmte Spitze des Eisbergs.
Diese Lehnwörter durchziehen heute in Scharen fast alle Bereiche unseres Lebens, vom *Topmanagement* zum *Underground,* vom *Supermarkt* zur *Subkultur,* die *Massenmedien, Jazz-, Rock-, Beat-, Popmusik, Computer, Transistor, Video-Recorder, live* und *Playback, Input* und *Output, Kidnapping* und *Babysitting, Jet-Set* und *Hippie, Playboy* und *Callgirl, Stress* und *Fitness, Boom* und *Hit,* um nur zu nennen, was einem gerade in den Sinn kommt. Die Terminologie vieler neuer Technolekte besteht hauptsächlich aus englischen Lehnwörtern oder Lehnübersetzungen, -übertragungen, -schöpfungen, -bedeutungen, in den meisten Sportarten, in der Film-, Rundfunk-, Fernseh-, Schallplattenindustrie, in den neuesten Technologien, der fortgeschrittensten naturwissenschaftlichen und medizinischen Forschung, der Raumfahrt, in der Flugzeugindustrie und im internationalen Flugverkehr, in der modernen Wirtschafts- und Marktforschung, im internationalen Bankwesen und bei den multinationalen Konzernen.
Eine Reaktion gegen diese Überfremdung, eine Abwehr- und Abstoßbewegung ist nur vereinzelt hie und da zu bemerken, nichts, was

sich auch nur entfernt mit dem französischen Feldzug gegen das Franglais vergleichen ließe. Behördliche Maßnahmen gegen die »Anglomanie« und »Amerikanolatrie« sind in Deutschland unvorstellbar.

Man kann eine Erklärung für dieses unterschiedliche Verhalten in dem gestörten und zwiespältigen Verhältnis der Deutschen zu ihrer eigenen Nation suchen, oder in ihrer heutigen Weltoffenheit und Aufnahmebereitschaft für alles Fremde. Aber es gibt auch sprachliche Gründe dafür.

1. Lautlich sind englische Wörter viel leichter ins Deutsche aufzunehmen als ins Französische – sieht man auch hier wieder von dem im Deutschen schwierigen stimmhaften Konsonanten in *Jazz, Jeep, Jet, Job, Image, Manager, Blue jeans* ab. In Wortton und Satzgestalt ist das Englische dem Deutschen viel näher als dem Französischen.
2. Die englische Prädetermination entspricht der deutschen, in den romanischen Sprachen herrscht dagegen die Postdetermination: e. *pop music* – d. *Popmusik* – fr. *la musique pop;* e. *sex films* (HG 339) – d. *Sexfilme* – fr. *les films porno;* e. *hair sprays* (ES 70) – d. *Haarsprays* – fr. *des laques en atomiseur* ...

    e. *a silent-movie star* (HG 236)   d. *ein Stummfilmstar*
                                                       fr. *une vedette du muet*
    e. *the hotel management* (HG 327)   d. *das Hotel-Management*
                                                       fr. *la direction de l'hôtel*
    e. *a charter-flight company*   d. *eine Charterflug-*
       (HG 172)   *gesellschaft*
                                                       fr. *une compagnie aérienne*
                                                            de charters
    e. *the drug scene* (HG 435)   d. *die Drogenszene*
                                                       fr. *le milieu de la drogue*

(die *Szene* – *Rauschgiftszene, Terroristenszene, Sympathisantenszene, Dissidentenszene, Kunstszene* – ist ja auch ein Modewort der letzten Jahre, das aus Amerika kommt)

Im Französischen sind daher *le baby-sitter, le playboy, le milk-bar, le tea-room, la cocktail-party, le show-business* schon in der Reihenfolge der Zusammensetzung dem Französischen entgegengesetzt.
Die größere Ähnlichkeit der Laut- und Wortbildung trägt sicher dazu

bei, daß das Deutsche sich heute dem Englischen müheloser und bedenkenloser öffnet als das Französische.

Das Eindringen des Englischen in unsere Sprachen ist eines der am meisten analysierten und diskutierten Phänomene in der heutigen Linguistik. Hans Galinsky hat 1977 einen eindrucksvollen Forschungsbericht zusammengestellt, »Amerikanisch-englische und gesamtenglische Interferenzen mit dem Deutschen und anderen Sprachen der Gegenwart«.[8] Er schildert, unter welchen Aspekten und mit welchen Methoden dieses Problem in den letzten dreißig Jahren untersucht und dargestellt worden ist, nicht nur in Deutschland, sondern auch in Norwegen durch Aasta Stenes, in den Niederlanden durch R. W. Zandvoort, in Jugoslawien durch Rudolf Filipović, in Polen durch Jacek Fisiak. Seither sind das Buch von José Rubio Sáez »Presencia del inglés en la lengua española« und die Stockholmer Doktorarbeit von Göran Kristensson »Angloamerikanische Einflüsse in DDR-Zeitungstexten« dazugekommen.[9] Unterdessen entsteht in Düsseldorf Manfred Höflers großes Wörterbuch der Anglizismen des Französischen.

Was Sprachmischung bedeutet, wie Sprachen sich durchdringen, was Interferenz und Interpenetration sind, das braucht die Linguistik nicht aus historischen Dokumenten zu rekonstruieren. Hier kann sie es von Jahr zu Jahr und von Tag zu Tag verfolgen.

VII. Spielarten der Mischung

Der erste Sprachforscher, der die Bedeutung der Sprachmischung voll erkannte, und der die Aufmerksamkeit seiner Zeitgenossen auf die Mischungsvorgänge lenkte, die sich alle Tage um sie herum abspielten, war vor hundert Jahren Hugo Schuchardt.

Um 1880 glaubte in Leipzig und anderen deutschen Universitätsstädten die herrschende junggrammatische Schule in den menschlichen Sprachen Gesetze feststellen zu können, die den exakten Charakter naturwissenschaftlicher Gesetze besaßen. Nur wenn es gelang, so verkündete man, in der Sprache ebenso strenge, ausnahmslos gültige Gesetze zu finden wie die der Physik oder der Chemie des 19. Jahrhunderts, konnte die Sprachwissenschaft zum Rang einer modernen Wissenschaft erhoben werden. Die lautlichen Veränderungen, die unsere Sprachen im Laufe ihrer Geschichte durchgemacht haben, formulierten sie als Lautgesetze im Sinne strenger Naturgesetze, für die sie nur drei Ausnahmen gelten ließen:

1. die Kreuzung mit anderen Lautgesetzen,
2. Dialektmischung,
3. die Einwirkung begrifflicher Assoziationen oder Analogie.

Lautgesetz und Sprachmischung

In seiner berühmten Streitschrift: »Über die Lautgesetze – Gegen die Junggrammatiker« (Berlin 1885)[1] bewies Schuchardt seinen junggrammatischen Freunden und Gegnern Punkt für Punkt die Unhaltbarkeit dieses naturwissenschaftlichen Gesetzesbegriffes in der Sprachwissenschaft.

»Die Geschichte dieses blendenden Sophismus, welcher weite Kreise in Verwirrung gebracht hat, ist bemerkenswert. Er wurzelt in der früheren Ansicht, welche die Sprache vom Menschen loslöste, ihr ein selbständiges Leben lieh und welche zuerst in romantisch-mystischer, dann in streng naturwissenschaftlicher Färbung auftrat« (33). Gegen Herder und Humboldt wurde Schuchardt nicht müde zu wiederholen: Die Sprache ist kein natürlicher Organismus, sondern ein soziales Produkt, eine soziale Funktion, eine gesellschaftliche Tätigkeit. Gegen die Junggrammatiker entwarf er eine soziolinguistische Erklärung des Lautwandels. Was in den Augen der Junggrammatiker nur für die Ausnahmen verantwortlich war, nämlich Sprachmischung und analogische Übertragung und Verallgemeinerung, gehörte für Schuchardt zu den wichtigsten Bedingungen des Lautwandels selbst. Die Sprache jedes Individuums ist voll von Schwankungen und Abweichungen. »Mit dieser endlosen Sprachspaltung geht endlose Sprachmischung Hand in Hand. Die Beeinflussung des einen Dialektes durch den anderen, welche den Junggrammatikern zufolge eine Störung der ausnahmslosen Lautgesetze bewirkt, und die Ausgleichung der Individualsprachen, welche denselben Junggrammatikern zufolge ausnahmslose Lautgesetze erst ermöglicht, diese Prozesse von konträrer Wirkung sind im Wesen gleich, sie sind nur verschiedene Mischungsstufen« (16).
Lautwandel läßt sich von Sprachmischung nicht trennen. »Sprachmischung nehme ich auch innerhalb der homogensten Verkehrsgenossenschaft an« (20). Lautwandel ist das Ergebnis der Sprachmischung zwischen einzelnen Menschen, Menschengruppen, Bevölkerungen. »Von der Bildung der romanischen Nationen an rückwärts bis zu den ersten Anfängen des römischen Volkes nehmen wir eine fast ununterbrochene Serie mannigfacher Mischungen wahr« (20).
Lautwandel vollzieht sich innerhalb eines Dialekts nicht bloß nach dem Alter, sondern auch nach Geschlecht, Bildung, Temperament, in den verschiedenartigsten Weisen. Die Schule übt ihren Einfluß aus, das Bedürfnis der Ungebildeten, gebildet zu reden, das Bedürfnis der Provinzbewohner, so zu sprechen wie in der Hauptstadt. »Modischer, d. h. also mehr oder weniger bewußter oder vielleicht besser gesagt willkürlicher Lautwandel hat vielfach Neuerungen im Gefolge; er kann fälschliche Anwendung erfahren, kann selbst um eine Stufe gesteigert werden, kann parallelen Lautwandel hervorrufen. Wenn

endlich, wie sich ja historisch belegen läßt, irgendeine Lauteigentümlichkeit einer wirklich tonangebenden Persönlichkeit, eines Fürsten, Höflings, Schauspielers in deren Kreis freiwillig kopiert oder die eines Lehrers von diesem seinen Schülern aufgezwungen wird, so läßt sich auch die Möglichkeit nicht bestreiten, daß der Ursprung eines Lautwandels ein willkürlicher sei« (19).

»Auch auf dem Gebiete des mechanischen Lautwandels, um mich der junggrammatischen Terminologie zu bedienen, finde ich ganz anderes als nur abgeschlossene, in starre Formeln zu kleidende Prozesse, ich erblicke hier das bunte, endlose Spiel ungezählter Triebe, aus dem einzelnes heller und stärker hervortritt« (25).

Schuchardt heute

Einer der von Schuchardt wiederholt angesprochenen Junggrammatiker war Hermann Paul, dessen grundlegende »Prinzipien der Sprachgeschichte« 1880 erschienen waren. Schuchardt bedauerte, daß in diesem auch für ihn wichtigen Werk das Problem der Sprachmischung nicht erörtert worden sei.[2] Hermann Paul antwortete, indem er in die zweite Auflage der »Prinzipien« 1886 ein eigenes Kapitel über »Sprachmischung« einfügte, das mit den Worten beginnt:
»Gehen wir davon aus, daß es nur Individualsprachen gibt, so können wir sagen, daß in einem fort Sprachmischung stattfindet, sobald sich überhaupt zwei Individuen miteinander unterhalten. Denn dabei beeinflußt der Sprechende die auf die Sprache bezüglichen Vorstellungsmassen des Hörenden. Nehmen wir Sprachmischung in diesem weiten Sinne, so müssen wir Schuchardt darin recht geben, daß unter allen Fragen, mit denen die heutige Sprachwissenschaft zu tun hat, keine von größerer Wichtigkeit ist als die Sprachmischung« (Prinzipien, 22. Kapitel).
Paul beschreibt dann, was er Sprachmischung im engeren Sinne nennt, »zunächst die Beeinflussung einer Sprache durch eine andere, die entweder ganz unverwandt ist oder zwar urverwandt, aber so stark differenziert, daß sie besonders erlernt werden muß; weiterhin aber auch die Beeinflussung einer Mundart durch eine andere, die dem gleichen kontinuierlich zusammenhängenden Sprachgebiete angehört, auch wenn sie noch nicht so stark abweicht, daß nicht ein ge-

genseitiges Verständnis zwischen den Angehörigen der einen und denen der andern möglich wäre. Noch eine Art von Sprachmischung gibt es, die darin besteht, daß aus einer älteren Epoche der gleichen Sprache schon Untergegangenes neu aufgenommen wird.«[3] Hugo Schuchardts Streitschrift hat man vor kurzem in Kalifornien neu entdeckt. Theo Vennemann, Terence H. Wilbur, William S. Y. Wang haben Schuchardt mit neuen Augen gelesen. Mit wachsendem Erstaunen stellten sie dabei fest, daß seine Gedanken gerade für die heutige, durch Noam Chomskys generative Transformationsgrammatik ausgelöste weltweite linguistische Diskussion von größter Aktualität sind, daß dieser geniale Einzelgänger, dieser Pionier und Prospektor (wie sie sagen), eine solche Fülle neuer Gedanken vorausgedacht hat, die heute noch darauf warten, zu Ende gedacht zu werden.[4]

Slawo-deutsches und Slawo-italienisches

Seit 1876 Professor an der Universität Graz, lernte Schuchardt den vielsprachigen Alltag Österreich-Ungarns kennen. »Nirgends findet sich ein günstigerer Boden für Sprachmischung«, schrieb er 1885 in seiner dem großen Slawisten Franz von Miklosich gewidmeten Schrift »Slawo-deutsches und Slawo-italienisches«.[5]
In dieser Schrift breitet Schuchardt eine Unzahl mit wahrer Sammlerleidenschaft zusammengetragener Zeugnisse slawisch-deutscher Sprachmischungen und Mischsprachen aus.
»Es besteht erstens ein wirklicher tschecho-deutscher Jargon, wie er sich bei den ungebildeten Tschechen überall da entwickelt, wo sie in nähere Beziehung zu den Deutschen treten.« Dieses »Kuchelböhmisch«, richtiger »Kucheldeutsch«, ist seit langem in Prag und in Wien in Volksstücken und Witzblättern bezeugt, wird zu Schuchardts Zeit gern Köchinnen, Bedienten, Schusterbuben in den Mund gelegt. In Wien ist es auch heute noch nicht ganz ausgestorben und wird gelegentlich harmlos und humorvoll nachgeahmt.
»Es hat zweitens das Slawische auf das Deutsche im Munde gebildeter Slawen eingewirkt; wir haben keinen Jargon mehr, sondern ein Deutsch mit vereinzelten Slawismen. Von diesen Slawismen der Slawen sind drittens viele auf die unter einer dichten slawischen Bevöl-

kerung wohnenden Deutschen übergegangen. Manches wiederum davon ist viertens Gemeingut der deutschen Österreicher geworden. Das und jenes, z. B. *es steht nicht dafür* haben sogar wir Deutschen ›aus dem Reiche‹« (wie der aus Gotha gebürtige Schuchardt) »uns angeeignet« (18).
Ein besonderer Fall war die Sprache der Armee. Das Deutsch der slawischen Soldaten sah oft so aus wie die Meldung des Offiziersburschen: *pane leutnant, melduju ghorsamst že jejich burš pucoval na koňku mantel* – »Herr Leutnant, melde gehorsamst, daß Ihr Bursch geputzt hat auf (dem) Gang (Ihren) Mantel« (85).

»Lassen wir die ›militaris vulgarisque lingua‹ des gemeinen Soldaten bei Seite, so hört man von den nichtdeutschen Offizieren großenteils eine Sprache, welche mit dem mehr entschuldigenden als herabsetzenden Ausdruck ›Armeedeutsch‹ bezeichnet wird. Andrerseits stumpft sich bei Deutschen, die lange Zeiträume hindurch fremde Sprachen oder auch nur das Deutsche Fremder um sich hören, das Sprachgefühl in nicht geringem Maße ab; sie nehmen leicht Fremdes an und nicht etwa nur einzelne ›verba castrensia‹ wie das bekannte *tschau*. Bei den Söhnen solcher unsteten Väter wird nun aber selbst die Nationalität streitig; sie lernen eine Sprache um die andere, vergessen auch wohl eine um die andere und es fehlt ihnen, um mit Goethe zu reden, ›das Element, aus dem die Seele Atem schöpft‹. Es ist dabei nicht durchaus nötig, daß die Mutter einer anderen Nation entstammt; manche Personen, welche das Deutsche in einer Weise reden wie wir es von Fremden zu hören gewohnt sind, stellen sich bei näheren Erkundigungen als rein deutschen Blutes heraus.

Wer sich ein Gesamtbild von der sprachlichen Wirkung der angedeuteten Faktoren machen will, der durchwandele an einem sonnigen Nachmittag den Stadtpark unserer Pensionopolis« (Graz, die beliebte k.u.k. Offiziers- und Beamten-Pensionistenstadt) »und lausche nach links und rechts. Aus dieser fluktuierenden individuellen Sprachmischung hat sich ein fester Bodensatz in der allgemeinen Sprache der gebildeten Deutschösterreicher niedergeschlagen.

Die fremden und insbesondere slawischen Einflüsse sind übrigens noch durch ein vorzugsweise der Hauptstadt angehöriges Volkselement vermittelt und begünstigt worden, dessen Aneignungsfähigkeit, Rührigkeit und Mitteilsamkeit sich ja auf allen Gebieten des Lebens geltend macht, ich meine die Juden; es ist an ihr massenweises Vordringen aus dem slawischen Osten zu erinnern. Über der österreichischen Umgangssprache schwebt gleichwie ein wunderbarer Baldachin, an welchem Welsche und Slawen in lustiger, launiger Weise gewebt haben, die österreichische Kanzleisprache« (21).

Das slawische Substrat

Schuchardt untersucht die Veränderungen, die die deutschen Laute, die Wortbetonung, die Tonführung der deutschen Sätze im Mund der Slawen durchmachen, den slawischen Wortschatz, den sie in ihr Deutsch einbringen. Besonders aufmerksam durchleuchtet er die Fälle, wo in diesem Deutsch morphologische und syntaktische Strukturen des Slawischen »durchschlagen«.
Da ist die Nachstellung des attributiven Adjektivs, wofür er »diesen wirklich gehörten Ausspruch« anführt: *mein Suhn hate kriegt bemmische Verziehung und ise wurden deitscher Student, tragte Kappel farbiges* (93). Die Trennung des Adjektivs vom Substantiv: *Schwester haben wir ganz kleine* (94).
Beim Verbum wird das Subjektspronomen weggelassen: *Wohin wird gehen? – Ich hab ihm geschrieben, und hat mir geantwortet – Er ist nicht zufrieden daß Sonntag wiederkommen muß* (99). Tschechen und Slowenen lassen das unpersönliche *es* weg: *Wenn geregnet hat, ist immer kalt – Er ist erst gekommen wie schon zu spät war – Tut Ihnen schmerzen?* (100). Nachstellung des Pronomens: *Hab ich se gsehn wie sie seinse gangen über Anlagen auf Spaziergang – Heut hat die Schwester keine Zeit, kommt sie aber morgen – Möcht schon kommen, wann könnt' er, aber kann er nicht, weil hat keine Zeit* (101). Das slawische Reflexivpronomen: *Setzen wir sich – Wir unterhalten sich – Spiel dich nicht mit mir* – mit reziprokem Sinn im Slowenisch-deutschen: *Seinmer sich Freunde* (110).
Das slawische Einheitsrelativpronomen schlägt durch in Sätzen wie: *Die Frau was mit uns gekommen ist – Der Knecht was ich mit ihm gefahren bin* (111).
Die Beispiele sind keineswegs gleichwertig. Sie gehören verschiedenen Sprachschichten an, sie reichen von stärksten Beimischungen im Mund von Slawen bis zu den leichtesten Färbungen, die auch die Sprache der deutschen Österreicher dadurch angenommen hat.

Ebenso eindringlich untersucht Schuchardt auch die slawisch-italienische Sprachmischung in der Hafenstadt Triest und ihrem Hinterland, die italienisch-slowenisch-deutsche Dreisprachigkeit dieser Stadt in ihren verschiedenen Formen, die serbokroatisch-venezianisch-italienische Sprachmischung entlang der dalmatinischen Küste. Dieses so lebensvolle Bild einer germanisch-slawisch-romanischen sprachlichen Symbiose ist das der alten Habsburgermonarchie in den letzten Jahrzehnten ihres Bestehens. Dieses buntgemischte Deutsch ist in den »Letzten Tagen der Menschheit« von Karl Kraus untergegangen. Die Beziehungen der Völker und der Sprachen in diesem Raum haben sich seither völlig verändert.

Aber in einer ganz anderen geschichtlichen Umwelt und soziokulturellen Situation bietet uns heute das Deutsch von Millionen jugoslawischer und italienischer Gastarbeiter, vom ersten »Behelfsdeutsch« bis zu den immer geringer werdenden Beimischungen und Einwirkungen des Substrats, oft ein erstaunlich ähnliches Bild.

Pidgin und Kreolisch

Vom Nächstgelegenen bis zum Entferntesten suchte Schuchardt überall auf der Welt bei ähnlich peripheren Phänomenen Aufschluß zu erhalten über das zentrale Problem der Entstehung von Sprachen durch Mischung.

In seinen »Kreolischen Studien«, 1882 begonnen und jahrzehntelang fortgesetzt, hat er Pidgin, Kreolfranzösisch, Negerportugiesisch, Negerholländisch, Annamitofranzösisch, Indoportugiesisch, Indoenglisch, Melanesoenglisch, Malaiospanisch, ein riesiges Gebiet sprachlicher Hybridisierungen, überall wo Sprachmischung sich in den letzten Jahrhunderten vollzogen hat und sich täglich weiter vollzieht, für die Linguistik und im besonderen für die linguistische Theorie erschlossen.

Daraus hat sich seither ein eigener Zweig der Sprachwissenschaft entwickelt, die Kreolistik. Als deren »Konstituierende Versammlung« kann man die Konferenz über »Pidginization and Creolization of Languages« ansehen, die im April 1968 in der Westindischen Universität von Mona auf Jamaika stattfand.[6]

Nach der gebührenden Würdigung der bahnbrechenden Leistung Hugo Schuchardts, »the undisputed father of pidgin-creole studies« wurde auf dieser Konferenz zum ersten Mal ein umfassendes Bild der achtzig zur Zeit auf der Erde gesprochenen Pidgins und Kreolsprachen entworfen. Die geographischen und historischen, politischen, ökonomischen, sozialen, kulturellen Bedingungen ihres Entstehens, Festwerdens, Ausgreifens, Umsichgreifens, ihres Vergehens oder Aufgehens in einer der Sprachen, aus denen sie hervorgegangen sind, der Pidginisierung und umgekehrt der Entpidginisierung, der Kreolisierung und der Entkreolisierung sind rund um den Erdball denkbar verschieden. Umfang und Bedeutung dieser Erscheinungen sind den Forschern selbst erst auf dieser Konferenz voll zu Bewußtsein gekommen.

Hier wird überall Sprachwandel durch Sprachmischung greifbar. Hier werden alle unsere üblichen Vorstellungen von der Natur und der Struktur unserer Sprachen in Frage gestellt, hier versagt die bisherige linguistische Systemtheorie. Die weltweite Erscheinung der Pidgins und Kreolsprachen ist eine Herausforderung an die linguistische Theorie, *a challenge to linguistic theory*.

Pidgin

Zu allen Zeiten und in allen Ländern entstehen einfachste Behelfssprachen, mit denen der Fremde, Entdecker oder Eroberer, Soldat oder Tourist, sich mit dem einheimischen Führer, Diener, Händler verständigt, auf einem fremden Markt der Käufer mit dem Verkäufer, oder der einheimische Arbeitgeber mit dem fremden Arbeitnehmer.

So entsteht auf den großen Handelsplätzen und in den Hafenstädten eine Lingua franca, ein Sabir, eine internationale Handels- und Verkehrssprache mit begrenzten Funktionen und vereinfachten Formen, so wie im 19. Jahrhundert in den großen chinesischen Hafenstädten das Pidgin-Englisch, mit dem Europäer und Asiaten, dann aber auch Asiaten untereinander, auch Chinesen untereinander, sich über die notwendigsten Dinge verständigten.

Das portugiesisch-westafrikanische Seeleute- und Händlersabir war die Grundlage für das Sklavenhändler- und Sklavenhalter-Pidgin-

Englisch, mit dem die verschiedensprachigen Plantagensklaven Westindiens auch untereinander sich zu verständigen lernten.
Pidgins können überall zwischen Sklavenhaltern oder Arbeitgebern und ihren fremdsprachigen Arbeitern, aber auch zwischen verschiedensprachigen Arbeitern notwendig werden.
Gibt es heute in Westeuropa an den Arbeitsstätten und in den Wohnvierteln der Millionen verschiedensprachiger Gastarbeiter ein solches Pidgin? Man hat es behauptet. Erste Forschungsberichte über das »Pidgin-Deutsch« von Gastarbeitern in der Bundesrepublik Deutschland liegen vor.[7] Aber in der Verständigung zwischen den Deutschen und ihren Gastarbeitern ist doch kein Pidgin im eigentlichen Sinn entstanden. Zwar bastelt sich jeder Deutsche im Notfall sein »Mindest-Deutsch« *(Du gehen jetzt in Werkstatt Hammer holen! ... Ich nix wissen wo Krankenkasse!)*, aber es kommt ihm auch bei längerem vertrauten Umgang nicht in den Sinn, etwa die geläufigsten türkischen, serbokroatischen, italienischen, spanischen Interferenzen des täglich gehörten »Ausländerdeutsch« seinerseits zur Verständigung zu benützen. Pidgin aber beruht auf einer solchen Gegenseitigkeit, auf Mischung. Das Deutsch der Gastarbeiter läßt sich nur als ein Kontinuum definieren, das von dem ihnen gebotenen unbeholfenen, künstlich unbeholfenen »Behelfsdeutsch« zu einer immer besseren Ausschaltung der phonetischen, lexikalischen, grammatischen Interferenzen ihrer jeweiligen Muttersprache und schließlich zu einer oft erstaunlich guten Aneignung der deutschen Umgangssprache, meist eines deutschen Regiolekts, reicht.

Kreolisch

Ein Pidgin ist niemandes Muttersprache. Kreolisch ist eine Mischsprache, die zur Muttersprache einer Bevölkerung geworden ist. Sie kann, muß aber nicht aus einem Pidgin hervorgegangen sein.
Eine Kreolsprache entsteht nicht einfach dadurch, daß ein Herr seine eigene Sprache, zusammengedrückt zu einem groben »Basic« oder »Baby-talk«, dem Sklaven beibringt, der ihm in dieser Kindersprache antwortet, so daß er sie selbst wieder von seinem Sklaven lernt, der sie solchermaßen verstärkt wieder empfängt und zurückgibt und so wei-

ter. In einer Kreolsprache sind immer Elemente aus zwei oder mehreren Sprachen enthalten.
Kreolsprachen sind Mischsprachen, aber keine Mischmaschsprachen. In ihnen verbinden sich die phonetischen, lexikalischen, grammatischen Formen und Strukturen verschiedener Sprachen, oft so, daß phonetische, morphologische, syntaktische Besonderheiten der einen Sprache sich mit dem Lexikon der anderen Sprache verbinden. In dieser gegenseitigen Durchdringung von Strukturen unterschiedlicher Komplexität kommt es oft zu einer gegenseitigen Vereinfachung. Flexionsformen werden durch selbständige Funktionswörter ersetzt, Beziehungen durch einfache Aneinanderreihung der Wörter ausgedrückt, die Mehrzahl durch zweimaliges Nennen. Diese gegenseitige Durchdringung heterogener Strukturen führt aber nicht nur zu einer allgemeinen instrumentalen Vereinfachung, sondern oft auch zu neuen originellen Lösungen.

Die vier Hauptinseln der Großen Antillen, Kuba, Haiti, Jamaika, Puerto Rico, haben jede ein anderes sprachliches Schicksal gehabt. In Kuba und Puerto Rico sind vielleicht einmal aufgetretene Pidgins im Spanischen aufgegangen. In Kuba geht es jedenfalls heute nur mehr um das Spanische und seine regionalen und soziokulturellen Varianten.

Seit 1898 im Besitz der Vereinigten Staaten, hat Puerto Rico Spanisch und Englisch als Amtssprachen. Die Umgangssprache ist ein Spanisch im Zustand fortschreitender Angloamerikanisierung. Hunderttausende Portorikaner in New York sprechen »Spanglish«, das klingt dann folgendermaßen:

Por eso nada, you know it's nothing to be proud of, porque yo no estoy proud of it, as a matter of fact I hate it, pero viene Vierne y Sabado yo estoy, tu me ve haci a mi, sola with a ... aqui solita, a veces que Frankie me deja, you know ...
(457).

Im Ostteil der Insel Haiti herrscht in der Dominikanischen Republik das Spanische; der Westteil, die seit 1804 freie Negerrepublik Haiti, spricht ein eigentümliches und eigenwilliges portugiesisch-westafrikanisch-französisches Kreolisch. Die Amts- und Bildungssprache der Republik Haiti ist das Französische. Zwischen Kreolisch und Französisch findet ein unablässiges Geben und Nehmen statt, es entsteht ein immer wieder neues créole francisé und français créolisé, aber doch so, daß das Bewußtsein zweier Sprachen bestehen bleibt und bei der gebildeten Oberschicht das einer ausgeprägten Zweisprachigkeit mit deutlich geschiedenen soziokulturellen Funktionen für jede der beiden Sprachen.[8]

Sprache als Kontinuum

Jamaika, seit 1655 englischer Besitz, spricht dagegen ein Kreol-Englisch, das sich der englischen bzw. amerikanischen Umgangssprache immer weiter öffnet.
Mit diesem Jamaika-Kreolisch befaßte sich die Konferenz von Mona 1968 begreiflicherweise besonders eingehend. Linguisten und Soziologen stimmten darin überein, daß man bei genauer Beobachtung zwischen den beiden Extremen, dem Busch-Kreolischen oder dem Slum-Kreolischen auf der einen, dem Standard-Angloamerikanischen auf der anderen Seite nirgends eine systematische Grenze zu ziehen imstande ist, daß es sich in Wirklichkeit um ein sprachliches Kontinuum handelt, in dem diese Menschen sich bewegen. Jeder jamaikanische Sprecher beherrscht eine gewisse Spanne dieses Kontinuums, erklärte David Decamp; die sprachliche Bandbreite eines Menschen hängt von der Breite seiner sozialen Kontakte ab.»Each Jamaican speaker commands a span of this continuum, the breadth of the span depending on the breadth of his social contacts« (350).
Aber wie können wir ein solches Kontinuum im Rahmen der heutigen linguistischen Theorie beschreiben? Müssen wir zehn grammatische Beschreibungen dafür fordern, oder vielleicht hundert, oder vielleicht eine für jede erkennbare Variation in diesem Kontinuum? Wo bleibt da Noam Chomskys idealer Sprecher-Hörer mit seiner völlig homogenen Sprachgemeinschaft, deren Sprache er vollkommen beherrscht? (352).
Ein solches sprachliches Kontinuum, in dem die einzelnen phonetischen, lexikalischen, grammatischen Formen und Strukturen sich auch gegeneinander frei bewegen können, miteinander die verschiedensten Verbindungen eingehen können, läßt sich nur in einem Skalogramm erfassen, eine Technik, mit der Psychologen und Soziologen schon seit längerer Zeit vertraut sind.
In einem solchen skalaren Kontinuum reicht für jeden Menschen die

Bandbreite des Verstehens weit über die des Verwendens hinaus.
Auf Jamaika erstreckt sich das Kontinuum vom Kreolischen bis zum
Standard-Englischen. Die meisten Sprecher bewegen sich in einem
mittleren Bereich. Insgesamt läßt sich eine Bewegung auf eine englische Umgangssprache hin feststellen, das heißt eine fortschreitende
Entkreolisierung.

Sprache als Polysystem

Zu ähnlichen Ergebnissen kommt man, wenn man die sprachliche Situation in Hawaii genauer untersucht. Auf dieser pazifischen Inselgruppe kann man heute noch Reste des Hawaiischen Pidgin-Englisch finden, des »Zuckerplantagen-Pidgin« der zwischen 1886 und 1930 eingewanderten Chinesen, Koreaner, Japaner, Filipinos, Portorikaner, Portugiesen. Dieses Pidgin geht in das hawaiische Kreolisch über, die Muttersprache der bereits im Land geborenen Einwandererkinder und -enkel, das Kreolisch vieler eingeborener Hawaiianer, und dieses Kreolisch wieder in ein »Nicht-Standard-« und schließlich ein »Standard-Hawaii-Englisch«. Stanley M. Tsuzaki, selbst native speaker aus Hawaii, veranschaulicht dieses skalare Kontinuum mit folgenden Beispielen:

»Ich esse«: Pidgin: *Me kaukau – I kaukau – Me eat – I eat*
Kreolisch: *I stay eat – I stay kaukau*
Nicht-Standard: *I stay eating – I eating*
Standard: *I am eating*

»Ich aß«: Pidgin: *Me kaukau – I kaukau – Me eat – I eat*
Kreolisch: *I been eat – I been kaukau*
Nicht-Standard: *I ate*
Standard: *I ate*

Auch Tsuzaki kommt zu der Erkenntnis, daß hier mit der heutigen linguistischen Systemtheorie nichts anzufangen ist, solange diese an ihrem »single system« oder »monosystemic«-Schema festhält. Die überlieferten Begriffe des Systems und der Struktur werden hier zur Absurdität. Die sprachliche Wirklichkeit verlangt nach einer Theorie, die der Vielzahl der sich überlappenden und sich widersprechenden Systeme gerecht wird, eine »multiple systems« oder »polysystemic«-Theorie (335) – mit anderen Worten eine Theorie des polysystematischen Charakters jeder natürlichen Sprache.

William Labov

Mit seinen rasch berühmt gewordenen Arbeiten über das englische Polysystem der New Yorker Bevölkerung hat William Labov der amerikanischen Soziolinguistik neue Wege gewiesen. In seinem Beitrag zur Konferenz in Mona, »The Notion of ›System‹ in Creole Studies«, legte er die Unbrauchbarkeit des bisherigen Systembegriffs für jede wirklichkeitsnahe Sprachwissenschaft dar.
Eine menschliche Sprache ist keineswegs ein Supersystem mit zwingend ineinandergreifenden Subsystemen und Subsystemen von Subsystemen, streng gemäß dem strukturalistischen Dogma, so wie es Antoine Meillet einmal formulierte: »Chaque langue est un système rigoureusement agencé, où tout se tient« – »Jede Sprache ist ein zwingend ineinandergefügtes System, in dem alles von allem anderen bedingt wird« (458). Der Glaube, daß eine Veränderung an einem einzigen Punkt des Systems alle anderen Teile und damit das gesamte System in Mitleidenschaft zieht, war ein strukturalistischer Aberglaube. Gerade die Kreolistik liefert immer reicheres und überzeugenderes Beweismaterial dafür, daß einzelne Formen und Strukturen sich unabhängig voneinander verändern können, verschwinden oder durch andere ersetzt werden können.
Jede Sprache enthält Systematisches und Unsystematisches, Homogenes und Heterogenes, Labov zeigt das am Beispiel des Negeramerikanischen in den großen Städten im Norden der Vereinigten Staaten. Diese Sprache trägt noch viele Züge des Plantagenkreolischen des Südens. Sie nähert sich seit langem, in durchaus unsystematischer Weise, der allgemeinen amerikanischen Umgangssprache. Alex Haley hat in seinen »Roots« diese Entwicklung nachgezeichnet:
   e. *See what I means? You got to put away all dat stuff. Give it up. You ain't goin' nowheres, so you might's well face facks an' start fittin' in, Toby, you hear?* (R 255)

d. *Da hast du's! Du mußt das Zeug da alles wegschmeißen. Nützt dir alles nichts, ist besser, du findest dich damit ab und paßt dich an, Toby, hörst du?*

e. *»Gal, jes' no way you can know ... what it mean, you bein' dis fam'ly's firs' one headin' fo' a college –«*
»Maw, if I can ever git you and Paw to please quit saying such as ›dis‹ and ›fo‹! I keep telling you they're pronounced ›this‹ and ›for‹!« (R 660)

d. *»Mädchen, hast ja keine blasse Ahnung – was das überhaupt bedeutet: da biste die erste von der ganzen Familie, wo aufs College geht –«*
»Mom, wenn ich dich und Pa doch bloß dazu bringen könnte, grammatikalisch korrekt zu sprechen. Es heißt ›du bist‹, und nicht ›biste‹, und ›wo geht‹ klingt doch scheußlich.«

Der deutsche Übersetzer behilft sich überall mit einer ganz ungefähren, etwas volkstümlich gefärbten deutschen Umgangssprache. Welchen charakteristischeren Soziolekt hätte er auch zur Verfügung gehabt, der im deutschen Polysystem einen Stellenwert besäße, der dem des Negeramerikanischen innerhalb des Englischen ungefähr entspräche? Dem französischen, dem italienischen Übersetzer geht es nicht besser. Im Französischen wirft die Tochter ihren Eltern vor, *»de manger vos mots«*, und im Italienischen heißt es schlicht: *»corresse alcuni errori di pronuncia della madre«*.

Historische Kreolisierungen

Die Kreolistik, so erklärten die Teilnehmer an der Konferenz in Mona, zwingt zum Umdenken in der Sprachwissenschaft, fordert eine bessere linguistische Theorie.
»Es gibt keine Mischsprachen«, behauptete man lange überzeugt, und dachte dabei vor allem an den grammatischen Bau einer Sprache, an das, was Humboldt ihre grammatische Technik nannte. »Es gibt nur Mischsprachen«, behauptete man ebenso überzeugt, und dachte dabei vor allem an den Wortschatz und seine unbegrenzte Mischbarkeit.
Die Kreolsprachen beweisen, daß auch noch so heterogene grammatische Strukturen sich ineinanderschieben und verbinden können, daß sie sich oft gegenseitig stören und das Ergebnis eine Vereinfa-

chung der grammatischen Technik ist oder auch eine neue originelle Lösung.

Die Ergebnisse der Kreolistik helfen uns, auch die dramatischen Epochen des Sprachwandels längst vergangener Jahrhunderte besser zu verstehen.

Was geschah mit der lateinischen Sprache, als sie sich als Verständigungsmittel einer immer größeren Zahl verschiedensprachiger Menschen in ganz Italien und in allen Provinzen des Römischen Weltreichs ausbreitete? Wie weit ist das sogenannte Vulgärlatein ein kreolisiertes Latein? Da wird der klassische lateinische Vokalismus und Konsonantismus drastisch vereinfacht, da kommt das grammatische Geschlecht ins Schwanken, das Neutrum wird über Bord geworfen. In der Appendix Probi, einem »Antibarbarus« aus dem 3. oder 4. Jahrhundert nach Christi Geburt, warnt ein Grammatiker vergeblich vor solchen Kreolismen: *speculum non speclum, masculus non masclus, pecten non pectinis, miles non milex, pauper mulier non paupera mulier, calida non calda, frigida non fricda, auris non oricla, terebra non telebra, tabula non tabla, fax non facla, pusillus non pisinnus, persica non pessica, nurus non nura, socrus non socra, neptis non nepticla, amycdala non amiddula, myrta non murta, clamis non clamus, vapulo non baplo, vobiscum non voscum, olim non oli...* Dann verstummen die Flexionsendungen zur Kennzeichnung der Kasusbeziehungen, an ihre Stelle treten Präpositionen. Manche Präpositionen geraten durcheinander, *de, ab* und *ex,* auch die Präfixe *ex-* und *dis-*. Statt des klassischen Komparativs *(altior)* verwendet man Umschreibungen: *magis altus, plus altus.* Verbale Umschreibungen entstehen, statt *amabatur* sagt man *erat amatus,* statt *cantabit* sagt man *cantare habet,* woraus das romanische Futurum wurde, it. *canterà,* fr. *il chantera.*

Ist das, was man in der »Ausgliederung der romanischen Sprachen« als (keltisches, iberisches, baskisches, germanisches, arabisches, slawisches) Substrat, Superstrat, Adstrat feststellen kann, nicht auch das Ergebnis von Kreolisierungsprozessen? Ist nicht die dramatische Geschichte der rumänischen Sprache ein großer Kreolisierungs- und Entkreolisierungsprozeß? Läßt sich nicht die einzigartige Geschichte der englischen Sprache am besten als eine Reihe von Kreolisierungen und Entkreolisierungen begreifen? [9]
In allen Kreolisierungen und Entkreolisierungen verbindet sich Sy-

stematisches und Asystematisches. Die lateinischen Neutra *mel* »Honig«, *sal* »Salz«, *lac* »Milch«, *sanguen* »Blut« sind im Italienischen Maskulina, *il miele, il sale, il latte, il sangue;* im Spanischen Feminina, *la miel, la sal, la leche, la sangre;* im Portugiesischen wiederum Maskulina, *o mel, o sal, o leite, o sangue.* Lateinisch *pauper mulier,* vulgärlateinisch *pauperA mulier,* ist im Italienischen *una poverA donna,* im Spanischen dagegen *una pobrE mujer.* Der Nominativ *mulier* lebt im Italienischen weiter, *la moglie;* der Akkusativ *mulierem* im Altitalienischen und bis heute in den Mundarten, *moglierE* und *moglierA,* so wie im Spanischen *mujer,* im Portugiesischen *mulher.*

»Sprachbünde«

Es ist schon seit langem aufgefallen, daß manche räumlich eng benachbarte Sprachen, obwohl sie ihrer Herkunft nach gar nicht oder nur sehr weitläufig miteinander verwandt sind, einzelne phonetische, morphologische, syntaktische Eigentümlichkeiten aufweisen, die sich in überraschender Weise gleichen – von den lexikalischen Gemeinsamkeiten einmal ganz abgesehen.

Diese Gemeinsamkeit kann nur im engsten Zusammenleben der betreffenden Sprachen, in lang anhaltender Mehrsprachigkeit und Sprachmischung entstanden sein. So erklärt man sich, daß das Ungarische, eine mitten in die indoeuropäischen Sprachen eingesprengte finno-ugrische Sprache, von diesen so viele heterogene Strukturelemente aufgenommen hat.

Balkansprachen, die ihrer Herkunft nach nur entfernt miteinander verwandt sind, das Rumänische, das Bulgarische, das Griechische, das Albanische, haben nicht nur einen Teil ihres Wortschatzes voneinander übernommen, sondern auch einzelne Laute, so wie die Rumänen ihr *î,* Eigentümlichkeiten der grammatischen Technik, wie die gleiche Form für Genitiv und Dativ, wie den nachgestellten, an das Nomen hinten angefügten bestimmten Artikel (mit Ausnahme des Griechischen), wie den Ersatz des Infinitivs durch eine Periphrase: »Ich will, daß ich arbeite«, »Ich muß, daß ich arbeite« für »Ich will arbeiten«, »Ich muß arbeiten.«

Nach einem Vorschlag von N. S. Trubetzkoy spricht man seit 1928 in

einem solchen Fall von einem »Sprachbund«. Man glaubt, neben dem »Balkansprachbund« einen »Donausprachbund«, einen »Baltischen Sprachbund« erkennen zu können, auch einen »Britischen Sprachbund«, bestehend aus dem Englischen und dem auf den britischen Inseln und in der Bretagne gesprochenen Keltischen, und eine Reihe weiterer »Sprachbünde« dieser Art.
Hier gerät man leicht in unüberprüfbare Spekulationen. Sicher ist nur eines: wo immer solche rein nachbarschaftliche Gemeinsamkeiten auftreten, können sie nur aus langer Mehrsprachigkeit und Sprachmischung als phonetische Ansteckungen und grammatische Übernahmen, als Lehnübersetzungen, -übertragungen, -schöpfungen, -bedeutungen, als Interferenzen und Interpenetrationen entstanden sein.[10]

»Languages in Contact«

Dieser Titel eines Buches von Uriel Weinreich (New York 1953)[11] gab in den letzten 25 Jahren das Stichwort für die linguistische Diskussion über Mehrsprachigkeit und Sprachmischung.
Das Buch enthielt viel mehr, als der Titel besagte, in ihm ging es nicht nur um Kontakte, das heißt Berührungen zwischen den Sprachen. Weinreich versuchte eine Systematik zwischensprachlicher Interferenzen zu entwerfen. Er analysierte Beispiele hybrider Wortbildung, wie etwa die russisch-yiddische Endung *-nik,* die in New York zu einem offenen Programm geworden ist, das zu Bildungen führt wie *holdópnik* »Gangster, der ein *Hold-up* begeht«, *olrájtnik* (aus *all right*) »selbstzufriedener Parvenu« – die gleiche Endung wie in *Sputnik, Beatnik,* »*MIT*«-*nik* (*Emaitee* = Massachusetts Institute of Technology) usw. (44). Er untersuchte Mischbildungen wie e. *he bothered* – amerikanisches Yiddisch *er hot gebadert;* e. *he changed his mind* – am. yidd. *er hot gečéjndžt zajn majnd;* e. *to poison* – am. yidd. *farpójzenen* (50, 52). Weinreichs theoretische Ausgangsposition ist die strukturalistische Systemlinguistik. Er muß immer wieder ihr Versagen feststellen. Englisches [*ou*] wird im Yiddischen regelmäßig zu [*o*]: e. *wholesale* – yidd. *holsejl;* – aber für »wählen, seine Stimme abgeben«, sagt man heute statt *štímen* entsprechend e. *to vote* – yidd. *vutn* und nicht *votn* (70).

Im Vorwort zu diesem Buch gestand der französische Strukturalist André Martinet, Weinreichs Lehrer:
»Es gab eine Zeit, in der der Fortschritt der Forschung es erforderte, jede Sprachgemeinschaft als linguistisch autark und homogen anzusehen... Heute aber müssen wir die Tatsache unterstreichen, daß eine Sprachgemeinschaft *niemals* homogen und kaum jemals autark ist. Die Mundartforscher haben die Durchlässigkeit der sprachlichen Zellen nachgewiesen, es zeigte sich, daß sprachliche Veränderungen sich wie Wellen im Sprachraum ausbreiten. Aber es bleibt noch zu betonen, daß die sprachliche Mannigfaltigkeit an der Tür des Nachbarn beginnt, was sage ich, daheim und in einem und demselben Menschen. Es genügt nicht, darauf hinzuweisen, daß jedes Individuum ein Schlachtfeld widerstreitender sprachlicher Typen und Gewohnheiten ist und gleichzeitig eine ständige Quelle sprachlicher Interferenzen. Was wir so unbedachtsam und recht vorschnell ›eine Sprache‹ nennen, ist das Aggregat von Millionen solcher Mikrokosmen, die oft ein derart abirrendes Verhalten zeigen, daß sich die Frage erhebt, ob man sie nicht besser zu anderen ›Sprachen‹ gruppieren sollte.«
Aber wie kann, wie muß das von allen Seiten geforderte bessere theoretische Denkmodell der menschlichen Sprache aussehen?[12]

VIII. Das Spiel der Notwendigkeit und des Zufalls

Unser erster Satz lautet:
DER MENSCH IST DAS WESEN, DAS MEHRERE SPRACHEN LERNT.
Unser zweiter Satz:
JEDE MENSCHLICHE SPRACHE ENTHÄLT MEHRSPRACHIGKEIT.
Der dritte Satz:
JEDE MENSCHLICHE SPRACHE IST DAS ERGEBNIS VON SPRACHMISCHUNG.
Der vierte Satz:
UNSERE SPRACHEN SIND GEBILDE AUS NOTWENDIGKEIT UND ZUFALL.

Was ist in unseren Sprachen Notwendigkeit, was ist Zufall? Was ist in ihren einzelnen Formen, in ihren Strukturen und Programmen mit Notwendigkeit so, wie es ist? Was ist dagegen das Ergebnis so vieler und so verschiedenartiger Mischungen, hervorgerufen durch die tausend Wechselfälle der Geschichte, daß wir, zusammenfassend, abkürzend, nur den geschichtlichen Zufall dafür verantwortlich machen können?

Mentalstrukturen – Instrumentalstrukturen

Notwendigkeit besitzt alles, was in den Instrumentalstrukturen jeder Sprache eine darunterliegende allgemein menschliche Mentalstruktur wiedergibt, das heißt unsere allgemein menschliche Erlebnis- oder Vorstellungs- oder Denkstruktur. Chomsky prägte dafür die

Begriffe der »Oberflächenstruktur« und der »Tiefenstruktur« und konstruierte mathematische Regelprozeßmechanismen, um die »Oberfläche« unserer Sprachen, das heißt ihre tatsächlich vorhandenen, hörbaren und sichtbaren Laute, Wörter, Sätze, als »sinnliche Gebilde« aus einer darunterliegenden gedachten Tiefenstruktur abzuleiten. Chomskys »Tiefenstruktur« wurde seither von einigen seiner Schüler noch weiter vertieft, von anderen wurde ihre Existenz überhaupt bestritten.[1]

Was ist eine allgemein menschliche Erlebnis- oder Vorstellungs- oder Denkstruktur? Das ist zum Beispiel der von uns allen erlebte menschliche Raum mit seinem Oben und Unten, Links und Rechts, Vorne und Hinten, die erlebte menschliche Zeit mit ihrer Vergangenheit, ihrer Gegenwart, ihrer Zukunft, mit dem Erlebnis von Tag und Nacht, Morgen und Abend, mit unseren Vorstellungen: »Gestern« und »Heute« und »Morgen« – wenn sich auch meist nicht weiter begründen läßt, *wie* das von Sprache zu Sprache tausendfach verschieden gesagt wird, so entspricht es doch offenbar einer menschlichen Notwendigkeit, einem menschlichen Bedürfnis, *daß* es irgendwie gesagt werden kann.

Dasselbe gilt für das menschliche Erlebnis, die Vorstellung, den Gedanken der Quantifizierung – wie viele Zahlennamen die einzelnen Sprachen dann tatsächlich ausgebildet haben und welche eigentümliche und merkwürdige instrumentale Form sie im einzelnen besitzen, im Deutschen *siebenundneunzig,* im Englischen umgekehrt *ninety-seven,* im Französischen gar *quatre-vingt-dix-sept,* also »vier-zwanzig-zehn-sieben«, oder im Deutschen *vierzehn* Tage »zwei Wochen«, in den romanischen Sprachen fr. *quinze jours* usw., »fünfzehn Tage«, ist dann eine andere Frage.[2]

So wie die Quantifizierung entspricht auch die Qualifizierung offenbar einer allgemein menschlichen Notwendigkeit, einem allgemein menschlichen Bedürfnis – nicht aber deren einzelsprachlich oft so merkwürdige und widersprüchliche instrumentale Realisierung, wie etwa im Deutschen der sich so seltsam überschneidende Gebrauch der Wörter *böse, schlecht, schlimm, übel,* dessen Sonderbarkeiten – »eine *böse* Zunge ... ein *böser* Finger ... Wenn das Kind *böse* ist, wird die Mutter *böse* ...« – uns überhaupt erst im Vergleich mit Nachbarsprachen, im Übersetzungsvergleich bewußt werden.

Universalien

Universale Gültigkeit, und in diesem Sinne Notwendigkeit, besitzen die allgemeinen Bildungsgesetze unserer Lautsprachen, einerseits die Linearität ihres Ablaufs als eine nicht umkehrbare Folge von Lauten-Wörtern-Sätzen (umkehrbar nur in Scherzsätzen wie »*Ein Neger mit Gazelle zagt im Regen nie*«), andererseits die in ihren Kombinationsmöglichkeiten mathematisch unerschöpfliche fünfstufige Gliederung in Sätzen aus Wortgruppen aus Wörtern aus Silben aus Lauten.

Notwendig ist es für jede Sprache, Wörter zu besitzen, die die uns Menschen gemeinsame Welt benennen, die Welt um uns, die Welt in uns: ein Wort, um die *Sonne* zu nennen, den *Mond* und die *Sterne*, das *Feuer* und das *Wasser*, den *Hunger* und den *Durst*, *Leben* und *Tod*, *Vater*, *Mutter*, *Kind*, *Kopf*, *Nase*, *Augen*, *Ohren*, *Mund*, *Zähne*, *Zunge* ...

Universal ist das Vorhandensein besonderer Rollenwörter für die beiden Personen des Gesprächs, für *Ich* und *Du*. Mit Notwendigkeit besitzt jede Sprache eine besondere Form für die Frage, um zu bekunden: »Was ich jetzt sage, ist keine Feststellung, sondern eine Frage, auf die ich eine Antwort haben will« – keine Notwendigkeit, sondern das Ergebnis zahlreicher heterogener Faktoren, des geschichtlichen Zufalls ist dagegen die Tatsache, daß heute etwa das Italienische mit einer einzigen Frageform auskommt, dem Frageton: *Vieni?* »Kommst du?«, das Französische dagegen drei verschiedene Programme zu Verfügung hat, den reinen Frageton: *Tu viens?*, dazu die Inversion: *Viens-tu?* und schließlich die besondere Fragepartikel: *Est-ce que tu viens?*, und diese drei Möglichkeiten vielfältig und vielschichtig miteinander und nebeneinander verwendet werden, mit unterschiedlichem soziokulturellen Index und vielerlei Konnotationen.[3]

Universal, einer allgemein menschlichen Notwendigkeit, einem Grundbedürfnis menschlicher Kommunikation entsprechend, ist das Vorhandensein sprachlicher Formen um zu bejahen und zu verneinen, zu befehlen, zu bitten, zu grüßen.

Semantische Universalien

Das Merkmal der Notwendigkeit tragen am deutlichsten die sogenannten semantischen Universalien, die Bedeutungen der lexikalischen Formen und syntaktischen Strukturen, die ein allgemein menschliches Ausdrucksbedürfnis befriedigen. Für die Universalien der lexikalischen Semantik oder Wortsemantik (Beispiel: daß es überall Wörter gibt für die Sonne und den Mond, den Tag und die Nacht) und der syntaktischen Semantik oder Satzsemantik (Beispiel: daß es überall eine Frage gibt) gilt der Satz: Notwendig ist, *daß* solche Formen und Strukturen vorhanden sind, nicht *wie* sie im einzelnen beschaffen sind.

Diese semantischen Universalien als gemeinsamer Nenner aller menschlichen Sprachen sind wahrscheinlich die wichtigste Voraussetzung dafür,

1. daß jeder Mensch nach seiner Muttersprache jede noch so entfernte Sprache dazulernen, jedes Kind jede noch so fremde Sprache als Muttersprache erwerben kann;
2. daß wir als Kinder die einfachsten lexikalischen und syntaktischen Strukturen und Programme unserer Muttersprache zwar keineswegs mühelos und fehlerfrei, aber doch alles in allem in erstaunlich kurzer Zeit gebrauchen lernen. Es sind die einfachsten menschlichen Erlebnis-, Vorstellungs-, Denkstrukturen, die universalen Mentalstrukturen, die semantischen »Tiefenstrukturen«, mit denen wir die entsprechenden lexikalischen und syntaktischen Instrumentalstrukturen, die einzelsprachlichen »Oberflächenstrukturen« erfassen und schnell verfestigen und verstärken. Für die geschichtlichen Zufälligkeiten der einzelsprachlichen Instrumentalstruktur braucht das Kind viel länger, sagt noch einige Zeit *weggelauft, hingefallt, ausgeschlaft, Hände gewascht, Zähne geputzen*, versucht es mit *gewerft* oder *geworft*, sagt noch lange *gewest* und braucht oft Jahre, um sich das ganze krause Regelwerk der deutschen Verbformen, dieses Nebeneinander, Gegeneinander, Ineinander von Analogien und Anomalien verläßlich anzueignen.

Universales Kontinuum

Die Universalien, diesen gemeinsamen Nenner aller menschlichen Sprachen, hatte Wilhelm von Humboldt vor Augen, als er den schon erwähnten Satz schrieb, »daß die Sprache eigentlich nur Eine und es nur diese eine menschliche Sprache ist, die sich in den zahllosen des Erdbodens verschieden offenbart« (144).
»Daß auch Sprachen ganz verschiedener Stämme, die sich niemals weder unmittelbar berührt hätten und außerdem zu verschiedenen Klassen gehörten, dennoch in ihrem Bau gewisse Ähnlichkeiten haben müßten, folgt von selbst aus der Einerleiheit der menschlichen Natur und der menschlichen Sprachwerkzeuge. Es zeigt sich auch faktisch in der Möglichkeit, sich von jeder Sprache aus mit jeder verständigen zu können. Die Gesetze des Denkens sind bei allen Nationen streng dieselben, und die grammatischen Sprachformen können, da sie von diesen Gesetzen abhängen, nur innerhalb eines gewissen Umfangs verschieden sein« (365).[4]
Hugo Schuchardt ging noch weiter. »Die Sprache bildet eine Einheit, ein Kontinuum. Nicht daß sie als solche wahrnehmbar wäre, sie ist als solche zu denken; zwischen allem bestehen Übergänge, müssen oder dürfen angenommen werden. In der Sprache lassen sich keine festen Scheidewände erkennen; ihre verschiedenen Gestaltungen verhalten sich zueinander wie Mundarten.«
»Die Gesamtheit der Sprachen ist unerschöpflich, sie bildet, ganz abgesehen von einheitlichem oder mehrfachem Ursprung, ein Kontinuum, indem wir zwischen alle wirklichen, d. h. für uns erreichbaren Sprachen unendlich viel denkbare einschieben dürfen, als erloschene oder zukünftige.«[5]

Das einzelsprachliche Weltbild

Die sprachlichen Universalien besitzen Notwendigkeit, sie sind begründet in dem allgemeinen Bedürfnis des Menschen, seine Welt mit Wörtern zu benennen und mit Sätzen zu besprechen. Notwendigkeit in diesem Sinne besitzen dann aber auch alle diejenigen einzelsprachlichen Formen und Strukturen, in denen sich ein eigentümlich geprägtes und prägendes Weltbild ausdrückt, eine charakteristische

Welterfahrung, Weltansicht, Weltauffassung, Weltanschauung, der besondere Charakter, das Temperament, die Mentalität, die Sensibilität eines besonderen Volkes, einer Gesellschaft, einer Kultur. Aber welche besonderen Merkmale einer Sprache lassen sich überhaupt auf den Charakter einer Nation und ihrer Kultur zurückführen und somit als notwendig begründen? Diese Frage hat die Europäer jahrhundertelang beschäftigt, seit zu Beginn der Neuzeit die Nationalsprachen in ihr Bewußtsein traten. Im 17. Jahrhundert war die Diskussion darüber schon in vollem Gang. Man entdeckte, daß jede Sprache ihren eigenen »Genius« besaß, die lateinische einen anderen als die französische, die spanische einen anderen als die italienische, so daß jede sich zum Ausdruck anderer Dinge besonders zu eignen schien. Man fand, daß jede Sprache einen anderen Klang hatte und daß sich schon in diesem Klang ein anderer Kollektivcharakter ausdrückte.

Der Klang der Sprachen

Schon im 16. Jahrhundert schrieb der Pariser Advokat und patriotische Humanist Etienne Pasquier im achten Buch seiner »Recherches de la France:» Gewöhnlich stimmt unsere Sprache, sowohl die des einzelnen als auch die der Allgemeinheit, mit unserer Geistesart überein. Denn wenn ihr den einzelnen betrachtet, so werdet ihr schwerlich einen Mann mit jähem und heftigem Betragen finden, dessen Rede nicht ebenso wäre, und wenige traurige und träge Naturen, deren Sprache nicht ebenso trübe und schleppend. Desgleichen die Allgemeinheit. So seht ihr unter uns Franzosen den Normannen, der in seinen Geschäften sehr bedächtig ist, seine Rede ein wenig hinziehen, dagegen den Gaskogner, der mehr als jeder andere *escarbillat* ist – [von diesem Wort wird noch die Rede sein] –, mit einer Geschwindigkeit sprechen, die den Leuten aus Anjou und Maine selten gegeben ist, die in ihren Geschäften viel weniger hitzig sind. Der hochfahrende Spanier schafft sich eine Sprache voll Großtuerei. Der fern vom Luxus lebende Deutsche spricht eine sehr rauhe Sprache. Und als die Italiener, die einstige Kraft des Römers verlierend, sich mehr für die Verzärtelichung als für die Männertugend erklärten, bildeten sie all-

mählich die männliche Römersprache zu einer weibischen und weichlichen Sprache um. Denn fast alle Wörter enden auf die fünf Vokale...«
Hundert Jahre später machte der Jesuitenpater Dominique Bouhours in seinen berühmten »Entretiens d'Ariste et d'Eugène« sich alle Urteile, alle Vorurteile seiner Zeit über die notwendige Verschiedenheit der menschlichen Sprachen zu eigen. Da durfte natürlich auch der durch die Jahrhunderte wiederholte Ausspruch Karls des Fünften nicht fehlen, daß er mit seinen Damen italienisch spreche, mit den Herren seines Hofes französisch, zu seinem Pferd deutsch und zu Gott spanisch.[6]

Nationalpsychologie

Aus dem Deutschen hörte man in Europa jahrhundertelang nur eine barbarische Roheit und Grobheit heraus. Bouhours spricht von der »Rauheit aller nordischen Sprachen« (die beiden Freunde führen ihre Gespräche am Meeresstrand in der Nähe einer flandrischen Hafenstadt), »in denen die meisten Wörter beim Aussprechen den Rachen und beim Anhören die Ohren zerreißen. Die doppelten W, die doppelten FF, die doppelten KK, die in allen diesen Sprachen vorherrschen, alle diese Konsonantenhäufungen sind scheußlich auszusprechen und geben einen Ton, der einem Angst einjagt.« Das Französische kenne weder die starken Aspirationen noch die gutturalen Laute dieser Sprachen. Überhaupt, so meint der gute Jesuitenpater: »Die Chinesen und fast alle Asiaten singen, die Deutschen röcheln, die Spanier deklamieren, die Italiener seufzen, die Engländer zischen. Richtig besehen sprechen nur die Franzosen.«
Der Charakter einer Sprache wird durch den Charakter des betreffenden Volkes bestimmt. »Die Sprache folgt gewöhnlich der geistigen Anlage, und jede Nation hat sich stets ihrem Genius entsprechend ausgedrückt. Die Griechen, die ein verfeinertes und wollüstiges Volk waren, hatten eine feine und wohllautende Sprache. Die Römer, die nur nach Ruhm strebten und die nur zum Herrschen geboren schienen, hatten eine vornehme und erhabene Sprache, was einen Kirchenvater zu der Bemerkung veranlaßte, die lateinische Sprache sei eine stolze und herrscherliche, die eher befiehlt als überredet.

201

Die Sprache der Spanier läßt die gravitätische Würde und den Stolz erkennen, der die ganze Nation auszeichnet. Die Deutschen haben eine rohe und ungeschlachte Sprache, die Italiener eine weiche und weibische, entsprechend dem Temperament und den Sitten ihres Landes. So haben notwendigerweise die Franzosen, die ihrer Natur nach ungestüm, voll Lebhaftigkeit und Feuer sind, eine knappe und lebhafte Sprache, in der es kein Dahinschmachten gibt. Daher haben unsere Vorfahren, die kürzer angebunden waren als die Römer, fast alle Wörter, die sie der lateinischen Sprache entnahmen, verkürzt.« Heute, dreihundert Jahre später, lächeln wir über so viel Beschränktheit und Anmaßung. Wir sehen überall die literarischen Schablonen, die kulturhistorischen Clichés, die nationalpsychologischen Gemeinplätze durchblicken, die halben Wahrheiten und ganzen Unwahrheiten. Die meisten dieser Clichés sind unterdessen in die Rumpelkammer der Geschichte gewandert. Die Deutschen führen nicht mehr in rauhen Wäldern ein ungeschlachtes Leben, die Italiener genießen es nicht mehr an lieblichen Gestaden voll heiterer Sinnlichkeit und Weichheit, die Spanier haben die großartige Würde des Weltherrschers abgelegt. Dafür sind neue Clichés entstanden, so wie in den letzten dreißig Jahren der »böse Deutsche« der französischen, englischen, amerikanischen Filme, dessen Sprache ein einziges Poltern, Schnauben, Schnarren und Bellen ist.

Die Universalität solcher Clichés macht es uns unmöglich, sie mit einem Achselzucken abzutun. Prüfen wir uns doch selbst. Auch für uns ist manche Nachbarsprache »keine Sprache, sondern eine Halskrankheit«. Auch in uns ist die Versuchung unwiderstehlich, die eigentümlichen Lautungen, den besonderen Rhythmus und Tonfall des Bayerischen, Schwäbischen, Rheinländischen, des Wienerischen oder des Hamburgischen, jeweils in seinen besonderen soziokulturellen Varianten, mit all dem zu verbinden, was wir sonst aus den verschiedensten Erfahrungen als den bayerischen, schwäbischen, rheinländischen, wienerischen, hanseatischen Charakter zu kennen glauben. Das sind meist ganz oberflächliche, einseitige, wechselhafte, widerspruchsvolle Erfahrungen. Aber wir verbinden sie jedesmal zwangsläufig mit dem besonderen Lauteindruck der betreffenden Sprache. Auch ohne es zu wollen, ohne es zu wissen, schließen wir die lautlichen Eigentümlichkeiten einer Sprache mit allen anderen Lebensäußerungen und Wesensmerkmalen eines Menschen oder einer

Menschengruppe zu einem Gesamtbild zusammen, treiben wir phonetische Charakterologie. Wir identifizieren den Menschen mit seiner Sprache.

Identifikation

»Die Sprache ist gleichsam die äußerliche Erscheinung des Geistes der Völker; ihre Sprache ist ihr Geist und ihr Geist ihre Sprache, man kann sich beide nie identisch genug denken«, betonte Humboldt (414). Sie sind für uns identisch, weil wir sie miteinander identifizieren.
Die Identifikation ist in dem Verhältnis Mensch – Sprache – Welt der schlechthin entscheidende Vorgang. Die Identifikation wirkt in beiden Richtungen, sie identifiziert die Sprache mit dem sprechenden Menschen und mit der von ihm besprochenen Welt. Wir verleihen der Sprache damit eine doppelte Notwendigkeit: sie ist mit Notwendigkeit so, wie sie ist, sowohl im Hinblick auf die Menschen, die sie sprechen, als auch auf die Dinge, von denen sie spricht.
Wieweit ist die Lautgestalt der Wörter unserer Sprachen notwendig so, wie sie ist?
Humboldt unterscheidet drei Arten von Bezeichnungen:
»1. Die unmittelbar nachahmende, wo der Ton, welchen ein tönender Gegenstand hervorbringt, in dem Worte so weit nachgebildet werden, als artikulierte Laute unartikulierte wiederzugeben im Stande sind. Diese Bezeichnung ist gleichsam eine malende; so, wie das Bild die Art darstellt, wie der Gegenstand dem Auge erscheint, zeichnet die Sprache die, wie er vom Ohre vernommen wird.« Das sind die schallnachahmenden, lautmalenden, onomatopoetischen Bezeichnungen (*Piffpaffpuff, Pengpeng, piepen, zirpen, meckern, muhen, plumpsen, plantschen, plätschern* usw.).
»2. Die nicht unmittelbar, sondern in einer dritten, dem Laute und dem Gegenstande gemeinschaftlichen Beschaffenheit nachahmende Bezeichnung. Man kann diese, obgleich der Begriff des Symbols in der Sprache viel weiter geht, die symbolische nennen. Sie wählt für die zu bezeichnenden Gegenstände Laute aus, welche theils an sich, theils in Vergleichung mit andren für das Ohr einen dem des Gegenstandes auf die Seele ähnlichen Eindruck hervorbringen, wie *stehen,*

stätig, starr den Eindruck des Festen, das Sanskritische *lî,* schmelzen, auseinandergehen, den des Zerfließenden, *nicht, nagen, Neid,* den des fein und scharf Abschneidenden. Auf diese Weise erhalten ähnliche Eindrücke hervorbringende Gegenstände Wörter mit vorherrschend gleichen Lauten, wie *wehen, Wind, Wolke, wirren, Wunsch,* in welchen allen die schwankende, unruhige, vor den Sinnen undeutlich durcheinandergehende Bewegung durch das aus dem an sich schon dumpfen und hohlen *u* verhärtete *w* ausgedrückt wird. Diese Art der Bezeichnung, die auf einer gewissen Bedeutsamkeit jedes einzelnen Buchstaben und ganzer Gattungen derselben beruht, hat unstreitig auf die primitive Wortbezeichnung eine große, vielleicht ausschließliche Herrschaft ausgeübt. Ihre notwendige Folge mußte eine gewisse Gleichheit der Bezeichnung durch alle Sprachen des Menschengeschlechts hindurch seyn, da die Eindrücke der Gegenstände überall mehr oder weniger in dasselbe Verhältnis zu denselben Lauten treten mußten.« Notwendig ist aber diese Verbindung von Laut und Sinn keineswegs immer und überall.» Will man daraus«, fährt Humboldt fort, »ein konstitutives Prinzip machen und diese Art der Bezeichnung als eine durchgängige an den Sprachen beweisen, so setzt man sich großen Gefahren aus und verfolgt einen in jeder Rücksicht schlüpfrigen Pfad. Es ist, andrer Gründe nicht zu gedenken, schon viel zu ungewiß, was in den Sprachen sowohl der ursprüngliche Laut, als die ursprüngliche Bedeutung der Wörter gewesen ist; und doch kommt hierauf alles an.«

»3. Die Bezeichnung durch Lautähnlichkeit nach der Verwandtschaft der zu bezeichnenden Begriffe. Wörter, deren Bedeutungen einander nahe liegen, erhalten gleichfalls ähnliche Laute; es wird aber nicht, wie bei der eben betrachteten Bezeichnungsart, auf den in diesen Lauten selbst liegenden Charakter gesehen ... Man kann diese Bezeichnung die analogische nennen« (452).[7]

Laut und Sinn

Verfolgen wir in einem Beispiel den Weg einer schallnachahmenden zu einer lautsymbolischen und schließlich zu einer analogischen Bezeichnung, das heißt von einer notwendigen zu einer zufälligen Verbindung von Laut und Sinn.

In Nachahmung seines heiseren Krächzens heißt der Rabe im Althochdeutschen *hraban,* so wie im Lateinischen *corvus,* im Griechischen *kórax.* Neben *Rabe* gibt es seit früher Zeit eine Form mit Konsonantenverdopplung, der *Rappe* (so wie *Knappe* neben *Knabe*), und *Rapp* heißt der Vogel bis heute in oberdeutschen Mundarten. Den Adler auf den Münzen der Städte am Oberrhein nannte das Volk spöttisch einen *Rappen* (so wie anderswo den Reichsadler *Kukkuck, Piepmatz* usw.) – der Schweizer *Centime* heißt heute noch *Rappen,* obwohl schon !ängst kein Reichsadler mehr diese Münzen ziert.

Diesen Namen des Vogels, *Rappe,* hat man dann, zuerst im Oberdeutschen, auf ein rabenschwarzes Pferd übertragen, so wie man auch ein fuchsrotes Pferd einen *Fuchs* nennt. Die ursprüngliche lautliche Motivation des Namens, das Rabengekrächz, war längst vergessen, eine ganz andere Eigenschaft des Vogels, seine schwarze Farbe, diente als tertium comparationis für die analogische Übertragung vom Vogel auf das Pferd. Eine ähnliche analogische Übertragung fand ja auch vom *Schimmel,* dem durch Schimmelpilze gebildeten weißen Überzug, auf den *Schimmel,* das schimmelfarbene weiße Pferd statt.

Man sieht, auf welchen verschlungenen Wegen aus einer notwendigen Verbindung von Laut und Sinn eine zufällige werden kann. Aber nichts hindert uns daran, dieser zufälligen Lautgestalt eine neue lautliche Motivation zu geben, eine neue Begründung aus ihr herauszuhören, *Schimmel* und *Rappe* mit *Licht* und *Schatten, Schimmer* und *Schwarz* zu verbinden.

Wenn aber das gleiche Tier von einem Deutschen mit dem Namen *Pferd* identifiziert wird (den griechisch-gallisch-lateinisch-deutschen Werdegang dieses Wortes haben wir im fünften Kapitel – »›Weltbild‹ und Sprachmischung« – verfolgt), von einem Engländer als *horse,* von einem Franzosen als *cheval,* einem Italiener als *cavallo,* einem Russen als *loschitj* usw., so müßte man zuerst überprüfen können, was in dieser jeweiligen Lautgestalt innerlich notwendig, begründet so und nicht anders ist, und was daran geschichtlich zufällig ist, bevor man jeweils verschiedene »Weltansichten« des Pferdes herausliest. Wenn Humboldt glaubt, »daß wer *hippos, equus* und *Pferd* ausspricht, nicht durchaus und vollkommen dasselbe sagt«, so müßte er auch erklären, warum sie nicht zu seiner dritten Art von Bezeichnungen gehören, in denen es nicht mehr »auf den in diesen Lauten selbst liegenden Charakter« ankommt, Bezeichnungen, deren Lautgestalt das Ergebnis des geschichtlichen Zufalls ist.

»L'arbitraire du signe«

Als erstes Prinzip seiner Sprachwissenschaft verkündete Ferdinand de Saussure: »Le signe linguistique est arbitraire«[8], das sprachliche Zeichen ist arbiträr, das heißt akzidentell, konventionell, traditionell, oder wie man es sonst nennen mag, jedenfalls in seiner gegenwärtigen Zuordnung einer bezeichnenden Lautgestalt zu einer damit bezeichneten Vorstellung zufällig so, wie es gerade ist, »un résultat fortuit de l'évolution phonétique«, ein zufälliges Ergebnis der Lautentwicklung. Zwischen der besonderen Lautgestalt eines Wortes und der durch sie in unserem Bewußtsein hervorgerufenen Vorstellung besteht kein »lien nécessaire«, keine sich mit Notwendigkeit ergebende Verbindung.

In allen ursprünglichen Wörtern muß die erste Lautgestalt durch den auszudrückenden Sinn in irgendeiner Weise begründet gewesen sein, das ist eine denknotwendige Annahme. Aber wie finden wir zu diesem schöpferischen Ursprung zurück? Diese erste notwendige Verbindung von Laut und Sinn ist durch die tausendfachen Veränderungen der Laute, die analogischen Übertragungen der Formen und Funktionen, durch die Vermischung der Sprachen immer wieder verdunkelt und ausgelöscht worden.[9]

Recht besehen, wäre die menschliche Sprache ja auch ein kümmerliches Ding, wenn sie an ihren Lauten haftengeblieben wäre, wenn sie nur das aussagen könnte, wofür eine wie auch immer geartete innere Entsprechung in der Stofflichkeit ihrer Laute zu finden wäre. Als Werkzeug des Geistes läßt die Sprache aus dem lautlich gebundenen Wort die freie Verbindung einer beliebigen bezeichnenden Gestalt mit einem bezeichneten Gehalt werden.

Subjektive Identifikation

Die meisten unserer Wörter lauten nicht notwendig, sondern zufällig gerade so, wie sie lauten, dieser Gedanke widerstrebt uns zutiefst. Denn vor allem in unserer Muttersprache identifizieren wir ja in aller Naivität jedes sprachliche Zeichen so sehr mit der Vorstellung, mit dem Erlebnis des Bezeichneten, daß es für uns keineswegs ein beliebiges, beiläufiges, zufälliges Zeichen ist. Wir sagen ja auch nicht: »Dieser Vogel heißt nicht Bussard, er heißt Habicht«, sondern ganz selbstverständlich: »Das *ist* kein Bussard, das *ist* ein Habicht«. Der Baum *heißt* nicht Baum, er *ist* ein Baum. Bei unseren ersten Schritten in eine fremde Sprache hinein *heißt* dann wohl auch anfangs ein Baum *a tree* oder *un arbre* – obwohl er doch »in Wirklichkeit« *ein Baum* IST! Für uns heißen alle Dinge mit Notwendigkeit gerade so, wie sie in unserer Sprache heißen, so und nicht anders. Diese naive Identifikation der Dinge mit ihren Namen gibt uns die – trügerische – Gewißheit, mit unseren Worten *von den Dingen selbst* zu reden, die Dinge selbst zu beschwören.

Daher sind die meisten Formen und Strukturen unserer Sprache, mögen sie objektiv noch so zufällig, unberechenbar, widersprüchlich, gemischt sein, subjektiv für uns richtig und notwendig, sie sind für uns die Vorstellung, das Erlebnis, der Gedanke selbst. Wir identifizieren die Gestalt mit dem Gehalt.

Notwendiger Wortschatz

Das Spiel der Notwendigkeit und des Zufalls finden wir auch in der von Sprache zu Sprache unterschiedlichen Ausstattung und Ausgestaltung des Wortschatzes wieder.

Natur und Kultur machen jeweils einen anderen Wortschatz notwendig. Es ist nicht weiter verwunderlich, daß das Arabische eine Fülle von Namen für das Kamel besitzt, je nach Farbe, Alter, körperlichen Merkmalen und Verwendungen durch den Menschen. In manchen Sprachen gibt es überhaupt kein Wort für den Schnee, in anderen einen ganzen Wortfächer mit *Neu-, Pulver-, Naß-, Pappschnee, Matsch, Harsch, Bruchharsch, Firn, Frühlingsschnee* und so fort. Die Franzosen haben erst seit kurzem ein Wort für die Schneeverwehungen, *les congères,* weil man es in den Straßenzustandsberichten braucht – in den Alpen und im Zentralmassiv ist es seit langem heimisch. Die Franzosen, für die *une poudrerie* eine Pulverfabrik ist, staunen, daß im winterlichen Québec auch ein feines Schneegestöber *une poudrerie* ist. Der nordamerikanische Schneesturm hat seinen eigenen Namen, *blizzard.*

Der Skilauf hat sich seine eigene, über die einzelnen Sprachen hinausgreifende Terminologie geschaffen, so wie jede neue Sportart, jeder neue Lebensbereich, das Automobil, das Flugzeug, die Raumfahrt, die Kernkraft, Umweltverschmutzung und Umweltschutz, jedes neue politische, soziale, kulturelle Problem. Jede neue Technik schafft sich mit Notwendigkeit ihren eigenen Technolekt, jede Wissenschaft benötigt ihre eigene übergreifende Fachsprache. Das alles ist Bedürfnis, ist Notwendigkeit.

Schlüsselwörter

Es gibt andererseits Wörter, die wir in ganz besonderer Weise mit dem Charakter, dem Temperament, der Mentalität, der Sensibilität eines Volkes identifizieren, Besonderheiten des psychologischen Wortschatzes, Wörter, die man in ihrer Prägung und Verwendung als »typisch« für eine besondere Geistesart, Gesellschaft, Kultur – und daher meist auch als unübersetzbar – empfindet, Schlüsselwörter, mit denen man glaubt einen kollektiven Charakter aufschließen zu können.

Der Charakter der Gaskogner, erinnern wir uns, scheint sich in einem typisch gaskognischen Wort kristallisiert zu haben, *escarrabillat* oder *escarbillat,* es bedeutet etwa »lebhaft, feurig, heftig, rappelköpfig, dreist, schlagfertig, witzig«. Das ist das Muster einer Identifikation eines eigentümlichen, in der schillernden Vielfalt seiner Verwendungen unübersetzbaren Wortes mit einem kollektiven Charakter.

Seit Jahrhunderten bedienen sich die geistreichsten und tiefsinnigsten Interpretationen der europäischen Nationalcharaktere solcher Schlüsselwörter, für den Engländer *humour* und *spleen, common sense, fair play, self-control, understatement;* für den Franzosen *courtoisie* und *politesse, galanterie* und *coquetterie, esprit* und *goût, savoir-vivre, noblesse, finesse, raffinement, nuance, verve;* für

den Italiener *brio* und *dolce far niente;* für den Spanier *hidalguía, grandeza* und *machismo;* den Portugiesen, *saudade;* den Deutschen *Gemüt, Gemütlichkeit, Innigkeit, Stimmung, Heimweh, Erlebnis, Gründlichkeit, Leistung.* [10]
Wie leicht aus solchen Schablonen eine Karikatur werden kann, bewies Salvador de Madariaga in seinem »Porträt Europas« 1952, in dem die europäischen Sprachen für eine groteske Psychologie der europäischen Nationen herhalten müssen. »Kein Deutscher kann ein *P* ordentlich artikulieren, ohne nachher den Überdruck des Dampfes in seiner Seele herauszulassen: wie im Wort *Kampf.* Und gerade jenes Wort könnte nicht charakteristischer sein: *Dampf.* Dies zeigt eigentlich, daß heiße Sentimentalität die typisch deutsche Geistesverfassung ist, die ihren Ausdruck in Worten wie *Schwüle* und *Schwärmerei* findet. Man atmet schwer in dieser heißen Atmosphäre. Im Inneren ist eine Menge Schaum. Er sucht einen Ausweg, und die Sprache wird eine Dampfmaschine mit lauter *Schw's* und *FFF's.*« Diese *Schwüle* und *Schwärmerei,* diesen *Schaum* und *Dampf* findet Madariaga dann natürlich sogleich auch in der Hegelschen Philosophie und der Wagnerschen Musik wieder ... [11]
Heute haben wir nicht nur das Vergnügen an solchen sprühenden Kurzschlüssen verloren, es sind uns überhaupt in unserer sich immer schneller verändernden Welt die Nationalcharaktere als feste Größen fragwürdig geworden. Daß es aber Schlüsselwörter gibt, in denen sich das Lebensgefühl und die Wertvorstellungen einer Menschengruppe in besonderer Weise ausdrücken, in denen eine Gesellschaft, eine Kultur sich selbst erkennt und die in diesem Sinne eine innere Notwendigkeit besitzen, wird man deshalb nicht leugnen wollen.
Auch da muß man freilich unterscheiden. Jeder, der einmal in Italien *Natale* gefeiert hat oder in Frankreich *Noël,* weiß, daß das keine deutschen *Weihnachten* sind. Wir müssen zwar *Natale* oder *Noël* mit *Weihnachten* übersetzen, aber es ist nicht dasselbe. Das liegt einmal daran, daß die Sache selbst, daß das Fest und alles, was für uns dazugehört, etwas anderes geworden ist als in anderen Ländern und daß zweitens das Wort *Weihnachten* sich seit unserer frühesten Kindheit vollgesogen hat mit allen assoziativen Konnotationen unseres Erlebens und unserer Erinnerung.

Zufälliger Wortschatz

Aber auch das Spiel des geschichtlichen Zufalls ist überall in der unterschiedlichen Ausstattung und Ausgestaltung des Wortschatzes mit Händen zu greifen. Denn was hat es zu bedeuten, daß wir im Deutschen das Wort *Obst* besitzen (ein Lieblingsbeispiel Leo Weisgerbers für das besondere deutsche »Worten der Welt« [12]), wahrscheinlich ein altes Klosterwort, *ob-az* »Zu-speise«, dann besonders die Früchte des Klostergartens als Nachtisch, *Obst,* während Engländer und Franzosen sich mit *fruit, des fruits,* »Früchte«, begnügen und die Italiener, Spanier, Portugiesen eine morphologische Differenzierung gefunden haben zwischen it. *i frutti,* sp. *los frutos,* port. *os frutos* »die Früchte« und it. *la frutta,* sp. *la fruta,* port. *a(s) fruta(s)* »das Obst«? Ist das im Deutschen etwas anderes als ein zufälliger glücklicher Fund?
Kann es etwas anderes sein als der geschichtliche Zufall, wenn es für das *Kraut* (ein anderes Beispiel Weisgerbers) in den Nachbarsprachen kein Wort gibt, das die ganz verschiedenen Bedeutungen und Verwendungen des deutschen Wortes vereinigt, wenn das *Unkraut* in den romanischen Sprachen »schlechtes Gras« heißt, fr. *mauvaise herbe,* it. *malerba,* sp. *mala hierba,* port. *erva má*? *Kraut* ist für den größten Teil des deutschen Sprachgebiets dasselbe wie *Kohl,* es kann aber auch die Blätter von Rüben- und Knollengewächsen bezeichnen, sogar den Tabak, oder aber eine Heilpflanze – *Kräutersammler, Kräutergarten, Kräutersaft,* gegen manche Krankheit *ist kein Kraut gewachsen* – oder ein Gewürz – *Würzkraut, Kräuterkäse* –, schließlich auch eine Pflanze, mit der ein *Kräutertee* bereitet wird. Ist diese tatsächlich so nur im Deutschen zu findende Polysemie etwas anderes als die spielerische Auswertung einer zufällig vorhandenen Gelegenheit?

GESCHWISTER – BROTHER(S) AND SISTER(S)

Die Vorsilbe *Ge-* bot im Deutschen die Gelegenheit, die Brüder als *Gebrüder,* die Schwestern als *Geschwister* zusammenzufassen, und dieses letzte Wort dann in einem erweiterten Sinn zu gebrauchen, wenn man nicht nur die Brüder meinte, sondern Bruder und Schwester, Brüder und Schwestern zusammen.

Vom Deutschen her gesehen erscheint es uns als eine der seltsamsten Lücken des Englischen und des Französischen, daß diese Sprachen kein Wort für die Geschwister haben und sich mit »Bruder und Schwester« behelfen. Im Englischen haben Erbforscher und Völkerkundler ein vergessenes angelsächsisches Wort wieder ausgegraben, *siblings,* von *sib* »die Sippe«, aber seine Verwendung bleibt auf diese Technolekte beschränkt. Im Italienischen, Spanischen, Portugiesischen sind *i fratelli, los hermanos, os irmãos* in dem einen Zusammenhang »die Brüder«, in dem anderen »die Geschwister«.
Die Franzosen haben nur ein Wort für die Eltern und die Verwandten, *les parents,* die die Italiener als *i genitori* und *i parenti,* die Spanier als *los padres* und *los parientes* unterscheiden. Die Franzosen haben nur ein Wort für den Schwiegervater und den Stiefvater, *le beau-père,* die Italiener nur ein Wort für den Neffen und den Enkel, *il nipote.*
Der skandinavisch-angelsächsischen Sprachmischung verdankt das Englische, daß es zwei Namen für den Himmel besitzt, *the sky* für den natürlichen, *Heaven* für den übernatürlichen, wir kommen mit einem einzigen aus, *Himmel,* ebenso die Romanen mit dem lateinischen *caelum.* Für den *Traum* gibt es im Französischen zufällig zwei Wörter, *le rêve* und *le songe,* im Italienischen ein Wort, *il sogno,* im Spanischen ist *el sueño* sowohl der Traum als auch der Schlaf!
In allen diesen und zahllosen anderen Fällen kann doch von einer jeweils anderen deutschen, englischen, französischen, italienischen, spanischen, portugiesischen »Weltansicht« nicht die Rede sein, von einer Begründung in einem jeweils anderen »Weltbild«. Das alles kann nur das Ergebnis einer Vielzahl heterogener Faktoren sein, des geschichtlichen Zufalls.

Etymologien

Zur Bildung von Adjektiven hat das Deutsche seit alters her mehrere konkurrierende Programme zur Verfügung, darunter die Ableitungsendungen *-ig, -isch, -lich.* Solche Eigenschaftswörter können dann mit spielerischer Leichtigkeit ihrem Grundwort entgleiten und sich schließlich völlig von ihm lösen. Bei *günstig* denken wir heute kaum mehr an *Gunst,* bei *überflüssig* kaum mehr an *Überfluß,* sowenig wie bei *lustig* an *Lust,* bei *freundlich* an *Freund,* bei *heimlich* und *unheim-*

lich an *Heim*, bei *gemütlich* an *Gemüt*, bei *zierlich* an *Zier*, bei *niedlich* an sein längst verlorengegangenes Grundwort (ahd. *niot* »Begierde, Verlangen«), bei *stattlich* an *Staat* »würdevoller Aufwand«, bei *eigentümlich* an *Eigentum*, bei *behäbig* an *Habe*, hier das Fassungsvermögen eines Fasses, bei *fertig* an *Fahrt*, bei *läppisch* an den *Lappen*, Lumpen, Schlappschwanz, bei *häßlich* an *Haß*, bei *köstlich* an *kosten*, bei *weidlich* an *weiden*, jagen, bei *vergeblich* an *vergeben*, wegschenken, bei *trefflich* an *treffen*, bei *deutlich* an *deuten*, bei *üblich* an *üben*, bei *ziemlich* an *sich ziemen*, bei *freilich* an *frei*, bei *neulich* an *neu*, bei *lediglich* an *ledig*.

Die Logik unserer Sprachen, sagen die Logiker heute, ist eine »fuzzy logic«, eine »zerfaserte, verfließende« Logik. Die schöpferische Unschärfe unserer Sprachen gibt unseren Wörtern und Sätzen immer wieder neue Bedeutungen und Verwendungen. An dieser schöpferischen Unschärfe scheitern alle Versuche der Formallinguistik, unsere Sprachen auf logisch-mathematische Funktionen zu reduzieren.

Schäbig ist von der *Schabe* abgeleitet, d. h. der Krätze des räudigen Schafes, später hat man es zum Verbum *schaben* herübergezogen, mit *abgeschabt* in Verbindung gebracht. *Schwierig* hieß zuerst »mit *Schwären* behaftet«, gehört also zu *schwären, Geschwür*. Die lautliche Ähnlichkeit mit *schwer* brachte es später auch inhaltlich in die Nachbarschaft von *schwer*. Dieses so zufällig gewonnene Zusatzwort können wir zu feineren Unterscheidungen nützen: eine *schwierige* Aufgabe bemüht vor allem den Geist, eine *schwere* Aufgabe kann auch und noch mehr die Seele belasten; eine *schwierige* Operation ist technisch kompliziert, eine *schwere* Operation lebensgefährlich.[13] Das zufällige sprachliche Überangebot lädt uns ein zu einem solchen feineren schöpferischen Spiel.

Zu *wirken* und *Werk* haben die Mystiker des 13. Jahrhunderts das Adjektiv *wirklich* gebildet, es bedeutet zuerst und noch lange Zeit »werkend, wirksam, wirkungsvoll«, trennt sich dann allmählich von *wirksam*, indem es zu »tatsächlich, mit den Sinnen wahrnehmbar, nicht nur vorgestellt oder eingebildet« weiterwandert. Im Glauben an den raunenden Tiefsinn der Sprache hat man oft behauptet, die deutsche *Wirklichkeit* sei etwas ganz anderes als die französische *réalité*, denn in der *Wirklichkeit* sei zutiefst ein *Wirken* erfaßt (»*Schau alle Wirkenskraft und Samen, Und tu nicht mehr in Worten kramen*«,

Faust I, 1), während *la réalité* nichts weiter sei als die mittellateinische Ableitung *realis, realitas* von *res* »die Sache«.
Aber gerade wenn man so in den Worten kramt nach ihrem tiefsten Sinn, wird man von ihnen am bösesten genarrt. Ihre erste, ursprüngliche Bedeutung ist ja längst, in völlig unvorhersehbarer und unberechenbarer Weise, durch tausend geschichtliche Zufälle von anderen Bedeutungen abgelöst worden.

Heideggers Etymologien

Seit Jahrtausenden taucht der Mensch in die Tiefen der Sprache nach der in ihr verborgenen tiefsten Wahrheit. Die Etymologie sucht *to etymon*, »das Wahre«. Aber die Urbedeutung, die ursprüngliche Bedeutung eines Wortes, soweit sie sich überhaupt noch auffinden läßt, ist nicht seine wahre Bedeutung. Die *Wand* ist wahrscheinlich ursprünglich »die *Gewundene*«, das Flechtwerk, aus dem die Germanen ihre Hauswände herstellten – aber das ist heute nicht die »wahre« Bedeutung des Wortes *Wand*. Die »wahre« Bedeutung von *Buch* und *Buchstabe* ist heute nicht »aus *Buchenholz* gemacht«, die von *Ding* nicht »umfriedete Gerichtsversammlung«, die von *Woche* nicht »Zeitwechsel«. Die Germanen glaubten, daß die *Seelen* der Menschen aus bestimmten *Seen* aufstiegen und dorthin wieder zurückkehrten, die *Seele* ist also ursprünglich »die vom *See* Stammende« – mit der »wahren« Bedeutung des Wortes *Seele* hat das heute kaum noch etwas zu tun.
So komme ich auch der wahren Bedeutung des Wortes *geschmeidig* nicht auf den Grund, wenn ich aus ihm das *Geschmeide* und das *Schmieden* heraushöre, aus *wirklich* das *Wirken,* oder gar mit Martin Heidegger aus *möglich* das *Mögen*.
Bei Heidegger lasen wir: »Der Mensch kann denken, insofern er die Möglichkeit dazu hat. Allein dieses Mögliche verbürgt uns noch nicht, daß wir es vermögen. Denn etwas vermögen heißt: etwas nach seinem Wesen bei uns einlassen, inständig diesen Einlaß hüten. Doch wir vermögen immer nur solches, was wir mögen, solches, dem wir zugetan sind, indem wir es zulassen. Wahrhaft mögen wir nur jenes, was je zuvor von sich aus uns mag.« (Was heißt Denken?) »Alles Bedenkliche gibt zu denken«, hieß es in derselben Schrift. »Was ist das

Bedenklichste? Woran zeigt es sich in unserer bedenklichen Zeit? Das Bedenklichste zeigt sich daran, daß wir noch nicht denken. Immer noch nicht, obgleich der Weltzustand fortgesetzt bedenklicher wird.«[14]
Das waren Sätze, die von Nestroy hätten sein können.

Martin Heidegger hatte die etymologisierende Wortgrübelei zu einem heuristischen Prinzip erhoben, wobei er das in den etymologischen Wörterbüchern Gefundene nach seinem eigenen Eingeständnis mit eigenen etymologischen Phantasien verquickte, indem er etwa – bedenklich unbedenklich – die *Ent-schlossenheit* als Offenheit deutete oder die *Ent-fernung* als Nähe. Er hoffte damit in eine archaische »Frühe des Denkens« zurückzufinden.

Zwischen dem Ursinn der Wörter und ihrer heutigen Bedeutung liegen Jahrtausende, in denen der geschichtliche Zufall sein Spiel mit ihnen getrieben hat. Das etymologisierende Philosophieren ist daher meist nur ein Wortspiel mit dem geschichtlichen Zufall.

Gewiß, es gibt auch schöne, anregende, erbauliche Etymologien, die sich gut für Meditationen und Predigten eignen: *Notwendig* ist, was die *Not abwendet*, *Erfahrung* ist, was wir uns auf unseren *Fahrten* durch die Welt *er-fahren*, *Fasten* heißt *fest* sein im Einhalten des Gebots, *Buße* weist auf *Besserung*, *Dank* auf *Denken* zurück, *Tugend* kommt von *taugen*, *Kunst* von *können*, *Schicksal* ist was Gott *schickt*, *Verhängnis* bedeutet, daß wir dem Roß die Zügel *hängen* lassen, *Vernunft* kommt von *vernehmen*, in Besitz *nehmen*, *Verstand* von *verstehen*, und das heißt eigentlich seine Sache vor Gericht *durchstehen*.

Aber auch da war doch überall auf den Wegen von der ursprünglichen zur heutigen Bedeutung und Verwendung so viel Zufall mit im Spiel, daß die Rückbesinnung auf jene ursprüngliche Bedeutung meist nur ein geistreiches Gedankenspiel ist. Unsere Sprachen leben in der entgegengesetzten Richtung. Sie leben ja gerade dadurch, daß wir die ursprünglichen, die früheren Bedeutungen vergessen können, daß wir unseren Worten immer wieder neue Bedeutungen geben können, die die alten verdunkeln und auslöschen. Das Vergessenkönnen ist die Voraussetzung für die immer wieder neue lebendige Verwendbarkeit unserer Sprachen.

NOT-WENDIG = NE-CESSE

Wie groß der Anteil des spielerischen Zufalls beim Zustandekommen, bei der Zusammenmischung unseres Wortschatzes ist, läßt sich an den verschiedenen Ausdrucksmitteln ablesen, die wir heute zur Verfügung haben, wenn wir in unseren Sprachen sagen wollen, daß etwas *not tut,* daß es *nötig* oder *notwendig* ist.
Notwendige Maßnahmen sind heute längst nicht mehr nur die, die eine *Not abwenden.* Noch viel weniger denkt der Engländer bei *necessary measures* an *not to cede* »nicht nachgeben, abtreten, weichen«, oder der Franzose bei *mesures nécessaires* an *ne pas céder,* zurückdenkend an die lateinische Herkunft des Wortes, *ne-cesse* »unausweichlich, unumgänglich, notwendig«, von *cedere* »weichen, zurücktreten, abtreten«, daraus *necesse, necessitas, necessitudo, necessarius.*
Dazu kommen in den romanischen Sprachen noch aus lat. *fallit* »es fehlt« fr. *il faut,* sp. *falta, hace falta,* außerdem ein fränkisches Wort, **bisonjan* oder **bisunnjôn,* »sühnen« oder »besorgen«, jedenfalls fr. *il est besoin,* it. *c'è bisogno, bisogna.* Im Englischen leben die germanische *Not* und die lateinische *Necessitas* in synonymischer Konkurrenz, *to need, to be needed* und *necessary, necessity.*
Aber das ist noch nicht alles. Lat. *praecisus* »abgeschnitten, kurz, knapp, bedingungslos«, später in allen unseren Sprachen »genau, exakt, präzis«, ist auf der Iberischen Halbinsel ohne irgendeinen erkennbaren Grund ebenfalls in das Wortfeld der Notwendigkeit hineingeraten. Im Spanischen und Portugiesischen gehen seit dem 17. Jahrhundert, zusammen mit mehreren anderen Ausdrücken der Notwendigkeit, *necesario, necessario, necesitar, necessitar* und *preciso, precisar,* nebeneinander her, ohne daß irgendein semantischer oder stilistischer Unterschied oder auch nur ein etwas verschiedener soziokultureller Index zu erkennen wären. Und im Italienischen hat schließlich sogar lat. *occurrit* »es begegnet, kommt vor« auf unerklärliche Weise den Weg zu der Bedeutung »es ist nötig« gefunden.

    e.   *we need more information* (FS 317)
    d.   *wir brauchen mehr Informationen*
    fr. *nous avons besoin*   it.   *ci occorrono*
    sp. *necesitamos*   port. *precisamos*

- e. *I need you as much as you need me* (FS 388)
- d. *Ich brauche dich ebensosehr, wie du mich brauchst*
- fr. *J'ai autant besoin de toi que tu as besoin de moi*
- it. *Ho bisogno di te quanto tu hai bisogno di me*
- sp. *Yo te necesito a ti, como tú me necesitas a mí*
- port. *Eu preciso tanto de ti como tu de mim*

- e. *I don't want Paris. I don't need Paris. I just want you* – (LS 113)
- d. *Paris will ich nicht. Paris brauch ich nicht. Ich brauch bloß dich* –
- fr. *Je n'ai pas besoin de Paris*
- it. *Non ho bisogno di Parigi*
- sp. *No necesito París*
- port. *Não preciso de Paris para nada*

- e. *Not necessary, Father* (LS 21)
- d. *Das ist unnötig, Vater*
- fr. *Ce n'est pas nécessaire, père*
- it. *Non occorre, papà*
- sp. *No es preciso, papá*
- port. *Não é preciso, Pai*

- e. *we desperately need a movement for responsible technology. We need...* (FS 431)
- d. *wir brauchen dringend eine verantwortungsbewußte Lenkung der Technologie. Wir benötigen...*
- fr. *nous avons un immense besoin de... Il nous faut...*
- it. *abbiamo disperatamente bisogno di... Ci occorre...*
- sp. *necesitamos urgentemente... Necesitamos...*
- port. *precisamos desesperadamente de... Precisamos de...*

Daneben lebt im Spanischen und Portugiesischen aber auch die Bedeutung »genau, präzis« ruhig weiter in *preciso, impreciso, precisamente, precisar, precisión, precisão, imprecisión, imprecisão*. Es kann sogar vorkommen, daß beide Bedeutungen, »notwendig« und »genau«, im selben Satz aufeinandertreffen, wenn zum Beispiel von einer Schußwaffe, mit der ein Mord aus nächster Nähe ausgeführt werden soll, gesagt wird:

- e. *It doesn't have to be accurate* (GF 135)
- d. *Ganz genau braucht sie nicht zu sein*
- fr. *Peu importe la précision*
- it. *Non deve essere preciso*
- sp. *Tampoco es preciso que sea un arma de alta precisión*
- port. *Não precisa de estar bem calibrada*

Lat. *occurrere* ist im Italienischen zu der Bedeutung »brauchen, benötigen« hinübergewandert, im Spanischen, Portugiesischen und im

Englischen heißt es dagegen weiterhin »begegnen, vorkommen, auftauchen«:

- e. *Then a thought occurred to me* (LS 107)
- fr. *Une idée me vint brusquement à l'esprit*
- sp. *Luego se me ocurrió una idea*
- d. *Dann kam mir ein Gedanke*
- it. *Poi mi venne un'idea*
- port. *Depois ocorreu-me uma ideia*

Spanisch *precisar* »benötigen« und italienisch *precisare* »präzisieren«, spanisch *ocurrir* »vorkommen, geschehen, einfallen« und italienisch *occorrere* »brauchen, benötigen« sind »falsche Freunde«.

»Falsche Freunde«

Die falschen Freunde, trügerischen Verwandten, täuschend ähnliche Zwillinge (e. *false friends, deceptive cognates,* fr. *les faux amis,* it. *i falsi amici,* sp. *los falsos gemelos*), die Wörter, die in zwei oder mehreren Sprachen die gleiche oder eine ganz ähnliche Form haben, so daß wir fälschlicherweise glauben, sie müßten auch dasselbe bedeuten, hat man bisher immer nur als ein Problem unserer mehrsprachigen Praxis betrachtet, als eine unversiegbare Quelle von Fehlleistungen, die zu vermeiden uns um so schwerer fällt, je ähnlicher sich die betreffenden Sprachen sind und je feiner die Unterschiede in der Verwendung der so täuschend ähnlich lautenden Wörter.

Man hat noch gar nicht beachtet, was diese falschen Freunde, die unsere Sprachen in allen Richtungen durchziehen, über die Natur unserer Sprachen aussagen, über unsere Sprachen als Systeme. Die falschen Freunde sind die Kronzeugen des geschichtlichen Zufalls. Sie sind der beste Beweis für die spielerische Leichtigkeit, mit der man einem Wort neue Bedeutungen anvertrauen kann, da die eine, dort die andere.

Lateinisch *largus* »reichlich, freigebig« finden wir im Italienischen wieder als *largo* »breit, weit, umfangreich«, im Französischen als *large* »breit, weit, groß«, im Englischen als *large* »geräumig, groß«, im Portugiesischen als *largo* »breit, weit«, im Spanischen dagegen als *largo* »lang«! Für die anderen Europäer ist es immer wieder irrefüh-

rend und verwirrend, daß in Spanien *diez metros de largo* zehn Meter lang und nicht zehn Meter breit bedeutet.
Was der Grund dafür war, daß gerade im Spanischen lat. *largus,* sp. *largo* zu »lang« wurde und lat. *longus,* sp. *luengo* »lang« fast ganz verdrängt hat, wissen wir nicht. Jedenfalls mußte man dann für »breit« ein anderes Wort hernehmen, lat. *amplus* »weit, geräumig, groß«, sp. *ancho* »breit«. In ein Schema gebracht sieht das so aus:

	»lang«	»breit«
italienisch	*lungo*	*largo*
spanisch	*largo*	*ancho*

Lateinisch *exire* »herausgehen«, italienisch *uscire,* altspanisch *exir,* ist im Spanischen, wahrscheinlich weil viele Formen dieses Verbums lautlich undeutlich wurden, durch ein anderes Verbum ersetzt worden, lat. *salire* »springen«, span. *salir* »hinausgehen, herauskommen, abfahren« usw. Im Italienischen lebt dagegen lat. *salire* »springen« weiter als *salire* »steigen, aufsteigen, hinaufsteigen«. Das außergewöhnlich polysemische lateinische Verbum *subire* »an etwas herangehen, darunter gehen, über sich ergehen lassen, von unten heraufkommen, emporsteigen« dient im Spanischen für diese letzte Bedeutung, sp. *subir* »aufsteigen, steigen«, im Italienischen dagegen für eine andere Bedeutung, it. *subire* »erleiden, sich einer Sache unterziehen«. Also:

	»aus-«	»auf-«	»unter-«
italienisch	*uscire*	*salire*	*subire*
spanisch	*salir*	*subir*	(*sufrir* usw.)

Wohin gehen die Wörter?

Die Sprachwissenschaft fragt nicht nur, woher die Wörter kommen, sie muß sich auch fragen, wohin sie gehen, wie und warum sie wohin gehen, um das Kräftespiel zu erkennen, das unsere Sprachen gestaltet, die Notwendigkeit, das Bedürfnis, die Gelegenheit, den Zufall. Lateinisch *succedere* ist ein ähnlich polysemisches Verbum, es bedeutet »von unten heraufsteigen, herankommen, nachfolgen, eintreten«, dann aber auch »glücken, gelingen«. Die Bedeutung »nachfolgen« ist in allen unseren Sprachen lebendig:

- e. *Little Robe, who succeeded the dead Black Kettle as chief* (BH 237)
- d. *Little Robe, der als Nachfolger des toten Black Kettle Häuptling wurde*
- fr. *qui succéda à*
- sp. *sucesor de*
- it. *che era succeduto a*
- port. *que sucedera a*

Und so wie *succedere* »nachfolgen« sind auch *successio* »die Nachfolge«, *successor* »der Nachfolger«, *successivus* »aufeinanderfolgend«, *succedaneus* »an die Stelle tretend, Ersatz-« überall verfügbar.

Die zweite Bedeutung, »eintreten, geschehen, passieren«, lebt dagegen nur in Italien und auf der Iberischen Halbinsel:

- e. *What happens when something in our environment is altered?* (FS 334)
- d. *Was passiert, wenn sich in unserer Umwelt etwas ändert?*
- fr. *Qu'arrive-t-il ...?*
- sp. *¿Qué sucede ...?*
- it. *Che cosa succede ...?*
- port. *Que sucede ...?*

Zu dieser Bedeutung »geschehen, sich ereignen« tritt im Spanischen und Portugiesischen *el suceso, o sucesso* »das Geschehen, das Ereignis«.

Die dritte Bedeutung von *succedere* »gelingen, glücken«, lebt heute nur mehr in e. *to succeed:*

- e. *I succeeded in forming about twenty men* (BH 19)
- d. *Es gelang mir, etwa zwanzig Mann zusammenzutrommeln*
- fr. *Je réussis*   it. *Riuscí*   sp. *Yo conseguí*   port. *Conseguí*

»*Nothing succeeds like success*« sagt das englische Sprichwort, nichts führt uns leichter zu neuen Erfolgen als ein erster Erfolg. Das Verbum gibt es nur im Englischen, das Substantiv lat. *successus* als »glücklicher Erfolg« auch im Französischen, im Italienischen, gelegentlich auch in den iberischen Sprachen.

Das Ergebnis dieses geschichtlichen Würfelspiels läßt sich folgendermaßen veranschaulichen:

	»nachfolgen«	»geschehen«	»gelingen«
it.	*succedere* *la successione*	*succedere* –	– *il successo*

sp.	*suceder*	*suceder*	–
	la sucesión	*el suceso*	–
port.	*suceder*	*suceder*	–
	a sucessão	*o sucesso*	–
fr.	*succéder*	–	–
	la succession	–	*le succès*
e.	to succeed	–	to succeed
	the succession	–	the success

Was hier am stärksten in die Augen springt, ist die asymmetrische, asystematische Streuung der Formen, die uns dazu zwingt, darüber nachzudenken, welche ganz besondere Art von Systemen unsere Sprachen eigentlich bilden.

EL ÉXITO ist nicht *THE EXIT*

Das Würfelspiel der falschen Freunde wird zur Pokerpartie, wenn im Spanischen und Portugiesischen für das Gelingen, den glücklichen Erfolg nicht *el suceso, o sucesso,* sondern *el éxito, o êxito* erscheint, lateinisch *exitus* »Ausgang, Ergebnis, Erfolg«, von *exire* »herauskommen, hinausgehen« usw. Im Italienischen ist *l'esito* noch jedes Ergebnis, das herauskommen kann, *l'esito incerto, negativo* oder *positivo, felice* usw. Im Englischen ist *the exit* entweder die Ausgangstür, *emergency exit* der Notausgang oder aber das Abtreten von der Bühne – lat. *exit* »er tritt ab« – auch von der Bühne des Lebens.

- e. *Eight years ago Johnny Fontane had made an extraordinary success singing with a popular dance band* (GF 42)
- d. *Vor acht Jahren hatte Johnny Fontane einen außergewöhnlichen Erfolg als Sänger bei einer beliebten Tanzkapelle*
- fr. *un succès retentissant*   it. *un successo straordinario*
- sp. *un éxito extraordinario*   port. *um êxito extraordinário*

- e. *The operation was successful* (GF 396)
- d. *Die Operation verlief erfolgreich*
- fr. *réussit*   it. *ebbe buon esito*
- sp. *fue un éxito*   port. *teve êxito*

L'ISSUE ist nicht *THE ISSUE*

In ganz andere Richtungen hat der Wind lat. *exire*, altfranzösisch *issir*, *issu, l'issue* »der Ausgang, das Ende, das Ergebnis«, im Englischen verweht.

e. *There was no way out* (BH 286)
fr. *Il ne semblait pas y avoir d'issue*
sp. *No había solución alguna*
d. *Es gab keinen Ausweg*
it. *Non vi era alcuna via d'uscita*
port. *Não havia escapatória*

Der buntgemischte Wortschatz des Englischen bietet eine Fülle von Möglichkeiten, the *way out* »der Ausweg«, *the outcome* »das Ergebnis«, *the exit* »der Ausgang, Abgang«, *the issue* »die Ausgabe, die Lieferung, die Streitfrage, das Problem« usw.

e. *He asked Tatum for an issue of arms and ammunition so the Kiowas could go on a buffalo hunt* (BH 240)
d. Er bat Tatum, ihnen Waffen und Munition zu geben, damit sie auf Büffeljagd gehen könnten
fr. *de distribuer*
sp. *que se les proporcionara*
it. *una fornitura*
port. *uma distribuição*

e. *plus editing the »Law Review«, plus the fact that I actually authored an article in one of the issues* (LS 95)
d. plus Redaktion der »Law Review«, plus der Tatsache, daß ich selbst – unter meinem Namen – in einer der Nummern einen Artikel veröffentlichte
fr. *dans l'un des numéros*
sp. *en uno de sus números*
it. *in uno dei suoi numeri*
port. *num dos números*

Daraus wurde schließlich das Allerweltswort *the issue,* »die Angelegenheit, die Sache, die Frage, das Problem ...«

e. *the issue of decentralization* (FS 273)
d. *das Problem der Dezentralisierung*
fr. *le problème*
sp. *el problema*
it. *il problema*
port. *o problema*

e. *a purely local issue ... the essential issues* (FS 274)
d. *ein regional begrenztes Phänomen ... die eigentlichen Probleme*

e. *Instead of lying to him, I evaded the issue – although it WAS the issue* (LS 120)

d. *Statt ihm etwas vorzulügen, umging ich das Problem, obwohl es der springende Punkt war*
fr. *la question* it. *la spiegazione* sp. *la cuestión* port. *a questão*

EL FRACASO ist nicht *IL FRACASSO*

Im Spanischen ist das Gegenteil des Erfolgs, des *éxito,* der Mißerfolg *el fracaso.* Das ist wieder für Italiener und Franzosen ein höchst sonderbarer falscher Freund. Das Wort stammt aus dem Italienischen. Aber dort hieß und heißt *fracassare* »zerschmettern, krachend in Trümmer gehen«, *il fracasso* »Krach, Lärm«. In dieser Bedeutung wurde das Wort im 16. Jahrhundert, in der Zeit des stärksten Einflusses des Italienischen auf das Französische, auch im Französischen als *fracasser, le fracas* heimisch:

e. *Connie went into the kitchen, picked up the plates filled with food and smashed them against the sink* (GF 263)
d. *Connie ging in die Küche zurück. Dort nahm sie die beiden gefüllten Teller und schmetterte sie gegen den Spülstein*
fr. *fracassa* it. *fracassò* sp. *estrelló* port. *atirou*

Auch die Spanier lernten im 16. Jahrhundert dieses Wort von den Italienern. Aber in Spanien wanderte es, in der Sprache des Goldenen Zeitalters vielfach bezeugt, über das Bild des krachenden Scheiterns eines Schiffes am Felsen zum Scheitern, zum Mißlingen schlechthin. Das Zerbrechen, das Bersten, das Krachen, das alles ist schließlich völlig vergessen, übrig bleibt nur das Versagen:

e. *The failure of technocratic planning* (FS 450)
d. *Das Versagen der technokratischen Planung*
fr. *L'échec* it. *Il fiasco* sp. *El fracaso* port. *O malogro*

Auch im Deutschen ist ja aus dem Zerbrechen des Schiffes zu *Holzscheite(r)n,* aus dem »*zu Scheitern Werden*«, wie man zuerst sagte, schließlich jedes *Scheitern,* jedes Mißlingen geworden. Aber warum gerade im Spanischen und im Deutschen, warum nicht auch im Italienischen oder im Französischen? Notwendigkeit? Bedürfnis? Gelegenheit? Zufall?

ESPERAR ist nicht *ESPÉRER*

Lateinisch *sperare* heißt »etwas erwarten, etwas Günstiges erhoffen, etwas Ungünstiges befürchten«. Daraus ist in den romanischen Sprachen bald ein Hoffen, bald ein Warten geworden. In französischen Mundarten, in Québec, sagt man *espère un peu!* »Wart ein wenig!« Auch im Spanischen und Portugiesischen ist *esperar* oft nichts anderes als ein Warten, *la espera, a espera* »das Warten«, *la sala de espera, a sala de espera* »der Wartesaal, das Wartezimmer«, dagegen *la esperanza, a esperança* »die Hoffnung«.

- e. Woltz kept him waiting for a half hour past the appointed time (GF 55)
- d. Woltz ließ ihn eine halbe Stunde über die verabredete Zeit hinaus warten
- fr. *le fit attendre*   it. *lo fece attendere*
- sp. *le tuvo esperando*   port. *fê-lo esperar*

- e. They waited for nearly another thirty minutes and then the phone rang (GF 144)
- d. Sie mußten noch fast eine halbe Stunde warten, dann klingelte das Telefon wieder
- fr. *Ils attendirent*   it. *Attesero*   sp. *Esperaron*   port. *Esperaram*

Manchmal kann es dann sogar eine Kollision zwischen dem Warten und dem Hoffen geben:

- e. Jesus! Jenny would be waiting outside. I hope! Still! Jesus! (LS 13)
- d. Du mein Schreck ... Jenny wartete ja draußen! Hoffentlich immer noch! Du mein Schreck!
- fr. *Jenny devait attendre dehors. Je l'espérais en tout cas!*
- it. *Jenny doveva esser fuori ad aspettarmi. Per lo meno, speravo!*
- sp. *Jenny estaría esperándome fuera. Bueno, así lo esperaba. ¡ Todavía!*
- port. *A Jenny devia estar a aguardar-me lá fora! Pelo menos, assim o esperava*

Der spanische Übersetzer gibt sowohl das Warten als auch das Hoffen mit *esperar* wieder, der portugiesische nur das Hoffen. Zwischen Warten und Hoffen läßt sich ja überhaupt eine scharfe begriffliche Grenze nicht ziehen. In dieser iberischen Polysemie von *esperar* denken die Menschen, die diese Sprachen sprechen, einmal an Warten, ein andermal an Hoffen oder auch an Erlebniswerte zwischen den beiden.

SENTIRE ist nicht *SENTIR*

Sentire, das lateinische Grundwort für »mit den Sinnen wahrnehmen, spüren, fühlen, begreifen«, hat in den romanischen Sprachen seine umfassende Bedeutung beibehalten und noch weiter ausgebaut. Dazu aber haben sich von Sprache zu Sprache ganz verschiedene Sonderverwendungen, falsche Freunde, herausgebildet.

1. Im Französischen bedeutet *sentir* im besonderen »riechen« (seltener auch im Italienischen *sentire un odore*), und zwar sowohl einen Geruch wahrnehmen als auch ihn verbreiten. Ein Mann sagt zu einer Frau:

   fr. *Tu sens bon* (MS 107)   d. *Du riechst gut*
   e. *That's a wonderful scent*   it. *Che buon odore hai*
   sp. *Hueles bien*   port. *Cheiras bem*

   Im Englischen ist daraus *a scent* geworden, Geruch, Duft, Parfum, Witterung.

2. Im Italienischen hat sich dagegen vor allem die Sonderverwendung *sentire* »hören« durchgesetzt (andeutungsweise auch im Spanischen feststellbar, verbreitet in Südamerika und ganz geläufig in Argentinien, auch im Portugiesischen für das undeutliche Hören[15]). Dieses italienische *sentire* »hören« lebt in synonymischer Konkurrenz mit lat. *audire,* it. *udire* »hören«:

   e. *The men on night duty claimed that they had heard nothing* (GF 69)
   d. *Die Männer, die während der Nacht wachen sollten, behaupteten, nichts gehört zu haben*
   fr. *n'avoir rien entendu*   it. *di non aver udito nulla*
   sp. *que nada habían visto ni oído*   port. *que não ouviram nada*

   e. *They would lock their doors and pretend they had heard nothing* (GF 206)
   d. *Sie würden vielmehr ihre Türen verschließen und so tun, als hätten sie nichts gehört*
   fr. *rien entendu*   it. *di non aver sentito nulla*
   sp. *no haber visto ni oído nada*   port. *que não tinham ouvido coisa alguma*

3. Im Spanischen und Portugiesischen finden wir die merkwürdigste Sonderverwendung, *sentir* als »Mitgefühl empfinden, bedauern«:

    e. »*Jenny's dead,*« *I told him.* »*I'm sorry,*« *he said in a stunned whisper* (LS 130)
    d. »*Jenny ist tot*«, *sagte ich zu ihm.* »*Verzeih* –« *flüsterte er bestürzt.*
    fr. *Je suis désolé*   it. *Mi spiace*
    sp. *Lo siento*   port. *Sinto muito*

    sp. *Lo siento, amor* (CA 242)   d. *Es tut mir leid, Liebling*
    e. *I'm sorry, love*   fr. *Je suis désolé, mon amour*
    it. *Mi spiace, amore*

Im Französischen ist *sentir* »fühlen« und »riechen«, im Italienischen *sentire* »fühlen« und »hören«, im Spanischen *sentir* »fühlen« und »bedauern«: nirgends wird das Spiel der Polysemien in unseren Sprachen deutlicher. Polysemie läßt sich nicht denken ohne die sprechenden Menschen, ohne die Sprachgemeinschaft. Der sprachliche Kontext, die außersprachliche Situation, die Gewohnheit sagen ihr, wann das gleiche Wort den einen, wann den anderen Sinn hat, wann in französischer Rede *je le sens* »ich fühle es« heißt, wann »ich rieche es«, wann im Italienischen *lo senti?* »spürst du es?«, wann »hörst du es?«, wann im Spanischen *lo siento* »ich empfinde es« und wann »es tut mir leid«.

SENSIBLE (fr.) ist nicht *SENSIBLE* (e.)

So wie die Polysemie (verschiedene Funktionen für die gleiche Form) ist auch die Polymorphie (verschiedene Formen für die gleiche Funktion), das Überangebot der Formen, die menschliche Mehrsprachigkeit Voraussetzung für das Spiel der Notwendigkeit und des Zufalls. Zu *sensus,* dem lateinischen »Allerweltswort«[16] mit seiner überreichen Polysemie (»Wahrnehmung, Empfindung, Gefühl, Bewußtsein, Auffassung, Verstand, Gedanke, Bedeutung ...«) sind im Laufe der Zeit ganz verschiedene Adjektivformen gebildet worden, *sensibilis, sensitivus, sensualis, sensatus.* Diese adjektivische Polymorphie hat zusammen mit der Polysemie von *sensus* eine Fülle sich überlagernder und überschneidender Verwendungen ergeben.

Im Englischen wird *sensible* heute vor allem in der Bedeutung »verständig, vernünftig« gebraucht, wird also auf die Vernunft, auf den gesunden Menschenverstand, auf *good sense, common sense* bezogen.

    e. *What's done is done. Everybody has to be sensible now* (GF 84)
    d. *Was geschehen ist, ist geschehen. Wir müssen jetzt alle vernünftig sein*
    fr. *A présent, il faut que chacun se montre raisonnable*
    it. *Ora tutti devono aver buon senso*
    sp. *Ahora procede hacer las cosas como es debido, sin precipitaciones*
    port. *Todos devemos ser sensatos agora*

Die romanischen Sprachen haben für »vernünftig« *sensato, sensé,* zur Verfügung – aber immer wieder lassen sich die Übersetzer verführen, e. *sensible* »vernünftig« mit *sensibile, sensible, sensível* »empfindlich, empfindsam, empfänglich, feinfühlig« wiederzugeben, also aus einem vernünftigen einen mitfühlenden Menschen zu machen:

    e. *Would any sensible man select a spot for a reservation für 8,000 Indians where the soil is poor and cold…?* (BH 34)
    d. *Wie kann ein vernünftiger Mensch einen Platz als Reservat für 8000 Indianer auswählen, wo die Erde unfruchtbar und kalt ist…?*
    fr. *Quel est l'homme sensé*   it. *Quale uomo sensibile (!)*
    sp. *Como se entiende*   port. *Qualquer homem sensível (!)*

Wieviel geschichtlicher Zufall in der unterschiedlichen Streuung der Verwendungen von Sprache zu Sprache mit im Spiel ist, kann man daran erkennen, daß im Englischen dieses *sensible* »vernünftig« jetzt gar nicht mehr mit dem ihm formal zugehörigen Substantiv e. *sensibility* »Empfindlichkeit, Empfänglichkeit, Feingefühl« zusammenpaßt, in dem das Englische mit den anderen Sprachen völlig übereinstimmt:

    e. *As for his remarks about children, that was his well-known sensibility, his tenderheartedness speaking* (GF 290)
    d. *Was seine Bemerkung über die Kinder betraf, nun, das war wieder einmal seine altbekannte Empfindsamkeit, sein weiches Herz*
    fr. *sensibilité*   it. *sensibilità*
    sp. *sensibilidad*   port. *sensibilidade*

Im Englischen werden *sensible, sensibleness* auf die Vernunft bezogen, *sensibility* dagegen auf die Empfindung. Dazu tritt in synonymische Konkurrenz *sensitve, sensitivity*.

In den romanischen Sprachen ist die Polymorphie nicht geringer. Aber sie verwenden *sensitivus* nur in einigen spezifischen Kontexten und antworten daher meist auf e. *sensitive* mit *sensibile, sensible, sensível:*

    e.   *the usual self-reproach of the sensitive but innocent by-stander to a tragedy* (GF 406)
    d.   *die üblichen Selbstvorwürfe eines sensiblen, aber unschuldigen Zeugen einer Tragödie*
    fr.   *sensible*   it. *sensibile*   sp. *sensible*   port. *sensível*

    e.   *In a funny way, men were more sensitive in a situation like this, she thought* (GF 360)
    d.   *Merkwürdig, in einer solchen Situation sind Männer doch viel sensibler als Frauen, dachte sie*
    fr.   *sensibles*   it. *suscettibili*   sp. *sensibles*   port. *sensíveis*

CRIER ist nicht *TO CRY*

Für »schreien, rufen« haben die romanischen Sprachen ein auf lat. *quiritare* zurückgehendes Wort, it. *gridare,* sp. port. *gritar,* fr. *crier.* Im Englischen ist daraus *to cry* geworden. Aber dieses Wort ist unerklärlicherweise später in Bewegung geraten, ist von »schreien« zu »heulen« und schließlich zu »weinen« gewandert und hat in dieser Bedeutung sogar *to weep* aus der Umgangssprache verdrängt. Das kann man auch in den Bibelübersetzungen verfolgen:

    lat.   *Mulier, quid ploras?*   d. *Weib, was weinst du?*
           (Joh 20, 13)
    e.   *Woman, why are you weeping?* (Revised Standard Version 1952)
    d.   *Woman, why are you crying?* (Good News for Modern Man 1966)

Heute kann sich *to cry* ganz vom Stimmton lösen und ein lautloses Weinen sein:

    e.   *And now she was crying. Nothing audible, but tears pouring down her face* (LS 86)
    d.   *Und jetzt weinte sie. Nicht hörbar, aber die Tränen liefen ihr übers Gesicht*
    fr.   *pleurait*   it. *piangeva*   sp. *lloraba*   port. *começou a chorar*

Die Bedeutung »schreien« ist deshalb keineswegs ausgestorben – die Polysemie einer natürlichen Sprache erlaubt auch eine Skala, die von »(laut) schreien« bis zu »(lautlos) weinen« reicht:

e. *Suddenly he heard a woman crying, her voice becoming clearer as she came closer. »Soldiers! soldiers!« she was shouting* (BH 163)
d. Plötzlich hörte er eine Frau schreien, und als sie näher kam, verstand er, daß sie »*Soldaten! Soldaten!*« rief
fr. *crier ... hurlait*   it. *gridare ... urlava*
sp. *gritos histéricos*   port. *gritando ... gritava*

A cry ist ein Schrei, *a good cry* dagegen ein herzhaftes Sichausweinen. Dieses polysemische *to cry* kann nun für die romanischen Sprachen zu einem falschen Freund werden. Einer Gruppe deportierter Indianer wird die Rückkehr in ihre alte Heimat gestattet:

e. *some of the old men and women cried with joy when they reached their homes* (BH 35)
d. einige der alten Männer und Frauen weinten vor Freude, als sie heimkamen
fr. *ont pleuré de joie*   it. *gridarono (!) di gioia*
sp. *comenzaron a llorar de alegría*   port. *gritavam (!) de alegria*

Der italienische und der portugiesische Übersetzer lassen also hier versehentlich die alten Männer und Frauen in Freudenrufe ausbrechen statt vor Freude weinen.

Warum ist gerade im Englischen aus dem »Schreien« ein »Heulen, Plärren, Flennen« geworden und daraus schließlich das schlichte »Weinen«? Vielleicht besaß *to cry* in einem mit *to shout, bawl, yell, scream, screech, shriek, howl, moan, wail, whine, weep* besonders reichlich besetzten Feld eine größere Mobilität und Disponibilität als fr. *crier*, it. *gridare*, sp., port. *gritar*. Aber das sind nur Vermutungen. Damit ist das eigentlich Bemerkenswerte noch nicht erklärt, die spielerische Leichtigkeit des Hinübergleitens in eine neue Bedeutung und Verwendung.

MORBIDO ist nicht *MORBID*

In den beiden Adjektiven von lat. *morbus* »Krankheit«, in *morbidus* und *morbosus* läßt sich das gleiche Spiel von Polymorphie und Polysemie verfolgen.
Die Maler der italienischen Renaissance haben it. *morbido* »krank, krankhaft, kränklich« einen neuen Sinn gegeben: aus »kraftlos, schlaff, schwach« machten sie »weich, zart, schmelzend«, so wie die sanft verschwimmenden Färbungen der menschlichen Haut, wie das vom Malerauge gestreichelte Fleisch, das Haar, der Samt. Dieser neuentdeckte sinnlich malerische Wert, *la morbidezza*, hat dem italienischen Malerwort auch in anderen Sprachen Eingang verschafft. Im Italienischen selbst ist in *morbido* jede Erinnerung an Krankheit oder Kränklichkeit längst erloschen, nur mehr die angenehme, die wohlige Weichheit ist gemeint, so wie sie auch in der kommerziellen Reklame tagtäglich angepriesen wird – *capelli morbidi, la pelle morbida, la bocca morbida, la voce morbida, il letto morbido* ...

    e.   *his hand touched her breast, soft, full* (GF 344)
    d.   *seine Hand glitt auf ihre Brust herab, die weich war und voll*
    it.   *la mano di lui arrivò a toccarle il seno morbido e pieno*

Einer kulturhistorischen Episode, einem sprachlichen Einfall der Maler der Renaissance, den spielerischen Möglichkeiten der Polysemie verdankt es das Italienische, daß *morbido* heute nicht »morbid« bedeutet, sondern »angenehm weich«.
Für das Kranke, Krankhafte, Morbide hat man das andere Adjektiv, *morboso*:

    e.   *Like all people who are morbidly afraid of birthdays* (FF 196)
    d.   *Wie alle Menschen, die eine krankhafte Angst vor Geburtstagen haben*
    it.   *Come tutte le persone che hanno un terrore morboso dei compleanni*

    fr.   *Non, non, ce goût n'a rien de morbide* (Ch 53)
    d.   *Nein, nein, diese Vorliebe hat nichts Morbides*
    it.   *No, no, non è affatto un gusto morboso*

ACTUALLY ist nicht *ACTUELLEMENT*

Zu lat. *actus* bedeutete mittellateinisch *actualis* »verwirklicht, wirklich, tatsächlich« im Gegensatz zu *potentialis* oder *virtualis* »möglich«. Diese Bedeutung hat e. *actual* bewahrt, neben einer zweiten, »gegenwärtig, jetzig, aktuell«, die in den romanischen Sprachen und im Deutschen die Oberhand gewonnen hat.

- e. *»You look stupid and rich,« she said, removing her glasses. – »You're wrong,« I protested. «I'm actually smart and poor«* (LS 3)
- d. *»Sie sehen so aus, als seien Sie reich, aber dämlich«, sagte sie und nahm die Brille ab. Ich widersprach. »Da irren Sie sich. In Wirklichkeit bin ich gescheit und arm.«*
- fr. *En fait*   it. *In realtà*
- sp. *para que te enteres*   port. *Na realidade*

Aber in weniger eindeutigen Kontexten kommt es immer wieder vor, daß ein unaufmerksamer Übersetzer e. *actually* als »aktuell, gegenwärtig, heutzutage« mißversteht:

- e. Second, I gradually came to be appalled by how little is actually known about adaptivity (FS 2)
- d. Zweitens mußte ich mit Schrecken feststellen, wie wenig wir im Grunde über das Anpassungsvermögen wissen
- fr. *actuellement* (!)   it. *effettivamente*
- sp. *hoy en día* (!)   port. *realmente*

EVENTUALLY ist nicht *ÉVENTUELLEMENT*

Die Polysemie von lat. *eventus* »Ausgang, Erfolg, Entscheidung, Geschick, Zufall, Ende« macht verständlich, daß *eventualis* in den romanischen Sprachen und im Deutschen »unter Umständen eintretend, möglich, etwaig« heißen kann, andererseits e. *eventually* »am Ende, schließlich«. Warum allerdings gerade nur das Englische *eventually* heute in synonymischer Konkurrenz zu *finally, ultimately, in the end, at last, at length* verwendet, dafür gibt es keine Erklärung, auch keinerlei Notwendigkeit, denn gerade das Englische hat ja, wie man sieht, genügend andere Ausdrucksmöglichkeiten für diesen Gedanken.

- e. *Finally Wynkoop had to beg the governor to meet with the Indians ... Eventually Evans gave in to Major Wynkoop's pleadings* (BH 79)
- d. *Schließlich mußte Wynkoop den Gouverneur bitten, sich mit den Indianern zu treffen ... Endlich gab Evans Major Wynkoops eindringlichen Bitten nach*
- fr. *Finalement ... En fin de compte*
- it. *Infine ... Alla fine*
- sp. *Finalmente ... Por fin*
- port. *Finalmente ... Eventualmente* (!)

Hier ist es der portugiesische Übersetzer, der ein Opfer der falschen Freunde e. *eventually* – port. *eventualmente* geworden ist.

Zu den unter internationalen Dolmetschern kursierenden Anekdoten gehört die Geschichte von der diplomatischen Krise, die durch ein solcherart falsch übersetztes englisches *actually* oder *eventually* ausgelöst worden sein soll.

DEFINITELY ist nicht *DEFINITIV*

Die Polysemie von lat. *finis* »die Grenze, das Ende, das Letzte, Äußerste, Höchste, der Endzweck, die Erklärung, Abgrenzung, Begriffsbestimmung« spiegelt sich in den Schicksalen von *definitus* »begrenzt, bestimmt, genau« und *definitivus* »endgültig bestimmt, endgültig entschieden«. Im Englischen wird *definite* »bestimmt, genau, präzis, konkret« in einem viel weiteren Bereich verwendet als das entsprechende Wort in den romanischen Sprachen:

- e. *As was his habit, Vito Corleone did not answer. He understood the implication immediately and was waiting for a definite demand* (GF 199)
- d. *Wie es seine Gewohnheit war, gab Vito keine Antwort. Er verstand die Bedeutung des Ausdrucks sofort und wartete auf eine präzise Forderung*
- fr. *une demande précise*
- it. *una precisa richiesta*
- sp. *que hablara más claramente*
- port. *uma exigência directa*

Aber an einer anderen Stelle desselben Buches mißversteht der deutsche Übersetzer dieses *definite* »bestimmt« als definitiv, als endgültig:

e. *Was there a definite proposal?* (GF 130)
d. *Hat er einen definitiven Vorschlag gemacht?*
fr. *précise*   it. *precisa*   sp. *concreta*   port. *concreta*

Auch in dem folgenden Satz des »Paten« von Mario Puzo soll *definitely* »deutlich, entschieden, ausgesprochen« heißen und nicht etwa »endgültig«. Nur der italienische Übersetzer hat das richtig verstanden:

e. *The Corleone Family was definitely in a decline* (GF 398)
d. *Die Corleone-Familie befand sich endgültig auf dem absteigenden Ast*
fr. *était donc définitivement sur le déclin*
it. *era senz'altro in declino*
sp. *entraba definitivamente en su ocaso*
port. *estava definitivamente em decadência*

Nein, dieser Abstieg ist nur ein vorübergehender, das Buch endet ja mit dem endgültigen Triumph der Familie Corleone.

Ähnlich wie *actually* ist auch *definitely* heute oft nur mehr eine ganz allgemeine Verstärkungsformel:

e. *»Is this a war?« she asked, – »Most definitely,« I replied* (LS 30)
d. *»Ist das hier ein Krieg?« fragte sie. – »Aber gewiß«, sagte ich*
fr. *Très exactement*   it. *Esattamente*
sp. *Exactamente*   port. *Sem dúvida nenhuma*

Dieses *definitely* ist der Grund dafür, daß man heute auch im Deutschen da und dort *definitiv* im Sinn von »ausgesprochen« gebraucht, daß etwas *definitiv* richtig oder besser ist, daß jemand *definitiv* sympathisch ist oder *definitiv* über seine Verhältnisse lebt.

»Falsche Freunde« und »Systeme«

Vor fünfzig Jahren hat man zuerst im Englischen und Französischen die »falschen Freunde« als die überall auf den Übersetzer lauernde Gefahr erkannt und beschrieben. Sie sind tatsächlich allgegenwärtig: e. *the figure* ist nicht fr. *la figure*, e. *the money* ist nicht fr. *la monnaie*, e. *the place* ist nicht fr. *la place*, e. *the plant* ist nicht fr. *la plante*, e. *the engin* ist nicht fr. *l'engin*, e. *the habit* ist nicht fr. *l'habit*, e. *the trouble* ist nicht fr. *le trouble*, e. *the physician* ist nicht fr. *le physicien*, e. *the li-*

brary ist nicht fr. *la librairie,* e. *the lecture* ist nicht fr. *la lecture,* e. *the application* ist nicht fr. *l'application,* e. *the affluence* ist nicht fr. *l'affluence,* e. *to attend* ist nicht fr. *attendre,* e. *to dress* ist nicht fr. *dresser,* e. *to trespass* ist nicht fr. *trépasser,* e. *to support* ist nicht fr. *supporter,* e. *to resume* ist nicht fr. *résumer,* e. *to achieve* ist nicht fr. *achever* usw.

Aber die »falschen Freunde« lauern überall, und gerade da, wo die Sprachen sich am ähnlichsten sind, wenn z. B. Deutsche, Niederländer, Engländer sich unterhalten, oder Dänen, Norweger und Schweden, oder Franzosen, Italiener, Spanier, Portugiesen, oder Tschechen und Slowaken mit Polen, Russen, Bulgaren, Serben, Kroaten, Slowenen...

Wir können fast nie sagen oder auch nur vermuten, warum das gleiche Wort hier diese besondere Bedeutung angenommen oder bewahrt hat, da eine andere, dort eine dritte. Hier mag in einem geschichtlichen Augenblick vorübergehend eine Notwendigkeit bestanden haben, eine Verlegenheit, ein Bedürfnis nach einem besonderen Ausdruck. Die Menschen griffen nach dem Wort, das ihnen gerade gelegen kam, bedienten sich der Möglichkeiten der Polysemie und Polymorphie, wie es gerade kam. In dieser unterschiedlichen Verwendung der Wörter ist ein unterschiedliches Empfinden oder Denken, ein unterschiedliches »Weltbild« mit dem besten Willen nicht zu entdecken.

In den tausend Zufälligkeiten ihrer unterschiedlichen Polysemien und Polymorphien bezeugen die »falschen Freunde«, daß unsere Wörter sich nicht in strukturalistischen »Systemen« bewegen, daß unsere Sprachen keine immanenten, keine autonomen »Systeme« sind, die sich immer wieder auf wunderbare Weise zu einem oppositiv strukturierten Ganzen zusammenfügen, »où tout se tient«.

Die »falschen Freunde« bestätigen uns die »fuzzy logic« unserer Sprachen, die beiläufige, launenhafte, widerspruchsvolle Beweglichkeit der ineinandergehenden Bedeutungen und Verwendungen, die schöpferische Unschärfe unserer Sprachen, die sich der Reduktion auf logisch-mathematische Funktionen entziehen.

Wir sagen, daß unsere Wörter »wandern«, daß sie dahin, dorthin »gleiten«, neue Bedeutungen »annehmen, entfalten, entwickeln«, alte »verlieren«, daß ein Wort ein anderes »verdrängt, ersetzt«, daß zwei oder mehrere Wörter miteinander »konkurrieren«, daß sie miteinander »in Konflikt geraten«, daß sie »leben« und »sterben«. Derartige bildliche Ausdrücke dürfen wir nur als bequeme Kurzformeln gebrauchen.

Für die Dichter leben die Wörter wirklich ihr eigenes geheimnisvolles Leben. »Car le mot, qu'on le sache, est un être vivant«, erklärte Victor Hugo.[17] »Denn das Wort, merkt es euch, ist ein Lebewesen.« Wir aber dürfen uns durch unsere eigene Bildersprache nicht dazu verleiten lassen, den Wörtern Lebensbewegungen nach eigenen Weltbildgesetzen oder gar in autonomen mathematischen Planetensystemen zuzuschreiben. In Wahrheit sind es natürlich immer die Menschen, die Sprachgemeinschaften, die sich der Wörter, die sich der Sprache bedienen, wie man es gerade braucht, wie es da und dort die Notwendigkeit, das Bedürfnis, die Gelegenheit, der Zufall mit sich bringen. Die Sprachen sind Werkzeuge der Menschen, und wie diese voll von Mängeln, Ungereimtheiten, Widersprüchen, aber auch von schöpferischen Möglichkeiten. Die Sprache ist das Werkzeug des Geistes, sie ist nicht selbst Geist.

IX. Technik und Zufall

Die Technik des Zählens zeigt von Sprache zu Sprache Unterschiede im Verhältnis der Formen zu den ihnen anvertrauten Funktionen, die sich nur als Ergebnis des geschichtlichen Zufalls verstehen lassen. Im Deutschen nennen wir die Einer vor den Zehnern, sagen also bei 234 zuerst die erste, dann die dritte, dann die zweite Zahl: *zweihundertvierunddreißig,* im Englischen dagegen die erste, die zweite, die dritte: *two hundred thirty four.* Franzosen und Italiener beginnen bei 17 mit einem neuen Zählverfahren: fr. *quinze, seize, dix-sept,* ... it. *quindici, sedici, diciassette,* ... die Spanier dagegen schon bei 16: sp. *quince, dieciséis, diecisiete,* ... Die närrischste Art zu zählen leisten sich zweifellos die Franzosen:

QUATRE-VINGT TREIZE = 93

In ihren Zahlennamen haben die Franzosen mitten im Dezimalsystem Reste eines altertümlichen Vigesimalsystems, eines Zählens nach Zwanzigern, bewahrt: 80 = *quatre-vingts,* »vier mal zwanzig«; 99 = *quatre-vingt dix-neuf,* »vier-zwanzig-zehn-neun«. Dieses Vigesimalsystem war früher viel weiter verbreitet, auch andere Formen, *trois-vingts* für 60, oder *quinze-vingts* für 300 sind belegt. Übriggeblieben ist heute dieses völlig sinnlose Einsprengsel, *quatre-vingts* bis *quatre-vingt dix-neuf,* von 80 bis 99, und, Gipfel der Inkonsequenz, obwohl man längst nicht mehr *trois-vingts* sagt, sondern *soixante,* das Weiterzählen von 70 bis 79 nach dem Vigesimalsystem: *soixante-dix* bis *soixante dix-neuf!*
Es haben sich also hier zwei Sprachen ineinandergeschoben und miteinander verquickt, eine, in der man nach Zehnern, eine andere, in

der man nach Zwanzigern zählte. Das Ergebnis ist, daß mitten in einem Rechenverfahren anderthalb Reste eines anderen Verfahrens sich erhalten haben, mitten in einem System völlig asystematisch Reste eines anderen Systems.

Sprache und Nationalcharakter: erinnern wir uns daran, daß es gerade die Französische Revolution war, die dem Dezimalsystem bei Maß und Gewicht zum Sieg verholfen hat. Würden die Engländer so zählen, die sich so lange gegen das Dezimalsystem gesträubt haben, so hätte gewiß keine psychologische Interpretation des britischen Nationalcharakters verfehlt, das, zusammen mit der Thronrede zur Parlamentseröffnung und den Perücken der Richter, als einen schlagenden Beweis für den skurrilen insularen Traditionalismus auszuwerten – aber es sind ja die Landsleute des Descartes, es sind die doch sonst so »rationalistischen« Franzosen, die solches tun, und das in einem Kernbereich des rationalen Denkens, bei den Zahlen! Und das komischste ist, daß französischsprechende Schweizer und Belgier statt *soixante-dix, quatre-vingts, quatre-vingt dix* usw. höchst vernünftig *septante, huitante, nonante* sagen – und daß mancher kartesianische Pariser über diesen Provinzialismus lächelt!

Es ist nicht bekannt, daß die Franzosen schlechtere Rechner wären als andere Völker, obwohl sie, wenn sie »97« denken, ein wenig umständlich »vier-zwanzig-zehn-sieben« sagen, man also erst bei der dritten Zahl erfährt, daß die erste eigentlich eine neun ist. Man kann also »vier-zwanzig-zehn-sieben« sagen, dabei 97 denken und mit 97 rechnen. Das heißt: unser Geist bedient sich des Werkzeugs der Sprache, aber die Strukturen unseres Denkens sind nicht identisch mit den so offensichtlich mangelhaften, ungereimten, zufälligen Instrumentalstrukturen unserer Sprachen. Unser Denken bildet sich in der Sprache, lernt durch die Sprache, bedient sich der Sprache, geht durch die Sprache hindurch und über die Sprache hinaus. Daß das Werkzeug des Denkens oft so sonderbar aussieht, erlaubt keinen Schluß auf das Denken selbst. Das Denken ist mehr als die Sprache, deren es sich bedient. Es setzt sich über die inkonsequente Technik der Sprache hinweg.

Technik der Wortbildung: Substantive aus Adjektiven

In der unterschiedlichen Wortbildung nahverwandter Sprachen kann man das Spiel der Polysemien und Polymorphien mit geradezu experimenteller Präzision beobachten. Hier ein besonders anschauliches Beispiel aus den romanischen Sprachen.

Zur Bildung von Substantiven aus Adjektiven haben die romanischen Sprachen zahlreiche lateinische Ableitungsendungen geerbt, *-tas, -tus, -tudo, -antia, -entia, -itia, -ia, -or, -ura, -umen, -ago,* um nur die wichtigsten zu nennen; dazu noch das griechische *-ismos.* Diese Polymorphie der Suffixe, dieses instrumentale Überangebot hat sich durch die Jahrhunderte als ein buntes Wechselspiel der Bildungen ausgewirkt. Überall entstanden nebeneinander zwei, drei und noch mehr Formen desselben Wortes, bildeten sich konkurrierende Programme heraus, wurde bald die eine, bald die andere Form mit besonderen Funktionen betraut oder ging wieder unter.

Ein Blick auf den heutigen Bestand des Französischen, des Spanischen, des Italienischen, dreier Sprachen, die sich durch die Jahrhunderte auch in diesen Bildungen unablässig beeinflußt und gemischt haben, enthüllt uns die ganze Zufälligkeit, die ganze Beiläufigkeit der Streuung. Warum sich innerhalb dieser gemeinsamen romanischen Technik hier die eine, da die andere, dort eine dritte Form durchgesetzt hat, läßt sich in den wenigsten Fällen auch nur vermuten. Die drei Schwestersprachen weichen immer wieder in ganz unregelmäßiger und unvorhersehbarer Weise voneinander ab:

französisch	spanisch	italienisch
LIBERTÉ	*LIBERTAD*	*LIBERTÀ*
ÉGALITÉ	*IGUALDAD*	*UGUAGLIANZA*
FRATERNITÉ	*FRATERNIDAD*	*FRATELLANZA*

Wie man sieht, haben sich die lateinischen Vorbilder *libertas, aequalitas, fraternitas* im Französischen und Spanischen durchgesetzt, haben altfr. *igalance,* altsp. *egualança, egualeza* verdrängt. Im Italienischen hat sich dagegen *uguaglianza* »Gleichheit« gegen *equalità, egualità, ugualità* »Gleichsein« behauptet. Warum? Im Französischen genügt das eine Wort *fraternité* für den ganzen polysemischen Bereich von »Brudersein, Bruderliebe, Brüderlichkeit, Brüderschaft, Bruderschaft«, im Italienischen ist, grob gesprochen, *la fratellanza* mehr die Brüderlichkeit, *la fraternità* die Brüderschaft und Bruderschaft. Oder man vergleiche:

französisch	spanisch	italienisch
beauté	*belleza*	*bellezza*
grandeur	*grandeza*	*grandezza*
noblesse	*nobleza*	*nobiltà*
richesse	*riqueza*	*ricchezza*
pauvreté	*pobreza*	*povertà*
jeunesse	*juventud*	*gioventù*
vieillesse	*vejez*	*vecchiaia*
lenteur	*lentitud*	*lentezza*
rapidité	*rapidez*	*rapidità*
douceur	*dulzura*	*dolcezza*
sûreté, sécurité	*seguridad*	*sicurezza*
maturité	*madurez*	*maturità*

Aber viele andere Formen waren da ebenfalls jahrhundertelang mit im Spiel, sind später auf der Strecke geblieben oder leben nur noch als Archaismen oder literarische Varianten am Rande der Sprache, im Französischen *nobilité, richeté, povresse, jouvence* (bis heute in *la fontaine de jouvence,* »der Jungbrunnen«, sp. *fuente de juventud,* it. *fonte di giovinezza*), *jeuneté, vieillance, lentitude, douceté;* im Spanischen *beldad, grandor, grandura, ricura, pobredad, vejedad, dulzor, dulceza, seguranza,* im Italienischen *beltà, grandore, riccore, poverezza, vecchitudine, lentità, rapidezza, dolciura, dolciore, dolcitudine, sicuranza, sicurtà, maturanza* ... bei vielen dieser Bildungen fragt man sich erstaunt, warum man eigentlich heute nicht mehr so sagt.

Schöpferisches Spiel

Das wuchernde Überangebot der Formen ist immer auch ein Anreiz zur Differenzierung. Für die Italiener ist heute *la gioventù* das Jugendalter und die Gesamtheit der jungen Menschen, *la giovinezza* das Jugendalter und die Jugendblüte, Jugendfrische, Jugendlichkeit; *la vecchiaia* ist das hohe Lebensalter, das Greisenalter, *la vecchiezza* das

Altsein von Lebewesen wie von Gegenständen. Für *fr. stupidité,* sp. *estupidez* hat der Italiener die Wahl zwischen *stupidezza, stupidità* und *stupidaggine,* dazu noch *stupidata* und *stupideria* – *la stupidezza* ist häufiger die Dummheit als Eigenschaft, *la stupidaggine* die Dummheit, die man sagt oder begeht. Aber solche spielerische Unterscheidungen ergeben so gut wie keine konsequenten Oppositionen. Besonders im Italienischen gibt es viele Doppelformen, bei denen man vergeblich nach einem semantischen oder auch nur stilistischen Unterschied sucht, *timidezza* und *timidità, rigidezza* und *rigidità, scarsezza* und *scarsità, spensieratezza* und *spensierataggine, scelleratezza* und *scellerataggine, smemoratezza* und *smemorataggine* ...
Die Sprachgemeinschaft spielt seit Jahrhunderten mit den verschiedenen Möglichkeiten dieser inkonsequenten Technik, ohne sich auf eine Lösung festzulegen.

So wie im Spanischen -*eza* und -*ez,* wie im Italienischen -*ezza* erfreute sich auch im Französischen die Endung -*esse* (lat. -*itia*) großer Beliebtheit bis in die Neuzeit hinein. Aber dann ging ihre Verwendung zurück, vielleicht wegen des störenden Gleichklangs mit der weiblichen Endung -*esse* (griechisch-lateinisch -*issa*), *princesse, comtesse, tigresse* usw. – *la pauvresse* ist heute die Bettlerin und nicht mehr die Armut. Spätere Adjektivabstrakte auf -*esse* beruhen meist auf italienischem Einfluß, *délicatesse, scélératesse, prestesse, politesse, morbidesse* ... Im 19. Jh. führte Théophile Gautier *sveltesse* und *robustesse* ein (nachdem ältere Formen, *robusté, robusteté, robusticité,* die man verschiedentlich versucht hatte, sich nicht hatten durchsetzen können). Da und dort wird noch eine Neubildung versucht. Das schöpferische Spiel wird hier besonders deutlich. Zu *joli* »hübsch« bildete Balzac *la joliesse* »die Hübschheit«. Seitdem ist dieses Wort für die Franzosen als literarische Möglichkeit vorhanden. Tatsächlich gebraucht wird es nur selten.

Ganz anders im Italienischen. Da bietet -*ezza* sich uns als ein weithin offenes Programm zur Bildung von Qualitätsabstrakta an: *concretezza, correttezza, segretezza* ... für die auf -*evole* endenden Adjektive: *ragionevolezza, pieghevolezza, gradevolezza* ... für die aus Partizipien hervorgegangenen Adjektive: *fondatezza, arretratezza, riservatezza* ... Vom Italienischen aus betrachtet, erscheint die französische Schwestersprache auffallend karg und spröde in ihren Bildungsmöglichkeiten. Entsprechend it. *concreto, corretto, segreto, ragionevole,*

pieghevole, gradevole, fondato, arretrato, riservato gibt es ja auch im Französischen die Adjektive *concret, correct, secret, raisonnable, pliable, agréable, fondé, arriéré, réservé...,* aber man hat kein daraus abgeleitetes eigenes Substantiv zur Bezeichnung der entsprechenden Qualität zu Verfügung.
Oft hat so das Italienische ein Wort mehr als das Französische. Es unterscheidet *la correzione,* die Verbesserung, Korrektur und *la correttezza,* die Richtigkeit, Korrektheit – im Französischen ist beides *la correction. La risoluzione* ist der Entschluß, *la risolutezza* die Entschlossenheit – im Französischen ist beides *la résolution. Il contentamento* ist die Befriedigung als Vorgang, *la contentezza* die Befriedigung als Zustand, die Zufriedenheit – im Französischen ist beides le *contentement. La ricerca* ist die Suche, die Forschung, *la ricercatezza* die Gesuchtheit – im Französischen beides *la recherche.* Selten ist es zufällig umgekehrt: it. *larghezza* ist sowohl die Breite, Weite als auch die Freigebigkeit – im Fanzösischen ist *la largeur* die Breite, auch die Großzügigkeit *(la largeur d'esprit, de vues),* dagegen *la largesse* die Freigebigkeit.
Zwei Gedanken können sich in der einen Sprache in zwei verschiedenen Wörtern kristallisieren, in der anderen, nächstverwandten Sprache in einem einzigen Wort polysemisch aufgehoben sein. Wieder wird hier der Spielraum des geschichtlichen Zufalls deutlich, das schöpferische Spiel menschlicher Sprachgemeinschaften, aber auch die Unmöglichkeit, von unterschiedlichen sprachlichen Formen auf Unterschiede des Denkens zu schließen.

Substantive aus Verben

Das gilt ebenso für die nicht weniger inkonsequente Technik der Substantivierung eines romanischen Verbums, für die Streuung der lateinischen Ableitungssilben *-mentum, -tura (-sura), -tio (-sio), -antia (-entia),* dazu die so vielseitig verwendbare polysemische galloromanische Endung *-age,* und schließlich auch noch die aus dem Verbstamm abgeleiteten Kurzformen:

französisch	spanisch	italienisch
armement	*armamento*	*armamento*
désarmement	*desarmamiento, desarme*	*disarmo*
combat	*combate*	*combattimento*
gouvernement	*gobierno, gobernación*	*governo*
permission	*permisión, permiso*	*permesso*
invitation	*invitación*	*invito*
réception	*recepción, recibo*	*ricezione, recezione*
	recibimiento	*ricevimento*
concentration	*concentración*	*concentrazione*
		concentramento
naissance	*nacimiento*	*nascita*
renaissance	*renacimiento*	*rinascita, rinascenza*
Renaissance	*Renacimiento*	*Rinascimento*

Zwischen Franzosen, Spaniern, Italienern wimmelt es hier geradezu von heimtückischen falschen Freunden. Dem Franzosen geschieht es allzu leicht, so wie im Französischen *la permission* auch im Italienischen *la permissione* zu sagen, statt *il permesso* – im Französischen ist *le permis* nur der Erlaubnis-, der Berechtigungsschein, Jagdschein, Führerschein. Um sich für die Einladung zu einem Empfang zu bedanken, kann der Franzose, so wie in seiner Muttersprache von *l'invitation à la réception,* auch im Italienischen von *l'invitazione alla ricezione* sprechen, statt richtig von *l'invito al ricevimento* ... Im Gespräch zwischen den romanischen Sprachen kommt es alltäglich zu derartigen Mißgriffen.

Im Französischen hat sich für das Regieren, die Regierung *le gouvernement* durchgesetzt. Im Spanischen hat dagegen ein spätlateinisches *gubernus, gubernius* als *el gobierno* »die Regierung« den Sieg über *el gobernamiento* und *la gobernanza* davongetragen. *La gobernación* hat als »Statthalterschaft« eine Sonderverwendung erhalten. *El Ministerio de la Gobernación* ist heute das Innenministerium.

Den Franzosen genügt eine einzige, dem Lateinischen nachgebildete Form, *la réception,* für die weitverzweigte Polysemie von Empfang und Aufnahme. Die Spanier haben neben *recepción* auch noch *recibimiento* und vor allem, aber nicht nur, im kommerziellen Technolekt *recibo*. Die Italiener gebrauchen *il ricevimento* für den Empfang im menschlichen und gesellschaftlichen Bereich, aber auch in der Geschäftssprache; *la ricezione* und *la recezione* findet man ebenfalls in

der Handelssprache, dann besonders in Naturwissenschaft und Technik.
Für fr. *concentration,* sp. *concentración* sagen die Italiener, neben *la concentrazione,* im militärischen und politischen Bereich auch *il concentramento; il concentramento di truppe* ist die Truppenzusammenziehung, *il campo di concentramento* das Konzentrationslager.
In der Kulturgeschichte haben die Franzosen für die Epoche der Wiedergeburt der Antike das Wort *Renaissance* eingebürgert. Jacob Burckhardt hat es im deutschen Sprachraum heimisch gemacht. Die Italiener aber sagen dafür weder, wie einst Vasari, *la Rinascita,* noch etwa *la Rinascenza,* sondern *il Rinascimento!*

Spielerischer Überfluß

Durch die früh in die anderen romanischen Sprachen übernommene galloromanische Endung *-age* wurde das Überangebot der Formen und Programme noch größer. Synonymische Konkurrenz besteht heute im Französischen vor allem zwischen *-ment* und dem immer weiter um sich greifenden *-age: le raffinage* ist das Reinigen, Raffinieren des Zuckers, des Erdöls, *le raffinement* die Verfeinerung, Raffiniertheit; *le lavage* ist das Waschen (*le lavage de cerveau,* die Gehirnwäsche, wurde schon S. 156 erwähnt), *le lavement* eine religiöse Waschung (*le lavement des pieds,* die Fußwaschung) oder das Klistier; *le nettoyage* ist die Säuberung, Reinigung, dagegen *le service du nettoiement* der öffentliche Reinigungsdienst; *le gonflage* ist das Aufblasen des Reifens, *le gonflement* die Schwellung, Blähung ... Oft werden die beiden Formen aber auch ohne erkennbare semantische Differenzierung verwendet, *creusement* und *creusage, empilement* und *empilage, déchiffrement* und *déchiffrage, dérouillement* und *dérouillage, écrabouillement* und *écrabouillage.* Manchmal ist *-ment* durch *-age* verdrängt worden, *affichement* durch *affichage, accrochement* durch *accrochage, dégraissement* durch *dégraissage.* Manchmal ist es zufällig auch umgekehrt: das Versenken eines Schiffes, *le sabordement,* heißt heute gewöhnlich *le sabordage,* dagegen sein Wiederflottmachen, *le renflouage,* heute *le renflouement.*
Das Bild, das sich uns hier bietet, der spielerische Überschuß der Formen, ihre von Sprache zu Sprache so launenhaft verschiedene

Auswahl, die unberechenbar, unvorhersehbar, unerklärbar verschiedene Produktion und Selektion der instrumentalen Programme, aber auch die von Sprache zu Sprache unterschiedliche beiläufige Streuung der einzelnen Polysemien und Polymorphien, das alles läßt sich mit keiner unserer bisherigen linguistischen Theorien und Modelle der menschlichen Sprache in Einklang bringen – am wenigsten mit der heutigen Formallinguistik und ihrer Reduktion der Sprache auf logisch-mathematische Funktionen.

MANGEABLE – EATABLE – ESSBAR

Machen wir noch eine andere Stichprobe. Die lateinische Technik, aus Verben mit Hilfe der Endung *-bilis* Adjektive zu bilden, die besagen, daß »etwas getan werden kann«, lebt in den romanischen Sprachen weiter, nicht nur in den vielen zu verschiedenenZeiten aus dem Lateinischen übernommenen Formen, sondern auch als ein bis heute funktionierendes Verfahren und offenes Programm. Das Englische hat dieses Verfahren ebenfalls übernommen. Im Deutschen hat man dafür die Endung *-bar* herangezogen.

Was gegessen werden kann, ist it. *commestibile, mangiabile*, sp. *comestible*, port. *comestível*, fr. *comestible, mangeable*, e. *edible, eatable*, d. *eßbar*.

Was transportiert werden kann, ist it. *trasportabile*, sp. *transportable*, port. *transportável*, fr. *transportable*, e. *transportable*, d. *transportabel, transportierbar*.

Was akzeptiert werden kann, ist it. *accettabile*, sp. *aceptable*, port. *aceitável*, fr. *acceptable*, e. *acceptable*, d. *akzeptabel, akzeptierbar*.

Damit wäre über diese Technik und dieses Programm auch schon alles gesagt – wenn unsere Sprachen Automatensprachen wären.

Gäbe es nur diesen Regelmechanismus, dann müßte fr. *épouvantable* bedeuten »was erschreckt werden kann« – in Wahrheit bedeutet es: »erschreckend, schrecklich«; fr. *serviable* ist nicht etwa der, dem ein Dienst geleistet werden kann, sondern umgekehrt wer selbst gern einen Dienst erweist. Dieses Verfahren, da es gerade zur Hand war, hat man spielerisch beiläufig auch für Verben in aktiver Bedeutung verwendet, bildete fr. *durable*, e. *durable* »dauerhaft«, fr. *périssable*, e. *perishable* »vergänglich, leicht verderblich«, fr. *irrétrécissable*, e.

unshrinkable »nicht schrumpfend, nicht einlaufend«, ja man hat sogar Substantive diesem Verfahren unterworfen: fr. *charitable* »barmherzig, mildtätig«, *viable* »lebensfähig«, *raisonnable* »vernünftig«, e. *fashionable* »modisch«, *peaceable* »friedlich«, *seasonable* »zur rechten Zeit, passend«, *knowledgeable* »kenntnisreich, verständig« ...
Schon im Lateinischen und dann erst recht in den neueren Sprachen verwendet man diese Bildungen, um auch ganz andere Gedanken damit auszudrücken. Wenn etwa heute im Französischen etwas *louable, recommandable, remarquable, mémorable, blâmable, condamnable, abominable, regrettable, déplorable, lamentable, pitoyable* ist, dann heißt das ja nicht, daß man es loben, empfehlen, bemerken, in der Erinnerung behalten, tadeln, verdammen, verabscheuen, bedauern, beklagen, bejammern, mit Erbarmen betrachten KANN. Daraus ist ein Werturteil geworden: lobenswert, empfehlenswert, bemerkenswert, denkwürdig, tadelnswert, verdammenswert, verabscheuungswürdig, bedauerlich, kläglich, jämmerlich, erbärmlich. Noch im 18. Jahrhundert bedeutete *minable* nur »was unterminiert werden kann, mit einer Mine in die Luft gejagt werden kann«. Daraus hat man seither, über »ausgehöhlt, verfallen«, ein vielgebrauchtes Werturteil gemacht, *minable* »armselig, mies«.
So ist auch *un homme vénérable, admirable, honorable, respectable, estimable, méprisable, haïssable* ein verehrungswürdiger, bewundernswerter, ehrenhafter, achtbarer, schätzbarer, verächtlicher, hassenswerter Mensch; *une femme adorable,* ursprünglich »anbetungswürdig«, ist heute »entzückend, reizend«; *aimable,* »wert, geliebt zu werden, liebenswert«, ist heute kaum mehr etwas anderes als »liebenswürdig, freundlich«, *amiable* ist »gütlich«; und auch im Englischen bedeuten *amicable, amiable, lovable* etwas ganz anderes, als daß etwas bloß geliebt werden KANN. Die »fuzzy logic«, die schöpferische Unschärfe, die spielerische Beweglichkeit, ist überall zu erkennen.

Das Spiel mit *-BAR* und *-LICH*

Die deutsche Endung *-bar,* in ihrer ursprünglichen Bedeutung »fähig zu tragen, tragend«, dann ein Vermögen, einen Besitz, eine Eigenschaft kennzeichnend, hat man zuerst an Substantive, Adjektive, Ad-

verbien gefügt: *fruchtbar, dienstbar, streitbar, ehrbar, dankbar, furchtbar, wunderbar, mannbar, scheinbar, offenbar, sonderbar* ..., dann bediente man sich ihrer zur Wiedergabe der lateinischen Bildungen auf *-bilis,* der französischen auf *-able, -ible,* benützte sie immer mehr zur Ableitung aus Verben, bis schließlich das offene Programm daraus wurde, das wir heute kennen:
Was gewaschen werden kann, man waschen kann, sich waschen läßt, ist *waschbar,* und genauso verstehen wir *heizbar, lenkbar, versenkbar, schwenkbar, verwertbar, machbar, isolierbar, analysierbar, modernisierbar, programmierbar, manipulierbar, differenzierbar,* und was immer uns einfällt, können wir nach diesem Verfahren bilden.
Aber mit einem solchen transformationellen Regelmechanismus haben wir noch lange nicht begriffen, wie unsere Sprache beschaffen ist. Wäre sie eine solche mechanische Transformationsmaschine, dann müßte, so, wie der *waschbare* Stoff »gewaschen werden kann«, der *haltbare* Stoff einer sein, der »gehalten werden kann« – das ist nur beim Fußball der Schuß auf das Tor, der *haltbar* oder *unhaltbar* sein kann. Dann dürfte *kostbar* nur bedeuten, »was gekostet werden kann«, *verfügbar,* »was verfügt werden kann« ...
Unsere natürlichen Sprachen sind keine strukturalistischen Systeme, sie sind auch keine transformationalistischen Regelmaschinen. Sie enthalten Techniken und Programme. Aber das auffallendste Merkmal dieser Techniken und Programme ist ihre Inkonsequenz, ihre »fuzzy logic«, ihre schöpferische Unschärfe, die spielerische Verfügbarkeit ihrer Formen.
Eine *genießbare* Speise ist nicht einfach eine Kost, die genossen werden kann, sie ist GERADE NOCH eßbar. Eine *fühlbare* Besserung oder Erleichterung bedeutet nicht einfach, daß sie gefühlt werden kann, sie muß DEUTLICH spürbar sein. Ein *reizbarer* Mensch ist nicht jeder, der gereizt werden kann, er läßt sich ZU LEICHT reizen. Ein am 1. März *zahlbarer* Betrag bedeutet nicht, daß er bezahlt werden kann, er MUSS bezahlt werden. *Unantastbar* ist etwas, das nicht angetastet werden DARF, *unnahbar* eine Person, der man sich nicht nahen, nicht nähern DARF, nicht *ansprechbar,* wer nicht angesprochen werden WILL. Mit Indiens *Unberührbaren* (FM 24: e. *the Untouchables,* fr. *les Intouchables,* it. *gli intoccabili,* sp. *los intocables,* port. *os intocáveis)* DURFTE man nicht in Berührung kommen.
Je mehr man dieses Programm ausweitete, desto öfter geriet *-bar* in

synonymische Konkurrenz mit -*lich.* Was erklärt werden kann, ist *erklärbar* oder *erklärlich.* Es gibt keinen transformationellen Regelmechanismus, der bestimmt, ob und wann wir *merkbar* oder *merklich, vernehmbar* oder *vernehmlich, nachweisbar* oder *nachweislich, begreifbar* oder *begreiflich, verzeihbar* oder *verzeihlich, verletzbar* oder *verletzlich* zu sagen haben.

Das synonymische Überangebot ist besonders groß beim negierten Adjektiv: *unsagbar/unsäglich, unfaßbar/-lich, unvergleichbar/-lich, unvermeidbar/-lich, unausweichbar/-lich, unabweisbar/-lich, unwiderlegbar/-lich, unüberwindbar/-lich, unbezwingbar/-lich, unersetzbar/-lich, unauflösbar/-lich, unauslöschbar/-lich, unverbesserbar/-lich, unzertrennbar/-lich* ...

Da und dort nützen wir das Überangebot zu feineren Unterscheidungen aus, etwa zwischen *bewegbar* und *beweglich,* oder zwischen *lösbar* und *löslich.* Aber das sind einzelne, sich zufällig ergebende Möglichkeiten.

In ihrem unerschütterlichen Glauben an die in der Muttersprache enthaltene tiefe Weisheit haben die deutschen Germanisten lange Zeit versucht, das Nebeneinander von -*bar* und -*lich* als zwei verschiedene Weisen des Erkennens zu begründen.

Leo Weisgerber behauptete, »daß die Verteilung von -*bar* und -*lich* bei transitiven Verbstämmen durchaus nicht zufällig ist, sondern mit der Art zusammenhängt, wie das Geschehen in dem Verb gefaßt ist«. Er glaubte in -*bar* die Bedeutung »was (theoretisch) *zugänglich* ist« zu erkennen, in -*lich* »was (konkret) *ausgefüllt* werden kann«. »Das Nebeneinander von *unsagbar* und *unsäglich* läßt sich so verstehen, daß *unsagbar* etwas ist, was dem Sagen überhaupt unzugänglich ist, *unsäglich* etwas, was durch noch so viel Sagen nicht erschöpft werden kann. Im Positiven ist dann *erklärbar* etwas, was dem Erklären grundsätzlich offensteht, *erklärlich* etwas, was durch Erklären leicht bewältigt werden kann. *Undenkbares* kann gar nicht gedacht werden, *undenkliche* Zeiten sind Zeiten, die nicht *aus*gedacht werden können; dementsprechend ist *faßbar* alles, was *ge*faßt werden kann, *faßlich* etwas, was leicht *er*faßbar ist. – Diese Beispiele führen also zu dem Ergebnis, daß bei transitiven Verben die Bildungen auf -*bar* aussagen, daß ein Bereich von einer Tätigkeit allgemein *betroffen* sein kann, die Bildungen auf -*lich* dagegen, daß ein Gegenstand durch die Tätigkeit wirklich *bewältigt* werden kann.«[1]

Zu solchen krampfhaften Künstlichkeiten mußte man kommen, wenn man Sprache mit Denken gleichsetzte: wo zwei Formen sind, müssen auch zwei Gedanken sein. Auch der Linguist wird Opfer unserer naiven Identifikation der Formen unserer Sprachen mit unserem Denken.
Hennig Brinkmanns Deutung war nicht weniger künstlich. »Bei den Ableitungen auf *-bar* hängt es von der Beschaffenheit der Welt ab, ob sich für menschliche Tätigkeit eine Ansatzstelle bietet; bei den Ableitungen auf *-lich* kommt es für die Durchführbarkeit mehr auf den Willen des Menschen und auf sein Verhalten an (er wird durch *lassen* ins Spiel gebracht). Damit hängt es auch zusammen, daß der Typus *lenkbar* wesentlich auf die Sachwelt beschränkt ist, während der Typus *faßlich* mehr geistiger Art ist. So stehen sich gegenüber: *trennbar* und *unzertrennlich, greifbar* und *begreiflich, lösbar* und *unauflöslich*. Während *gangbar* nur ein Weg sein kann, läßt sich *zugänglich* auf einen Menschen ebenso anwenden wie auf einen konkreten Raum.«[2]
Auch diese Konstruktion wird durch die lebendige Verfügbarkeit der Sprache Lügen gestraft, durch die Fülle der, gerade besprochenen, Bildungen auf *-bar,* die sich »auf den Willen des Menschen und auf sein Verhalten« beziehen, umgekehrt die Bildungen auf *-lich* in der »Sachwelt«, die *löslichen, zerbrechlichen, verderblichen, verdaulichen* Stoffe, schließlich die Transformation mit *lassen,* die sich genausogut auf die Sachwelt bezieht: der Stoff *läßt* sich waschen, die Türe *läßt* sich schließen, das Dach *läßt* sich zurückschieben.
Walter Henzen hatte hier den klarsten Blick. Er gab höflich zu bedenken, daß das Vordringen von *-bar* auf Kosten von *-lich* doch auch eine sprachliche Mode sein konnte und daß solche Moden ebenso »*unberechenbar*« und »*unergründlich*« sein können wie das Länger- und Kürzerwerden der Damenröcke.[3]
So ist es ja auch erst in unserer Zeit Mode geworden, *tragbar,* das früher nur »was getragen werden kann« bedeutete, ein *tragbarer* Ofen, ein *tragbares* Gerät, auch ähnlich wie *ertragbar, erträglich* zu verwenden: ein für die Firma noch *tragbarer* Verlust, ein für seine Partei *untragbarer* Politiker.
Die Beweglichkeit, Verfügbarkeit, Beiläufigkeit unserer Sprachen erlaubt es uns sogar, dem positiven und dem negativen Adjektiv ganz launenhaft verschiedene Bedeutungen zu geben: *unscheinbar* ist

nicht das Gegenteil von *scheinbar, unheimlich* nicht das Gegenteil von *heimlich, unvergeßlich* nicht das Gegenteil von *vergeßlich:* ein *unvergeßlicher* Mensch wird nicht vergessen, ein *vergeßlicher* Mensch vergißt selbst allzu leicht.
Das alles sind mikroskopische Untersuchungen. Aber unter dem Mikroskop erkennt man am deutlichsten, daß unsere Sprachen von ganz anderen Kräften bewegt und gestaltet werden als den konstruierten Mechanismen strukturalistischer Systeme oder transformationalistischer Regelmaschinen.

Das biologische und das grammatische Geschlecht

Die grammatische Instrumentalstruktur Maskulinum – Femininum – Neutrum läßt sich zweifellos durch eine Grundtatsache unserer menschlichen Erlebniswelt rechtfertigen, durch das biologische Geschlecht des Menschen und der höheren Tiere, mit denen er seit Urzeiten als Jäger und Viehzüchter zu tun hat, während das Neutrum ursprünglich wohl das Unbelebte meinte. Begründet kann auch im Umkreis des biologischen ein metaphorisches Geschlecht sein, ob nun im Lateinischen *sol* männlich und *luna* weiblich ist, im Deutschen heute umgekehrt *die Sonne* weiblich und *der Mond* männlich, ob im Französischen *la mort* weiblich, im Deutschen *der Tod* männlich ist usw. Aber soweit wir in die Geschichte zurückblicken können, immer schon ist diese sprachliche Dreiteilung unserer Welt unzulänglich und widersprüchlich, eine Mischung von inhaltlich Begründetem und formal Übertragenem. Keine noch so phantastische sexuelle Metaphorik reicht aus, um zu begründen, warum wir *DER Teller, DER Becher* sagen und DAS Messer; DER *Löffel* und *DIE Gabel*. Keine noch so tiefsinnige Symbolik vermag zu rechtfertigen, warum wir *DER Rat* und *DIE Tat* sagen, *DER Schmerz* und *DIE Qual, DER Kummer* und *DIE Sorge, DAS Eigentum* und *DER Reichtum, DAS Siechtum* und *DER Irrtum* ... Den Fremden, der sich in der deutschen Sprache zurechtzufinden versucht, packt oft die helle Verzweiflung vor so viel offenkundig zufälliger, willkürlicher, sinnloser, widersinniger Zuteilung des grammatischen Geschlechts, vor der Tatsache, daß wir im Deutschen drei Geschlechter haben, das männliche, das weibliche, das sächliche, daß aber *DAS Weib* selbst nicht weiblichen, sondern sächlichen Geschlechts ist und *DIE Sache* weiblichen Geschlechts!

Aber selbst da, wo es nichts zu rechtfertigen gibt, hat es bis heute nicht an tiefsinnigen Rechtfertigungsversuchen gefehlt – so stark ist auch hier unser Bedürfnis nach einer sekundären Motivation, wirkt die naive Identifikation der Form mit ihrem Inhalt. In Wahrheit ist das grammatische Geschlecht der schlagendste Beweis für die Inkonsequenz unserer sprachlichen Techniken und für die Fähigkeit des menschlichen Geistes, sich darüber hinwegzusetzen.

Denken und Sprechen: wir sagen *DER Backfisch* und denken dabei an ein weibliches Wesen. Das nicht passende grammatische Geschlecht nehmen wir einfach nicht zur Kenntnis, wir überhören es.

Romanische »Pansexualisierung«

Die lateinische Volkssprache hat das Neutrum abgestreift, zusammen mit den Kasusendungen, denen sie die deutlicheren Präpositionen vorzog. Zahlreiche heterogene Faktoren haben an dieser Entwicklung mitgewirkt. Das Ergebnis aber war, daß die romanischen Sprachen seither alle Dinge dieser Welt als maskulin oder feminin bestimmen müssen, auch wenn das völlig unsinnig ist.

Für diese Einordnung genügte da und dort eine zufällige Ähnlichkeit, ein Anklang. Auch viele Maskulina und Feminina haben im Lauf der Zeit das Geschlecht gewechselt, ohne daß wir sagen könnten, was den Anstoß dazu gegeben haben mag. Zahlreiche Unsicherheiten und Schwankungen lassen erkennen, daß diesem grammatischen Zwang keine innere Notwendigkeit, kein inneres Bild vom Wesen der so zwangsverteilten Dinge, der so zwiegespaltenen Welt entspricht, keine »innere Form« – am allerwenigsten eine besondere romanische »Weltansicht«, eine romanische Pansexualisierung. Es ist ein geistloses Regelwerk, das man da mit der Beseitigung des Neutrums nur zur Hälfte losgeworden ist – und in dieser Halbheit ist man schlechter dran als vorher. Jeder Vergleich zwischen den romanischen Sprachen bietet hier wieder das Bild einer Lotterie:

italienisch	spanisch	portugiesisch	französisch	deutsch
il dente	*el diente*	*o dente*	*la dent*	der Zahn
il fiore	*la flor*	*a flor*	*la fleur*	die Blume
l'aria f.	*el aire* m.	*o ar* m.	*l'air* m.	die Luft
l'arte f.	*el arte* f. m.	*a arte* f.	*l'art* m.	die Kunst
lo studio	*el estudio*	*o estudo*	*l'étude* f.	das Studium
la sorte	*la suerte*	*a sorte*	*le sort*	das Los
il periodo	*el periodo*	*o periodo*	*la période*	die Periode
il metodo	*el método*	*o método*	*la méthode*	die Methode
l'aneddoto m.	*la anécdota*	*a anedota*	*l'anecdote* f.	die Anekdote
il pianeta	*el planeta*	*o planeta*	*la planète*	der Planet
la cifra	*la cifra*	*a cifra*	*le chiffre*	die Ziffer
la maschera	*la máscara*	*a máscara*	*le masque*	die Maske
il viaggio	*el viaje*	*a viagem*	*le voyage*	die Reise

Die Liste ließe sich beliebig verlängern. Das sind die zahllosen grammatischen falschen Freunde, die daran schuld sind, daß Franzosen, Italiener, Spanier, Portugiesen im Gespräch miteinander immer wieder zu falschen Artikeln greifen – und daß die Deutschen im Französischen, zum täglichen Kummer ihrer Französischlehrer, so gern *LA garage* sagen oder *LA masque, LE dent* oder *LE planète* oder so wie im Deutschen *DIE Butter* auch im Französischen *LA beurre* – diejenigen Schwaben ausgenommen, die auch in ihrer Muttersprache *DER Butter* sagen.

Wie bedeutungslos diese Instrumentalstruktur meist ist, wie leicht sie eine Beute des Zufalls wird, zeigen uns unsere Sprachen auf Schritt und Tritt. Im Französischen lautet das männliche Possessivpronomen *mon ton son,* das weibliche *ma ta sa* usw. Aber seit dem 13. Jahrhundert verwendet man vor einem mit Vokal beginnenden weiblichen Substantiv das männliche Pronomen, offensichtlich aus keinem anderen Grund als dem der lautlichen Verdeutlichung: *une école,* aber *mon école, ma vielle école,* aber *mon ancienne école; une amie,* aber *mon amie, ma seule amie,* aber *mon unique amie* . . . Auch hier »überhören« wir das beiläufig falsche Pronomen, nehmen wir es einfach nicht zur Kenntnis.

Das Englische hat mit Ausnahme des Personal- und Possessivpronomens die grammatische Struktur des die Welt maskulin-feminin-neutral aufteilenden Geschlechts abgestreift. Das ist ein großer Gewinn für diese Sprache, die Befreiung von einem sinnlosen Regel-

werk, das andere Sprachen weiter mit sich herumschleppen. Damit ist aber auch die Kennzeichnung des lebenswichtigen biologischen Geschlechts in Mitleidenschaft gezogen worden, und das ist die Kehrseite der Medaille.
Zufall und Notwendigkeit: die Notwendigkeit, das Bedürfnis, das biologische Geschlecht zu nennen, hat für das abhanden gekommene grammatische Geschlecht einen kuriosen Ersatz geschaffen, die geschlechtsbestimmenden Zusatzwörter, die heute fast wie Präfixe dem Hauptwort vorgesetzt werden, *man* und *woman* oder *lady, boy* und *girl, male* und *female, he* und *she: a girl friend, a woman lawyer, a lady doctor, a male nurse* oder *a man nurse, a she-goat* ...

Aktiv – Passiv – Reflexiv

Wie verhalten sich die grammatischen Instrumentalstrukturen, die »Oberflächenstrukturen« unserer Sprachen zu den Mentalstrukturen, den »Tiefenstrukturen«, denen sie zweifellos einmal, in grauer Vorzeit, ihre Entstehung verdankten?
Die drei heute in unseren Sprachen konkurrierenden Techniken und Programme Aktiv – Passiv – Reflexiv können uns am besten darüber Aufschluß geben.
Auch heute noch scheint die Überzeugung unausrottbar zu sein, daß die auffallende Bevorzugung des Aktivs in einer Sprache eine aktivistische Weltauffassung des betreffenden Volkes beweise, die des Passivs eine passivistische. Was dann allerdings die ausgesprochene Vorliebe der südlichen Romania für das Reflexiv bedeuten könnte (d. *Man spricht deutsch, hier wird deutsch gesprochen,* e. *English spoken,* fr. *On parle français,* it. *Si parla italiano,* sp. *Se habla español,* port. *Fala-se português,* also gewissermaßen »es spricht sich ...«) – darüber hat man sich offenbar keine Gedanken gemacht.
Ausgangspunkt für Noam Chomskys Entwurf einer generativen Transformationsgrammatik war die schon aus der klassischen Grammatik wohlbekannte Passivtransformation »*Peter schlägt Paul → Paul wird von Peter geschlagen*«. Aber das ist ein falscher Ansatz. Denn dieses durch die Nennung des Urhebers oder der Ursache erweiterte Passiv ist ja ein sekundäres Phänomen, wie man schon an den dazu verwendeten, von ganz woanders herstammenden Präposi-

tionen erkennen kann, ursprünglich lokalen Präpositionen wie d. *von, durch,* e. *by,* fr. *par,* it. *da,* sp., port. *por*... Unsere Analyse muß von dem primären Phänomen ausgehen, dem »reinen« Aktiv, Passiv, Reflexiv und ihren vergleichbaren Leistungen (wodurch auch sogleich die Fragwürdigkeit der Transformationsgrammatik offenbar wird, nach der man dann auch, wie jemand gesagt hat, einen passiven Satz wie *Ich wurde in München geboren* aus dem entsprechenden aktiven Satz, *Man gebar mich in München* ableiten müßte...).

Die aufmerksame Beobachtung einer großen Zahl verschiedenster Übersetzungen zwischen unseren Sprachen liefert uns mit jeder nur wünschbaren Genauigkeit und Anschaulichkeit den unterschiedlichen Gebrauch, den wir tatsächlich von diesen Instrumenten machen. Das Passiv als Technik und Programm ist in allen unseren Sprachen vorhanden, aber es wird im Englischen häufiger verwendet als anderswo, so daß immer wieder bald der eine, bald der andere Übersetzer es mit einem unpersönlichen Aktiv oder einem Reflexiv wiedergibt:

e. *In 1848 gold was discovered in California* (BH 8)
d. *Im Jahr 1848 wurde in Kalifornien Gold gefunden*
fr. *on découvrit*   it. *fu scoperto*
sp. *se descubrió*   port. *foi descoberto*

e. *New textiles, new plastics and other materials will be discovered. New drugs will be found to cure illness* (FS 189)
d. *Neue Textilien, neue Kunststoffe und andere Materialien werden entdeckt werden; man wird neue Arzneimittel entwickeln*
fr. *On découvrira ... On inventera ...*
it. *Si scopriranno ... Verranno trovati ...*
sp. *Se inventarán ... Y se descubrirán ...*
port. *Descobrir-se-ão ... surgirão ...*

e. *Word was given to the press that ...* (GF 70)
d. *Der Presse wurde mitgeteilt ...*
fr. *On communiqua à la presse ...*
it. *Fu comunicato alla stampa ...*
sp. *A la prensa se le comunicó ...*
port. *Comunicou-se à imprensa ...*

e. *Students are seldom encouraged to analyze their own values* (FS 41)
d. *Die Schüler werden selten angeregt, ihre eigenen Wertbegriffe zu analysieren*

fr. *on encourage rarement les élèves*
it. *gli studenti di rado vengono incoraggiati*
sp. *raras veces se anima a los estudiantes*
port. *raramente se encoraja os estudantes*

   e. Young girls in the United States, when asked what they regard as important about a boy, immediately list a car (FS 84)
   d. Wenn man ein Mädchen in den Vereinigten Staaten fragt, was ein junger Mann ihrer (!) Meinung nach unbedingt haben muß, entgegnet es unweigerlich: »Ein Auto«
fr. *Si l'on demande à une jeune fille ...*
it. *Le ragazze ... quando si domanda loro ...*
sp. *Cuando se pregunta a las jóvenes ...*
port. *Interrogadas ... as jovens ...*

Verschiedene Instrumente können Gleiches, Vergleichbares leisten. Wenn in der einen Sprache das Instrument »es wird gefunden« bevorzugt verwendet wird, in der anderen »man findet«, in einer dritten »es findet sich«, so bedeutet das heute bestimmt nicht, daß für die entsprechende Sprachgemeinschaft die Welt jeweils eine andere Mentalstruktur besitzt.

Wir kennen eine ganze Reihe heterogener Faktoren, die dazu beigetragen haben, daß Aktiv, Passiv, Reflexiv heute in unseren Sprachen so unterschiedlich verwendet werden, vieles andere können wir vermuten.[4] Welches auch immer der vorgeschichtliche Ursprung dieser drei Instrumente gewesen sein mag – heute aus einer Bevorzugung des aktiven Instrumentariums eine aktivistische Mentalität, aus der Vorliebe für das Passiv eine passivistische Weltauffassung herauszuhören ist ebensowenig begründet, wie wenn man aus der *Wand* das *Gewundensein,* aus dem *Buch* die *Buche,* aus der *Seele* den *See* und aus der *Wirklichkeit* das *Wirken* heraushören will.

Der ungenannte Urheber

In unseren Sprachen erkennen wir auch das Bedürfnis, von einem Geschehen zu sprechen, dessen Urheber wir nicht nennen wollen oder können. Dafür haben wir in unseren Sprachen ganz verschiedene Techniken zur Verfügung:

e.	There was a knock on the door and Johnny went to answer it. It was Lucy Mancini (GF 370)		
d.	Es klopfte, und Johnny ging aufmachen. Es war Lucy Mancini		
fr.	On frappa à la porte	it.	Bussarono alla porta
sp.	Llamaron a la puerta	port.	Bateram à porta

Auf die instrumentale Lösung des Englischen, *there is ...*, antwortet der deutsche Übersetzer mit seinem *es*, der französische mit dem unbestimmten Personalpronomen *on* »man«. In der südlichen Romania verwendet man dagegen die dritte Person des Plurals auch zur Kennzeichnung eines Geschehens, hinter dem vernünftigerweise nur ein einzelner Verursacher zu denken ist. Man gebraucht den Plural, aber man überspielt ihn, überhört ihn, man nimmt ihn nicht zur Kenntnis, man denkt dabei ganz selbstverständlich an eine (noch) unbestimmte Einzelperson. *You are wanted on the phone,* heißt es im Englischen, *Sie werden am Telefon verlangt* im Deutschen, *On vous demande au téléphone* im Französischen. Der Italiener sagt dagegen: *La chiamano al telefono,* der Spanier *Llaman,* der Portugiese *Chamam* ... Man sagt einen Plural und denkt dabei an eine einzelne Person. Das Denken setzt sich spielerisch beiläufig über die Sprache hinweg, es ist stärker als die Sprache.

»Soeben geschehen«

Das Bedürfnis, ein Geschehen, das sich gerade erst abgespielt hat, als solches zu kennzeichnen, hat im Französischen ein eigenes Instrument dafür aus der Umschreibung *venir de* ... »kommen von ...«, entstehen lassen, im Spanischen und Portugiesischen aus *acabar de* ... »vollenden«. Nichts dergleichen in der italienischen Schwestersprache. Im Italienischen benützt man dafür, genauso wie im Deutschen und im Englischen, das Adverbialregister: it. *poco fa, adesso, proprio adesso, or ora, appena;* d. *soeben, gerade;* e. *just:*

fr.	Mon frère vient de sortir (Th 545)
sp.	Mi hermano acaba de salir
port.	Meu irmão acaba de sair
it.	Mio fratello è uscito proprio adesso
d.	Mein Bruder ist eben ausgegangen
e.	My brother's just gone out

Die selbständigen Bedeutungen von *venir* und *acabar* sind völlig in der Periphrase aufgegangen, wir vergessen sie in diesem Augenblick, nehmen sie nicht zur Kenntnis, »Kommen vom« Weggehen ist ebenso widersinnig wie ein »Vollenden« des Weggehens. Warum begnügt sich nicht auch das Französische mit dem Adverbialregister, mit *il y a un instant, à l'instant, tout à l'heure,* das Spanische mit *hace un momento, en este momento, ahora mismo?*
Wer wollte in solchen beiläufigen Unterschieden des verbalen Instrumentariums verschiedene »Weltansichten« erkennen oder auch verschiedene »Tiefenstrukturen«? Was kann das anderes sein als geschichtlicher Zufall?

Die beiden Aspekte

Wir Menschen erleben um uns und in uns Zustände, Eigenschaften, Sachverhalte, Vorgänge, Handlungen, Bleiben und Wandel ..., in den europäischen Sprachen kann sich das alles in Verben kristallisieren, in *sein* und *haben, stehen, sitzen, liegen, laufen, stürzen, sehen, fühlen, hungern, wachen, träumen, sprechen, leben, altern, welken, schließen, platzen, töten* ... Auch die Zeit, in der das geschieht, die Gegenwart, die Vergangenheit, die Zukunft, auch allerlei mehrschichtige Zeitbeziehungen, drücken wir in verschiedenen Verbformen aus.
In vielen unserer Sprachen sind aber dazu auch noch besondere Verbformen entstanden, um auszudrücken, daß ein Vorgang während seines Ablaufs erlebt wird als ein im Gang befindlicher Vorgang, als Vorgangs-Zustand: ein Prozeß als Situation.
Das kann man besonders gut im Englischen verfolgen. Wahrscheinlich haben auch da Übersetzungen den Anstoß gegeben, jedenfalls findet man schon in den frühesten Übersetzungen des Evangeliums zur Wiedergabe von *erat docens, erat praedicans, baptizans, expectans, pernoctans* usw. die ersten Belege einer »erweiterten Form«, die dann in der Neuzeit eine immer stärkere und vielseitigere Verwendung findet: *he wept* »er weinte« – *he was weeping* »er war weinend«.
Die Bibelübersetzungen bezeugen, wie von Jahrhundert zu Jahrhundert die Engländer sich immer mehr dieser »erweiterten Form« bedienen:

lat. *Mulier, quid ploras?*   d. *Weib, was weinst du?*
(Joh 20, 13)
e. *Woman, why weepest thou?* (Standard Version 1611)
e. *Woman, why are you weeping?* (Revised Standard Version 1952)

lat. *Et ait Petrus: Homo, nescio quid dicis. Et continuo adhuc illo loquente cantavit gallus* (Luk 22, 60)
d. *Petrus aber sprach: Mensch, ich weiß nicht, was du sagst. Und alsbald, als er noch redete, krähte der Hahn*
e. *And Peter said, Man, I know not what thou sayest. And immediately, while he yet spake, the cock crew* (1611)
e. *But Peter said:* »*Man, I do not know what you are saying.*« *And immediately, while he was still speaking, the cock crowed* (1952)

Die romanischen Sprachen haben vom Lateinischen eine besondere Verbform für den im Gang befindlichen Vorgang geerbt, zufällig aber nur für die Vergangenheit: das Imperfekt, *cantabat,* neben dem Perfekt, *cantavit.* Ähnlich wie im Englischen ist aber auch da noch eine, in allen Zeiten verwendbare, »erweiterte Form« entstanden: *stare* (als allgemeines Zustandsverbum) mit dem romanischen Gerundium – it. *sta cantando,* sp. *está cantando,* im Portugiesischen meist mit dem Infinitiv, *está a cantar,* im Brasilianischen mit dem Gerundium, *está cantando.* Das Französische schließlich (das lat. *stare* nicht bewahrt hat) kennt erst seit dem 17. Jahrhundert eine eigene Verbalperiphrase für den im Gang befindlichen Vorgang: *il est en train de chanter.*

Der Aspekt im Deutschen

Im Deutschen ist kein »er ist singend« entstanden. In unseren Umgangssprachen kann man *am, im, beim Singen* sein, eine eigene Verbform oder Verbalperiphrase haben wir dafür nicht zu Verfügung. Das bedeutet keineswegs, daß uns der »im Gang befindliche Vorgang« als Erlebnisstruktur fremd wäre. Wir erleben ihn genauso wie andere Menschen. Wir haben aber kein verbales Instrument, keine eigene Technik dafür. Wir geben statt dessen, wenn es uns zur Verdeutlichung nötig scheint, unserer Aussage eine adverbiale Einkleidung, wie etwa in dem folgenden Beispiel mit dem hinzugefügten *vor sich hin:*

- e. *His wife was weeping silently* (GF 85)
- d. *Seine Frau weinte leise vor sich hin*
- fr. *pleurait en silence*
- it. *stava piangendo in silenzio*
- sp. *estaba llorando en silencio*
- port. *estava a chorar silenciosamente*

Der von uns am häufigsten gebrauchte adverbiale Zusatz ist *gerade:*

- e. *I was dressing for a concert ... »It's all under control,« I replied. »Stay loose.« I was adjusting my tie and heading for the door* (LS 38)
- d. *Ich zog mich gerade für ein Konzert um ... »Alles ist unter Kontrolle«, erwiderte ich. »Ruhig bleiben und tief durchatmen!« Ich rückte meine Krawatte zurecht und wollte zur Tür hinaus*
- fr. *J'étais en train de m'habiller ... J'allai vers la porte*
- it. *Io mi stavo vestendo ... Mi diressi alla porta*
- sp. *Yo me estaba vistiendo ... me acerqué a la puerta*
- port. *Eu estava a vestir-me ... Encaminhei-me para a porta*

Auch diese Wiedergabe von *I was heading for the door* mit *Ich wollte zur Tür hinaus* ist für uns eine Möglichkeit, das Im-Gang-Sein oder In-Gang-Kommen der Handlung anzudeuten. Meist aber bleibt es im Deutschen unbezeichnet. Meist ergibt sich ja von selbst aus dem sprachlichen Kontext, aus der außersprachlichen Situation, was ein einfacher Vorgang, was ein im Gang befindlicher Vorgang ist:

- e. *My roommate, Ray Stratton, was playing poker with two football buddies as I entered the room* (LS 15)
- d. *Als ich ins Zimmer kam, spielte Ray Stratton, mein Zimmergenosse, mit zwei Fußballfreunden Poker*
- fr. *Quand j'entrai ... R. S. était en train de jouer*
- it. *Quando entrai ... R. S. stava giocando*
- sp. *R. S. estaba jugando ... cuando yo entré*
- port. *R. S. estava a jogar ... quando entrei*

- e. *One evening as Vito was having supper with his family there was a knock on the window* (GF 196)
- d. *Eines Abends, als Vito mit seiner Familie beim Abendessen saß, klopfte es an das Fenster*
- fr. *alors que Vito dînait ... on frappa*
- it. *mentre Vito stava cenando ... sentí bussare*
- sp. *mientras Vito estaba cenando ... oyó que golpeaban*
- port. *quando Vito estava a cear ... ouviu uma pancada*

- e. *Jules noticed that the man called Albert Neri was studying Moe Greene intently* (GF 387)
- d. *Jules bemerkte, daß der Mann, der Albert Neri hieß, Moe Greene aufmerksam musterte*
- fr. *remarqua que ... observait attentivement*
- it. *notò che ... stava studiando attentamente*
- sp. *se dio cuenta que ... estaba observando atentamente*
- port. *notou que ... estava a estudar atentamente*

Aspekt und Gegenwart

Seit zweihundert Jahren verwenden die Engländer ihre erweiterte Form immer mehr, auch in der Gegenwart. Man vergleiche: *I ask you for justice* (GF 32), d. *Ich bitte Sie um Gerechtigkeit; Some ask me to stay here while others ask me to go away* (FM 429), d. *Manche bitten mich, hier zu bleiben, und andere fordern mich auf, fortzugehen*, mit dem folgenden Satz aus einem Gespräch (in dem auch die Polysemie von *to ask* »bitten, verlangen« und »fragen« ins Spiel kommt):

- e. *Raymond, as a friend I'm asking you not to ask* (LS 37)
- d. *Raymond, ich bitte dich als Freund: frag nicht!*
- fr. *je te prie*   it. *ti prego*   sp. *te ruego*   port. *peço-te*

Oder ein Gespräch während einer Autofahrt:

- e. *»You're driving like a maniac,«* Jenny said. *»This is Boston,« I replied. »Everyone drives like a maniac.«* (LS 42)
- d. *»Du fährst wie ein Verrückter«, sagte Jenny. »Wir sind in Boston«, erwiderte ich. »Hier fährt jeder wie ein Verrückter.«*
- fr. *Tu conduis ... tous les gens conduisent*
- it. *Guidi ... tutti guidano*
- sp. *Conduces ... todo el mundo conduce*
- port. *Guias ... todos guiam*

Im Deutschen, in den romanischen Sprachen, begnügt man sich hier oft mit dem einfachen Präsens. Wollen wir den Prozeß als Situation besonders anschaulich machen, müssen wir im Deutschen zu anderen Mitteln greifen:

- e. *»Where is Calo?«* – *»Calo is having a cup of coffee in the kitchen«* (GF 351)

d.	»Wo ist Calo?« – »Sitzt in der Küche und trinkt Kaffee.«		
fr.	prend une tasse de café à la cuisine		
it.	sta prendendo un caffè in cucina		
sp.	está en la cocina, tomándose una taza de café		
port.	está a tomar uma xícara de café na cozinha		

e. The hospital called. Consigliori Abbandando is dying, he won't last out the night (GF 40)
d. Das Krankenhaus hat angerufen. Consigliori Abbandando liegt im Sterben; er wird die Nacht nicht mehr überleben
fr. *est mourant*   it. *sta morendo*
sp. *se está muriendo*   port. *está morrendo*

Aspekt und Zukunft

Den Gebrauch der erweiterten Form haben die Engländer aber auch auf die Zukunft ausgedehnt.

e. »Thanks,« I said. »I'll wait here.« (LS 25)
d. »Danke«, sagte ich. »Ich warte hier.«
fr. Je vais l'attendre ici   it. Aspetterò qui
sp. La esperaré aquí   port. Espero aqui

e. »All right,« Kay said. »I'll be waiting.« (GF 113)
d. »Na schön«, sagte Kay. »Ich warte auf dich.«
fr. Je t'attendrai   it. Aspetterò
sp. Te esperaré   port. Estarei à tua espera

Das hat schließlich zu vielen beiläufigen Verwendungen geführt, die mit dem Aspekt des im Gang befindlichen Vorgangs gar nichts mehr zu tun haben:

e. I'll be leaving in five minutes (GF 351)
d. In fünf Minuten fahren wir ab
fr. Je m'en vais dans cinq minutes
it. Partirò fra cinque minuti
sp. Saldré dentro de cinco minutos
port. Vou partir daqui a cinco minutos

e. »We'll have to be going soon.« ... »You're staying for dinner. That's an order.« (LS 48)

d. »*Wir müssen bald wieder los.*« ... »*Ihr bleibt zum Dinner. Kein Widerspruch.*«
fr. *Il nous faudra partir bientôt ... Vous restez dîner*
fr. *Fra poco dovremo andare ... Resterete a cena*
sp. *Tendremos que marcharnos pronto ... Os quedáis a cenar*
port. *Daqui a pouco temos de nos ir embora ... Vocês ficam para o jantar*

Aspekt und Vergangenheit

In der Vergangenheit entspricht die Aufgabenverteilung zwischen der englischen erweiterten Form (grob gesagt, für die Schilderung einer Situation) und der einfachen Form (für den Bericht über einen Prozeß) noch am ehesten der zwischen den romanischen erweiterten Formen, dem romanischen Imperfekt auf der einen, dem einfachen Perfekt auf der anderen Seite.

e. *Peter Clemenza slept badly that night. In the morning he got up early and ...* (GF 100)
d. *In dieser Nacht schlief Peter Clemenza sehr schlecht. Am Morgen stand er zeitig auf und ...*
fr. *dormit mal cette nuit-là*   it. *quella notte dormì male*
sp. *durmió mal aquella noche*   port. *dormiu mal naquela noite*

e. *Johnny got up and stared down at Nino, who was sleeping or maybe dying* (GF 382)
d. *Johnny stand auf und blickte auf Nino hinab, der fest schlief oder vielleicht auch im Sterben lag*
fr. *qui dormait ou se mourait peut-être*
it. *che stava dormendo o forse morendo*
sp. *que estaba durmiendo o, quizá, muriéndose*
port. *que estava a dormir ou talvez a morrer*

Aber auch da hat sich eine ganze Fülle beiläufiger Verwendungen ergeben, in denen von einem Erleben eines »im Gang befindlichen Vorgangs« keine Rede mehr sein kann, in denen zum Beispiel der Vorgang nur mehr als die gedankliche Wiederaufnahme eines soeben erfolgten Geschehens erscheint:

e. »*Is Jenny hurt?*« *he asked quickly. If he was asking me, did that mean she wasn't with him?* (LS 89)

d. »*Ist was mit Jenny?*« *fragte er rasch. Wenn er mich fragte, so bedeutete das wohl, daß sie nicht bei ihm war*
fr. *demanda-t-il ... S'il me le demandait*
it. *mi chiese ... Se lo chiedeva a me*
sp. *preguntó ... Si me lo preguntaba a mí*
port. – *... Se me estava a perguntar*

Polysemisches Imperfekt

Die Romanen verwenden ihrerseits ihr Imperfekt nicht nur zur Kennzeichnung des imperfektiven Aspekts, sondern auch noch für ganz andere Funktionen. Es kann auch die Gewohnheit, den gewohnheitsmäßig wiederholten Vorgang bedeuten:

e. *Jack Woltz always slept alone* (GF 68)
d. *Jack Woltz schlief immer allein*
fr. *couchait toujours seul*   it. *dormiva sempre solo*
sp. *dormía siempre solo*   port. *dormia sempre só*

e. *We would go every day to Bombay to the Moslem quarter. We would enter a hotel, the best, order a big meal, things I'd never eaten before. Then, when they asked for money, we would say we had none, we were refugees.* (FM 334)
d. *Wir gingen jeden Tag nach Bombay ins Moslemviertel. Wir betraten ein Hotel, das beste, und bestellten ein großes Essen, Speisen, wie ich sie noch nie gegessen hatte. Wenn sie dann Geld wollten, sagten wir, wir hätten keines, wir seien Flüchtlinge.*
fr. *Nous prenions chaque jour le chemin du quartier musulman de Bombay. Nous entrions dans un hôtel, le meilleur, commandions un bon repas, des plats que nous n'avions jamais goûtés auparavant. Quand on nous apportait l'addition, nous disions que nous étions fauchés, que nous étions des réfugiés.*
it. *ci recavamo ... entravamo ... dicevamo ... eravamo*
sp. *nos íbamos ... entrábamos ... pedíamos ... decíamos ... éramos*
port. *tomávamos ... entrávamos ... encomendávamos ... dizíamos ... éramos*

Das Imperfekt kann aber auch dazu dienen, einen nur vorgestellten Vorgang zu bezeichnen. Das nur Gedachte drückt zum Beispiel das Imperfekt der Irrealität in dem mit *si* eingeleiteten französischen Nebensatz aus:

e. *But he'd be happier if I had a few bucks, right?* (LS 60)
d. *Aber er wäre glücklicher, wenn ich ein paar Piepen auf der hohen Kante hätte, was?*
fr. *Mais il serait plus content si j'avais un peu de pognon?*
it. *Però sarebbe più contento se avessi un po' di quattrini, eh?*
sp. *Pero sin duda preferiría que yo tuviera un calcetín relleno de pavos, ¿ no?*
port. *Mas ficava mais satisfeito se eu tivesse umas coroas, não ficava?*

Im Portugiesischen ist das hypothetische Imperfekt, *ficava* »er war« für *ficaria* »er wäre«, am geläufigsten.

Imperfekt statt Perfekt

Es geht also auch in den romanischen Sprachen keineswegs etwa um eine systematische »Aspekt-Opposition«. Imperfekt : Perfekt = Vorgangs-Zustand : Vorgang.

Wie leicht, wie beiläufig ein solches »Aspektsystem« überspielt werden kann, beweist die Tatsache, daß man schon im 19. Jahrhundert zuerst im Französischen, dann in den anderen romanischen Sprachen dazu überging, das Imperfekt in bestimmten Fällen zu gebrauchen, in denen man dem »System« entsprechend konsequent nur das Perfekt verwenden dürfte.

Einer der ersten ist Stendhal, der 1838 in der »Chartreuse de Parme« (I, VII) schreibt: *Quelques heures plus tard, le comte Mosca reçut une lettre par la poste,* »Wenige Stunden später erhielt Graf Mosca einen Brief durch die Post« – und zehn Seiten weiter (I, VIII): *trois jours après Fabrice recevait une lettre de sa mère,* »drei Tage später erhielt Fabrice einen Brief seiner Mutter«.

Dieses Imperfekt nach Zeitangaben ist heute ganz geläufig. Hier ist ein neues Programm entstanden, das im krassen Widerspruch steht zu dem umfassenderen Programm, in dem es eingebettet ist:

e. *A few minutes later, a jeep deposited the viceregal couple and the governor at the foot of the railway embankment* (FM 116)
d. *Ein paar Minuten später setzte ein Jeep das vizekönigliche Paar und den Gouverneur am Fuß des Bahndamms ab*
fr. *déposait*   it. *depositò*   sp. *depositaba*   port. *deixava*

Nur der italienische Übersetzer bleibt hier bei dem traditionellen Programm, nach dem man in einem solchen Fall selbstverständlich das einfache Perfekt verwendet.

- e. *Ten minutes later the car pulled up in front of a restaurant* (GF 148)
- d. *Zehn Minuten später hielt der Wagen vor einem Lokal*
- fr. *Dix minutes plus tard, la voiture s'arrêtait devant un restaurant*
- it. *la macchina si arrestò di colpo*
- sp. *el coche paró*   port. *o carro parou*

Hier wählt nur der französische Übersetzer das Imperfekt, die anderen bleiben dem Perfekt treu.

Über dieses »neue Imperfekt«, mit dem man sich heute so leicht, so spielerisch über das »Aspektsystem« hinwegsetzt, ist schon viel nachgedacht und geschrieben worden. Wenn man auch keine Erklärung dafür findet, so doch wenigstens einen Namen, sogar mehrere, man tauft es *imparfait de rupture, imparfait pittoresque, impressionniste, narratif*.[5] Der »imperfektive Aspekt« ist dabei völlig vergessen:

- e. *Ten seconds later, an ear-splitting roar shook the power-station* (FM 346)
- d. *Zehn Sekunden später erschütterte eine ohrenbetäubende Explosion das Kraftwerk*
- fr. *Dix secondes plus tard, une violente déflagration ébranlait l'air*
- it. *scuoteva*   sp. *desgarraba*   port. *aturdia*

»Aspektologie«

Die scharfsinnigen »Aspektsysteme«, die tiefsinnigen »Aspekttheorien«, die man seit rund hundert Jahren entworfen und wieder verworfen hat, füllen heute ein stattliches Regal unserer linguistischen Bibliotheken.

Es ist nie gelungen, die vielen verschiedenen und oft einander widersprechenden Funktionen, die man den imperfektiven Verbalformen anvertrauen kann, jedesmal auch nur einigermaßen überzeugend psychologisch zu interpretieren. Es hat sich überall auch als falsch erwiesen, aus der Opposition Imperfektiv – Perfektiv ein strukturalistisches System zu konstruieren und die Fülle der Erscheinungen mit Gewalt in ein konsequentes System zu zwingen. Es gibt erst recht keine mathematischen Transformationsmechanismen, um aus »Tiefenstrukturen« zu »Oberflächenstrukturen« zu gelangen, in denen unfehlbar hier eine erweiterte Form, da ein Imperfekt, dort dagegen ein Perfekt erscheinen müßte. Auch hier ist das auffallendste Merkmal der sprachlichen Techniken und Programme ihre Inkonsequenz. Kein Zweifel, was hier zugrunde liegt, ist eine besondere menschliche Erfahrung, das Erlebnis des im Gang befindlichen Vorgangs, des Prozesses als Situation. Das ist eine menschliche Erlebnisstruktur, eine Mentalstruktur, die die Deutschen genausogut erleben wie andere Menschen, auch wenn sie in ihrer Sprache kein besonderes verbales Instrumentarium dafür ausgebildet haben. Sie kann sich, wie wir gesehen haben, auf verschiedenste Weise Ausdruck verschaffen: *er ist dabei, gerade, er sitzt und trinkt, er liegt im Sterben.* Wo andere Sprachen Imperfekt und Perfekt verwenden, können im Deutschen zwei verschiedene Verben dazu dienen: fr. *il avait peur* – d. *er hatte Angst,* fr. *il eut peur* – d. *er bekam Angst;* fr. *il savait* – d. *er wußte,* fr. *il sut* – d. *er erfuhr;* fr. *il connaissait* – d. *er kannte,* fr. *il connut* – d. *er lernte kennen.* Meist aber bleibt dieser Unterschied unausgedrückt, er ergibt sich aus dem Kontext und der Situation: fr. *Assis dans son coin, il buvait son café* – d. *Er saß in seiner Ecke und trank seinen Kaffee;* fr. *Il but son café, paya et sortit* – d. *Er trank seinen Kaffee, zahlte und ging.* In der gleichen Verbform sind das auch im Deutschen deutlich zwei verschiedene »Aspekte« des Kaffeetrinkens. Unsere Sprachen sind Gebilde aus Explikation und Implikation, von ausdrücklich Gesagtem und selbstverständlich Mitverstandenem. Im Deutschen wird der Aspekt meist selbstverständlich mitverstanden.

Die Tatsache, daß die Engländer im Laufe der Jahrhunderte mit der erweiterten Form ein verbales Aspektinstrumentarium immer weiter ausgebaut haben, bedeutet nicht, daß sie dadurch allmählich eine neue »Weltansicht« erworben hätten. Der heute jedermann in die Augen springende Unterschied zwischen der Instrumentalstruktur des Deutschen und der des Englischen bedeutet nicht, daß Deutsche und Engländer in zwei verschiedenen sprachlichen »Weltbildern« leben würden.

Man kann solchen einmal entstandenen Instrumentalstrukturen auch mehrere und oft ganz verschiedene Funktionen übertragen, wie im Englischen der auf die Zukunft bezogenen erweiterten Form, wie in den romanischen Sprachen dem Imperfekt zum Ausdruck der Gewohnheit oder aber des bloß gedachten Vorgangs oder gar dem »neuen Imperfekt«.

Wie jeder Übersetzungsvergleich zeigt, stimmen die einzelnen Verwendungen der englischen und der romanischen erweiterten Formen oft nicht miteinander überein, auch nicht die romanischen *stare*-Periphrasen mit dem viel selteneren fr. *être en train de* ...

So wie die lexikalischen sind auch die morphosyntaktischen Formen und Strukturen, Techniken und Programme unserer Sprachen bis zum Rand voll mit Polysemie. Immer wieder werden ihnen hier und da und dort beiläufig andere Funktionen gegeben. Das Phänomen der Polysemie aber läßt sich nicht »aus der Sprache selbst« heraus begreifen, weder aus der Sprache als »Organismus« noch aus der Sprache als »System«. Polysemie läßt sich überhaupt nur von den sprechenden Menschen her begreifen, die vergessen können, daß sie die gleiche sprachliche Form, die sie gerade in einem bestimmten Sinn gebrauchen, kurz vorher in einem anderen Zusammenhang in einem anderen Sinn verwendet haben. Nur durch dieses Vergessenkönnen läßt sich verstehen, daß wir schließlich sagen können:

e. *I'm going to stay here for a while* (FWA 77)
d. *Ich bleib noch ein bißchen*   fr. *Je vais rester*
it. *Io resto*   sp. *Me voy a quedar*
port. *Eu vou ficar*

Nur dieses Vergessenkönnen macht es möglich, daß *I'm going to stay* nicht etwa heißt: »Ich bin im Gehen hier zu bleiben«, so wenig wie *Je vais rester* »Ich gehe bleiben« oder *Je viens d'arriver* »Ich komme vom Ankommen« ...

So wie die lexikalischen zeigen auch die grammatischen Strukturen unserer Sprachen in ihrer unberechenbaren Unterschiedlichkeit, wie groß der Anteil des geschichtlichen Zufalls an ihrem Zustandekommen ist. Auch zwischen den grammatischen Strukturen unserer Sprachen, dem grammatischen Geschlecht, den Genera Verbi Aktiv-Passiv-Reflexiv, den verbalen Aspekten, den Tempora, den Modi, den pronominalen Instrumentarien, allen anderen grammatischen Instrumentalstrukturen, wimmelt es von »falschen Freunden«.

Die unterschiedlichen Techniken, die wir in jeder unserer Sprachen vorfinden, sind heterogene Techniken. Die Menschen haben sie sich aus den verschiedensten Sprachen zusammengeholt (aus der einen, in der man nach Zehnern und der anderen, in der man nach Zwanzigern zählte; die »aktivistische« Technik der einen und die »passivistische« Technik der anderen usw.). Man muß völlig sprachblind sein, um nicht zu sehen, was sie von der Technik jedes konsequent konstruierten Informationssystems zutiefst unterscheidet: ihre schöpferische Unschärfe, ihre spielerische Beiläufigkeit, ihre geschichtliche Zufälligkeit.

X. Denken in Bildern

Unsere Sprachen sind an Vorstellungen gebildet, durch innere Bilder entstanden. Jeder Name, *Pferd* und *Esel, Baum* und *Strauch, Blume* und *Blüte,* setzt voraus, daß Menschen sich eine Vorstellung, ein Bild von dem gemacht haben, was ein solcher Name nennt. Immer wieder neue Bilder entstehen in uns und werden Sprache.

Zweite Bilder

Zweite Bilder werden durch die ersten geweckt. Unvermutet kann der Anblick einer Frau in uns das Bild einer Maus hervorrufen.

    d.   *eine kleine Person, von der man nur zwei lockende Mausaugen unter dem Kopftuch sah* (MoE 73)
    e.   *two mouse-eyes*   fr. *deux yeux de souris*   it. *due occhi di topo*
    sp. *dos ojos de ratón*   port. *dois olhos de rato*

Solche zweiten Bilder, solche Vergleiche lassen sich meist ohne besondere Schwierigkeiten in andere Sprachen übersetzen. Die Bedeutungsübertragung oder Metapher gehört zu den Universalien der menschlichen Sprachen.

Viele solcher zweiten Bilder sind in unseren Sprachen zu festen Vergleichen geworden. Oft begegnen wir dabei von Sprache zu Sprache anderen Bildern.

    d.   *Einmal wurde es am Abend kalt, aber ich konnte das Kind nicht dazu bringen, sich eine Jacke anziehen zu lassen: erst als ich sagte, es würde sonst eine* **Gänsehaut** *bekommen, horchte es auf und ließ sich plötzlich ruhig anziehen* (KBA 117)
    e.   *goose flesh*   fr. *la chair de poule*
    it.   *la pelle d'oca*   sp. *carne de gallina*

Diese Gänsehaut ist im Englischen Gänsefleisch, im Französischen und Spanischen Hühnerfleisch, im Italienischen wieder Gänsehaut. Das Kind nimmt den Ausdruck wörtlich, es läßt sich plötzlich anziehen, weil es fürchtet, sonst tatsächlich die Haut einer Gans zu bekommen. Zweite Bilder gehen oft auf eine gemeinsame Kulturtradition zurück, wir können sie daher in vielen Sprachen wiederfinden. »Sehet euch vor vor den falschen Propheten, die in Schafskleidern zu euch kommen, inwendig aber sind sie reißende Wölfe« (Matthäus 7, 15):

    d.   *sie sagen, daß er in seiner Ministerzeit ein Wolf im Schafspelz gewesen ist* (MoE 583)
    e.   *a wolf in sheep's clothing*
    fr. *un vrai loup déguisé en agneau*
    it. *un lupo in pelle d'agnello*
    sp. *un lobo con piel de cordero*
    port. *um lobo disfarçado em cordeiro*

Oder der Sündenbock: »Da soll denn Aaron seine beiden Hände auf sein Haupt legen und bekennen auf ihn alle Missetat der Kinder Israel ... und soll sie dem Bock auf das Haupt legen und in die Wüste laufen lassen, daß also der Bock alle ihre Missetat auf sich in eine Wildnis trage« (3. Mose 16, 23).

    e.   *Sick societies need scapegoats* (FS 430)
    d.   *Kranke Gesellschaften brauchen Sündenböcke*
    fr. *des boucs émissaires*   it. *capri espiatori*
    sp. *cabezas de turcos*   port. *bodes-expiatórios*

Wie man sieht, zieht hier der spanische Übersetzer ein anderes, ebenso geläufiges Bild vor, den Türkenschädel, auf den man in Reiterspielen und auf Jahrmärkten nach Herzenslust einstechen und einschlagen konnte, den es auch im Französischen noch gibt: *la tête de turc, le souffre-douleur,* e. *the whipping-boy,* d. *der Prügelknabe.* Die Bilder werden mit der Zeit unscharf, der geschichtliche Anlaß zu ihrer Prägung ist vergessen, man kann das eine für das andere benützen. Auch beim *Prügelknaben* denken wir ja nicht mehr an den alten höfischen Brauch, den ungezogenen Prinzen zu bestrafen, indem man vor seinen Augen statt seiner geheiligten Person seinen liebsten Spielgefährten barbarisch verprügelte.

Sprichwörter

Unsere Sprichwörter sind oft solche zweiten Bilder. Sie enthalten allgemein menschliche Wahrheiten und lassen sich dann meist mühelos in andere Sprachen übersetzen.

- e. *It filled him with revulsion – and reminded him of an African saying so old that it had come down from the forefathers: »In the end, the cat always eats the mouse it's played with«* (R 347)
- d. *Es erfüllte ihn mit Widerwillen und rief ihm ein uraltes afrikanisches Sprichwort seiner Vorväter in Erinnerung: »Am Ende frißt die Katze doch die Maus, mit der sie spielt.«*
- fr. *Le chat joue avec la souris, mais il finit toujours par la manger*
- it. *Alla fine il gatto mangia sempre il topo con cui gioca*

Jedes Volk hat auch seine eigenen Sprichwörter, aus denen die eigene kulturelle Tradition spricht. Wieviel dabei aber auch wieder schöpferischer Zufall ist, zeigt zum Beispiel unser Sprichwort von der Morgenstunde, die Gold im Munde hat. Eine alte humanistische Etymologie sollte die Herkunft des Wortes *aurora* »Morgenröte« erklären: *AURORA = AUR(-um in) ORE habet*. Ins Deutsche übersetzt und mit einem deutschen Reim versehen, ergab das: »*Morgenstund' hat Gold im Mund*«.[1] Dem entspricht im Englischen etwa der Vogel, der als erster ausfliegt und den Wurm erwischt, »*The early bird catches the worm*«, oder auch der Reim »*Early to bed and early to rise, makes a man healthy, wealthy and wise*«. Im Französischen allenfalls: »*Le monde appartient à ceux qui se lèvent tôt*«, die Welt gehört den Frühaufstehern. (In Spanien pflegt man scherzhaft zu sagen, für dieses »typisch deutsche« Sprichwort gebe es als spanische Entsprechung nur die umgekehrte Weisheit: »*No por mucho madrugar amanece más temprano*«, wenn du auch noch so früh aufstehst, die Sonne geht deshalb doch nicht früher auf.)[2]

Die spielerische Abwandlung des Sprichworts ist weit verbreitet. Hunde, die bellen, beißen nicht, heißt es. Aber es gibt auch Menschen, die sich nicht so verhalten, wie es die Volksweisheit will:

- sp. *Viva el perro que ladra y que muerde* (CV 456)
- it. *Viva il cane che abbaia e morde*
- fr. *Vive le chien qui aboie et qui mord*
- e. *Long live the dog that barks but also bites*
- d. *Es lebe der Hund, der bellt und beißt*

Auch das groteske Verdrehen und Verquicken der Sprichwörter ist eine alte europäische Tradition. Miguel de Cervantes läßt alle spanischen Bauernsprichwörter im Munde Sancho Panzas drollig übereinanderpurzeln. Das ist auch heute noch ein beliebtes Spiel: *Morgenstund' ist aller Laster Anfang,* oder: *Der Apfel fällt nicht weit vom Schimmel,* mit *Roßapfel* und *Apfelschimmel*.

Sprichwort und Übersetzung

    d.   *Es wird nichts so heiß gegessen, wie es gekocht wird* (MoE 799)
    e.   *It'll all come out in the wash*
    fr.   *On ne mange pas les plats bouillants*
    it.   *Il diavolo non è mai brutto come lo si dipinge*
    sp.   *Las cosas no pueden comerse recién salidas del fuego*
    port. *Não devemos ingerir a comida a escaldar*

Sprichwörter, die es nur in einer Sprache gibt, kann man entweder wortwörtlich übersetzen, aber dann verlieren sie meist den eigentümlichen Aussagewert des Sprichworts. Oder man kann im weiteren Umkreis nach einer ungefähren Entsprechung suchen: hier ist dem englischen Übersetzer eingefallen, daß »beim Waschen schon alles herausgehen wird«, der italienischen Übersetzerin, daß »der Teufel nie so schrecklich ist, wie man ihn sich ausmalt.«

    e.   *I wanted to see him hoist on his own petard – whatever the hell that means. (I never have been sure.)* (FF 281)
    d.   *Ich wollte ihn in die selbstgegrabene Grube fallen sehen – was immer das auch heißt (genau habe ich das nie gewußt)*
    fr.   *J'aurais aimé le voir pris à son propre piège*
    it.   *Volevo vederlo tirarsi la zappa sui piedi*
    sp.   *Quería ver como le salía el tiro por la culata*

Das englische Bild *to hoist with one's own petard* »mit dem eigenen Sprengkörper hochgehen« ist eine der vielen Erinnerungen an Shakespeare: »Wenn mit seinem eignen Pulver der Feuerwerker aufflieg«, übersetzte Schlegel Hamlets Worte (III, 4). Jeder Übersetzer hilft sich da mit einem anderen Bild: wer andern eine Grube gräbt, fällt selbst hinein – in die eigene Falle gehen – sich mit der Hacke auf die eigenen Füße schlagen – der Schuß geht einem nach hinten los.

Bildhafte Redensarten

    e.   *The only fly in the ointment was that his own son, Michael Corleone, refused to be helped* (GF 224)
    d. *Das einzige Haar in der Suppe war sein eigener Sohn Michael, der sich nicht helfen lassen wollte*
    fr.   *Il y eut toutefois une punaise dans la vaseline*
    it.   *La sola macchia era*   sp. *Lo único que le disgustaba era*
    port. *A única coisa que le causou grande contrariedade foi*

Im Englischen die einzige Fliege in der Salbe (»Schädliche Fliegen verderben gute Salben«, sagt der Prediger Salomo 10, 1), im Deutschen das einzige Haar in der Suppe, im Französischen eine Wanze – oder auch ein Reißnagel – in der Vaseline, im Italienischen der einzige dunkle Fleck in einer sonnigen Landschaft. Der spanische und der portugiesische Übersetzer begnügen sich hier mit dem sachlichen Bericht. Oder umgekehrt:

    sp. *El yugoeslavo encontró la cajita metálica y la abrió con muchas dificultades. Entonces saltó la más inesperada de las liebres* (CV 454)
    d.   *Der Jugoslawe fand das Metallkästchen und öffnete es unter Schwierigkeiten. Der Inhalt erwies sich als große Überraschung*
    e.   *Then the strangest cat was let out of the bag*
    fr.   *levant le plus inattendu des lièvres*
    it.   *Allora venne fuori la più inattesa delle lepri*

Da springt in den romanischen Sprachen ein Hase heraus, im Englischen wird eine Katze aus dem Sack gelassen, im Deutschen ist es einfach eine Überraschung. Oder:

    e.   *And there's the rub!* (FF 165)   d. *Und hier liegt der Hund begraben!*
    fr.   *Et c'est là que le bât blesse*   it. *E qui casca l'asino!*

Im Englischen die Reibung, die Stelle, wo es reibt (auch das eine Erinnerung an Shakespeare, an Hamlets berühmten Monolog III, 1; – »Ja, da liegt's«, übersetzt Schlegel), im Französischen die Stelle, wo der Packsattel das Tier drückt, im Italienischen die Stelle, wo der Esel stürzt. Über die Herkunft der deutschen Redensarten »*Da liegt der Hund begraben*« und »*Da liegt der Hase im Pfeffer*« gibt es verschiedene Vermutungen.[3] Daneben ist Fausts »*Das also war des Pudels Kern*« (I, 3, Studierzimmer) wieder den Weg vom Zitat zur Redensart gegangen:

fr. *Car ils ne peuvent le supporter, très cher, et c'est toute la question* (Ch 135)
d. Denn sie vermögen es nicht zu ertragen, mein Lieber, das ist des Pudels Kern
e. the whole question   it. *il problema*   sp. *toda la cuestión*

Idiomatik

Die einer einzelnen Sprache eigentümlichen Bildungen nennen wir ihre Idiomatik. Das schöpferische Spiel, die Beiläufigkeit des geschichtlichen Zufalls wird hier am allerdeutlichsten, wie jeder Vergleich zeigt.

d. *Das ist eben der Haken* (Pr 27)   e. *That's just the snag*
fr. *C'est bien là le hic*   it. *Questo è il guaio*
sp. *Ahí radica el problema*   port. *Aí é que está o busílis*

Der Franzose gebraucht das lateinische Demonstrativpronomen *hic* aus seinem Schullatein: *hic est quaestio* »das ist hier die Frage«. Der Portugiese erinnert sich an einen Ausdruck, dessen Herkunft besonders abenteuerlich ist. Er geht auf einen mittelalterlichen Klerikerspaß zurück, auf eine Verballhornung des Evangelienanfangs *In diebus illis ...* »In jenen Tagen ...«, der christlichen Gemeinde durch die sonntägliche Lesung wohlvertraut, zu *in die busillis,* an jenem geheimnisvollen Tag »Busillis«, aus dem dann it. *il busillis,* sp. *el busilis,* port. *o busílis* »die Schwierigkeit, der Haken« geworden ist.

Für Aristoteles war der rote Punkt im Vogelei das Herz des werdenden Vogels, das bereits zu hüpfen beginnt. Das Mittelalter machte daraus den Ausgangspunkt des Lebens, *punctum saliens,* fr. *le point saillant,* e. *the salient point,* d. *der springende Punkt.* Im Deutschen ist die Formel heute noch lebendig – obwohl auch wir uns längst nicht mehr klarmachen, auch gar nicht klarzumachen brauchen, was da eigentlich springt:

e. *The point is that he has got his timetable, and only he knows it* (DJ 363)
d. Der springende Punkt ist, daß er einen Zeitplan hat und daß nur er ihn kennt

Einige Systemlinguisten pflegten noch vor kurzem der »traditionellen Sprachwissenschaft« vorzuwerfen, sie hätte sich zu oft im Anekdotischen verloren und sei letzten Endes nur ein historisches Kuriositätenkabinett gewesen. Wie einfältig solche Vorwürfe sind, erkennt man gerade da am besten, wo es um die eigentümlichsten Prägungen unserer Sprachen geht, in ihrer Idiomatik.
Wie unsere Sprachen beschaffen sind, beginnt man überhaupt erst zu begreifen, wenn man erkennt, wie viele Kuriositäten sie enthalten können. Erst dann verstehen wir, was wir aus ihnen machen, wie wir mit ihnen umgehen, wie wir uns ihrer in spielerischer Freiheit bedienen. Es ist dieselbe spielerische Freiheit, die uns Vergnügen macht, wenn wir im idiomatischen Gebrauch eine von der Norm abweichende Wortform verwenden:

d. *Das war für Katharinas Gemüt schon ziemlich starker Tobak* (KB 69)
e. *pretty strong stuff* fr. *assez salé*
it. *una bella botta* sp. *un golpe muy duro*

Freude an Bildern

Warum sagen wir: *den Vogel abschießen, einen Bock schießen, sich ins Bockshorn jagen lassen, jemandem einen Bären aufbinden, einen Bärendienst leisten, das Pferd beim Schwanz aufzäumen, sein Schäfchen ins Trockene bringen, auf keinen grünen Zweig kommen, einen Streit vom Zaun brechen, in den sauren Apfel beißen, ins Gras beißen, etwas auf dem Kerbholz haben, in Harnisch geraten, etwas im Schilde führen, den Spieß umdrehen, die Flinte ins Korn werfen, sich ins eigene Fleisch schneiden, das Kind mit dem Bad ausschütten, das Kind beim Namen nennen, in den Kinderschuhen stecken, die Schuld in die Schuhe schieben, ein X für ein U vormachen, durch den Kakao ziehen, Bauklötze staunen, auf den Trichter kommen, auf den Wecker fallen, eine lange Leitung haben, auf Draht sein, das Schlußlicht sein,* warum gebrauchen wir Hunderte solcher Bilder, die einen sehr alt, die anderen in jüngerer Zeit oder überhaupt erst in unseren Tagen entstanden?
Man hat behauptet, für jede bildhafte Redensart einer Sprache müsse es in dieser Sprache ein dieselbe Information enthaltendes nicht bildhaftes »Gegenstück« geben.[4] Aber das stimmt nicht. Man versuche es

doch einmal selbst: *den Vogel abschießen* wird als »die beste Leistung erzielen« definiert – aber damit wird doch auch noch mehr ausgesagt, Leistung und dazu noch glückhaftes Gelingen. *Übers Ohr hauen* ist nicht nur »übervorteilen, betrügen«, es gehört auch die Grobheit des Betrugs und die Dummheit des Betrogenen dazu. *Einen Korb geben* bedeutet zwar »einen Liebes- oder Heiratsantrag abweisen«, informiert uns aber auch gleich, daß diesem Fall keine Tragik anhaftet.

- e. *And Johnny realized with amusement that Ginny was actually angry with the girl who had turned him down* (GF 162)
- d. *Belustigt erkannte Johnny, daß Ginny ernstlich böse auf das Mädchen war, das ihm einen Korb gegeben hatte*
- fr. *qui l'avait évincé*   it. *che l'aveva respinto*
- sp. *que lo había despreciado*   port. *que o avia rejeitado*

Ein idiomatischer Ausdruck enthält mehr Information als seine prosaische definitorische Wiedergabe. Um ihm gerecht zu werden, müßte man meist eine längere Beschreibung geben. In ihm fassen wir kräftig, undeutlich, beiläufig Gedanken zusammen. Im Polysystem unserer Sprache gehört er meist in ein besonderes stilistisches Register, trägt einen besonderen soziokulturellen Index, hat seine eigenen, eigentümlichen Konnotationen.

Bildhafte Redensarten sind glückliche Funde. Daher ist es auch oft so schwer und manchmal unmöglich, in einer anderen Sprache einen gleichwertigen Ausdruck zu finden.

Redensart und Übersetzung

Von Harry Haller, dem »Steppenwolf«, sagt Hermann Hesse:

- d. *wenn die enge Bürgerstube ihm zu eng wird, dann schiebt er es dem »Wolf« in die Schuhe ... Er nennt alles Wilde in sich Wolf* (StW 249)
- e. *he lays it at the wolf's door*
- fr. *il fait payer au loup les pots cassés*
- it. *ne dà la colpa al »lupo«*
- sp. *se lo apunta a la cuenta del »lobo«*

Da fällt dem Engländer die eigene Redewendung ein, »ihm vor die Tür legen«, dem Franzosen »ihn das zerbrochene Geschirr bezahlen lassen« – der Italiener und der Spanier begnügen sich damit, ihm die

Schuld zu geben, es auf seine Rechnung zu setzen. Aber *in die Schuhe schieben* ist mehr als bloß *die Schuld geben*. Es ist die ungerechtfertigte Entschuldigung und bequeme Ausrede.

 e. *if I would like to drop out of law school* (LS 79)
 d. *ob ich gern die Juristerei an den Nagel hängen würde*
 fr. *abandonner* it. *piantare* sp. *renunciar* port. *abandonar*

Dem deutschen Übersetzer fällt da *an den Nagel hängen* ein, dem italienischen *piantare* »im Stich lassen«, die anderen begnügen sich mit »aufgeben, verzichten«. Aber *to drop out* ist mehr, bedeutet »abspringen, aussteigen, nicht mehr mitspielen«. Das Bild hat in letzter Zeit eine so prägnante soziale Bedeutung bekommen, daß es in andere Sprachen kaum zu übersetzen ist, und *hippie drop-outs* in Tofflers »Future Shock« (364) von allen Übersetzern einfach mit *Hippies* wiedergegeben wird.

Uns ist *an den Nagel hängen* so selbstverständlich, daß es sich uns auch in anderen Zusammenhängen aufdrängt:

 e. *I had always urged him to quit market research* (FF 220)
 d. *Ich hatte ihm immer schon zugeredet, die Marktforschung an den Nagel zu hängen*
 fr. *quitter* it. *lasciare* sp. *abandonar*

Was im Deutschen die Suppe ist, die man jemandem einbrockt, können im Französischen ironisch die schönen Leintücher sein, in die man ihn bettet:

 d. *Du hast mir eine schöne Geschichte eingebrockt!* (MoE 973)
 e. *A nice mess you've got me into!*
 fr. *Tu m'as mis dans de beaux draps!*
 it. *Una bella storia m'hai combinato!*
 sp. *¡En buen lío me has metido!*
 port. *Meteste-me num grande sarilho!*

Der spanischen Wendung liegt *el lío* zugrunde, das Bündel, die Verwicklung, der portugiesischen *o sarilho*, die Haspel, die Verhaspelung.
Im Deutschen kann man sich in die Nesseln setzen, im Französischen dafür in den Backtrog, im Italienischen in die Pasteten:

- e. *If I got myself into scrapes all the time, it was my own damn fault* (FF 275)
- d. *Daß ich mich selbst andauernd in die Nesseln setzte, war meine eigene Schuld*
- fr. *me fourrer dans tous les pétrins*
- it. *mettermi nei pasticci*

Was im Deutschen *bocken, bockig, verbockt* ist, kann im Englischen »die Fersen eingraben« sein, im Französischen »sich gegen etwas verkrampfen«, im Italienischen »sich wie ein Igel zusammenrollen«:

- d. *Und damit war Katharina Blum endgültig verbockt* (KB 29)
- e. *And at this K. B. finally dug in her heels*
- fr. *Voilà qui suffit à braquer définitivement la jeune femme*
- it. *Con queste parole riuscí a farla chiudere come un riccio*
- sp. *Y con esto logró la obstinación definitiva de K. B.*

Glückliche Übersetzung

Auch der Übersetzer kann immer wieder einen glücklichen Fund machen. Auch die Übersetzung ist ja ein schöpferisches Spiel mit den beiläufigen Möglichkeiten der Sprache. Albert Camus läßt einen Rechtsanwalt sagen:

- fr. *Enfin, je n'ai jamais fait payer les pauvres et ne l'ai jamais crié sur les toits* (Ch 26)
- d. *Und schließlich habe ich die Armen immer unentgeltlich verteidigt und dies nie an die große Glocke gehängt*
- it. *e non l'ho mai gridato ai quattro venti*
- sp. *ni lo pregoné* e. *and never boasted of it*

Für das französische Bild »es über die Dächer schreien« hat der deutsche Übersetzer eine sehr schöne Entsprechung gefunden: »es an die große Glocke hängen«. Der italienische Übersetzer sagt dafür: »es in die vier Windrichtungen schreien«. Gabriel García Márquez erzählt von einem Schulmeister, der den Kopf verliert:

- sp. *El maestro Melchor Escalona perdió los estribos* (CA 170)
- d. *geriet aus der Fassung* fr. *ne sut plus à quel saint se vouer*
- it. *perse le staffe* e. *went out of his mind*

Spanier und Italiener sagen: »die Steigbügel verlieren«, der Franzose erinnert sich an den Ausdruck: »nicht mehr wissen, welchen Heiligen man anrufen soll«. Oder man vergleiche:

    sp. *un hombre acostumbrado a tener la sartén por el mango* (CV 253)
    d. *ein Mann, der gewohnt war, das Heft in der Hand zu halten*
    e. *a man who is used to running things*
    fr. *un homme habitué à tenir la queue de la poêle*
    it. *un uomo abituato ad avere il coltello per il manico*

    e. *I was used to having the upper hand* (FF 242)
    d. *Ich war es gewohnt, die erste Geige zu spielen*
    fr. *J'avais l'habitude de mener les opérations*
    it. *Di solito tenevo io il coltello per il manico*
    sp. *Estaba acostumbrada a jugar la carta más alta*

Der bildhafte Ausdruck hat als solcher einen besonderen Informationswert. Zu seiner Wiedergabe greifen daher gute Übersetzer oft lieber auch wieder zu einem kräftigen, beiläufigen, bildhaften Ausdruck, selbst wenn er nicht haargenau entspricht, statt sich mit einer nüchternen Inhaltsangabe zu behelfen.

Umgangssprachen

Unsere Umgangssprachen leben aus immer neuen Bildern.

    d. *und – so nennt man es wohl – es platzte ihm regelrecht der Kragen* (KB 105)
    e. *he hit the roof*   fr. *il entra dans une violente colère*
    it. *perse veramente le staffe*   sp. *estalló*

    e. *I was wild* (FF 242)   d. *Das brachte mich auf die Palme*

    e. *He flies off the handle sometimes, but me and him are good friends* (GF 388)
    d. *Er geht eben manchmal in die Luft, aber wir sind gute Freunde*

Da ist das Überangebot der Ausdrucksmöglichkeiten so groß, daß der Übersetzer die Qual der Wahl hat. Es gibt zu den zehn Geboten auch noch ein elftes, sagt ein alter Vater zu seiner vergötterten Tochter:

e. *Do not bullshit thy father* (LS 60)
d. *Du sollst deinen Vater nicht auf den Arm nehmen*
fr. *Ne bourre pas le mou à ton père*   it. *Non far fesso tuo padre*
sp. *No tomarás el pelo a tu padre*   port. *Não intrujarás o teu pai*

Hier hätte die deutsche Übersetzerin genausogut *auf die Schippe nehmen, hochnehmen, zum Narren halten, veräppeln, verkohlen, verhohnepiepeln, verscheißern,* manches andere mehr sagen können, in verschiedenen regionalen und sozialen Färbungen. Der Franzose wählt aus einer ebenso großen Zahl beiläufiger Möglichkeiten *bourrer le mou – le mou* ist die weiche Hirnmasse, *bourrer le mou* bedeutet jemandem etwas ins Hirn stopfen, ihm einen Bären aufbinden, ihn foppen, verulken, zum besten haben. Das sehr beliebte spanische *tomar el pelo* ist ursprünglich das verspottende Ziehen, Zupfen des gegnerischen Bartes. Diese Herkunft ist längst vergessen, und heute ist jede Fopperei *una tomadura de pelo*.

sp. *Pero si esa carta la escribí yo de mi puño y letra, por tomarte el pelo, Pablo* (CV 421)
d. *Aber diesen Brief habe ich doch mit eigener Hand geschrieben, um dich aufzuziehen, Pablo*
e. *I was just pulling your leg*   fr. *pour te faire marcher*
it. *per prenderti in giro*

»*Dich am Bein ziehen*« sagt der Engländer, »*dich auf den Marsch bringen*« der Franzose, »*dich im Kreise herumführen*« der Italiener. In Wien könnte dieses elfte Gebot auch lauten: »*Du sollst deinen Vater nicht pflanzen!*« Robert Musil läßt einen alten General zu Ulrich, dem »Mann ohne Eigenschaften«, sagen:

d. *Glaubst du, du darfst mich pflanzen ...?* (MoE 775)
e. *Do you think you can fool me ...?*
fr. *Crois-tu que tu puisses m'avoir ...?*
it. *Credi di potermi piantare ...?*
sp. *¿Crees que puedes engañarme ...?*
port. *Julgas que me apanhas ...?*

Hier ist die italienische Übersetzerin Opfer zweier falscher Freunde geworden, nämlich österreichisch *pflanzen* »zum Narren halten« und italienisch *piantare* »im Stich lassen«. Die Idiomatik unserer Sprachen ist noch viel unberechenbarer als ihre Lexik und Grammatik, da gibt es noch viel leichter falsche Freunde.

Slangs, Argots

Es ist bekannt, daß gerade solche besondere Soziolekte durch immer wieder neue Bilder gespeist werden, Bilder, die sich oft sehr schnell abnützen und verbrauchen bis zur Unkenntlichkeit. Für »Geld« gibt es in jeder unserer Sprachen ein Dutzend solcher Ausdrücke, der Übersetzer kann und muß zwischen ihnen den wählen, der gerade in Mode ist und ihm am besten in die Situation zu passen scheint.

- e. *to scrape up enough dough ... to scrounge up the dough* (LS 75f)
- d. *genügend Piepen zusammenkratzen ... genügend Kröten zusammenraffen*
- fr. *le fric*   it. *i quattrini*   sp. *la pasta*

Für »Sterben« ist das Überangebot ebenso reichhaltig:

- e. *Who knows, I may get to interview Chiang Kai-shek before he kicks off* (HG 269)
- d. *Wer weiß, vielleicht kriege ich ein Interview mit Tschiang Kai-shek, bevor er abkratzt*
- fr. *avant qu'il casse sa pipe*   it. *prima che tiri le cuoia*

- e. *Charles, here is my gift to you ... This will not reach you unless I kick the bucket* (HG 335)
- d. *Charles, hier ist mein Vermächtnis an Dich ... Dies wird Dich erst erreichen, wenn ich ins Gras gebissen habe*
- fr. *si je casse ma pipe*   it. *dopo che avrò stirato le gambe*

In jeder Sprache fallen uns auch noch viele andere, ebenso drastische und sarkastische Ausdrücke ein, die man hier hätte verwenden können. Für das »Verstandverlieren« ist es das gleiche Spiel:

- e. *and each day he flipped out more* (FF 225)
- d. *und drehte von Tag zu Tag mehr durch*
- fr. *et chaque jour il déraillait un peu plus*
- it. *(e peggiorava di giorno in giorno)*
- sp. *cada día estaba más ido*

- e. *But when he finally flipped his cookies (as we politely said in my immediate family) or showed symptoms of schizophrenia (as one of his many psychiatrists put it)* (FF 34)
- d. *Doch als er schließlich überschnappte (wie wir uns im engsten Familienkreis höflich ausdrückten) oder Anzeichen von Schizophrenie zeigte (wie einer seiner vielen Analytiker sich ausdrückte)*

fr. *il perdit les pédales*
it. *le rotelle cominciarono a girargli al contrario*
sp. *acabaron metiéndole pájaros en la cabeza*

e. *You think Mr. Fleischer is off his nut* (HG 155)
d. *Sie glauben, daß Mr. Fleischer verrückt geworden ist*
fr. *a perdu la boussole*   it. *sia pazzo*

e. *Yes, the Señora was bananas* (HG 400)
d. *Ja, die Señora war übergeschnappt*
fr. *travaillait du chapeau*   it. *era toccata*

e. *Somebody once referred to Stanton as »very brilliant but not quite plugged in«* (FF 213)
d. *Jemand hatte einmal von Stanton gesagt, er sei zwar »höchst brillant«, hätte aber »nicht alle Tassen im Schrank«*
fr. *mais un peu déconnecté*   it. *ma un po' tocco*
sp. *pero con algún tornillo flojo*

Viele dieser Ausdrücke und Wendungen haben nicht nur einen besonderen soziokulturellen Index, sondern auch noch einen historischen, sie sind während einer bestimmten Zeit große Mode, und eines Tages kommt man wieder davon ab. Für den Übersetzer ist es dann oft eine besonders heikle Aufgabe, das entsprechende idiomatische »Zeitkostüm« zu finden:

e. *»Oh Charlie, tell it to the Marines« ... »Ah, yes – to the Marines!« I was grateful for this antique slang* (HG 209)[5]
d. *»Oh, Charlie, das kannst du deiner Großmutter erzählen« ... »Ach ja – meiner Großmutter!« Ich war dankbar für diese alte Redewendung.*
fr. *pas de boniments*   it. *questo vallo a contare al Kaiser*

Der italienische Übersetzer hat hier einen besonders glücklichen Fund gemacht, eine Redewendung, die viele Italiener auch heute noch kennen – weil sie sie aus dem Mund ihrer Großeltern gehört haben, eine Erinnerung an den Ersten Weltkrieg: »Das kannst du dem Kaiser [Franz Joseph oder auch Wilhelm] erzählen.«

Sprichwörtliche Vergleiche

Von den in unseren Sprachen geläufigsten sprichwörtlichen Vergleichen lassen sich die einen leicht als allgemein menschliche Erfahrungen begreifen: *weiß wie Schnee, schneeweiß* – e. *as white as snow, snow-white* – fr. *blanc comme (la) neige* und so weiter. Andere verdanken ihre Übereinstimmung einer gemeinsamen kulturellen Tradition: *arm wie eine Kirchenmaus* – e. *as poor as a church-mouse* – fr. *pauvre comme un rat d'église.* Wieder andere finden sich nur in einer einzelnen Sprache. Diese im eigentlichen Sinn idiomatischen Vergleiche lassen sich da und dort durch eine besondere kulturelle Tradition rechtfertigen. Meist aber ist ihre Besonderheit, ja Absonderlichkeit, und ihre Bewahrung durch die Sprachgemeinschaft bis auf den heutigen Tag nur als das Ergebnis eines schöpferischen Spiels und des geschichtlichen Zufalls zu verstehen.

Denn das gehört ja auch zu den überraschenden Erfahrungen, die wir in unserem Umgang mit mehreren Sprachen machen: in jeder Sprache haben sich die Menschen, die Sprachgemeinschaften andere Vergleiche zurechtgelegt und gebrauchen sie in anderen Zusammenhängen.

Im Deutschen können sich zwei Menschen *wie ein Ei dem anderen* gleichen, im Englischen wie zwei Erbsen in einer Schote, *as two peas in a pod*, im Französischen wie zwei Wassertropfen, *comme deux gouttes d'eau.* Ein Ding, das zu einem anderen überhaupt nicht paßt, einen schreienden Gegensatz zu ihm bildet, wirkt auf uns *wie die Faust aufs Auge.* Im Englischen ist es schlicht *out of place,* im Französischen *il est déplacé, il jure avec lui.* Andererseits sagt man im Englischen ironisch für Dinge, die überhaupt nichts miteinander zu tun haben, sie seien so ähnlich wie Kreide und Käse, *as like as chalk and cheese* – das einzige, was sie gemeinsam haben, ist der Wortanlaut. Was im unpassendsten Augenblick eintrifft, was überhaupt nicht hereingehört, kommt im Französischen wie ein Haar auf die Suppe, *comme un cheveu sur la soupe.*

Wer auf deutsch *spindeldürr* ist, ist auf englisch mager wie ein Rechen, *as lean as a rake,* auf französisch wie ein Nagel, *maigre comme un clou.* Stocktaub ist man englisch wie ein Türpfosten oder ein Stein, *as deaf as a door-post, stone-deaf,* französisch wie ein Topf, *sourd comme un pot* (weil *sourd* sowohl »taub« als auch »dumpfklingend«

bedeutet). *Stockbesoffen, sternhagelvoll, wie ein Besenstiel, wie eine Strandhaubitze* kann im Englischen *as drunk as a lord* sein, im Französischen *soûl comme un Polonais*. *Kerngesund* und *quietschvergnügt* sein weckt im Englischen den Vergleich mit einer Glocke, man ist *as sound as a bell* (weil ja *sound* sowohl »gesund« als auch »Ton« bedeutet), und *as fit as a fiddle* (sicher auch um des Reimes willen), im Französischen ist man gesund wie mein Auge, *sain comme mon oeil,* fühlt man sich wie eine Hagebuche, *on se porte comme un charme . . .*
Dumm, strohdumm, dumm wie Bohnenstroh kann im Englischen dumm wie eine Eule sein, *as stupid as an owl,* im Französischen wie die eigenen Füße, *bête comme ses pieds. Frech wie Rotz am Ärmel, frech wie Oskar* ist in einem anderen Register frech wie ein Spatz, e. *as cheeky as a sparrow,* fr. *effronté comme un moineau,* aber auch frech wie Erz, Bronze, Messing, e. *as bold as brass* – nicht nur wegen des Stabreims, sondern vor allem wegen Jesaja 48, 4: »Denn ich weiß, daß du hart bist, und dein Nacken ist eine eiserne Ader, und deine Stirn ist ehern« – unsere *eherne Stirn,* die *freche Stirn* oder auch nur allein die *Stirne,* die man hat, e. *the brazen face,* fr. *le front d'airain* oder auch it. *la faccia di bronzo,* sp. *la cara dura* und *el caradura,* die Unverschämtheit und der freche Kerl.
Mausetot ist auf englisch tot wie ein Türnagel, wie ein Stein, wie Hammelfleisch, *as dead as a doornail, stone dead, as dead as mutton:*

- d.   das arme Kind ist mausetot (StW 409)
- e.   *the poor child is stone dead*
- fr.   *tout ce qu'il y a de plus morte*
- it.   *proprio morta e stramorta*   sp. *bien muerta*

Auch hier gibt uns der deutsche Ausdruck nicht nur eine objektive Information, er hat dazu noch einen besonderen Aussagewert: *mausetot* ist nicht nur ganz tot, es besagt darüber hinaus auch noch, daß wir diesen Todesfall so toternst nicht nehmen (hier ist es ein Traum, in dem Mozart zum Steppenwolf so spricht). Die romanischen Übersetzer sind hier offensichtlich in Verlegenheit, einen entsprechenden Ausdruck zu finden.

Kraft und Farbe

In *stocksteif* ist der bildhafte Vergleich »steif wie ein Stock« noch durchaus einsichtig, in *stockbetrunken, stocktaub, stockkatholisch* immer mehr verdunkelt, schließlich ist es nur mehr eine kräftige Steigerungssilbe:

- d. *obgleich es stockfinster war* (MoE 294)
- e. *although it was pitch dark*
- fr. *bien qu'il fasse noir comme dans un four*
- it. *sebbene fosse buio pesto*
- sp. *aunque la habitación estaba completamente oscura*
- port. *embora a escuridão fosse muito espessa*

Deutlicher ist das Bild im Englischen (»wie Pech«) und Französischen (»wie in einem Backofen«), schon etwas weniger bewußt im Italienischen (*pesto* »zerstampft, dichtgepreßt«) und Portugiesischen (*espesso* »dicht«, die dichte, dicke Finsternis).[6]

- e. *He came to Johnny's house dead sober* (GF 191)
- d. *Als er bei Johnny eintraf, war er stocknüchtern*
- fr. *parfaitement à jeun* it. *assolutamente sobrio*
- sp. *completamente sobrio* port. *completamente sóbrio*

- e. *Carlo Rizzi was punk sore at the world* (GF 237)
- d. *Carlo Rizzi war stocksauer auf die Welt*

Mehr noch als im Englischen gibt es im Deutschen solche Steigerungssilben, deren bildhafte Herkunft verdunkelt ist und die keine andere Funktion haben, als dem Gedanken Kraft und Farbe zu geben. Kann man *stinkfaul* noch als vor Faulheit stinkend verstehen, so ist das bei den anderen *stink*-Verbindungen nicht mehr möglich:

- e. *Nino Valenti found the whole Academy Award affair a bore* (GF 191)
- d. *Nino Valenti fand den ganzen Oscar-Rummel stinklangweilig*
- fr. *extrêmement fastidieux* it. *una gran noia*
- sp. *muy aburrido* port. *muito chata*

- e. *and everybody gets sore as hell* (HG 296)
- d. *und alle werden stinkwütend*

e. *you could settle here in Texas and become filthy rich yourself* (HG 382)
d. *dann könntest du dich hier in Texas niederlassen und selbst stinkreich werden*

e. *the silk-stocking education* (HG 202)
d. *die stinkfeine Erziehung*

Übersteigerungen

Sternhagelvoll, fuchsteufelswild, funkelnagelneu, splitterfasernackt, mucksmäuschenstill, mutterseelenallein ... die deutsche Nominalkomposition gibt uns die Möglichkeit, solche Verstärkungswörter verschiedenster Herkunft spielerisch zu häufen und dabei den ursprünglich in ihnen enthaltenen Gedanken dem der äußersten Steigerung unterzuordnen.[7]

e. *Phillip Tattaglia, seventy years old and naked as a baby* (GF 430)
d. *siebzig Jahre alt und splitternackt*
fr. *nu comme un nouveau-né*   it. *nudo come un verme*
sp. *desnudo como un recién nacido*   port. *nu como um bebé*

e. *monkeys huddled along the thickly leaved branches as still as statues* (R 56)
d. *Affen mucksmäuschenstill auf einem Ast*

sp. *mi flamante pasaporte diplomático* (CV 99)[8]
d. *mein funkelnagelneuer Diplomatenpaß*
e. *my brand-new diplomatic passport*

Mit derselben spielerischen Freude, mit derselben Beiläufigkeit verwenden wir die verschiedenartigsten substantivischen Steigerungswörter, benützen die sprachliche Form eines Gedankens zum Ausdruck eines anderen Gedankens, *Riesen-, Mords-, Viechs-, Hunde-, Sau-, Allmachts-* ...

d. *Man denkt, er verdient ein Heidengeld und führt dabei ein schönes Leben* (V 69)
e. *sacks of money*   fr. *un argent fou*
it. *1) un occhio*   *2) 4) denari a palate*   *3) un sacco di quattrini*
sp. *1) a espuertas*   *2) a chorros*
port. *rios de dinheiro*

284

Die vier italienischen, die zwei spanischen Übersetzungen der »Verwandlung« von Franz Kafka zeigen die ganze Fülle der spielerischen Möglichkeiten.

    e. *I'm going to enjoy writing it up* (GF 321)
    d. *Es wird mir einen Heidenspaß machen, das alles aufzuschreiben*

Der Ausgangspunkt ist auch hier die Sprache der Bibel mit ihren Heiden, aber daraus ist im Deutschen ein kräftiges Steigerungswort geworden, *Heidenlärm, Heidenspektakel, Heidenarbeit, Heidengeld, Heidenangst, Heidenspaß,* in dem die ursprüngliche Bedeutung immer mehr verdunkelt ist, ohne doch ganz zu verlöschen, denn irgendein letzter semantischer Rest, ein eigentümlicher Aussagewert, die Maßlosigkeit, die Unbändigkeit bleibt ja meist noch spürbar.

Verdunkelte Bilder

Wir denken in Bildern. Die sprachliche Gestalt, die diese Bilder gewonnen haben, können wir immer weiter verwenden zum Ausdruck neuer Gedanken, indem wir das ursprüngliche Bild mehr und mehr vergessen, so daß nur noch ein dunkler Rest von ihm vorhanden ist, der schließlich auch noch verlöscht.

    d. *und da wollen nun gerade Sie mich im Stich lassen?* (MoE 995)
    e. *you are leaving me in the lurch*
    fr. *vous me laisseriez tomber*
    it. *vuol piantarmi in asso*
    sp. *quiere dejarme usted en la estacada*
    port. *você me iria abandonar*

Das ursprüngliche Bild, dem diese Redensart ihre Entstehung verdankt, haben wir längst vergessen. Man kann heute nicht einmal mit Sicherheit sagen, woher sie kommt.[9] Vielleicht bedeutete sie ursprünglich, den Gefährten auf dem Kampfplatz allein zurücklassen, den Stichen der Gegner ausliefern. Auch die spanische Wendung *dejar en la estacada* bedeutet ja ursprünglich, jemanden in der umzäunten Kampfbahn zurücklassen. Unser Denken bedient sich dieser alten, ganz undeutlich gewordenen Formel, um einen Gedanken auszudrücken, in dem mehr ist als bloß verlassen, zurücklassen, aufgeben

– einen Gedanken, den wir wohl umständlich beschreiben, aber nicht exakt definieren können.

Über Galilei heißt es im »Mann ohne Eigenschaften«:

    d.   *Die katholische Kirche hat einen schweren Fehler begangen, indem sie diesen Mann mit dem Tode bedrohte und zum Widerruf zwang, statt ihn ohne viel Federlesens umzubringen* (MoE 302)
    e.   *without more ado*   fr. *sans plus de cérémonies*
    it.   *senza tanti complimenti*   sp. *sin tanta consideración*
    port. *sem mais rodeios*

Was das Federlesen als solches bedeuten mag, wissen wir nicht mehr, brauchen es auch nicht zu wissen, wir verwenden ja nur mehr die feste Fügung *nicht viel Federlesens machen, ohne viel Federlesens,* und denken uns dabei: rasch, kurz entschlossen, kurzen Prozeß machen.

    e.   *Er machte absichtlich nicht viel Aufhebens von diesem Vorschlag* (MoE 640)
    e.   *He made the suggestion in a deliberately casual way*
    fr. *il parut faire peu de cas*   it.   *senza darvi importanza*
    sp. *omitió toda ponderación*   port. *fazia pouco caso*

»Die Redensart stammt aus der Sprache der (Schau-)Fechter, die vor Beginn des Kampfes ihre Degen mit umständlichen Zeremonien und prahlerischen Worten vom Boden ›aufhoben‹.«[10] Von dem verdunkelten Bild ist in unserer heutigen Formel noch ein letzter unbestimmbarer Rest vorhanden. Der Gedanke bedient sich ihrer in einem neuen Zusammenhang.

    d.   *mit Frieda konnte sie es als Mädchen gegen Mädchen sehr wohl aufnehmen* (Sch 274)
    e.   *she was a match for her*   fr. *elle pouvait fort bien se mesurer*
    it.   *si sente benissimo di competere*   sp. *bien podía entrar en competencia*

»Fast gänzlich aus dem Bewußtsein geschwunden ist uns heute, daß in dieser Redewendung das ›es‹ sich auf die Waffe (in älterer, z. B. noch von Luther gebrauchter Form ›das wafen‹) bezieht, die vor dem Zweikampf vom Boden aufgenommen wurde.«[11]

Und schließlich verlöscht das Bild. Das Denken kann der einmal geprägten Form ganz neue Funktionen geben, die sich keineswegs mit

Notwendigkeit aus ihrer ersten Funktion ableiten lassen, die völlig unberechenbar und unvorhersehbar sind. Wenn man von *entsetzen* noch den Weg zu *ent-setzen,* vor Schreck aus dem Sitz reißen, zurückfinden kann, wer würde noch in *entrüsten* ein *ent-rüsten,* die Rüstung ausziehen suchen?

    d. *daß ich diese Blätter gewiß entrüstet weggeworfen hätte* (StW 202)
    e. *in disgust*   fr. *avec indignation*
    it. *indignato*   sp. *con indignación*

Wie man sieht, ist in keiner der anderen Sprachen das Denken der Menschen diesen seltsamen Weg von der *Ent-rüstung* zur *Entrüstung* gegangen.

Idiomatik und Zufall

In den Bildern unserer Sprachen findet man da und dort ganz verschiedene Erinnerungen an ein altes kriegerisches, ritterliches, bürgerliches, bäuerliches, handwerkliches Leben, Erinnerungen an die Welt der Jäger, der Fischer, der Seefahrer. Alles in allem aber sind es zu spärliche und verstreute Zeugnisse, um daraus ein unterschiedliches deutsches oder spanisches, englisches oder französisches »sprachliches Weltbild« erschließen zu können. Und noch viel weniger läßt sich in dem, was das Denken der Menschen da und dort aus diesen Prägungen gemacht hat, in der Bewahrung oder der Verdunkelung der Bilder, in der Verwendung der Formen in neuen Funktionen ein »System« erkennen. Gerade in der Idiomatik spricht alles vom schöpferischen, beiläufigen Spiel der Menschen mit ihrer Sprache und vom geschichtlichen Zufall.

Wenn wir heute im Deutschen etwas *auf eigene Faust* tun, dann ist das Bild einer Faust für uns völlig verdunkelt, wir denken dabei nur mehr an Tatkraft und Entschlossenheit zu einem Handeln auf eigene Rechnung und Gefahr. Menschen anderer Muttersprache verstehen dagegen diese deutsche Wendung gern überdeutlich, sie hören einen deutschen Faustschlag, sie hören womöglich Faustkampf und Faustrecht heraus. Daß wir das meist gar nicht so meinen, zeigt der Übersetzungsvergleich:

d. *versprechen Sie mir, ... nichts auf eigene Faust zu unternehmen?* (Sch 85)
e. *on your own account*   fr. *de votre propre chef*
it. *di sua testa*   sp. *por propia iniciativa*

Die französische Wendung *agir de son propre chef* »nach eigenem Kopf handeln« (lat. *caput* – fr. *chef* »Kopf«) hat ihrerseits ihre Durchsichtigkeit verloren, seit man den Kopf nicht mehr *chef,* sondern nur noch *tête* nennt.

e. *They go in on their own and they get in trouble* (GF 290)
d. *Wenn sie es auf eigene Faust tun, geraten sie in Schwierigkeiten*
fr. *pour leur propre compte*   it. *per conto suo*   sp. *por su cuenta*

Ein so verdunkeltes Bild kann neues Leben erhalten. So wenn Robert Musil schreibt:

d. *auf eigene Faust lebende Menschen* (MoE 130)
e. *people living on what one might call their own hook*
fr. *les hommes qui vivent pour ainsi dire de leur propre chef*
it. *tutti coloro che vivono facendo fuoco della propria legna*
sp. *hombres independientes*

Oder wenn Peter Handke eine amerikanische Deutschlehrerin sagen läßt:

d. *Helden sind bei uns nur diejenigen, die noch Abenteuer erlebt haben, die Menschen* »*auf eigene Faust*«, *die Ansiedler und Pioniere* (KBA 148)
e. *men in their own right*   fr. *les hommes* »*de leur propre chef*«
it. *gli uomini* »*legge a se stessi*«
sp. *los hombres* »*que se hicieron a sí mismos*«

Der Italiener macht daraus Männer, die sich selbst ihr Gesetz bestimmen, der Spanier Männer, die sich selbst gemacht haben, *self-made-men.*

Die Hand

Im Umgang mit mehreren Sprachen ist es für uns eine alltägliche Erfahrung, daß von Sprache zu Sprache selbst die einfachsten und für uns einleuchtendsten bildlichen Redensarten nicht miteinander

übereinstimmen. Was diese Divergenzen über die Natur unserer natürlichen Sprachen aussagen, über das Verhältnis von Sprechen und Denken, was sie für das theoretische Modell der menschlichen Sprache bedeuten, ist noch nie richtig durchdacht worden.
Unser *im Handumdrehen* finden wir nur im Französischen wieder, *en un tournemain:*

    d.   dann hat es im Handumdrehn einen richtigen Auflauf gegeben (MoE 1034)
    e.   the next minute   fr. en un tournemain
    it.   in un batter d'occhio   sp. en un abrir y cerrar de ojos
    port. num abrir e fechar de olhos

    sp. En un dos por tres estuvo listo mi traje (CV 247)
    d.   Der Anzug war im Handumdrehen fertig
    e.   My suit was ready in less than no time
    fr. En deux temps trois mouvements mon costume fut prêt
    it.   In quattro e quattr'otto il mio vestito era pronto

Wenn wir auf deutsch etwas *aus dem Handgelenk* machen, müssen wir in anderen Sprachen lange suchen, um einen halbwegs entsprechenden Ausdruck für diesen Gedanken zu finden:

    d.   erbot er sich, aus dem Handgelenk mit Hilfe seines kleinen Notizblockes die Sache da oben in Ordnung zu bringen (Sch 246)
    e.   in no time at all
    fr. par la vertu de sa petite baguette
    it.   cosí su due piedi
    sp. así, sin más ni más, como si se tratara de soberse un vaso de agua

»Mit seinem Zauberstäbchen« sagt der Franzose; »auf zwei Füßen, auf der Stelle« der Italiener, »mir nichts, dir nichts, als ging es darum, ein Glas Wasser zu trinken« der Spanier.
Warum können wir andererseits auf deutsch für »helfen« nicht so wie in den anderen Sprachen sagen, daß wir jemandem *eine Hand geben?*

    e.   Your Godfather sent me out here to give you a hand on some things (GF 168)
    d.   Dein Pate hat mich geschickt, damit ich dir ein bißchen unter die Arme greife
    fr. te donner un coup de main   it. darti una mano   sp. darte una mano

Umgekehrt sagen wir *aus der Hand geben* für »aufgeben, verzichten«:

    d. *entschlossen, nicht den geringsten Vorteil, den er gegenüber diesen Leuten besaß, aus der Hand zu geben* (Pr 9)
    e. *not to give away*   fr. *ne pas abandonner*
    it. *non lasciarsi sfuggire*   sp. *no ceder*
    port. *não deixar escapar*

Dann unser *abhanden kommen:*

    e. *eight tourists had lost their passports* (DJ 453)
    d. *acht Touristen waren die Pässe abhanden gekommen*
    fr. *avaient perdu*   it. *avevano perduto*   sp. *habían perdido*

Was ursprünglich im Bewußtsein der Menschen ein klares und deutliches Bild gewesen sein muß, »aus den Händen entkommen«, ist heute verdunkelt. Aber ein letzter beiläufiger Rest ist noch spürbar, und gerade dadurch ist der Ausdruck für uns eine Bereicherung: *abhanden kommen* ist nicht genau dasselbe wie verlorengehen. Wenn mir etwas abhanden gekommen ist, war meist auch noch meine eigene Unachtsamkeit oder Nachlässigkeit mit im Spiel. Für das, was allen sichtbar »auf der offenen Hand liegt«, verwenden die europäischen Sprachen Wörter, die längst erloschene Bilder des Lateinischen enthalten: *manifestus, evidens, obvius*. Nur im Deutschen haben wir noch ein leicht einsichtig zu machendes »Hand«-Bild:

    e. *the obvious question* (FS 221)   d. *die auf der Hand liegende Frage*
    fr. *la question qui crevait les yeux*   it. *la domanda ovvia*
    sp. *una pregunta evidente*   port. *a pergunta que salta aos olhos*

Handfest ist solid, robust:

    d. *es gibt da also – wie ihr Bruder, der zur Zeit eine geringfügige Freiheitsstrafe abbüßt, es ausdrückte – was »Handfestes abzustauben«* (KB 13)
    e. *»there's lots of goodies worth of swiping«*
    fr. *il y a là »quelque chose de palpable à gratter«*
    it. *c'è »qualcosa di solido da grattare«*

Was *nicht von der Hand zu weisen* ist, läßt sich nicht leugnen:

- d. *darum ist es nicht von der Hand zu weisen, daß ...* (MoE 26)
- it. *it cannot be denied* fr. *on ne peut nier*
- it. *è innegabile* sp. *es innegable*
- port. *não podemos negar*

Wir sagen *vorhanden* und *vorderhand:*

- d. *Die Möglichkeit aber, die Hoffnung ist vorhanden* (StW 238)
- e. *are there* fr. *existent* it. *esiste* sp. *existe*
- d. *Der Ministerpräsident selbst hat gewünscht, daß wir ihm das vorderhand abnehmen* (MoE 840)
- e. *for the time being* fr. *provisoirement*
- it. *per ora* sp. *por el momento*
- port. *provisoriamente*

Andererseits finden wir im Englischen *beforehand,* im Spanischen *de antemano* in der Bedeutung »von vornherein«:

- sp. *Era como una guerra perdida de antemano* (CV 207)
- d. *Der Krieg schien von vornherein verloren*
- e. *lost beforehand* fr. *perdue d'avance* it. *perduta in anticipo*

In allen unseren Sprachen finden wir an den überraschendsten Stellen verdunkelte und erloschene »Hand«-Bilder eingestreut:

- d. *Da saß sie nun, hatte solche Sätze in der Erinnerung und mochte allerhand von ihm denken* (MoE 590)
- e. *heaven knows what* fr. *toutes sortes de choses*
- it. *chi sa che cosa* sp. *toda clase de cosas*
- port. *as piores coisas*

Im Italienischen ist aus »von Hand zu Hand« schließlich *man mano* »allmählich« geworden:

- d. *und dann erst wurde das unterbrochene Gespräch allmählich wieder aufgenommen* (V 79)
- it. 1) *pian piano* 2) *a poco a poco* 3) *man mano*

Lat. *manu tenere* – um nur noch ein Beispiel herauszugreifen – hat ein romanisches Verbum mit vielerlei Verwendungen ergeben, fr. *maintenir* (e. *to maintain*), it. *mantenere,* sp. *mantener,* port. *manter* »erhalten, aufrechterhalten usw.« – und die Franzosen haben aus *maintenant* »festhaltend« sogar *maintenant* »jetzt« gemacht.[12]

Unsere Sprachen sind aus Bildern gemacht, aus anschaulichen Bildern, voll Kraft und Farbe, aus undeutlichen, verblassenden, verdunkelten Bildern, aus erloschenen, vergessenen Bildern.

Idiomatik und »System«

Wenn wir deutsch sagen können: *das liegt auf der Hand* – warum können wir dann nicht auch auf englisch sagen: *that lies upon the hand?* Warum nicht *that is the jumping point,* oder *don't leave me in the stitch?*
Von einer Sprache zur anderen kann die Idiomatik die seltsamsten Sprünge machen und uns zu den drolligsten Fehlern verleiten. Wohlbekannt ist unser Ulkenglisch, das im wesentlichen aus dem wörtlichen Übersetzen deutscher Idiomatik ins Englische besteht. Man legt es gern führenden politischen Persönlichkeiten in den Mund, Kabarettisten und Entertainer machen von ihm Gebrauch, in den Schmunzelecken unserer Zeitungen hat es seinen festen Platz: *to take upon the arm, to bring upon the palm-tree, he is heavy on wire, that can go in the eye...* Der harmlose Spott über schülerhafte Fehler verbindet sich mit der lächelnden Einsicht in die sonderbare Beschaffenheit unserer Sprachen.
Daß die Idiomatik unserer Sprachen allen transformationellen Regelmechanismen Noam Chomskys und damit allem logisierend-mathematisierenden Reduktionismus Hohn spricht, hat als erster Wallace L. Chafe schon 1968 klar erkannt.[13] Die amerikanische und europäische Systemlinguistik hat seither große Anstrengungen gemacht, um ihr doch irgendwie beizukommen. Man ist dabei über negative Definitionen nicht hinausgekommen: etwa daß die Bedeutung eines idiomatischen Ausdrucks sich aus den Elementen, aus denen er sich zusammensetzt, nicht ergibt, sich nicht erschließen, nicht voraussagen läßt; daß eine idiomatische Form gekennzeichnet ist durch ihre »strukturelle Defizienz« oder ihre »transformationelle Defizienz«; daß sie »spezifischen Restriktionen« unterliegt; daß jeder idiomatische Ausdruck eine »*Anomalie*« darstellt; daß er dem Regelmechanismus der morphologischen und grammatischen »Wohlgeformtheit« widersprechen kann und ähnliches mehr.[14]
Positiv ist damit überhaupt noch nichts gesagt über die Kräfte, die in

unseren Sprachen wirksam werden, die sie so gebildet haben, wie sie heute sind, die sie täglich weiter umgestalten. Positiv läßt sich darüber nichts sagen, solange man die menschliche Sprache immer nur von einem fiktiven »System« her durchdenkt, denn gerade das Idiomatische unserer Sprachen, das ihnen Eigentümlichste, spottet jeder Systematik.

Unsere Sprachen leben aus dem schöpferischen, beiläufigen Spiel der Bilder. Diese Bilder können aus allen Himmelsrichtungen in unsere Sprachen kommen. Das Bild vom *Gesichtwahren* und *Gesichtverlieren* stammt aus dem Chinesischen und ist erst im 19. Jahrhundert über das Englische in die anderen europäischen Sprachen gelangt. Bilder werden seit Jahrtausenden von Sprache zu Sprache weitergegeben. In ihren Sprachen haben die Menschen durch die Jahrhunderte bald da, bald dort Bilder erfunden, glückliche Funde, die Sprachgemeinschaften haben sie aufgenommen und weitergegeben. Vieles davon ist bis heute lebendig geblieben, vieles halb oder ganz verdunkelt, vieles erloschen in den immer neuen Verwendungen, die das Bewußtsein für die Prägungen der Sprache findet.

In diesen unterschiedlichen Bildern erkennt man die Notwendigkeit, das Bedürfnis, die Gelegenheit, die Beiläufigkeit, die Freiheit. In ihnen erkennt man das schöpferische Spiel des Zufalls.

Daher haben die Bilder einer anderen Sprache oder Mundart oft eine ganz besondere Anziehungskraft für uns. Es ist immer wieder die Entdeckung, daß man die Welt, unsere Welt, auch in anderen Bildern gestalten kann. Wir geben ihnen andere Konnotationen als den Bildern unserer ersten, der Muttersprache, neue, unverbrauchte Konnotationen.

Hugo von Hofmannsthal, der Künder von »Wert und Ehre deutscher Sprache« und wie kein zweiter für die Schönheit anderer Sprachen empfänglich, hat das sehr poetisch beschrieben.

»Die Sprachen gehören zu den schönsten Dingen, die es auf der Welt gibt. Man sagt, sie sind es, die unser Dasein vom Dasein der Tiere unterscheiden. Sie sind wie wundervolle Musikinstrumente, die unsichtbar immerfort neben uns herschweben, damit wir uns ihrer bedienen: die Möglichkeit der unsterblichsten Gedichte schläft immerfort in ihnen, wir aber spielen auf ihnen so albern als möglich. Trotzdem ist es nicht möglich, sie ganz um ihren Klang zu bringen. Ja, wenn wir für die Schönheit der eigenen stumpf geworden sind, so hat die nächstbeste fremde einen unbeschreiblichen Zauber; wir brauchen nur unsere welken Gedanken in sie hineinzuschütten, und sie werden lebendig wie Blumen, wenn sie ins frische Wasser geworfen werden ... Nicht in den Worten aber liegt das Stärkste dieses Zaubers: es liegt in den Wendungen, in der unübertragbaren Art, wie die Worte nebeneinandergestellt werden, wie sie aufeinander hindeuten, einander verstärken und verwischen, miteinander spielen, ja sich verstellen und eines des anderen Maske vornehmen, wechselweise einander ihrer ursprünglichen Bedeutung entfremdend.«[15]

XI. Vom Übersetzen

Ungaretti: M'ILLUMINO D'IMMENSO

Die Sonne ist gerade über dem Meer aufgegangen. Ich stehe und schaue, hinunter ins Tal und hinaus auf das Wasser und hinauf in den Himmel. Ein Gedicht von Giuseppe Ungaretti fällt mir ein. Ich sage seine sieben Silben vor mich hin, langsam, andächtig, jeden Laut auskostend:

        M'ILLUMINO
        D'IMMENSO

Wie soll ich das in einer anderen Sprache sagen? Ich leuchte auf, erstrahle, erglänze, verkläre mich in Unermeßlichem, in Unendlichem? ... »In mir erstrahlt Unendliches«? ... »Aufflammt in mir Unendlichkeit«? »In mir ist grenzenloses Licht«? Ingeborg Bachmann hat wahrscheinlich die bestmögliche deutsche Übersetzung gefunden:[1]

        Ich erleuchte mich
        durch Unermeßliches

Frederic J. Jones hat das Gedicht auf englisch wiedergegeben:[2]

        I illuminate myself
        with immensity

Dichtung ist, was sich nicht übersetzen läßt, sagt man. Mit dieser negativen Definition wollen wir uns nicht zufriedengeben. Dichtung soll man nicht übersetzen wollen, es ist unmöglich. Aber heute unternehmen mehr Menschen denn je gerade dieses Unmögliche. Viele Dichter sind darunter, die nicht davon ablassen können, die Gedichte anderer und auch die eigenen zu übersetzen.
Dichtung ist schlechthin das schöpferische Spiel mit der Sprache. Es ist ein Spiel, in dem der Zufall zum Glücksfall wird, in dem alles Notwendigkeit gewinnt, in dem jeder Laut in jeder Silbe, in jedem Wort, in jedem Satz, im ganzen Werk so und nicht anders notwendig ist, in der poetischen Identifikation von Laut und Sinn.
Ungaretti fand diesen Siebensilber am 26. Januar 1917, nannte ihn zuerst »Cielo e mare«, später »Mattina«.[3] Seine Muttersprache gab ihm die Möglichkeit, sieben Silben zusammenzufügen, die von den Konsonanten *m, n, l* getragen werden, in denen das intensive italienische *ll* und *mm* jeweils die Tonsilbe ankündigt, die ersten vier Silben daktylisch, die letzten drei trochäisch ausklingen, dreimal das helle *i* erklingt, jeweils im Anlauf des Halbverses, einmal im Auslauf des Daktylus; eine Sprache, in der die erste Person des Singulars, das Ich, die lyrische Person und die maskuline Form des Adjektivs, als Neutrum, als reine Qualität gebraucht, beide auf -*o* auslauten:

>Mil-lúmino
>Dim-ménso

Die auf die vier Silben der parola sdrucciola, des auf der vorvorletzten Silbe betonten Wortes *(illúmino)*, folgenden drei Silben der parola piana, des auf der vorletzten Silbe betonten Wortes *(imménso)*, werden in diesem ruhigen Ausklang so lang und so gewichtig wie die vorhergegangenen vier – *immenso,* unermeßlich.

Aus der Sprache geschöpft

Dieses ekstatische Gedicht ist ein italienisches Gedicht, es setzt alle phonetischen, morphologischen, lexikalischen, grammatischen Formen und Strukturen des Italienischen voraus. Es setzt eine Sprache voraus, die auf das Subjektpronomen verzichten kann, die nicht *Io m'illumino* zu sagen braucht, so wie es das Französische, Englische,

Deutsche machen müssen, die nicht fr. *M'illumine,* e. *Illuminate myself,* d. *Erleuchte mich* sagen können, ohne mißverstanden zu werden. Es setzt eine romanische Sprache voraus, in der die Präposition *di* sehr verschiedene Beziehungen andeutet und in der Schwebe läßt, die man im Deutschen mit *von, durch, mit,* im Englischen mit *of, by, through, with* genauer unterscheidet.

Es setzt aber auch einen Sprachzustand voraus, in dem das Adjektiv als nackte, reine Qualität statt des Substantivs, *immenso* statt *immensità,* gesagt werden kann, diese Verwendung aber doch noch so ungewöhnlich ist, daß sie einen poetischen Schock auslöst. Im Französischen und Englischen ist es völlig unmöglich zu sagen, fr. *Je m'illumine d'immense,* e. *I illuminate myself with immense;* im Deutschen ist umgekehrt das substantivierte Adjektiv so alltäglich geläufig, daß für uns in dieser Hinsicht von *Unermeßlichem, Unendlichem* keine besondere Wirkung ausgeht.

Es setzt schließlich eine Sprache voraus, in der schon andere Verse mit *immenso* und *immensità* gedichtet wurden, die im Gedächtnis der Menschen leben. So die herrlichen Schlußverse des Unendlichkeitsgedichts von Giacomo Leopardi L'INFINITO (1819):

> Così tra questa
> Immensità s'annega il pensier mio:
> E il naufragar m'è dolce in questo mare.

Dieses Gedicht und seine Schlußverse hat Ungaretti für sich selbst gedeutet. Leopardi begleitete ihn, wie er sagte, sein ganzes Leben.[4] Wenn Ungaretti *immensità* sagt oder *mare* oder *naufragio,* ist darin immer auch ein Echo Leopardis.

Das Spiel der parole sdrucciole *(illúmino),* bisdrucciole *(illúminano),* piane *(imménso),* tronche *(immensità)* ist ein wesentliches Element italienischer Dichtung. Man muß darauf verzichten, sobald man italienische Verse in französische überträgt.[5] Wie dadurch die Übersetzung erst recht zum schöpferischen Spiel wird, zeigt Philippe Jaccottet.[6] Er weicht von *Je m'illumine* auf *Je m'éblouis* aus »Ich blende mich, werde geblendet«. Statt des nicht zu substantivierenden Adjektivs *immense* nimmt er das schon seit langem substantivierte Adjektiv *infini, l'infini.* Und er erhält ebenfalls einen Siebensilber, der sich nun in der vierten und der siebenten Silbe auf dem Vokal *i* aussingt:

JE M'ÉBLOUIS
D'INFINI

Darum werden alle Warnungen, Gedichte zu übersetzen, in den Wind geschlagen: weil es solche glücklichen Funde gibt.
Um so übersetzen zu können, muß man in den zwei Sprachen leben, in einer zweifachen verstehenden Mehrsprachigkeit. Man muß das schöpferische Spiel aus den beiden Sprachen heraus verstehen. Dann werden hinter dem spielerischen Gespräch zwischen den Sprachen die Umrisse der *einen* Sprache der Menschheit sichtbar. Hier eines der am meisten übersetzten deutschen Gedichte:

Hölderlin: HÄLFTE DES LEBENS

>Mit gelben Birnen hänget
>Und voll mit wilden Rosen
>Das Land in den See,
>Ihr holden Schwäne,
>Und trunken von Küssen
>Tunkt ihr das Haupt
>Ins heilignüchterne Wasser.
>
>Weh mir, wo nehm ich, wenn
>Es Winter ist, die Blumen, und wo
>Den Sonnenschein
>Und Schatten der Erde?
>Die Mauern stehn
>Sprachlos und kalt, im Winde
>Klirren die Fahnen.

Auch ohne die verschiedenen Übersetzungen zu kennen, können wir jetzt schon sagen, was vermutlich Schwierigkeiten machen wird und was sicher verlorengeht.
Um mit dem einfachsten zu beginnen: *hänget* für *hängt,* das *e* der Auslautsilbe, dieses »poetische Pedal« des Deutschen, das uns sogleich

auf Dichtung einstimmt. Das tonlose *e* ist in den einzelnen deutschen Sprachlandschaften unterschiedlich bewahrt worden. Das Honoratiorenschwäbisch kennt es bis heute in der zweiten Person des Plurals: *Kommet bald wieder! Schlafet gut!* Die deutsche Dichtersprache benützt es als »poetisches Pedal« in der zweiten Person des Singulars: *Füllest wieder Busch und Tal / Still mit Nebelglanz, / Lösest endlich auch einmal / Meine Seele ganz,* und in der dritten Person des Singulars: *In seiner Fülle ruhet der Herbsttag nun,* oder: *Hinunter sinket der Wald.* Natürlich besitzen auch andere Sprachen poetische Pedale. Aber es wäre der größte Zufall, wenn sie gerade an derselben Stelle zu Verfügung stünden. Man muß also eine andere Stelle finden, an der man entsprechend zu verstehen geben kann: »Dies ist Dichtung.«
Daß das Land in den See *hängt,* ist eine Eigentümlichkeit der Sprache Hölderlins. In dem Gedicht über Heidelberg sagt er: »Aber schwer in das Tal hing die gigantische / Schicksalskundige Burg.« Das wird nicht leicht wiederzugeben sein.
Tunkt ihr das Haupt ...: Hölderlin hatte zuerst geschrieben: »*taucht ihr das Haupt ins heilignüchterne kühle Gewässer*«.[7] *Tunken* kommt bei nord-, mittel- und süddeutschen Dichtern vor, es ist dem Schwaben ein alltäglich vertrautes Wort. Vielleicht setzt Hölderlin es hier wegen des Anklangs *trunken – tunkt* ein. Dadurch entsteht aber eine ungewöhnliche Spannung zwischen dem familiären *tunken* und dem poetischen *Haupt:* in einer ausgeglichenen Sprache würde es heißen: *Taucht ihr den Kopf ...* Auch diese Eigentümlichkeit wird in Übersetzungen so nicht nachgebildet werden können. Ist sie wichtig genug, um das als Verlust zu beklagen?
Heilignüchtern: die deutsche Wortzusammensetzung wird in dieser Zeit nach dem Vorbild des Griechischen immer weiter ausgebaut. Viele Verbindungen entstehen, in denen in der Schwebe bleibt, ob das erste Glied eine nähere Bestimmung des zweiten ist oder sie nebeneinander bestehen: in einem heiligen Sinn nüchtern oder heilig und nüchtern?[8] Der Übersetzer wird sich für eine dieser Deutungen entscheiden müssen.
Das alles tritt hinter der Frage zurück, ob es gelingen kann, in einer anderen Sprache diese kühne, griechischer Dichtung nachgestaltete poetische Syntax zum Leben zu bringen, die Freiheit und glückliche Fülle der Anastrophe, des Hyperbatons der ersten Verse, die als Anakoluth eingefügte Apostrophe an die Schwäne, die Klage und das

vergebliche Suchen (wo ..., wo ...?), die tödliche Härte der letzten Sätze, diese poetische Identifikation von Laut und Sinn im deutschen Gedicht. Hören wir zuerst eine englische Übersetzung von Walter Kaufmann.[9]

HALF OF LIFE

With yellow pears is hanging
and full of wild-grown roses
the land in the lake:
You lovely swans –
and drunken with kisses
you plunge your head
into sacred sobering water.

Woe's me, where shall I find
when winter comes the flowers and where
the sunny light
and shade of the earth?
The walls will stand
speechless and cold, and pennons
rasp in the wind.

Man spreche sich dieses Gedicht vor, man lasse es sich vorsprechen, man wiederhole es sich. Da ist jeder Laut, jeder Tonfall, jede sprachliche Bewegung englisch in diesem englischen Gedicht und sagt uns, was Hölderlin uns zu sagen hat. Aus den Lauten der englischen Sprache entstehen andere dichterische Anklänge, zufällig ergibt sich ein »poetisches Pedal«, die Alliteration, an anderen Stellen: statt *trunken – tunkt,* hier *the land in the lake ... sacred sobering ...* Zufall und Glücksfall. Übersetzung ist ein schöpferisches Spiel. Hier erfahren wir, daß es auch in diesem Spiel da und dort Vollkommenheit gibt.

Aus einem halben Dutzend französischer Übersetzungen des Gedichts wählen wir die der ausgezeichneten Übersetzerin Friedrich Nietzsches und Thomas Manns, der Germanistin Geneviève Bianquis.[10]

MILIEU DE LA VIE

Chargé de poires dorées,
couvert de roses sauvages,
la rive surplombe le lac.
O mes doux cygnes,
enivrés de baisers,
plongez vos têtes
dans cette eau sainte et sans ivresse.

Malheur à moi! Où trouverai-je
des fleurs, quand viendra l'hiver,
et la lumière du soleil,
et les ombrages de la terre?
Les murs se dressent,
muets et froids. Au vent
grincent les girouettes.

Deutsch und Englisch, aber auch Deutsch und Italienisch, da läßt sich die eine Sprache viel leichter in die andere übersetzen, da kommen wir instrumental viel besser zurecht als zwischen Deutsch und Französisch. Das liegt schon an dem besonderen Klang des Französischen. Es ist die Sprache der reichsten und feinsten vokalischen Nuancen, mit seiner vierfach getönten Nasalierung *(in, un, an, on)*, mit seinen zweigestuften, offenen oder geschlossenen *e, ö, o,* seinem verwischten *e,* dem sogenannten *e* muet, das so viele Abschattungen kennt; aber auch die Sprache, in der das einzelne Wort keine Tonsilbe hat, in der der schwebende Wortakzent ganz in einem beweglichen Wortgruppenakzent aufgeht. Vom Deutschen, Englischen, Italienischen ins Französische zu übersetzen bedeutet mehr noch als sonst ein melodisches und rhythmisches Umkomponieren.
Morphologische, grammatische, syntaktische Schwierigkeiten kommen dazu. Anders als Geneviève Bianquis, die die ersten beiden Verse ohne Subjekt läßt (*Chargé ... couvert ...* beziehen sich ja nicht auf *la rive*), versuchen die anderen Übersetzer, den syntaktischen Bogen *hänget – das Land* nachzubauen: *est suspendu, se suspend – le paysage,* die Landschaft, *la terre,* die Erde, statt *la rive,* das Ufer, aber auch das glückt nicht recht. Statt des Imperativs: *plongez vos*

têtes setzen sie richtig den Indikativ: *vous plongez votre tête, vous plongez la tête, vous trempez la tête;* statt *enivrés de baisers* sagen sie *ivres de baisers,* statt: *cette eau sainte et sans ivresse – les eaux sobres et sacrées, l'eau sainte et sobre, l'onde austère et sainte, l'eau sainte qui apaise* ... *saint* ist mehr das christliche Heilige als *sacré,* das stärker auch das archaisch und antik Heidnische des Heiligen mit einschließt und daher hier besser entspricht.
Für den deutschen Wechsel von der Nominalkomposition zur Genitivverbindung *Sonnenschein und Schatten der Erde* steht im Französischen wie überhaupt in den romanischen Sprachen beidemal nur die Präpositionalfügung bereit: *la lumière du soleil et l'ombre de la terre.* Dieser Schatten der Erde könnte auch der Erdschatten sein, was das Ausweichen auf *les ombrages,* den sommerlichen Baumschatten, rechtfertigt. Das Französische hat kein Verbum für »stehen« – Schopenhauer fand das »höchst skandalös«.[11] Daher sagen die Übersetzer hier *les murs se dressent, s'élèvent, sont debout.*
Im Winde klirren die Fahnen; die französischen Übersetzer sagen dafür: *les girouettes grincent, crient, rauquent,* daneben aber auch *les drapeaux claquent,* »die Fahnen knattern«. Diese klirrenden Fahnen sind metallische Wetterfahnen, wie auch aus einer Stelle des Hyperion (2, 27) hervorgeht: »Es soll ein ziemlich Feuer werden. Ha! Mag's doch reichen bis an die Spitze des Turms und seine Fahne schmelzen und um ihn wüten und wogen.« Stoffahnen *klatschen, knattern, knallen,* sie *klirren* nicht.
Das sind Einzelheiten. Unsere Enttäuschung rührt viel mehr daher, daß es keinem der Übersetzer gelingt, uns ein lautlich überzeugendes, notwendiges französisches Gedicht »Milieu de la vie« oder auch »Moitié de la vie« zu schenken. Das ist vielleicht gar nicht so sehr ihre Schuld, kommt vielleicht einfach daher, daß die Musik der französischen Sprache und die darauf aufgebaute traditionelle poetische Technik der Franzosen so weit von diesem griechisch-deutschen Tonfall, von dem Atem Hölderlins entfernt sind.
Das wird noch deutlicher, wenn man damit die italienischen Übersetzungen des Gedichts vergleicht. Hier gibt es über einen ungewöhnlichen Versuch zu berichten. Giorgio Orelli hat 1971 fünf verschiedene Versionen bedeutender Übersetzer, Germanisten, Hölderlinkenner unter die Lupe genommen, Wort für Wort miteinander verglichen und abgewogen und, seine Wahl Wort für Wort begründend, daraus

eine sechste gemacht.[12] Es ist ein, von Dante und Petrarca her, durch und durch italienisches Gedicht, und es entspricht dem deutschen in einer Weise, die ans Wunderbare grenzt, in seinen Hebungen und Senkungen, in seinem Atem: eine italienische Identifikation von Laut und Sinn, die ebenso überzeugend, ebenso notwendig ist wie die deutsche.

METÀ DELLA VITA

Con gialle pere pende
e colmo di rose selvatiche
il paese nel lago,
voi cigni soavi,
ed ebbri di baci
tuffate il capo
nella sacra sobrietà dell'acqua.

Oh me, dove li prendo, quando
è inverno, i fiori, e dove
la luce del sole
e l'ombra della terra?
I muri stanno
muti e freddi, nel vento
stridono le banderuole.

Hören wir dazu gleich auch noch eine spanische Übersetzung. Ihre Schöpfer sind Ernst Edmund Keil und Jenaro Taléns: nicht selten finden sich heute zwei Menschen verschiedener Muttersprache und sich gegenseitig erhellender tätiger und verstehender Mehrsprachigkeit zu einem idealen Übersetzer zusammen.[13] Auch ihnen ist eine Übersetzung wahrlich »geglückt«:

MITAD DE LA VIDA

Con peras amarillas
y llena de silvestres rosas
pende la tierra sobre el lago;

> vosotros, dulces cisnes,
> ebrios de tanto beso
> sumergís la cabeza
> en las tranquilas y sagradas aguas.
>
> ¡Ay de mí! ¿Dónde cogeré, cuando
> es invierno, las flores,
> dónde la luz del sol,
> las sombras de la tierra?
> Están los muros
> atónitos y fríos
> y en el viento chirrían las veletas.

Und schließlich die portugiesische Übersetzung von Paulo Quintela: [14]

> METADE DA VIDA
>
> Com peras douradas pende
> E cheia de rosas bravas
> A terra por sobre o lago,
> Ó amados cisnes,
> E ébrios de beijos
> Mergulhais a cabeça
> Na água santa e casta.
>
> Ai de mim, onde irei buscar, quando
> For inverno, as flores, e onde
> O brilho do Sol
> E sombras da terra?
> Erguem-se os muros
> Mudos e frios, ao vento
> Rangem os cataventos.

Auch diese bewundernswerte Identifikation von Laut und Sinn in »portugiesischer Tonart« bestärkt uns in unserem Glauben, daß es irgendwo hinter den einzelnen Sprachen eine gemeinsame Sprache der menschlichen Dichtung gibt.

Baudelaire: L'INVITATION AU VOYAGE

Dieser Glaube wird freilich durch die Beobachtung erschüttert, daß es so schwer ist, aus einem deutschen Gedicht ein französisches zu machen und umgekehrt. An der großen französischen Dichtung des 19. Jahrhunderts haben sich Generationen deutscher Übersetzer versucht, unter ihnen Dichter wie Stefan George, Richard Dehmel, Ernst Hardt, Cäsar Flaischlen, Richard von Schaukal, Georg von der Vring, Fritz Usinger. Das Ergebnis ist meist so, daß man es heute einer deutschen Zuhörerschaft kaum mehr zumuten kann. Wer's nicht glaubt, kann es in Wolfgang Kaysers Sammlung »Gedichte des französischen Symbolismus in deutschen Übersetzungen« nachlesen, in der man die berühmtesten Gedichte Baudelaires, Verlaines, Rimbauds, Mallarmés oft in einem Dutzend verschiedener deutscher Übersetzungen findet.[15] Oder man schlage »Les fleurs du mal« Baudelaires auf und lese L'INVITATION AU VOYAGE, dieses anmutige, beglückend schwerelose, traumhaft schwebende, französischeste Gedicht:

    Mon enfant, ma soeur,
    Songe à la douceur,
D'aller là-bas vivre ensemble!
    Aimer à loisir,
    Aimer et mourir
Au pays qui te ressemble!
    Les soleils mouillés
    De ces ciels brouillés
Pour mon esprit ont les charmes
    Si mystérieux
    De tes traîtres yeux,
Brillant à travers leurs larmes.

Là, tout n'est qu'ordre et beauté,
Luxe, calme et volupté.

    Des meubles luisants,
    Polis par les ans,
Décoreraient notre chambre;

> Les plus rares fleurs
> Mêlant leurs odeurs
> Aux vagues senteurs de l'ambre,
> Les riches plafonds,
> Les miroirs profonds,
> La splendeur orientale,
> Tout y parlerait
> A l'âme en secret
> Sa douce langue natale.
>
> Là, tout n'est qu'ordre et beauté,
> Luxe, calme et volupté.
>
> Vois sur ces canaux
> Dormir ces vaisseaux
> Dont l'humeur est vagabonde;
> C'est pour assouvir
> Ton moindre désir
> Qu'ils viennent du bout du monde.
> – Les soleils couchants
> Revêtent les champs,
> Les canaux, la ville entière,
> D'hyacinthe et d'or;
> Le monde s'endort
> Dans une chaude lumière.
>
> Là, tout n'est qu'ordre et beauté,
> Luxe, calme et volupté.

Von den vielen Übersetzungen dieses Gedichts ist noch die beste die eines bedeutenden Mannes deutscher Vatersprache und französischer Muttersprache und eines der besten Kenner der großen Dichtung beider Völker.[16] Sie lautet:

EINLADUNG ZUR REISE

> O Schwester, o Kind,
> Bedenk, wie es lind
> Wär, dorthin zusammen zu gehen –

Zu der Liebe Gebot,
Zu Liebe und Tod
In Länder, die ähnlich dir sehen!
Feuchte Sonne hält
Am nassen Gezelt
Den Geist in Geheimnis gefangen,
Wie in Banden mich schlug
Deiner Augen Trug,
Die beim Weinen noch blinken und prangen.

Dort wird nur Ordnung im Verein
Mit Schönheit, Frieden, Wonne sein.

Betten und Schrank,
Von Alter blank,
Würden die Kammer uns zieren;
Seltener Blumen Duft
Mischt in der Luft
Sich der Ambra Elixieren;
Reicher Decken Kranz,
Tiefer Spiegel Glanz,
Des Morgenlands üppige Prächte –
Dies all insgeheim
Dem Geist des Daheim
So süßen Mutterlaut brächte.

Dort wird nur Ordnung im Verein
Mit Schönheit, Frieden, Wonne sein.

Sieh, auf der Gracht
Schlafen Schiffe und Fracht;
Sie segeln nach schweifenden Sternen;
Daß du dich stillst,
Was du auch willst,
Ziehn her sie aus weitesten Fernen.
Das Abendrot
Verhüllt und umloht
Die Grachten, die Stadt und die Haine

Mit Jazint und Gold.
Wie schläft es sich hold
In diesen warmen Lichts Scheine!

Dort wird nur Ordnung im Verein
Mit Schönheit, Frieden, Wonne sein.

Da ist in jedem zweiten Vers Wortnot, Reimnot, Atemnot. In dem schöpferischen Spiel der Dichtung wird jeder Zufall zur Notwendigkeit, jede Melodie, jeder Rhythmus, jeder Laut, auch der glückliche Fund des Reims: der zufällige Gleichklang von *luisants* und *les ans*, Zufall und Glücksfall, erhält für einen Augenblick eine glückliche Notwendigkeit in *Des meubles luisants, / Polis par les ans*. In einer vor kurzem erschienen nochmaligen Übertragung [17] wird daraus: *Möbel, so blank / Den Jahren zu Dank*. Aus dem wiegenden Chiasmus *Les riches plafonds, / Les miroirs profonds* wird: *Von Zimmern reich / Spiegelt sich weich*. Aus *Tout y parlerait / A l'âme en secret / Sa douce langue natale* wird: *Spräche im Reim / Zur Seele geheim, / In die Muttersprache versunken*. Und aus dem vokalischen Wohlklang des Finale, dieser unvergleichlichen Identifikation von Laut und Sinn:

D'hyacinthe – et – d'or;
Le – monde – s'endort
Dans – une – chaude – lumière

wird: *Mit Gold, Hyazinth. / Die Welt entschläft lind / Im warmen Licht deiner Seele.*
Dann doch lieber die schlichte, wohldurchdachte Prosaübersetzung von Friedhelm Kemp, der es nicht nötig hat, *die Seele* als Reimflickwort zu mißbrauchen, der auf den ganzen deutschen Poetolekt des 19. Jahrhunderts mitsamt *lind* und *hold* am falschen Platz verzichtet und uns sagt, daß *ces ciels brouillés* Nebenhimmel sind und kein *nasses Gezelt*, daß *tes traîtres yeux* nicht *deiner Augen Trug* ist oder gar *deine Augen in Moll / so geheimnisvoll*, sondern *deine verräterischen Augen* – obwohl auch das noch mißverständlich ist, denn diese *traîtres yeux* gehen ja auf eine lange poetische Tradition zurück und sind die schönen Augen, die unversehens, verräterisch, dir ihre Liebespfeile ins Herz schießen durch den Vorhang der Tränen.
Seine Prosatexte, so Kemp selbst, »sind vor allem als Lesehilfe ge-

dacht. Glanzlos und unscheinbar, können sie nur einen Umriß oder Schatten geben ..., aber indem die Übersetzung immer zur Vorlage hinüber verweist, mag der Leser sich die Fülle des Sinnes aus der Spanne zwischen beiden leichter erobern als dort, wo eine vorgetäuschte Perfektion ihm die Sicht verstellt.«[18]

Sprache als »Weltbild«

Nach einer gewissenhaften Untersuchung von über zweitausend deutschen und französischen Gedichten und ihren Übersetzungen kam Helmut Gipper 1950 zu dem Schluß, die eigentümlichen Übersetzungsschwierigkeiten zwischen den beiden Sprachen müßten Ausdruck einer besonderen »deutsch-französischen Geistesverschiedenheit« sein. Im Sinne der Weltbildlehre Leo Weisgerbers und unter Berufung auf die »stylistique comparée« von Charles Bally und Alfred Malblanc glaubte er aus den »sprachlichen und geistigen Metamorphosen bei Gedichtübersetzungen« zwei verschiedene »Weltsichten« herauslesen zu können, aus der französischen Sprache ein »statischeres«, ein »analytischeres«, ein »abstrakteres« Weltbild, aus der deutschen ein »dynamischeres«, ein »synthetischeres«, ein »konkreteres«.[19]

Aber das sind trügerische, zur Kennzeichnung einer Sprache untaugliche Begriffe. Wenn man *stehen* mit *se dresser, s'élever* übersetzt, *liegen* mit *s'étendre,* dann wäre in diesem Sinn doch gerade der französische Ausdruck der »dynamischere«. Bernhard Grünbeck hat im kritischen Übersetzungsvergleich mit einer Fülle von Beispielen nachgewiesen (»Statik im Französischen – Dynamik im Deutschen, Kritische Betrachtungen zu einer Sprachhypothese«), daß es im Gegenteil meist gerade die französischen Schriftsteller und Übersetzer sind, die die »dynamischere« Ausdrucksweise bevorzugen. Harald Weinrich (»Ist das Französische eine analytische oder synthetische Sprache?«), Jörn Albrecht (»Le français, langue abstraite?«) haben überzeugend dargelegt, daß diese Kategorien für die Charakterisierung und Typologisierung unserer Sprachen unverwendbar sind.[20]

Die wichtigsten Unterschiede in den instrumentalen Strukturen der beiden Sprachen, die deutschen Positionsverben *stehen, sitzen, liegen* und ihre vielfältigen Verwendungen (während die entsprechenden lateinischen Verben *stare, sedere, iacere* bis auf wenige Reste aus dem Französischen verschwunden sind), das deutsche *werden*-Passiv, die französischen Verbalperiphrasen, der imperfektive Aspekt, die unterschiedliche Struktur des grammatischen Geschlechts und seine sonderbare Streuung, die deutsche Nominalkomposition und Verbalkomposition, das alles fügt sich keineswegs hier zu einem geschlossenen französischen, da zu einem schlüssigen deutschen »Weltbild« zusammen, genausowenig wie die unterschiedlichen Bilder, die anschaulichen, die verblassenden, verdunkelten, erloschenen, vergessenen Bilder der französischen und der deutschen Idiomatik. Das alles sind instrumentale Formen, Strukturen, Programme, durch Notwendigkeit und Zufall zustande gekommen, mehr oder weniger geschickte Werkzeuge, jedes mit seinen Vorzügen und Nachteilen, brauchbar zu den verschiedensten Verwendungen – aber auch wundervolle Musikinstrumente, wie Hofmannsthal sagt, auf denen das schöpferische Spiel der Dichtung erklingt.

Rilke: LIED VOM MEER

    Uraltes Wehn vom Meer,
Meerwind bei Nacht:
du kommst zu keinem her;
wenn einer wacht,
so muß er sehn, wie er
dich übersteht:
    uraltes Wehn vom Meer,
welches weht
nur wie für Ur-Gestein,
lauter Raum
reißend von weit herein ...
    O wie fühlt dich ein
treibender Feigenbaum
oben im Mondschein.
               (Capri, Piccola Marina)

Die Vorsilbe *UR-* ist ein besonderer Glücksfall des Deutschen. Sie steht uns für die verschiedenste Verwendung frei zu Verfügung. Das

Programm reicht vom *Ursprung, Urbeginn, Uranfang, Urgrund, Urzustand, Urmeer, Urwind, Urstoff,* der *Urnacht, Urzeugung, Urkraft, Urwelt, Urzelle, Urpflanze,* dem *Urvogel, Urpferd, Urwald, Ureinwohner, Urmenschen,* den *Ureltern* (und seltsamerweise auch den *Urenkeln*) zur *Urangst,* dem *Urvertrauen,* der *Ursprache, Urbedeutung,* dem *Urtext, Urchristentum, Urkommunismus,* der *Urgemeinde, Urkirche* bis zur *Uraufführung,* zu *uralt, urwüchsig, urdeutsch, urplötzlich, urgemütlich, urlangweilig, urkomisch* ...

In dieser Silbe kann sich für uns Unergründliches auftun. In seinem »Lob der Vokale, Dem Genius der Sprache« rühmte Ernst Jünger »die Silbe *Ur,* die in uns die Vorstellung der dunklen Tiefe und des Ursprungs erweckt und die zu den Worten zählt, in denen der deutsche Sprachgeist am bedeutendsten zum Ausdruck kommt.« Sie fehlt den anderen Sprachen so sehr, daß man sie heute sogar gelegentlich dem Deutschen entlehnt. In »La struttura assente« schreibt Umberto Eco: »Ogni messaggio è interpretabile in base a un codice, ed ogni codice è trasformabile in un altro, perché tutti fanno riferimento a un Ur-codice, una Struttura delle Strutture.«[21]

Man kann den Sinn dieser Silbe noch vertiefen, indem man sie verselbständigt. Rilke meint nicht *Urgestein,* eine geologische Formation, sondern *Ur-gestein.* In der zehnten Duineser Elegie sagt er: »Einsam steigt er dahin, in die Berge des Ur-Leids.« Man kann die verdunkelte Bedeutung durch eine solche Trennung wieder aufleben lassen. Musil spricht von der »Ursache und Ur-sache« (MoE 101).

»Uraltes Wehn vom Meer ...«: eines der Geheimnisse der Sprache Rilkes ist es, Wörter zu finden, die Ur-Räume aufreißen und die gleichzeitig ganz einfache, schlichte, alltägliche Kinderwörter sind wie unser *uralt.* Wie kann das in Sprachen ausgedrückt werden, die keinen *Ur-raum, Ur-wind,* kein *Ur-meer* kennen, kein *ur-,* kein *ur-alt* und *uralt?* Wie die lautliche Ur-notwendigkeit dieses *Wehns,* dieses *Meers?*

Hier nur die ersten Verse:

J. B. Leishman:	*Primeval breath from the sea, sea-wind by night...*
Elisa Roselli:	*Ancient breathe from o'er the sea sea-breeze by night...*

Robert de Beaugrande:	*Immemorial drift from the sea, night wind from the deep...*
Jacques Legrand:	*Antique souffle de la mer, vent qui vient de la mer dans la nuit...*
Vincenzo Errante:	*Vento dal mare, a notte, effluvio primigenio di salsedine...*
Pietro De Nicola:	*Del mare soffio antico, vento di mare a notte...*
Teresa Fessia:	*Alito antico del vento, di notte, vento del mare......*
Ervino Pocar:	*Primevo soffio del mare, vento marino di notte...*
Jaime Ferreiro Alemparte:	*Remotísimo soplo del mar, viento marino en la noche...*

In einer Januarnacht des Jahres 1907 steht Rilke auf dem Strand der Marina Piccola, hinter ihm im Mondschein der Bergrücken der Insel mit ihren Gärten, mit dem treibenden Feigenbaum, vor ihm das nächtliche Meer, ihm ins Gesicht der Südwind:

URALTES WEHN VOM MEER, MEERWIND BEI NACHT...

Dichtung ist der Glücksfall der Sprache, geglückte Übersetzung von Dichtung doppelter Glücksfall.[22]

XII. Theorie und Didaktik der Mehrsprachigkeit

Eine Theorie der menschlichen Mehrsprachigkeit kann man auf sechs Sätzen aufbauen.

1. DER MENSCH LERNT MEHRERE SPRACHEN

Jeder Mensch wächst in verschiedene Sprachen hinein, in dem Maß, in dem er in verschiedene Sprachgemeinschaften hineinwächst. In seinem Gehirn ist Raum für mehrere Sprachen, die er sich nebeneinander einprägt, die er miteinander in Verbindung bringt, in tausendfachen Quer- und Rückverbindungen. Seine eigene tätige Mehrsprachigkeit ist dabei immer nur ein Bruchteil seiner verstehenden Mehrsprachigkeit.

Alles spricht dafür, daß den Tieren ihre jeweils arteigene Sprache im wesentlichen angeboren ist. Für den Menschen ist dagegen Sprache, solang er lebt, ein oft mühevolles, immer unvollkommenes Lernen und wieder Vergessen verschiedener Sprachen, ebenso mangelhafter, immer unvollkommener Instrumente. Die Mehrsprachigkeit des Menschen ist nie ein endgültiger Zustand, sondern ein ständiger Vorgang.

Mensch unter Menschen zu sein bedeutet, in einer immer unvollkommenen Mehrsprachigkeit zu leben. Noam Chomskys »idealer Sprecher-Hörer in einer völlig homogenen Sprachgemeinschaft, deren Sprache er vollkommen beherrscht«, war eine theoretische Fehlkonstruktion. Für den Menschen gibt es weder eine vollkommene Beherrschung seiner Sprache noch eine völlig homogene Sprachgemeinschaft. Es gibt nie und nirgends ein perfektes, homogenes Monosystem, immer und überall nur unvollkommene heterogene Polysysteme. Das Verhältnis des Menschen zu seiner Sprache ist nicht das der vollkommenen Einsprachigkeit und einsprachigen Vollkommenheit, sondern im Gegenteil das der unvollkommenen Mehrsprachigkeit und mehrsprachigen Unvollkommenheit.

2. EINE SPRACHE IST VIELE SPRACHEN

Sprachgemeinschaften sind die sich unablässig in allen Richtungen überschneidenden, durchkreuzenden, durchdringenden, vermischenden Lebenskreise des Verstehens und Verwendens einer gemeinsamen Sprache, eines Dialekts, Regiolekts, Soziolekts, Technolekts..., wobei man sich diese »Kreise« keineswegs als geometrische Figuren denken darf: das können auch die Mediziner oder die Christen, die Politiker oder die Sportler sein oder der Kreis derer, die heute noch immer klassische Dichtung lesen, das klassische Theater lieben, für die die Sprache der deutschen Klassik noch lebendige Gegenwart ist.

In und zwischen diesen Sprachgemeinschaften ist alles unablässig in Bewegung, wandern die Laute, die Wörter, die Wendungen, vermischen sich die phonetischen, lexikalischen, grammatischen Formen, Strukturen, Programme.

Schon in unserer Muttersprache lernen wir ein dynamisches Polysystem kennen, in dem die Sprachen verschiedener Sprachgemeinschaften, der verschiedenen Lebenskreise, denen wir angehören, ineinandergreifen und sich vermischen.

Was ist ein System? Der Strukturalismus holte sich seinen Systembegriff zu Beginn des 20. Jahrhunderts von den Naturwissenschaften, die damit in Physik und Chemie ihre großartigen Erfolge errungen hatten. Dieses »System«, das mechanistische Monosystem Saussures, schien die Möglichkeit zu bieten, auch aus der Sprachwissenschaft endlich eine »exakte« Wissenschaft zu machen.

Seither haben die Naturwissenschaften das System des 19. Jahrhunderts längst weit hinter sich gelassen. In der Fülle theoretischer Modelle des Atomkerns, der Atome, der Moleküle, der verschiedensten Biosysteme und Ökosysteme werden heute alle überhaupt denkbaren Arten von dynamischen Polysystemen durchdacht und durchgeprobt, Systemkonglomerate, Interpenetrationen, Osmosen, Symbiosen, Hybridisierungen, Gebilde, in denen eine Form ganz verschiedene Funktionen übernehmen kann, umgekehrt eine Funktion von ganz verschiedenen Formen übernommen wird, in denen es immer wieder zu einer Überproduktion und Disponibilität der Formen kommt, in denen Mangel und Überfluß herrschen und das Geschehen durch das Spiel der Notwendigkeit und des Zufalls bestimmt wird. Damit fällt die Schranke zwischen Naturwissenschaften und Geisteswissenschaften: das Spiel ist ein geistiger Vorgang.[1] Die heutigen biologischen Systemmodelle, die Analyse der menschlichen Sozialsysteme, die allgemeine Systemtheorie liefern uns in großer Zahl Vorstellungen und Entwürfe von Systemen, die uns helfen können, das dynamische Polysystem der menschlichen Sprache besser zu bestimmen.

3. JEDE SPRACHE IST MISCHSPRACHE

Die Mehrsprachigkeit des Menschen läßt sich auch aus der Tatsache erkennen, daß jede seiner Sprachen, näher betrachtet, sich als Mischsprache herausstellt.
Die Formen, Strukturen, Programme verschiedener Sprachen, die er seinem Gehirn einprägt, sind keineswegs gegeneinander hermetisch abgeschlossen. Sie sind durch Querverbindungen, Rückverbindungen miteinander verknüpft. Dadurch kommt es zwischen ihnen auch immer wieder zu Interferenzen, zu Einwirkungen der einen auf die andere Sprache. Man hat in den letzten Jahren diese Interferenzen sehr genau untersucht. Rund die Hälfte aller unserer sprachlichen Fehlleistungen sind Interferenzfehler. Davon wird später noch die Rede sein. Hier genügt die Feststellung, daß diese zwischensprachlichen Fehler schon einen ersten überzeugenden Beweis dafür liefern, daß unsere verschiedenen Sprachen in unserem Gehirn durch ein ganzes neuronales Netzwerk miteinander verknüpft sind.
Als »Fehler« werden solche Interferenzen nur dann angesehen, wenn sie gegen eine etablierte Schulnorm verstoßen, gegen eine kodifizierte Hochsprache, Literatursprache, Nationalsprache. Sonst aber, und lange vor jeder Schulnorm, ergeben sich daraus in aller Unbefangenheit Beimischungen der einen in die andere Sprache, Sprachmischungen, Mischsprachen jeder nur denkbaren Art, vom »Slawo-

deutschen« zum »Spanglish«, von den Pidgins zu den Kreolsprachen und zu den Sprachbünden, zum Rumänischen oder Französischen oder Englischen oder Deutschen ...

Der hybride Charakter jeder menschlichen Sprache springt seit den ersten Zeugnissen der Menschheitsgeschichte in die Augen. Seit den ersten Grammatiken versucht man, Sprache in ein System zu bringen. Jedes grammatische Paradigma, jedes *rosa – rosae – rosae – rosam – rosa – rosâ*, jedes »*die Rose – der Rose – der Rose – die Rose – o Rose – von der, mit der, durch die Rose*«, jedes *amo – amas – amat – amamus – amatis – amant* ist ja schon eine notdürftige Systematisierung. Aber von Anfang an müssen die Grammatiken, um überhaupt brauchbar zu sein, gleich eine ganze Reihe verschiedener, widersprüchlicher Paradigmen verzeichnen, viele gleichlautende Formen mit verschiedenen Funktionen, viele verschiedene Formen mit der gleichen Funktion, Polysemien und Polymorphien jeglicher Art, die Fülle der Ausnahmen und der Ausnahmen von den Ausnahmen. Wenn es etwas gibt, worauf der Satz: »Keine Regel ohne Ausnahme« zutrifft, dann ist das gewiß die menschliche Sprache.

Diese verwirrende Vielfalt der grammatischen Formen, der Deklinationen, der Konjugationen, der unregelmäßigen, der unvollständigen Paradigmen, der abweichenden Einzelformen, das alles läßt sich durch kein wie immer geartetes »System« begründen. Es läßt sich überhaupt nur verstehen als die beiläufige Mischung verschiedener Sprachen, Sprachschichten, Sprachteile seit frühester Zeit.

Alle unsere Sprachen sind Mischgebilde aus analogischen Programmen und asystematischen Anomalien. In ihnen ist immer beides, unsere Kraft zur Analogie, unsere Fähigkeit, Gleiches zu erkennen und Gleiches durch Gleiches zu bezeichnen, und unsere Kraft zur Anomalie, unsere Freiheit, Einzelnes als Einzelnes zu bezeichnen.

Anomalien sind so, wie sie eben sind, unserem Bewußtsein, unserem Gedächtnis eingeprägt, nicht als Konsequenz irgendeines Systems. Sie besitzen gewissermaßen eine eigene Persönlichkeit. Sie sind eine eigensinnige Minderheit. Dabei ist es keineswegs so, daß unsere Sprachen im Kern perfekte Systeme wären und nur an ihrer Peripherie »durch Ausnahmen verunreinigt«. Bekanntlich sind es gerade die allerhäufigsten Substantive, Adjektive, Verben, Adverbien, die die meisten unregelmäßigen Formen aufweisen. Gerade durch die größte Häufigkeit ihrer Verwendung sitzen sie so fest in unserem Bewußt-

sein, daß sie durch keine analogische Systematisierung bereinigt werden.
Anomalien können hartnäckige Reste früherer Sprachen, anderer Sprachen sein. Sie entstehen aber auch immer wieder durch neue Beimischungen aus anderen Sprachen, als immer neue Beweise unserer Freiheit, unsere Sprachen zu mischen.
Unsere Sprachen sind gegeneinander unbegrenzt aufnahmefähig. Im Wortschatz sind die fremden Beimischungen Legion, im Lautbestand und in der grammatischen Technik geringer, aber immer wieder feststellbar als Substrat-, Superstrat-, Adstratwirkung. In jeder Sprache, im Französischen, im Englischen, im Deutschen, finden wir die verschiedenartigsten Mischverhältnisse.
Die Mischbarkeit unserer Sprachen beweist uns, daß in ihnen allen die eine gemeinsame Sprache der Menschheit ist.

4. IN JEDER SPRACHE IST NOTWENDIGKEIT UND ZUFALL

Notwendig ist in unseren Sprachen alles, was dazu dient, die Universalien unserer menschlichen Erlebniswelt auszudrücken, der Welt um uns, der Welt in uns. Unser Bedürfnis, diese uns allen gemeinsame Welt mit Wörtern zu benennen, mit Sätzen zu besprechen, kann sich von Sprache zu Sprache in anderen instrumentalen Formen, Strukturen, Programmen ausdrücken. Notwendig ist diese eine Sprache der Menschheit: *daß* es in jeder Sprache gesagt werden kann, nicht *wie* es gesagt wird.
Notwendig sind auch alle einzelsprachlichen Formen, Strukturen, Programme, in denen sich die besondere Welterfahrung und Selbstauffassung, das Temperament, die Mentalität, die Sensibilität eines Volkes, einer Gesellschaft, einer Kultur ausdrücken.
Was sich weder in dem einen noch in dem andern Sinn begründen, als notwendig so und nicht anders erweisen läßt, ist durch so viele Wechselfälle der Geschichte hindurchgegangen und verändert worden, durch so viele Mischungen zustande gekommen, daß man dafür, kurz gesagt, nur den geschichtlichen Zufall verantwortlich machen kann.
Dieser Gedanke widerstrebt uns, weil wir unsere Sprache mit den Dingen selbst identifizieren, von denen wir sprechen, weil wir die

Sprache mit der besprochenen Welt und mit dem sprechenden Menschen identifizieren. Aber jeder Vergleich zwischen mehreren Sprachen muß uns die Augen öffnen für den Zufall, der für die unterschiedliche Gestalt unserer Sprachen verantwortlich ist.
Je ähnlicher sich unsere Sprachen sind, desto deutlicher tritt in jedem Vergleich der spielerische Zufall hervor, desto größer ist die Zahl der »falschen Freunde«. Für die meisten falschen Freunde, die unsere Sprachen in allen Richtungen beiläufig durchziehen, kommt weder eine soziokulturelle noch eine systematische Erklärung in Frage. Es kann gar nichts anderes sein als der spielerische Zufall, der die gleiche Form hier in der einen, da in einer anderen, dort in einer dritten Funktion dienen läßt.
Die spielerische Beiläufigkeit des geschichtlichen Zufalls hat zur Folge, daß von den Strukturen unserer menschlichen Erlebniswelt, von unseren menschlichen Mentalstrukturen, heute kein konsequenter, logisierbarer Prozeß mehr zu den einzelsprachlichen Instrumentalstrukturen führt. Von einer Mentalstruktur, die man etwa folgendermaßen andeuten kann: »Arzt« ... »hier« ... »Frage«, führt kein zwingender Regelprozeßmechanismus zur Instrumentalstruktur des deutschen Satzes: »*Gibt es hier einen Arzt?*« – dieses *gibt,* das kein Geben ist, dieses Phantomsubjekt *es,* dieser davon abhängige sinnlose Akkusativ – genausowenig wie zu den entsprechenden englischen, französischen oder spanischen Sätzen. Von den menschlichen Mentalstrukturen der Aufforderung und der Vermutung ausgehend, gibt es heute keinen Transformationsmechanismus, mit dem man überzeugend beschreiben könnte, wie im Deutschen, und zufällig nur im Deutschen, in beiden Fällen dieselbe Instrumentalstruktur dabei herauskommen kann: »*Er soll morgen kommen*«. Mit welcher transformationellen Regelmaschinerie will man logisch von der Mentalstruktur der Verneinung zur Instrumentalstruktur des deutschen Satzes: »*Was habe ich nicht alles für ihn getan!*« kommen? Wie zu den unberechenbaren, unvorhersehbaren eigentümlichsten Instrumentalstrukturen jeder Sprache, ihrer Idiomatik, wie zu der schöpferischen Beiläufigkeit, zu dem spielerischen Zufall ihrer Bilder, der verblassenden, verdunkelten, vergessenen Bilder?
Die generative Transformationsgrammatik, nach dem Strukturalismus eine Zeitlang die neue linguistische Heilslehre, versuchte die menschliche Sprache als eine formale Regelmaschinerie zu beschrei-

ben, die mit ihren »Projektionsregeln« und »Selektionsrestriktionen«, ihren »Permutationsregeln« und »Substitutionsregeln«, »Tilgungsregeln« und »Hinzufügungsregeln«, ihrem »Input« und »Output« an das Schaltbild einer Datenverarbeitungsanlage erinnerte.[2]
Man ist davon allmählich wieder abgekommen, weil man einsehen mußte, daß das eine falsche Beschreibung der menschlichen Sprache war, eine falsche Formalisierung des geschichtlichen Zufalls. Grundsätzlich lassen sich alle Dinge dieser Welt formalisieren, mathematisieren. Zur Darstellung der menschlichen Sprache aber bedarf es anderer mathematischer Methoden: der modernen Statistik, der Wahrscheinlichkeitsrechnung, der mathematischen Spieltheorie.
Alle die scharfsinnigen logisierend-formalisierenden Experimente, die man in den letzten Jahren an menschlicher Sprache vorgenommen hat, haben nur immer deutlicher gezeigt, wie unsere natürlichen Sprachen in Wahrheit NICHT sind. Je angestrengter man sich bemüht hat, ihre Formen, Strukturen, Programme auf logische Kategorien zu reduzieren, desto eindrucksvoller bestätigte sich ihre »fuzzy logic«, ihre schöpferische Unschärfe, ihre spielerische Eigenwilligkeit.

5. IN JEDER SPRACHE IST SCHÖPFERISCHES SPIEL

Unsere Sprachen sind weder aus sich selbst heraus sich entfaltende, sich verwirklichende »Organismen« noch in sich geschlossene und schlüssige autonome »Systeme«. Die Menschen, die Sprachgemeinschaften haben sich ihre Sprachen aus allen Windrichtungen zusammengeholt, zusammengemischt, wie es sich gerade ergab und es ihnen gefiel. Sie verwenden diese heterogenen Formen, Strukturen, Programme nach ihren jeweiligen Bedürfnissen und Einfällen, vergessen das eine, holen das andere dazu, bedienen sich der Analogie wie der Anomalie, schaffen sich immer neue Polysemien und Polymorphien, finden immer neue Bilder, bewahren, verbrauchen, vergessen die alten und denken gar nicht daran, aus all dem ein konsequentes linguistisches System zu machen.
Gerade die Mangelhaftigkeit und Unvollkommenheit seiner Sprachen fordert den Menschen immer wieder heraus, sie zu überspielen, das ist der eigentliche Antrieb seines schöpferischen Spieles mit den

Sprachen, seiner sprachlichen Kreativität. Das menschliche Denken gewinnt in den Sprachen Gestalt, Klarheit, Kraft, bildet sich in den Sprachen, durch sie hindurch und über sie hinaus. Der Mensch übersteigt seine Sprachen, er blickt kritisch auf sie zurück, bemerkt ihre Fehler und Schwächen, verzweifelt gelegentlich an ihrem Unvermögen. Er bedient sich der Sprache, wählt seine Sprache, schafft sich neue Sprache in immer neuem schöpferischen, beiläufigen, zufälligen Spiel.

6. SPRACHE IST ÜBERSETZUNG

Jedes Sprechen ist schon ein Übersetzen von Bewußtsein, von Vorstellungen, von Bildern in Worte. Und diese Worte übersetzen wir weiter in andere Worte. Die Sprache des Kindes übersetzen wir in die der Erwachsenen. Das Gesagte können wir immer wieder »mit anderen Worten« sagen, »anders ausdrücken«. Wir übersetzen uns selber. Immer wieder übersetzen wir zwischen Dialekt, Regiolekt, Soziolekt, Slang, der Umgangssprache und der Hochsprache, zwischen den Technolekten und der allgemein verständlichen Sprache, zwischen der Amtssprache und der Umgangssprache, übersetzen wir Geschriebenes in Gesprochenes und umgekehrt.

Mit den ältesten Zeugnissen menschlicher Kultur ist auch schon die Übersetzung da. Überall, wo es Herrschaftssprachen, Staatssprachen, Verkehrssprachen, Handelssprachen, Kultursprachen, Bildungssprachen, Dichtungssprachen gibt, gibt es Übersetzung.

Über den Vorgang des Übersetzens, über das Wesen der Übersetzung haben sich die Philologen schon immer, die Linguisten dagegen erst seit kurzem Gedanken gemacht. Heute ist die wissenschaftliche Erforschung des Übersetzens und der Übersetzung zu einem eigenen Zweig der Sprachwissenschaft geworden, der Übersetzungswissenschaft.[3] Wir sind in das »Zeitalter der Übersetzung« eingetreten, sagt man uns und nennt astronomische Zahlen, die Zahl der auf der Erde täglich übersetzten Buchseiten, der Tag und Nacht in jeder Minute übersetzten Nachrichtenzeilen, der in diesem Augenblick auf der Welt gerade verdolmetschten Reden.

Aus dem menschlichen Sprachvermögen, aus den Möglichkeiten un-

serer Mehrsprachigkeit erwächst unsere Fähigkeit zur Übersetzung von Worten in andere Worte. Im Netzwerk unseres Gehirns suchen wir für die Formen der einen Sprache die »entsprechenden« Formen der anderen. Ihre »Entsprechung« beruht darauf, daß sie mit der gleichen Vorstellung verknüpft sind, daß in unserem Gehirn mehrere Instrumentalstrukturen mit der gleichen Mentalstruktur verbunden sind.
In der Übersetzung besagen die sich entsprechenden Formen immer »dasselbe und doch nicht dasselbe«. Übersetzung ist immer »möglich und unmöglich«. Sie ist möglich, weil wir, wo die entsprechende Form fehlt, immer noch umschreiben, beschreiben, erklären können – unmöglich, weil selbst die noch so genau entsprechenden Formen da und dort einen verschiedenen Stellenwert haben können und vielleicht ganz verschiedene assoziative Konnotationen auslösen. Zwischen diesen beiden Extremen findet alle Übersetzung statt – so unzulänglich, unvollkommen, beiläufig, zufällig geglückt, in schöpferischem Spiel vollendet wie jede Sprache.
So wie ihre Mischbarkeit beweist die Übersetzbarkeit unserer Sprachen, daß in ihnen allen die eine gemeinsame Sprache der Menschheit ist.

Didaktik der Mehrsprachigkeit

Ob die Tiere über ihre eigene Sprache sprechen können, darüber hat sich wahrscheinlich noch niemand Gedanken gemacht. Der Mensch kann über seine Sprache sprechen. Er kann Sprachen lernen und lehren.
Wie erwerben unsere Kinder menschliche Sprache, wie lernen wir Sprachen, wie können wir sie am besten, am wirksamsten, am fruchtbarsten lehren? Viele stellen sich heute diese Fragen vor dem dunklen Hintergrund menschlicher Sprachlosigkeit, des schwindenden, des geschwundenen Vertrauens in die menschliche Sprache, des ohnmächtigen Verstummens.
Wie sollen unsere Volksschul-, unsere Grundschullehrerinnen und -lehrer den richtigen Weg finden? Sie dürfen ihre Aufgabe nicht darin sehen, die Sprachen zu bekämpfen, die die Kinder von zu Hause mitbringen, ihre Dialekte, Regiolekte, Soziolekte, ihre Haussprachen,

Minderheitensprachen, Fremdsprachen, um sie durch die allein seligmachende Schriftsprache, Hochsprache, Bildungssprache zu ersetzen – darüber ist man sich heute wohl überall einig. Sie müssen von Anfang an den Kindern das Bewußtsein der Vielfalt ihrer Sprachen geben, der gesprochenen und der geschriebenen, der Sprache der Hausgemeinschaft, der Gemeinschaft der gleichaltrigen Freunde und Spielgefährten, der Sprache der Ortsfremden, der Sprache der öffentlichen Reden und amtlichen Verlautbarungen, der Sprache der Kinder- und Jugendbücher, der ersten spannenden Lektüre, die so schnell den Gesichtskreis der verstehenden Mehrsprachigkeit über die tätige Mehrsprachigkeit hinaus unendlich erweitert.

Freude an Sprachen

An den Lehrern ist es, den Schülern die menschliche Notwendigkeit der Mehrsprachigkeit, ihr Recht auf Mehrsprachigkeit, die ganze Fülle ihrer sprachlichen Möglichkeiten bewußt zu machen, ihre sprachliche Neugierde, Beobachtungs- und Nachahmungsgabe zu wecken und zu entwickeln. Die Lehrer brauchen deshalb nicht Dialekt- und Slangimitatoren zu werden. Sie müssen nur Freude an der eigenen verstehenden Mehrsprachigkeit haben, Freude an Sprachen haben und diese Freude ihren Schülern mitteilen können.
Sie sollen sie nicht dazu erziehen, in Ehrfurcht vor der Hochsprache zu ersterben, vor deren oft so ungereimten Regelungen wie »*größer ALS...*«, »*so groß WIE...*«, aber »*sowohl ALS auch...*«, oder umgekehrt in jedem mundartlichen »*größer ALS WIE...*« schon eine besondere Urwüchsigkeit zu finden. Sie sollen die Lust an Reichtum und Vielfalt unserer sprachlichen Ausdrucksmöglichkeiten wecken, an den glücklichen Funden da und dort, an einem besonders gut gelungenen, kräftigen, farbigen Ausdruck des Gedankens, und die Kritik am mangelhaften Ausdruck, an den Fehlern und Mängeln aller menschlichen Sprachen. Dabei lernen die Schüler, zwischen Denken und Sprechen zu unterscheiden, zwischen einem Gedanken und seinem sprachlichen Ausdruck. »*C'est aux paroles à servir et à suivre, et que le gascon y arrive, si le français n'y peut aller*«, erklärte Michel de Montaigne in seinen Gedanken »*Über die Erziehung der Kinder*« (Essais I, XXVI), »Die Worte haben zu dienen und dem Gedanken

zu folgen – nimm das Gaskognische zu Hilfe, wenn das Französische dazu nicht imstande ist.« Das wurde 1579 geschrieben, vor vierhundert Jahren.

»Der Sprachunterricht muß umkehren!«

Diesen Titel trug 1882 die berühmte Streitschrift des Anglisten Wilhelm Viëtor, in der er für den Unterricht lebender Sprachen die nach lateinischem Vorbild konstruierten Grammatiken und die Übersetzungsübungen an klassischen Texten verwarf und die Hinwendung zur gesprochenen Gegenwartssprache forderte.
Schon 1878 hatte der aus Deutschland stammende Maximilian Berlitz in Amerika die erste Sprachenschule gegründet, in der die Lehrer ausschließlich in ihrer Muttersprache unterrichteten, die Muttersprache der Schüler von Anfang an aus dem Unterricht verbannt war.
In der ersten Hälfte unseres Jahrhunderts entwickelte sich daraus eine Vielzahl »direkter Methoden«. In der völligen Ausschaltung der Muttersprache glaubte man den Schlüssel zum Erfolg gefunden zu haben. Einige hofften sogar, auf diese Weise es dem Schüler zu ermöglichen, jede fremde Sprache »so mühelos zu lernen, wie das Kind seine Muttersprache lernt«.
Aber das Kind lernt seine Muttersprache keineswegs mühelos, das sieht nur für einen sehr oberflächlichen Beobachter manchmal so aus. Das Lernen der Muttersprache ist für das Kind ein sehr ernstes und angestrengtes Spiel, das sich über Jahre erstreckt.[4] Es ist seine erste große geistige Leistung. Und es ist ein Vorgang, der sich nicht mehr wiederholen läßt. Sind einmal die Formen, Strukturen, Programme unserer Muttersprache und ihre tausendfältigen Beziehungen zu unserer Sinnenwelt dem Netzwerk unseres Gehirns eingeprägt, dann trifft jede neue Sprache unweigerlich auf die schon vorhandene, die auf die neuen Formen, Strukturen, Programme bestätigend, verstärkend und gleichzeitig hemmend und störend einwirkt. Die Muttersprache läßt sich nicht so einfach ausschalten. Sie ist die Wegbereiterin für alle weiteren Sprachen und steht ihnen gleichzeitig immer im Weg.

Die »technologische Revolution«

Seit der Mitte unseres Jahrhunderts schien mit dem Sprachlabor und den vielen neuen Möglichkeiten der Verwendung audiovisueller Medien ein neues Zeitalter des Sprachenlernens angebrochen.
Nach dreißig Jahren Sprachlabor weiß man heute überall, was es leisten kann und was man nicht von ihm erwarten darf. Es kann eine unvergleichliche Hilfe für das Hörverstehen, das Sicheinhören in eine fremde Sprache sein, für das Nachbilden und Einüben der fremden Laute, Silben, Wörter, Sätze, Melodien und Rhythmen. Das Sprachlabor hat am meisten dazu beigetragen, die Aussprache, den Tonfall im Gebrauch fremder Sprachen auf der ganzen Welt zu verbessern.
Was die grammatischen Strukturen der zu lernenden Sprachen betrifft, so war man eine Zeitlang von dem Gedanken fasziniert, mit mechanischen Drill- und Dressurübungen die »Patterns«, die »Strukturen« der neuen Sprache so in das menschliche Gehirn »einschleifen« zu können, wie man in anderen Labors Ratten und Mäuse konditioniert. Die Ergebnisse waren enttäuschend.
Wenn sich heute in vielen Schulen eine allgemeine »Labormüdigkeit« breit macht, so liegt die Schuld nicht bei den Labors, sondern bei den Programmen, die wir für sie ausarbeiten und in ihnen abspielen. Sprachlabors sind (so hätte man im 18. Jahrhundert in Europa gesagt), so wie spanische Herbergen, man findet in ihnen immer nur das, was man selbst mitbringt. Statt der geistlosen strukturalistischen Dressurprogramme muß man spielerische, überraschende, witzige, bunte, das schöpferische Spiel anregende Programme mitbringen, dann erwachen auch die verstaubtesten Labors zu neuem Leben.
Das Sprachlabor, die audiovisuellen Medien hat man bisher fast ausschließlich als Instrumente der »direkten Methode«, des »einsprachigen Unterrichts« benützt. Zu Unrecht. Noch gibt es kaum mehrsprachige Programme für das »kontrastive Lernen«, für eine fruchtbare Auseinandersetzung zwischen der neuen Sprache und der Muttersprache, für ein Gespräch zwischen den beiden Sprachen, ihre Interferenzen, ihre Divergenzen und Konvergenzen ... Gerade dafür bieten das Sprachlabor und die audiovisuellen Medien noch viele unausgeschöpfte Möglichkeiten, beginnend mit einem erklärenden kontrastiven Bewußtmachen der unterschiedlichen phonetischen, rhythmischen, melodischen Strukturen der beiden Sprachen.

Sprachlehrforschung

Unterdessen ist aus der Erforschung und Erprobung neuer Wege des Sprachenlehrens und -lernens ein neuer Wissenschaftszweig entstanden, der sich sein Rüstzeug von der Lernpsychologie holt und von der Lernbiologie, von unserer immer genaueren Kenntnis der Lebensvorgänge in unserem Gehirn, unserem Bewußtsein, unserem Gedächtnis, Vorgänge, die wir »Lernen«, »Verlernen«, »Einprägen«, »Vergessen« nennen.[5]
Die neue Didaktik hat die traditionelle Schulstunde revolutioniert.[6]
Aus der Methodendiskussion ist ein lebhafter Streit um die entscheidenden Lernziele geworden: für die einen in erster Linie die mündliche Sprechfertigkeit, die Vertrautheit mit Sprechakten in Sprechsituationen, für die anderen mehr noch die Gewinnung neuer Ausdrucksmittel sozialer Kommunikation und Integration.

Freilich, mit welchen neuen Methoden und Techniken auch immer, das höchste Ziel, die »Lebensechtheit«, ist in keinem Unterricht ganz zu erreichen. Man mag es anstellen wie man will, es ist doch immer nur ein »Tun-als-ob«, eine gespielte Wirklichkeit, ein vom Lehrbuchverfasser, vom Lehrer für die Zukunft des Schülers ganz besonders »wirklichkeitsnah« erdachtes Spiel mit verteilten Rollen. So wird das Erlernen von Sprachen im doppelten Sinn zum Spiel: zu einem Lernspiel des menschlichen Sprachspiels.

»Einsprachiger Unterricht!«

Viele werden sich noch an den vorschriftsmäßig »einsprachigen« englischen Anfängerunterricht erinnern, an den Lehrer, der eine Bildtafel hochhob und mit nachdrücklicher Betonung verkündete: »*This ... is ... a ... cow!*« – um zu verhindern, daß der deutsche Schüler etwa auf den Gedanken kommen könnte, diese *KAU* (das englische Schriftbild durfte in den ersten Unterrichtsmonaten nirgends erscheinen!) sei eine deutsche Kuh. »*This ... is ... a ... snake!*« – der deutsche Schüler sollte nur das abgebildete Tier erkennen, es mit der englischen Silbe *Sneik* verbinden und ja nicht darauf verfallen, sich darüber Gedanken zu machen, daß diese *SNEIK* offensicht-

lich gar keine Schnecke war, sondern eine Schlange – seine erste Begegnung mit zwei falschen Freunden.
Daß auf diese Weise die Rückmeldung an die Muttersprache ausgeschaltet werden könnte, ist natürlich nur ein frommer Lehrerwunsch. Und warum sollte sie überhaupt ausgeschaltet werden? Nichts berechtigt uns zu dem Glauben, daß der Schüler sich den Namen *cow* um so besser einprägen wird, je weniger er eine Verbindung zu *Kuh* herstellt. Die Auseinandersetzung mit der Muttersprache bringt für das Lernen eine wertvolle Rückbeziehung auf schon Gewußtes, eine Verstärkung der Einprägung, wo Gleiches oder Ähnliches aufeinandertreffen – *cow* und *Kuh* sind sich ähnlich genug –; sie bringt die unerläßliche Warnung vor Unterschieden – *snake* ist *Schlange* und *snail* ist *Schnecke*. Warum sollte man dieses so selbstverständliche, so nützliche Gespräch zwischen den Sprachen krampfhaft zu unterbinden versuchen?
Der einsprachige Unterricht ist zweifellos die einzig richtige Methode – wenn man ihn immer wieder mit dem zweisprachigen Gespräch zwischen den beiden Sprachen verbindet, gerade um das »heimliche Mitsprechen« der Muttersprache, ihre positiven und negativen Reaktionen auf die neue Sprache zu klären und diese dadurch mit der Muttersprache doppelt, positiv und negativ, zu verbinden.
Um die Beteiligung der Muttersprache am Fremdsprachenunterricht haben die Fachleute jahrzehntelang einen erbitterten Grundsatzstreit geführt.[7] Die Verfechter des radikalen Monolinguismus beschuldigten ihre Gegner des Rückfalls in finsterste reaktionäre Methoden. Die Vorkämpfer für eine kontrastive Auseinandersetzung mit der Muttersprache wiesen auf die Unnatürlichkeit des geforderten radikal monolingualen Unterrichts hin, der von der Überzeugung getragen war, man könne dem Schüler das Wort *petrol*, das Wort *gasoline* oder *gas* nur dann wirksam einprägen, wenn man es peinlichst vermied, das Wort *Benzin*, das Wort *Sprit* auch nur zu erwähnen; man könne um so besser lernen, was *wheat, rye, oats, barley* sind, je gewissenhafter man die Rückmeldung an die Muttersprache ausschaltet, daß das Weizen, Roggen, Hafer, Gerste sind – und daß das amerikanische *corn* kein britisches *corn* und kein deutsches Korn ist, sondern Mais.
Besitzen die »Monolinguisten« so wenig Selbstbeobachtungsgabe, daß sie nicht merken, wie oft ihnen selber, in der Schule und im Le-

ben, beim Gebrauch der zweiten Sprache die Rückmeldung an die Muttersprache zu Hilfe kommt, wie oft sie sich andererseits in acht nehmen müssen, daß die Muttersprache ihnen nicht unvermutet ein Bein stellt?

Unnötig zu sagen, daß ein lebendiger einsprachiger Unterricht überhaupt erst die Voraussetzung für Lehrer und Schüler schafft, sich in der betreffenden Sprache frei zu bewegen, wie selbstverständlich mit ihr umzugehen, sich von ihr tragen zu lassen, Gefühl für ihre Tragfähigkeit zu bekommen – mit allen Einschränkungen, die das Anfängerwissen des Schülers, das immer unvollkommene Wissen und Können des Lehrers mit sich bringen. Aber selbst die größte Vertrautheit mit den Formen, Strukturen, Programmen der neuen Sprache, mit der ganzen Welt ihrer Idiomatik, verlangt immer wieder die kritische Absicherung gegen die Muttersprache, ihre phonetischen, lexikalischen, grammatischen, idiomatischen Interferenzen, die zahllosen falschen Freunde – vor allem, wenn und solange wir den größten Teil unseres Lebens, unseres Alltags in dieser Muttersprache verbringen.

Daher ist es auch die ehrlichste, vertrauenerweckendste, didaktisch wirkungsvollste Methode, wenn der Lehrer den Schülern auch von den Gefährdungen und Beschränkungen seiner eigenen Mehrsprachigkeit spricht, davon, daß auch sein eigenes sprachliches Wissen und Können notwendigerweise Grenzen hat, daß auch er gegen sprachliche Fehler und Schwächen nicht gefeit ist (die aufgeweckteren Schüler haben das sowieso schon längst gemerkt), daß zum Wesen der Mehrsprachigkeit die Unvollkommenheit gehört. Selbstbeobachtung und Selbstkritik sind unerläßlich um Mehrsprachigkeit überzeugend vorzuleben.

Das kontrastive Lernen, das Gespräch mit der Muttersprache ist der beste Weg selbst für die Gewinnung sprachlicher »Reflexe«. In unserer Muttersprache ist es uns zur zweiten Natur geworden, auf ein höfliches »*Danke!*« oder »*Danke schön!*« mit dem »Reflex« »*Bitte!*«, »*Bitte sehr!*« zu antworten. Ein verstehendes, denkendes Lernen macht sich zuerst diese Tatsache, und die Gefahr einer Interferenz (»Bitte!« = »Please!«) bewußt, bevor es den »Reflex« einübt, einem Engländer ebenso automatisch »*Don't mention it*« zu antworten (und nicht etwa »Please!«), einem Amerikaner »*You're welcome*« ... Manche Frankokanadier sagen dementsprechend »*Bienvenu*«, zur

Verblüffung der Franzosen aus dem Mutterland, deren »Reflexe« »*Je vous en prie*«, »*Á votre service*«, »*De rien*«, »*Il n'y a pas de quoi*« lauten.[8]
Eine erklärende kontrastive Phonetik und ständige Interferenzanalyse und -korrektur sind für die meisten Schüler unerläßlich, bis endlich die unterschiedliche Aussprache mehrerer Sprachen in ihnen zum »Reflex« geworden ist.

Kontrastives Lernen

Eine erste kontrastive Linguistik entwarf Charles Bally, Saussures Nachfolger auf dessen Genfer Lehrstuhl. In seiner »Linguistique générale et linguistique française« (1932), hervorgegangen aus vielen Vorlesungen über die französische Sprache für deutschsprachige Studenten, zeichnete Bally ein Bild des Französischen, indem er sich des Deutschen als Gegenbild bediente. Da war noch manches strukturalistisch verzeichnet, aber eine Vielzahl französischer und deutscher Strukturen wurden bereits in ihrer divergierenden Instrumentalität sehr genau beschrieben. Es folgten Alfred Malblanc mit seiner, noch mancher sprachlichen »Weltbild«-Vorstellung nachhängenden »Stylistique comparée du français et de l'allemand«, und J. P. Vinay und J. Darbelnet mit ihrer »Stylistique comparée du français et de l'anglais«, seither ein Standardlehrbuch an kanadischen Universitäten.[9]
Die seit 1962 von Charles A. Ferguson herausgegebene »Contrastive Structure Series« des Center for Applied Linguistics in Washington war der Auftakt zu vielen neuen kontrastiven Untersuchungen zwischen den verschiedensten Sprachen der Erde. Als Musterbeispiele können die große serbokroatisch-englische kontrastive Grammatik von Rudolf Filipović (Zagreb), die polnisch-englische Grammatik von Jacek Fisiak (Posen) gelten. In Deutschland liegen die »Moderne deutsch-französische Stilistik auf der Basis des Übersetzungsvergleichs I.« (1976) von Bernhard Grünbeck und die »Vergleichende Grammatik Französisch-Deutsch I.« (1978) von Jean-Marie Zemb vor, weitere kontrastive Grammatiken (spanisch-deutsch, japanisch-deutsch, serbokroatisch-deutsch) sind in Bearbeitung.[10]
Die kontrastive Linguistik hat die Voraussetzungen für eine neue Di-

daktik des kontrastiven Lernens geschaffen, die den Forderungen der Lernpsychologie, der Lernbiologie, die den Leistungen des menschlichen Gehirns besser entspricht als die radikal monolinguale Methode.

Fehleranalysen

Die Notwendigkeit des kontrastiven Lernens haben auch die in den letzten zwanzig Jahren mit den verschiedensten linguistischen Methoden durchgeführten umfangreichen Fehleranalysen bewiesen.[11] Rund die Hälfte aller unserer Fehler sind Interferenzfehler. Ihre Quelle ist keineswegs nur die Muttersprache. Ein beträchtlicher Teil der Fehler deutscher Schüler, die das Französische nach dem Englischen lernen, geht auf das Englische zurück, von der Rechtschreibung (*l'example* statt *l'exemple, l'indépendence* statt *l'indépendance, le marriage* statt *le mariage* ...) bis zu den verschiedenartigsten Interferenzen englischer Wörter und Wendungen auf das Französische dieser Deutschen.

Da hilft nur die kontrastive Methode: die divergierenden Formen und Strukturen nebeneinanderhalten, um zu lernen, sie auseinanderzuhalten.

Um diese Binsenwahrheit auch noch andersherum zu verdeutlichen: kontrastives Lernen heißt ganz einfach, sich als Franzose klarzumachen, daß im Deutschen zwei Wochen nicht *fünfzehn Tage* sind (fr. *quinze jours*), sondern *vierzehn,* daß wir nicht sagen *es geht regnen* (fr. *il va pleuvoir*), sondern *es wird regnen,* nicht *er hat zwanzig Jahre* (fr. *il a vingt ans*), sondern *er ist zwanzig,* nicht *wenn du kommst nach Paris* (fr. *si tu viens à Paris*), sondern *wenn du nach Paris kommst,* und auch nicht so oft *was macht man jetzt?* (fr. *qu'est-ce qu'on fait maintenant?*) für *was machen wir jetzt?* – und man nicht darauf vertraut, es durch vieles Sprechen mit der Zeit schon von selbst richtig zu machen.

Die wiederentdeckte Übersetzung

Für viele Sprachunterrichtsreformer war lange Zeit oberstes Gebot: »DU SOLLST NICHT ÜBERSETZEN!« Auch da beginnt man seit einigen Jahren umzudenken.[12]
Wer sein Leben damit verbracht hat, Sprachen zu lernen und zu lehren, Dolmetscher, Übersetzer, Sprachlehrer auszubilden, weiß, wie oft wir selber, notwendiger- und selbstverständlicherweise, übersetzen, wann wir das Gespräch zwischen den Sprachen in Anspruch nehmen, die wir in unserem Gehirn beherbergen. Jede aufmerksame und ehrliche Selbstbeobachtung wird das bestätigen: überall da, wo wir die Wörter und Wendungen der einen Sprache häufig, alltäglich gebrauchen, die der anderen selten, bedienen wir uns auf die natürlichste Weise dieser Quer- und Rückverbindungen. Erinnern wir uns an die Worte Albert Schweitzers über die Namen des Küchengeschirrs und des Handwerkszeugs. Sie fallen uns in der Sprache zuerst ein, in der wir sie in unserer Kindheit und Jugend immer wieder gehört und gebraucht haben.
Die *Lärche* vor meinem Haus heißt drüben bei den Italienern *il larice,* bei den Franzosen *le mélèze,* das weiß ich seit langem, aber mitten im italienischen oder im französischen Gespräch komme ich doch ganz selbstverständlich von der Muttersprache her über die Erinnerungsbrücke, die Übersetzungsbrücke zu diesen Namen. Unseren *Gamsbock* übersetze ich mir im italienischen Gespräch mit *camoscio,* im französischen mit *chamois,* nenne ihn vielleicht auch *isard,* wie er in den Pyrenäen heißt (wo ich persönlich ihn nie gesehen habe). Ein *Schindeldach* sehe ich vor mir, das Wort ist für mich »die Sache selbst«, ich weiß, daß es für die französischen Schweizer *un toit de bardeaux* ist, seit ich vor einem halben Jahrhundert deren treuherziges Lied »*Là-haut sur la montagne*« gelernt habe *(»murs blancs, toit de bardeaux, devant la porte un vieux bouleau ...«),* ich übersetze also *Schindeldach* mit *toit de bardeaux ...* und es kommt vor, daß Franzosen, die aus Gegenden kommen, in denen es alte Strohdächer gibt, *des toits de chaume,* oder Schieferdächer, *des toits d'ardoises,* aber keine Schindeldächer, gar nicht wissen, was überhaupt *des bardeaux,* was Schindeln sind. Auch in unserer Muttersprache sind unsere Kenntnisse immer unvollständig, immer unvollkommen, auch das eine Binsenwahrheit. Unsere *Heidelbeeren, Blaubeeren, Schwarz-*

beeren (was ist eigentlich mein eigenes Wort? das meiner Tiroler Kindheit, *Schwarzbeeren*? das eines geliebten Kinderbuchs, *Blaubeeren*? das Wort vieler Schwarzwaldsommer, *Heidelbeeren*?) muß ich französischen Freunden mit *myrtilles* erklären... in Kanada heißen ähnliche, etwas größere, nicht ganz so schmackhafte Beeren *des bleuets*... für europäische Franzosen sind das Kornblumen.

Unser Gedächtnis ist voll von unzähligen solcher Rückverbindungen, Querverbindungen, Übersetzungen, Umsetzungen, solcher Erinnerungsbrücken, wenn man will auch Eselsbrücken zwischen unseren Sprachen. Es sind die Brücken unserer Mehrsprachigkeit.

Wir müssen übersetzen, um zu lernen, nicht mehr zu übersetzen

Nur ein paar Beispiele:
Eine in unserer Vorstellungswelt so fest verankerte Instrumentalstruktur wie die der deutschen Positionsverben *stehen, sitzen, liegen, knien, kauern, hocken, lehnen*... drängt uns immer wieder dazu, französische Entsprechungen dafür zu suchen – bis diese mehr oder weniger mißglückenden Übersetzungsversuche uns allmählich erkennen lassen, daß das Französische dafür eine andere Instrumentalstruktur bereithält, *être* mit einem Partizip oder Adverb, *être debout, assis, couché, étendu, allongé, étalé, à genoux, agenouillé, accroupi, blotti, tapi, appuyé, adossé*... und daß wir in vielen Fällen diese uns so selbstverständliche explizite Präzisierung (»*Wo ist mein Regenschirm?*« – »*Da steht er*«, oder »*Da liegt er*«, oder »*Da hängt er*«; »*Die Flasche steht auf dem Tisch*«, »*Der Brief liegt auf dem Tisch*«) im Französischen nicht suchen dürfen: da verläßt man sich meist auf den Kontext und die Situation und begnügt sich mit einem allgemeinen »*Il est là*«, »*Elle est sur la table*«.

In der Übersetzung gewöhnen wir uns daran, in einer unserer charakteristischsten Instrumentalstrukturen, der Verbalkomposition, für unsere komplexen Richtungszusätze ein einfaches französisches Richtungsverb zu nehmen, für *durch-, vorbei-, vorüber-, hinüber-, herüber-, -gehen, -ziehen, -marschieren, -fahren* ein schlichtes französisches *passer*. Wir gewöhnen uns an das deutsch-französische »*chassé-croisé*«:

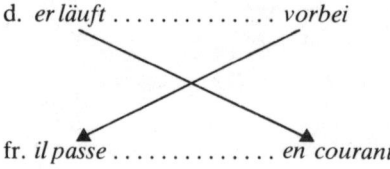

d. er läuft .... vorbei

fr. il passe .... en courant

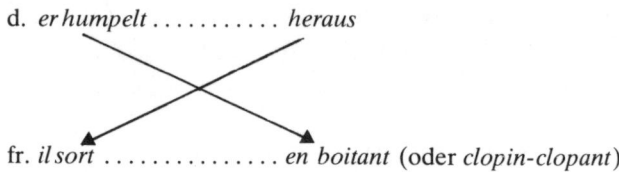

d. er humpelt .... heraus

fr. il sort .... en boitant (oder *clopin-clopant*)

Die Übersetzung macht uns ebenso mit der Umsetzung der deutschen hervorhebenden Wortbetonung in die grammatische »mise en relief« des Französischen und umgekehrt vertraut:

»*Das sage ICH dir!*« — »*C'est moi qui te le dis!*«
»*Suchst du DIESES Buch?*« — »*C'est ce livre-là que tu cherches?*«
»*Fahren wir nach PARIS?*« — »*C'est à Paris qu'on va?*«
»*Fahren wir MORGEN?*« — »*C'est demain qu'on part?*«

Verstehendes Lernen

Die Auseinandersetzung zwischen den beiden Sprachen erweist sich aber auch gerade da als unerläßlich, wo die Übersetzung auf Schwierigkeiten stößt oder gar unmöglich zu sein scheint. Gerade das öffnet uns die Augen für die eigentümliche Beschaffenheit unserer menschlichen Sprachen, gibt uns einen Einblick in die Natur ihrer Idiomatik, in der die Worte etwas anderes besagen als sie sonst bedeuten:

»*Par exemple!*«   »*Also so etwas!*«
»*Allez-y!*«   »*Los!*«
»*Ça y est*«   »*Fertig*«, »*Jetzt ist es soweit*«
»*Je n'y suis pour rien*«   »*Ich kann nichts dafür*«
»*Ne vous en faites pas*«   »*Regen Sie sich nicht auf*«

»Je veux bien« »Meinetwegen«
»A la bonne heure« »Na schön«
»Tant pis« »Na ja, nicht so schlimm« ...

Übersetzung bedeutet Auseinandersetzung, übt das Nachdenken über unsere Sprachen, ist ein verstehendes Lernen, eine unvergleichliche Hilfe, die tausendfachen idiomatischen Abweichungen dem Gedächtnis einzuprägen:

»Faire la queue« »Schlange stehen«
»Mettre les pieds dans le plat« »Ins Fettnäpfchen treten«
»Cela me fait une belle jambe« »Davon habe ich nichts«
»Si ça vous chante« »Wenn es Ihnen Spaß macht« ...

Die Bemühung, mit der einen Sprache so nahe wie nur möglich an die andere heranzukommen, das Abwägen verschiedener Möglichkeiten, das Hin und Her zwischen zwei soziokulturellen Polysystemen, das Für und Wider der Lösungen ... es gibt keinen besseren Weg, in das Innerste unserer Sprachen einzudringen. Mit den alten Schulübersetzungsübungen und ihrer einzig gültigen Musterübersetzung hat das alles nichts zu tun.

»Wer fremde Sprachen nicht kennt ...«

Wie oft hat man Goethes Wort wiederholt: »Wer fremde Sprachen nicht kennt, weiß nichts von seiner eigenen« (Maximen und Reflexionen 91). Aber auf welchen Wegen, Umwegen, Rückwegen kommen wir überhaupt von diesen fremden, nicht mehr fremden, vertraut gewordenen Sprachen zu einem besseren, tieferen, bewußteren Wissen unserer eigenen Sprache?
Die besten deutschen Fremdsprachenlehrer leben heute noch mit dem Rücken zu ihrer Muttersprache. Sie glauben es ihrer Aufgabe schuldig zu sein, sich so weit wie möglich mit der englischen oder der französischen oder jeder anderen Sprache zu identifizieren, so wenig wie nur möglich mit der deutschen zu tun zu haben. Aus den besten Lehrplänen spricht heute noch immer die Vorstellung, man könne und müsse dem menschlichen Gehirn, möglichst abgeschlossen und

abgeschirmt gegen die Muttersprache, eine zweite, dann womöglich nach demselben Verfahren auch noch eine dritte Sprache einpflanzen. Jede fruchtbare Auseinandersetzung mit der Muttersprache ist damit ausgeschlossen.

Jeder Lehrer einer fremden Sprache muß auch Lehrer der Muttersprache werden. Er muß das Gespräch zwischen den Sprachen lehren, das Nachdenken über unsere Sprachen. Es gibt keinen besseren Zugang zu diesem Nachdenken als das Übersetzen. Es ist ja unser Denken, das im Übersetzungsvorgang die beiden Sprachen zusammenführt, ihre vergleichbaren Möglichkeiten überprüft, gegeneinander abwägt, Lösungen sucht, das Für und Wider überlegt, sich schließlich entscheidet. Im Übersetzen lernen wir auch immer wieder neue Seiten unserer Muttersprache kennen, im Übersetzen werden uns ihre Schwächen und ihre Stärken, auch ihre Schönheiten, erst richtig bewußt. Im Übersetzen lernen wir, daß unser Denken unsere Sprachen übersteigen kann.

Freude an Sprachen, Lust an Mehrsprachigkeit bedeutet nicht Sprachvergötzung oder Wortfetischismus, im Gegenteil. Wir nehmen Abschied vom Mythus der Muttersprache als dem heiligen Schrein der Volksseele. Jede übersetzende und vergleichende Beschäftigung mit unseren Sprachen führt uns zur Kritik ihrer tausend Ungereimtheiten, Unbeholfenheiten, Unzulänglichkeiten. Wir machen die Erfahrung, daß sich das eine in dieser Sprache, das andere in jener besser, schöner, eindrucksvoller sagen läßt, daß wir den gleichen Gedanken in verschiedenen Sprachen mit verschiedenen Worten ausdrücken können.

Mehrsprachigkeit bedeutet, daß unsere Gedanken nicht an einer bestimmten Sprache hängen, nicht an deren Worten kleben. Unsere Mehrsprachigkeit ist der sprachliche Spielraum unserer geistigen Freiheit.

Anmerkungen

I. Die muttersprachliche Mehrsprachigkeit

1 John C. Eccles, Das Gehirn des Menschen, R. Piper München 1975, S. 251; Frederic Vester, Denken, Lernen, Vergessen, dtv Stuttgart 1978²; Carl Sagan, The Dragons of Eden, Speculations on the Evolution of Human Intelligence, Random House New York 1977.
2 Karl Götz, Der goldene Morgen, Heitere Geschichten aus einer armen Kindheit, Stieglitz-Verlag Mühlacker 1974⁷, S. 157; dazu Kurt Rein, Diglossie in der deutschen Gegenwartssprache, in: Sprachliche Interferenz, Festschrift für Werner Betz, Max Niemeyer Tübingen 1977, S. 159.
3 Ruth Wagner in: Herrschaft und Gesellschaft in der Sprache, Referate und Diskussionen während der Herbsttagung der Deutschen Akademie für Sprache und Dichtung, Jahrbuch 1973, Lambert Schneider Heidelberg 1974, S. 121. Erfrischend und beherzigenswert Wolf Schneider, Wörter machen Leute, Magie und Macht der Sprache, Piper München 1976, Kap. 34.
4 Josef Pieper, Noch wußte es niemand, Autobiographische Aufzeichnungen 1904–1945, Kösel-Verlag München 1976, S. 12.
5 Carl Ludwig Schleich, Besonnte Vergangenheit, Lebenserinnerungen 1859–1919, Rowohlt Verlag Berlin 1920, S. 114, 136.
6 Ingo Reiffenstein, Sprachebenen und Sprachwandel im österreichischen Deutsch der Gegenwart, in: Festschrift Werner Betz, S. 175.
7 H. C. Artmann, Med ana schwoazzn dintn, Otto Müller Salzburg 1958; Wolfgang A. Teuschl, Da Jesus und seine Hawara, Residenz Verlag Salzburg 1971.
8 Rudolf Schwarzenbach, Die Stellung der Mundart in der deutschsprachigen Schweiz, Beiträge zur schweizerdeutschen Mundartforschung Band XVII, Verlag Huber & Co. Frauenfeld 1969.
9 Roland Ris, Dialekte und Sprachbarrieren aus Schweizer Sicht, in: Dialekt als Sprachbarriere? Ergebnisbericht einer Tagung zur alemannischen Dialektforschung, Tübinger Vereinigung für Volkskunde, Tübingen 1973, S. 56.
10 Charles A. Ferguson, Diglossia, Word 15, 2, 1959, S 325.
11 Warum im Dialekt? Interviews mit zeitgenössischen Autoren, hgg. von Gerhard W. Baur und Hans-Rüdiger Fluck, Francke Verlag Bern 1976.

12 Günter Puchner, Kundenschall, Das Gekasper der Kirschenpflücker im Winter, Das Rotwelsch und die deutsche Sprache, Heimeran München 1974, S. 39; dazu Peter Wehle, Die Wiener Gaunersprache, Eine stark aufgelockerte Dissertation, Jugend und Volk Wien 1977.
13 Rudolf Koppenburg, Konvergenzen in einigen europäischen Kultursprachen, Ein deutsch-englisch-französisch-italienisch-spanisch-russischer Übersetzungsvergleich, Diss. Tübingen 1976; Barbara Brunner, Aspekte der internationalen Juristensprache, Ein französisch-englisch-spanisch-russischer Übersetzungsvergleich anhand von völkerrechtlichen Verträgen der International Atomic Energy Agency, Diss. Salzburg 1978.
14 Der Spiegel 17. 10. 1977, S. 212.
15 Paul Celan, Ausgewählte Gedichte, Suhrkamp Frankfurt 1968, S. 107.
16 M. Wandruszka, Le mot: connotations et indices socio-culturels, in: Mélanges Paul Imbs, Travaux de Linguistique et de Littérature, Strasbourg 1973.
17 Peter Handke, Die Angst des Tormanns beim Elfmeter, Suhrkamp Frankfurt 1970.
18 Hans-Martin Gauger, Zum Problem der Synonyme, Gunter Narr Tübingen 1972; ders., Die Wörter und ihr Kontext, Ein Beitrag zu den Synonymen, in: Gauger, Sprachbewußtsein und Sprachwissenschaft, Piper München 1976, S. 154.
19 Els Oksaar, Berufsbezeichnungen im heutigen Deutsch, Soziosemantische Untersuchungen, mit deutschen und schwedischen experimentellen Kontrastierungen, Sprache der Gegenwart, Schriften des Instituts für deutsche Sprache Band XXV, Schwann Düsseldorf 1976.
20 Charles F. Hockett, A Course in Modern Linguistics, Mac Millan New York 1958, 38. 1.
21 Noam Chomsky, Aspects of the Theory of Syntax, MIT Cambridge Mass. 1965, S. 3.

II. Selbstzeugnisse

1 W. F. Mackey, Bibliographie internationale sur le bilinguisme – International Bibliography on Bilingualism, Les Presses de l'Université Laval 1972; ders., Langue, dialecte et diglossie littéraire, Laval 1975; ders., Bilinguisme et contact des langues, Paris Klinksieck 1976; Els Oksaar, Bilingualism, in: Current Trends in Linguistics 9, ed. Th. A. Sebeok, Mouton The Hague 1971; Maurice van Overbeke, Introduction au problème du bilinguisme, Editions Labor Bruxelles 1972; R. Titone, Bilinguismo precoce e educazione bilingue, Armando Editore Roma 1972.
2 Albert Schweitzer, Aus meinem Leben und Denken, Felix Meiner Verlag Leipzig 1931, S. 51.
3 M. Wandruszka, Der Geist der französischen Sprache, Rowohlts deutsche Enzyklopädie 85, Hamburg 1959, S. 127.
4 Über die Sprache, Erfahrungen und Erkenntnisse deutscher Dichter und Schriftsteller des 20. Jahrhunderts, Eine Anthologie hgg. von Karlheinz Daniels, Carl Schünemann Verlag Bremen 1966, S. 132.

5 Elias Canetti, Die gerettete Zunge, Geschichte einer Jugend, Hanser Verlag München 1977, S. 18.
6 Ders., a.a.O., S. 99.
7 W. Theodor Elwert, Das zweisprachige Individuum, Abhandlungen der Geistes- und Sozialwissenschaftlichen Klasse der Akademie der Wissenschaften und der Literatur in Mainz, Jahrgang 1959, Nr. 6.
8 Georg Christoph Lichtenberg, Aphorismen, Eine Auswahl, Reclam Verlag Stuttgart 1953, S. 56.
9 M. van Overbeke, a.a.O., S. 155.

III. Zweisprachige Bevölkerungen

1 Richard Llewellyn, So grün war mein Tal, Deutsche Übertragung von Albert Gysin, Bertelsmann Lesering 1958, S. 172.
2 Claus Gatterer, Schöne Welt – Böse Leut, Kindheit in Südtirol, Fritz Molden Wien 1969, S. 42.
3 Kurt Egger, Zweisprachigkeit in Südtirol, Probleme zweier Volksgruppen an der Sprachgrenze, Athesia Bozen 1977.
4 Sergio Salvi, Le lingue tagliate, Storia delle minoranze linguistiche in Italia, Rizzoli Milano 1975. Zum Ladinischen vgl. L'entità ladina dolomitica, Convegno interdisciplinare, Vigo de Fassa 10–12 settembre 1976, Atti a cura di Luigi Heilmann, Istituto Culturale Ladino, Vigo di Fassa 1977, und Alberto Zamboni, Recenti discussioni sul problema ladino, Rivista Italiana di Dialettologia, Scuola società territorio, Cooperativa Libreria Universitaria Editrice Bologna I 1977, wo als einziger Weg zur Erhaltung des Ladinischen die bewußte Pflege der Mehrsprachigkeit erkannt wird: »*l'unica* condizione capace di salvare la parlata storica, quella di un *consapevole* (e perciò produttivo) *bilinguismo*« (S. 111).
5 Norman Denison, Sauris, A trilingual community in diatypic perspective, MAN III 1968, S. 578; ders., Friulano, italiano e tedesco a Sauris, Atti del Congresso internazionale di linguistica e tradizioni popolari, Gorizia 1969, S. 87.
6 Giuseppe Francescato – Fulvio Salimbeni, Storia, lingua e società in Friuli, Casamassima Udine 1976, besonders S. 200 ff.
7 Gianni Migliorino, A scuola di sardo, aspettando il bilinguismo, Corriere della Sera 16. 6. 1977.
8 Epoca 3. 8. 1977.
9 Lorenzo Renzi, Uno o più drammi linguistici, Nuova Corrente 67, 1975, S. 330.
10 Tullio De Mauro, Storia linguistica dell'Italia unita, Bari 1965^2, S. 113; G. B. Pellegrini, Saggi di linguistica italiana, Torino 1975, S. 11; Manlio Cortelazzo, Avviamento critico allo studio della dialettologia italiana I Pisa 1969 § 28; M. Wandruszka, La lingua quale polisistema socioculturale, Italiano d'oggi, Lint Trieste 1974, S. 3.
11 Rafael Ninyoles, Cuatro idiomas para un Estado (El castellano y los conflictos lingüísticos en la España periférica), Cambio 16, Madrid 1977, S. 10, 50.
12 Antoni M. Badia i Margarit, La llengua dels Barcelonins, Resultats d'una enquesta

sociológica-lingüística I, Barcelona 1969; ders., Langue et société dans le domaine linguistique catalan, notamment à Barcelone, Revue de Linguistique Romane 36, 1972, S. 263.

13 Gonzalo Moya – Jesus Lago, Bilingüísmo y trastorno del lenguaje en España, Saltés Madrid 1977, S. 284.
14 A. M. Badia Margarit, RLR 36, 1972, S. 290.
15 »Resulta claro ahora que el leonés, el portugués, el catalán y demás hablas peninsulares han influído mucho más de lo admitido comúnmente en la creación del vocabulario castellano general«, Joan Corominas, Diccionario crítico etimológico de la lengua castellana, Francke Bern 1954, Prefacio XIX, und zahlreiche Artikel dieses monumentalen Werks.
16 A. M. Badia Margarit, Fisiognómica comparada de las lenguas catalana y castellana, Barcelona 1955, S. 22.
17 A. M. Badia Margarit, Gramatica Catalana, Gredos Madrid 1962; vgl. dazu Francesc Vallverdú, Dues llengües: dues funcions?, Edicions 62, Barcelona 1970; ders., Ensayos sobre bilingüísmo, Ariel Barcelona 1972. Eine vorzügliche Einführung bietet Georg Kremnitz in: Sprachen im Konflikt, Theorie und Praxis der katalanischen Soziolinguisten. Eine Textauswahl, Tübinger Beiträge zur Linguistik 117, Gunter Narr Tübingen 1979.
18 Gonzalo Moya, a. a. O., 129 ff.
19 Hugo-Schuchardt-Brevier, Ein Vademecum der allgemeinen Sprachwissenschaft, zusammengestellt und eingeleitet von Leo Spitzer, Niemeyer Halle 1928[2], S. 204, 300.
20 Heinz Kloss, Die Entwicklung neuerer germanischer Kultursprachen von 1800 bis 1950, Schriftenreihe des Goethe-Instituts I, München 1952; ders., Die deutsche Sprache im Kreise der nahverwandten Sprachen und Halbsprachen, Jahrbuch 1970 des Instituts für deutsche Sprache, Schwann Düsseldorf 1971, S. 258.
21 Américo Castro, La realidad histórica de España, Porrua México 1954, S. 351; Las Cantigas de Alfonso el Sabio; Aly Aben Ragel, El Libro conplido en los iudizios de las estrellas, Traducción hecha en la corte de Alfonso el Sabio, Introducción y edición por Gerold Hilty, Real Academia Española Madrid 1954.
22 Jorj Gwegen, La langue bretonne face à ses oppresseurs, Nature et Bretagne, Quimper 1975, S. 33.
23 Ders., a. a. O., S. 38; Louis-Jean Calvet, Linguistique et colonialisme, Petit traité de glottophagie, Payot Paris 1974, S. 175; Jean-Pierre Richardot, La France en miettes, Belfond Paris 1976, S. 215; Claude Duneton, Parler croquant, Stock Paris 1973, S. 21; Yvon Bourdet, L'éloge du patois ou l'itinéraire d'un occitan, Galilée Paris 1977, S. 17.
24 J. B. Marcellesi, L'enseignement des »langues régionales«, Langue française 25, février 1975; Lars Olsson, Les problèmes linguistiques de l'Alsace vus par un Suédois, Moderna Språk LXVIII 1/1974, S. 45.
25 M. Wandruszka, Nord und Süd im französischen Geistesleben, Berliner Beiträge zur romanischen Philologie IX 1939; Bodo Müller, *Langue d'oc, Languedoc, Occitan*, in: Verba et Vocabula, Festschrift Ernst Gamillscheg, Wilhelm Fink München 1968, S. 323; Robert Lafont, Le Sud et le Nord, dialectique de la France, Pri-

vat Toulouse 1971; ders., Clefs pour l'Occitanie, Seghers Paris 1971; ders., La revendication occitane, Flammarion Paris 1974; Brigitte Schlieben-Lange, Okzitanisch und Katalanisch, Ein Beitrag zur Soziolinguistik zweier romanischer Sprachen, Tübinger Beiträge zur Linguistik 1971.
26 Y. Bourdet, a. a. O., S. 92.
27 René Merle, Culture occitane per avançar, Editions sociales Paris 1977, S. 101.
28 Robert Lafont, Lettre ouverte aux Français, d'un Occitan, Albin Michel Paris 1973, S. 23.
29 Marc Averous, Occitanie Libre, Parti Nationaliste Occitan, Périgueux 1973; Louis Bayle, Procès de l'occitanisme, L'Astrado Toulon 1975.
30 M. Wandruszka, Plaidoyer pour le plurilinguisme, Revue de Linguistique Romane 39, 1975, S. 108.
31 William F. Mackey, Bilinguisme et contact des langues, Klincksieck Paris 1976.
32 Joshua A. Fishman, Sociolinguistique, Labor Bruxelles 1971, S. 89.

IV. Sprachmischung

1 August Wilhelm von Schlegel, Observations sur la langue et la littérature provençales, Neudruck der ersten Ausgabe Paris 1818, hgg. von Gunter Narr, Tübingen 1971, S. 14–20.
2 Gabriel Altmann – Werner Lehfeldt, Allgemeine Sprachtypologie, Prinzipien und Meßverfahren, Wilhelm Fink Verlag München 1973; Gustav Ineichen, Allgemeine Sprachtypologie, Ansätze und Methoden, Wissenschaftliche Buchgesellschaft Darmstadt 1979; Vladimír Skalička, Ein »typologisches Konstrukt«, Travaux linguistiques de Prague 2, Klincksieck Paris 1966, S. 157; ders. Sprachtypologie und Sprachentwicklung, To Honor Roman Jakobson III, Mouton The Hague 1967, S. 1827.
3 Witold Mańczak, Le problème de la classification des langues romanes, Actes du IXe Congrès international de linguistique romane I Lisboa 1961, S. 81; Heles Contreras, Una clasificación morfo-sintáctica de las lenguas románicas, Romance Philology XVI 1963, S. 261; Žarko Muljačić, Die Klassifikation der romanischen Sprachen, Romanistisches Jahrbuch XVIII 1967, S. 23; Maria Iliescu, Ressemblances et dissemblances entre les langues romanes du point de vue de la morphosyntaxe verbale, Revue de Linguistique Romane XXXIII 1969, S. 133; G. B. Pellegrini, La classificazione delle lingue romanze e i dialetti italiani, FORUM ITALICUM IV no. 2, 1970, S. 211; William Francis Mackey, La distance interlinguistique, Centre international de recherches sur le bilinguisme, Les Presses de l'Université Laval, Québec 1971; Harald Haarmann, Prinzipielle Probleme des multilateralen Sprachvergleichs, Tübinger Beiträge zur Linguistik, Verlag Gunter Narr Tübingen 1977, dazu Besprechung von M. Wandruszka im Archiv für das Studium der Neueren Sprachen 130, 1978, S. 378.
4 Wilhelm von Humboldt, Über die Verschiedenheit des menschlichen Sprachbaues und ihren Einfluß auf die geistige Entwicklung des Menschengeschlechts 1830–35, § 30: Hauptunterschied der Sprachen nach der Reinheit ihres Bildungs-

prinzips, Schriften zur Sprachphilosophie, Werke III Wissenschaftliche Buchgemeinschaft Darmstadt 1963, S. 548; dazu E. Coseriu, Über die Sprachtypologie Wilhelm von Humboldts, Ein Beitrag zur Kritik der sprachwissenschaftlichen Überlieferung, in: Beiträge zur vergleichenden Literaturgeschichte, Festschrift Kurt Wais, Max Niemeyer Tübingen 1972, S. 107.

5 W. v. Humboldt, a. a. O., S. 529.

6 Ders., Über die Verschiedenheiten des menschlichen Sprachbaues 1827–29, § 138–143.

7 Über den heutigen Stand der Erforschung des Hethitischen verdanke ich die wertvollsten Hinweise Oswald Panagl, mit einer Fülle von Belegen für die hybriden Strukturen dieser Sprache, aber auch den Hinweis auf Heinz Kronasser, Vergleichende Laut- und Formenlehre des Hethitischen, Carl Winter Heidelberg 1956, S. 24: »Alle Sprachen sind bis zu gewissem Grad Mischsprachen, und es ergibt ein etwas schiefes Bild, dies am Hethitischen als Hauptcharakteristikum hervorzuheben.«

8 Georg Renatus Solta, Zur Stellung der lateinischen Sprache, Österr. Akademie der Wissenschaften phil. hist. Klasse, Sitzungsberichte 291. Band, 4. Abhandlung, Wien 1974, S. 49.

9 Giacomo Devoto, Storia della lingua di Roma, Bologna 1944², deutsch: Geschichte der Sprache Roms, Carl Winter Heidelberg 1968, S. 86, 147, 192, 211, 262; ders., Il linguaggio d'Italia, Storia e strutture linguistiche italiane dalla preistoria ai nostri giorni, Rizzoli Milano 1974; Eugenio Coseriu, Das Problem des griechischen Einflusses auf das Vulgärlatein, in: Reinhold Kontzi Hg., Zur Entstehung der romanischen Sprachen, Wissenschaftliche Buchgemeinschaft Darmstadt 1978, S. 448.

10 Kurt Baldinger, Die Herausbildung der Sprachräume auf der Pyrenäenhalbinsel, Akademie-Verlag Berlin 1959, S. 4; Gerhard Rohlfs, Le gascon, Etudes de philologie pyrénéenne, Max Niemeyer Tübingen 1970², S. 145; Johannes Hubschmid, Sprachgeographie und Substratforschung, Festschrift Walther von Wartburg, Max Niemeyer Tübingen 1968 II., S. 3.

11 Walther von Wartburg, Die Entstehung der romanischen Völker, Max Niemeyer Tübingen 1951²; ders., Die Ausgliederung der romanischen Sprachräume, Francke Bern 1950; Ernst Gamillscheg, Romania Germanica, Sprach- und Siedlungsgeschichte der Germanen auf dem Boden des alten Römerreiches I, Walter de Gruyter Berlin 1970². Kritik an der »Germanentheorie« übte vor allem Harri Meier, zuletzt in: Zur Geschichte der Erforschung des germanischen Superstratwortschatzes im Romanischen, Festschrift für Werner Betz, Niemeyer Tübingen 1977, S. 292, und sein Schüler Artur Greive, Etymologische Untersuchungen zum französischen *h* aspiré, Carl Winter Heidelberg 1970.

12 W. v. Wartburg, Französisches Etymologisches Wörterbuch Band 15–17, Germanische Elemente, Zbinden Basel 1966ff.

13 Gamillscheg, a. a. O., S. 253, 384, 405; Heinrich Kuen, Verwandtschaftsbegriffe und Zweisprachigkeit, und Helmut Stimm, Fränkische Lehnprägungen im französischen Wortschatz, in: Verba et Vocabula, Festschrift Gamillscheg, Wilhelm Fink München 1968, S. 291, 593; Gerold Hilty, Westfränkische Superstrateinflüsse auf

die galloromanische Syntax, in: Festschrift Wartburg, Niemeyer Tübingen 1968 I, S. 493; Gerhard Rohlfs, Romanische Sprachgeographie, Beck'sche Verlagsbuchhandlung München 1971, XIII. Die germanische Durchdringung der Romania, und § 44–45: Die Stellung des attributiven Adjektivums; Dieter Messner, Einführung in die Geschichte des französischen Wortschatzes, Wissenschaftliche Buchgesellschaft Darmstadt 1977.

14 Les anciens textes romans non littéraires, Beiträge von Ch. Th. Gossen, K. Baldinger, P. Gardette, in: Revue de linguistique romane XXVI, 1962; Ch. Th. Gossen, Französische Scriptastudien, Untersuchungen zu den nordfranzösischen Urkundensprachen des Mittelalters, Sitzungsberichte der Österr. Akad. der Wiss., phil. hist. Klasse Band 253, 1967; Hans Goebl, Die normandische Urkundensprache, Sitzungsberichte 269, 1970.

15 François Rabelais, Pantagruel, Lyon 1532, Chapitre VI: Comment Pantagruel rencontra un Limosin qui contrefaisoit le langaige Françoys.

16 M. Wandruszka, Sprachen vergleichbar und unvergleichlich, Piper München 1969, Kap. 8, Wortbildung.

17 Henry Bradley, The Making of English, Macmillan London 1937[14], S. 88.

18 Hans Marchand, The Categories and Types of Present-Day English Word-Formation, Beck'sche Verlagsbuchhandlung München 1969[2].

19 Otto Jespersen, Growth and Structure of the English Language, Teubner Leipzig 1935[8], S. 169.

20 Ders., a.a.O., S. 118.   21 Ders., a.a.O., S. 122.   22 Ders., a.a.O., S. 136.

23 Hans-Martin Gauger, Sprachbewußtsein und Sprachwissenschaft, Piper München 1976, S. 222.

24 Ernst Leisi, Das heutige Englisch, Winter Heidelberg 1955, S. 74.

25 Frederick Bodmer, The Loom of Language, New York Norton & Co. New York 1944, S. 481.

26 H. W. Fowler, A Dictionary of Modern English Usage, The Clarendon Press Oxford 1964[22], s. v. *Saxonism.*

27 Marchand, Categories and Types; Lothar Mahn, Zur Morphologie und Semantik englischer Verben auf -IFY mit Berücksichtigung französischer und deutscher Entsprechungen, Tübinger Beiträge zur Linguistik 27, Tübingen 1971.

28 Pierre Daviault, Langage et Traduction, Bureau fédéral de la traduction, Secrétariat d'Etat Ottawa 1962; René de Chantal, Chroniques de français, Editions de l'Université d'Ottawa 1961; Gérard Dagenais, Dictionnaire des difficultés de la langue française au Canada, Editions Pedagogia Québec–Montréal 1967.

29 Irène de Buisseret, Deux langues, six idiomes, Carlton-Green Publishing Company Ottawa 1975.

30 »Langue française au Québec«, Collection dirigée par Georges Straka et Marcel Juneau (seit 1966), Les Presses de l'Université Laval, Québec; Observatoire du français moderne et contemporain sous la direction d'André Clas, Matériaux pour l'étude du français au Canada (seit 1970), Département de linguistique et philologie, Université de Montréal; Jean Marcel, Le joual de Troie, Editions du jour, Montréal 1973.

31 William F. Mackey, Bilinguisme et contact des langues, Klincksieck Paris 1976, Chap. 12: L'interpénétration des langues.
32 René Etiemble, Parlez-vous franglais?, Gallimard Paris 1964, 1973²; Pierre Guiraud, Les mots étrangers, Que sais-je?, No 1166, Paris 1965.
33 Ludwig Söll, Shampooing und die Integration des Suffixes -ing, Verba et Vocabula, Festschrift Ernst Gamillscheg, Fink Verlag München 1968, S. 565.
34 Journal Officiel de la République Française, 7. 1. 1972, 18. 1. 1973, 4. 1. 1976; Bodo Müller, Das Französische der Gegenwart, Winter Heidelberg 1975, S. 26.
35 Laure Chirol, Les »mots français« et le mythe de la France en anglais contemporain, Klincksieck Paris 1973.

V. Deutsch

1 Ernst Gamillscheg, Romania Germanica I, Zu den ältesten Berührungen zwischen Römern und Germanen, Berlin 1970².
2 Werner Betz, Deutsch und Lateinisch, Die Lehnbildungen der althochdeutschen Benediktinerregel, Bouvier Verlag Bonn 1965², S. 28; Josef Weisweiler und Werner Betz, Deutsche Frühzeit, und Werner Betz, Lehnwörter und Lehnprägungen im Vor- und Frühdeutschen, in: Friedrich Maurer und Heinz Rupp, Deutsche Wortgeschichte Band I, Walter De Gruyter Berlin 1974.
3 Hans Eggers, Deutsche Sprachgeschichte I, Das Althochdeutsche, Rowohlts Deutsche Enzyklopädie 185, Hamburg 1963, S. 194.
4 Ders., a.a.O., S. 178, 251.
5 Ders., a.a.O., S. 80; Deutsche Sprachgeschichte II, Das Mittelhochdeutsche, Hamburg 1965, S. 31.
6 Wolfgang Huber, Interferenz und Syntax, in: Sprachliche Interferenz, Festschrift Werner Betz, Niemeyer Tübingen 1977, S. 57; über die Entstehung der deutschen Bezugsadjektiva als Lehnübersetzungen aus dem Lateinischen: Hartmut Lauffer, Sprachwandel durch Interferenz beim Adjektiv, in derselben Festschrift S. 436.
7 Emil Öhmann, Der romanische Einfluß auf das Deutsche bis zum Ausgang des Mittelalters, in: Maurer-Rupp I, S. 323; Harri Meier und Gertrud de Peña, Tanzen, Über Ursprung und Geschichte eines europäischen Wortes, Archiv für das Studium der neueren Sprachen und Literaturen, 203. Band 1967, S. 321.
8 Hans-Friedrich Rosenfeld, Humanistische Strömungen, in: Maurer-Rupp I, 399.
9 Wolfgang Fleischer, Wortbildung der deutschen Gegenwartssprache, Max Niemeyer Tübingen 1971², 2. 2. 3; 2. 2. 37; 5. 2. 7; Herbert Kolb, Interferenz als sprachgeschichtlicher Vorgang untersucht an mittelhochdeutsch leie »Art«, in: Festschrift Betz, S. 388.
10 Wernher der Gartenaere, Helmbrecht, hgg. von Friedrich Panzer, Max Niemeyer Tübingen 1968, v. 717ff.
11 Walter Henzen, Deutsche Wortbildung, Max Niemeyer Halle/Saale 1947, § 89 Diminutiva.
12 H. Eggers, a.a.O., I, S. 54, II, S. 23.

13 Paul Kretschmer, Wortgeographie der hochdeutschen Umgangssprache, Vandenhoeck und Ruprecht in Göttingen 1969², S. 20.
14 Friedrich Stroh, *See,* in: Maurer-Rupp I, S. 39.
15 M. Wandruszka, Sprachen vergleichbar und unvergleichlich, S. 38.
16 H. Eggers, a. a. O., III, Das Frühneuhochdeutsche, Hamburg 1969, S. 151.
17 Friedrich Kluge, Von Luther bis Lessing, Straßburg 1904⁴, S. 94.
18 P. Kretschmer, Wortgeographie, S. 100.
19 M. Wandruszka, Was weiß die Sprachwissenschaft von der Übersetzung? in: Eugen Biser et al., Fortschritt oder Verirrung? Die neue Bibelübersetzung, Friedrich Pustet Regensburg 1978, S. 9; über das »lutherische *e*« als Auslautsilbe, Kluge, a. a. O., S. 207.
20 Hans Friedrich Rosenfeld, Humanistische Strömungen, in: Maurer-Rupp I, S. 399.
21 Friedrich Kluge, Von Luther bis Lessing, S. 172.
22 Willi Flemming und Ulrich Stadler, Barock 2. Alamode-Sprache und Alamode-Kritik, in: Maurer-Rupp II, S. 10.
23 Dies., in: Maurer-Rupp II, S. 16.
24 Friedrich Kainz, Klassik und Romantik, in: Maurer-Rupp II, S. 245.
25 Johann Knobloch et al., Europäische Schlüsselwörter, Max Hueber München 1964; Band III, Kultur und Zivilisation 1967.
26 Friedrich Kainz, a. a. O., S. 262.
27 Friedrich Kluge, Goethe und die deutsche Sprache, in: Von Luther bis Lessing, S. 209.
28 Wilhelm von Humboldt, Theorie der Bildung des Menschen, Werke in fünf Bänden hgg. von Andreas Flitner und Klaus Giel, Wissenschaftliche Buchgesellschaft Darmstadt I, 1960, S. 238.
29 Ders., Antrag auf Errichtung der Universität Berlin, Mai 1809, a. a. O., Band IV, S. 30.
30 Ders., Über die Verschiedenheit des menschlichen Sprachbaues und ihren Einfluß auf die geistige Entwicklung des Menschengeschlechts, 1830, a. a. O., Band III, S. 191, 426.
31 Ders., Über das Vergleichende Sprachstudium in Beziehung auf die verschiedenen Epochen der Sprachentwicklung, 1820, a. a. O., Band III, S. 19.
32 Maurer-Rupp II, S. 326.   33 W. v. Humboldt, a. a. O., Band III, S. 434.
34 Ders., a. a. O., Band III, S. 464.
35 Leo Weisgerber, Von den Kräften der deutschen Sprache Band I, Grundzüge der inhaltsbezogenen Grammatik, Schwann Düsseldorf 1962, S. 16.
36 Ders., a. a. O., S. 12.
37 W. v. Humboldt, Latium und Hellas 1806, Band II, S. 63.
38 Ders., a. a. O., Band III, S. 5, 144, 157–159, 287, 365, 411.
39 Ders., a. a. O., Band I, S. 499.

VI. Das Englische dringt ein

1 Alvin Toffler, Future Shock, Bantam New York 1970, S. 88. In der deutschen Übersetzung »Der Zukunftsschock« Scherz Bern 1971³ heißt es: »Einzig autorisierte Übersetzung aus dem Amerikanischen unter Mitwirkung des Verfassers.«
2 Auf Seite 351 finden Sie die Abkürzungen der mit ihren Übersetzungen zitierten Werke.
3 M. Wandruszka, Le bilinguisme du traducteur, Langages No 28, décembre 1972, S. 104.
4 Pierre Gilbert, Dictionnaire des mots nouveaux, Hachette-Tchou Paris 1971, s. v. *lavage de cerveau.*
5 Ders., a. a. O., s. v. *environnement.*
6 Ders., a. a. O., s. v. *image de marque*
7 Walter Meurers, *Job,* in: Europäische Schlüsselwörter II/I, S. 343. Im US-Italienischen sagt man *la giobba:* »Amer. Italian *giobba* ›job‹ corresponds to neither *arte, mestiere, professione, impiego,* nor *occupazione,* since it designates a new concept, viz. ›work that is found, and for which one has no attachment and no spiritual interest‹«, Uriel Weinreich, Languages in contact, Mouton The Hague 1966⁴, S. 54.
8 Hans Galinsky, Amerikanisch-englische und gesamtenglische Interferenzen mit dem Deutschen und anderen Sprachen der Gegenwart, in: Festschrift Werner Betz S. 463, dazu die Beiträge von David Duckworth und Herbert L. Kufner in derselben Festschrift.
9 José Rubio Sáez, Presencia del inglés en la lengua española (hacia una sociosemántica) Editorial Ezcurra Valencia 1977; Göran Kristensson, Angloamerikanische Einflüsse in DDR-Zeitungstexten, Acta Universitatis Stockholmiensis, Stockholmer germanistische Forschungen 23, Almqvist und Wiksell Stockholm 1977.

VII. Spielarten der Mischung

1 Hugo Schuchardt, Über die Lautgesetze: Gegen die Junggrammatiker, Berlin 1885, abgedruckt in: Theo Vennemann – Terence H. Wilbur, Schuchardt, the Neogrammarians, and the Transformational Theory of Phonological Change, Four Essays, Linguistische Forschungen Band 26, Athenäum Verlag Frankfurt 1972.
2 Ders., Slawo-deutsches S. 6 (siehe unten, Anmerkung 5).
3 Hermann Paul, Prinzipien der Sprachgeschichte, Max Niemeyer Tübingen 1966⁷, S. 390.
4 Theo Vennemann – Terence H. Wilbur, Schuchardt, vgl. Anm. 1.
5 Dem Herrn Franz von Miklosich zum 20. November 1883, Slawo-deutsches und Slawo-italienisches von Hugo Schuchardt, Graz, Leuchner und Lubensky 1885.
6 Dell Hymes, Hg., Pidginization and Creolization of Languages, Proceedings of a Conference held at the University of the West Indies, Mona, Jamaica, April 1968, Cambridge University Press 1971.
7 Renate Bartsch et al., Heidelberger Forschungsprojekt »Pidgin-Deutsch«, Sprache und Kommunikation ausländischer Arbeiter, Analysen, Berichte, Materialien,

Scriptor Verlag Kronberg/Ts. 1975; dazu die kritischen weiterführenden Arbeiten von Jürgen M. Meisel, Ausländerdeutsch und Deutsch ausländischer Arbeiter, Zur möglichen Entstehung eines Pidgin in der BRD, Zeitschrift für Literaturwissenschaft und Linguistik Heft 18, 1975; ders., Der Erwerb des Deutschen durch ausländische Arbeiter, Linguistische Berichte 38, 1975; ders., The Language of Foreign Workers in Germany, Grazer Linguistische Studien 3, 1976, ders., Linguistic Simplification: A study of immigrant workers' speech and foreigner talk, in: S. P. Corder – E. Roulet, Hg., The Notions of Simplification, Interlanguages and Pidgins and their Relation to Second Language Pedagogy, Genève Droz 1977.

8 Mona Conference S. 60, 67, 87, 182, 293, 349, 439, 489; dazu Ioana Vintilă-Rădulescu, Le créole français, Ianua Linguarum Series Critica 17, Mouton The Hague 1976.

9 Charles-James N. Baily and Karl Maroldt, The French Lineage of English, Brigitte Schlieben-Lange, L'origine des langues romanes – un cas de créolisation? in: Jürgen M. Meisel, Hg., Langues en contact – Pidgins – Creoles – Languages in Contact, Tübinger Beiträge zur Linguistik 75, Gunter Narr Tübingen 1977.

10 Harald Haarmann, Aspekte der Arealtypologie, Die Problematik der europäischen Sprachbünde, Tübinger Beiträge zur Linguistik 72, Gunter Narr Tübingen 1976.

11 Uriel Weinreich, Languages in Contact, Mouton The Hague 1966[4].

12 Den besten Überblick über die heutige Forschungslage gibt Gerd Tesch, Linguale Interferenz, Theoretische, terminologische und methodische Grundfragen zu ihrer Erforschung, Tübinger Beiträge zur Linguistik 105, Gunter Narr Tübingen 1978.

VIII. Das Spiel der Notwendigkeit und des Zufalls

1 Werner Welte, Moderne Linguistik: Terminologie/Bibliographie, Ein Handbuch und Nachschlagewerk auf der Basis der generativ-transformationellen Sprachtheorie, Max Hueber Verlag München 1974, s. v. *Tiefenstruktur*.

2 M. Wandruszka, Sprachen vergleichbar und unvergleichlich, Kap. 5, Zahlen und Größen.

3 Peter Behnstedt, Viens-tu? Est-ce que tu viens? Tu viens?, Formen und Strukturen des direkten Fragesatzes im Französischen, Tübinger Beiträge zur Linguistik 41, Gunter Narr Tübingen 1973; Artur Greive, Neufranzösische Formen der Satzfrage im Kontext, Abh. der Ak. der Wissenschaften und der Literatur Mainz, Geistes- und Sozialwiss. Klasse 1974, Nr. 3.

4 W. v. Humboldt, Theorie der Bildung des Menschen, Band III, S. 144, 365.

5 Hugo-Schuchardt-Brevier s. v. *Kontinuum*.

6 Les Entretiens d'Ariste et d'Eugène, Paris 1683[5], S. 55.

7 W. v. Humboldt, Über die Verschiedenheit des menschlichen Sprachbaues 1830, a. a. O., Band III., S. 452.

8 Ferdinand de Saussure, Cours de linguistique générale, 1915, I, 1, § 2.

9 M. Wandruszka, Sprachen vergleichbar und unvergleichlich, Kap. 1, Laut und Sinn.

10 Ders., a.a.O., Kap. 7, Schlüsselwörter; Hugo Moser, Hg., Europäische Schlüsselwörter, Max Hueber Verlag München I 1963, II 1964, III 1967. In der amerikanischen »Sprachverbannung« schrieb Carl Zuckmayer die Verse: »Und Du ziehst betrübt die Konsequenz: Dort ›Erlebnis‹ – hier ›Experience‹ ...« (Karlheinz Daniell, Hg., Über die Sprache, Carl Schünemann Verlag Bremen 1966, S. 451).
11 Salvador de Madariaga, Bosquejo de Europa, Hermes México 1951, S. 132; Porträt Europas, Deutsche Verlags-Anstalt Stuttgart 1952, S. 113.
12 Leo Weisgerber, Grundzüge der inhaltsbezogenen Grammatik, Schwann Düsseldorf 1962^3, S. 55.
13 M. Wandruszka, Sprachen vergleichbar und unvergleichlich, Kap. 4, Das Adjektiv.
14 M. Wandruszka, Etymologie und Philosophie, in: Etymologica, Festschrift Walther von Wartburg, Max Niemeyer Tübingen 1958, S. 857.
15 Corominas DCELC s. v. *sentir*.
16 Wartburg FEW s. v. *sensus*.
17 Victor Hugo, Les Contemplations, Réponse à un acte d'accusation, 1834, Suite 1854.

IX. Technik und Zufall

1 Leo Weisgerber, a.a.O., Von den Kräften der deutschen Sprache I, S. 220.
2 Hennig Brinkmann, Die deutsche Sprache, Gestalt und Leistung, Schwann Düsseldorf 1962, S. 140.
3 Walter Henzen, Inhaltsbezogene Wortbildung, Archiv für das Studium der neueren Sprachen 194, Band 1958, S. 12.
4 Ausführlich dargestellt in: M. Wandruszka, Sprachen vergleichbar und unvergleichlich, Kap. 26 und 27.
5 Charles Muller, Pour une étude diachronique de l'imparfait narratif, in: Mélanges de grammaire française offerts à M. Maurice Grevisse, Gembloux 1966, S. 253–269.

X. Denken in Bildern

1 Lutz Röhrich, Lexikon der sprichwörtlichen Redensarten, Herder 1973, s. v. *Morgenstunde*.
2 José María Iribarren, El porqué de los dichos, Aguilar Madrid 1955, S. 583.
3 L. Röhrich s. v. *Hund* und *Hase*. Dazu und zu allen folgenden Beispielen Wolf Friederich, Moderne deutsche Idiomatik, Alphabetisches Wörterbuch mit Definitionen und Beispielen, Max Hueber München 1976.
4 Dorothea Heller im Lexikon der germanistischen Linguistik, Max Niemeyer Tübingen 1973 II. 14: Idiomatik.
5 V. H. Collins, A Book of English Idioms, Longman London 1972^3 931: *Tell that to the marines*.
6 M. Wandruszka, Sprachen vergleichbar und unvergleichlich 4. 7.: *dick* und *dicht*.

7 Kurt Baldinger, *Mutter(seelen)-allein, mutternackt – mere-nu,* Ein Beispiel germanisch-romanischer Wortbeziehungen, Zeitschrift für romanische Philologie 72, 1956, S. 88.
8 Corominas DCELC s. v. *llama.*
9 L. Röhrich s. v. *Stich.*
10 L. Röhrich s. v. *aufheben.*
11 L. Röhrich s. v. *aufnehmen.*
12 Wartburg FEW s. v. *manus* und *manu tenere.*
13 Wallace L. Chafe, Idiomaticity as an anomaly in the Chomskyan paradigm, Foundations of Language 4 1968, S. 109. Dazu Uriel Weinreich, Erkundungen zur Theorie der Semantik, Max Niemeyer Tübingen 1970, 3. 442 Komplexe Wörterbucheinträge.
14 Lexikon der germanistischen Linguistik II.14; Werner Welte, Moderne Linguistik s. v. *Idiom(atischer Ausdruck).*
15 Hugo von Hofmannsthal, Französische Redensarten, in: Gesammelte Werke in Einzelausgaben, Prosa I, S. Fischer Verlag Frankfurt 1956, S. 300.

XI. Vom Übersetzen

1 Ingeborg Bachmann, Giuseppe Ungaretti, Gedichte italienisch und deutsch, Suhrkamp Verlag Frankfurt 1961, S. 7.
2 Frederic J. Jones, Giuseppe Ungaretti, Edinburgh University Press 1977, S. 73.
3 Giuseppe Ungaretti, Poesie I, L'allegria 1914–1919, Arnoldo Mondadori 1942, S. 92: Mattina, Santa Maria La Longa il 26 gennaio 1917.
4 Luciano Rebay, Le origini della poesia di Giuseppe Ungaretti, Edizioni di storia e letteratura, Roma 1962, S. 116, 120.
5 M. Wandruszka, Der Klang der italienischen Sprache, Die Neueren Sprachen 1952, S. 431.
6 Philippe Jaccottet, Giuseppe Ungaretti, Vie d'un homme, Gallimard Paris 1973, S. 79; dazu Christoph Baehr, Giuseppe Ungaretti in deutscher und französischer Übersetzung, Diss. Salzburg (in Vorbereitung).
7 Friedrich Hölderlin, Sämtliche Werke, Zweiter Band, Gedichte nach 1800. Hg. von Friedrich Beissner, II/2. Lesarten und Erläuterungen, W. Kohlhammer Stuttgart 1951, S. 664.
8 Friedrich Kainz, in: Maurer-Rupp II, 301.
9 Walter Kaufmann, Twenty-five German Poets, A bilingual Collection, W. W. Norton & Company, New York 1975, S. 77. Bemerkenswert die ersten Sätze der dem Buch vorangestellten Acknowledgments: »Many of these poems I translated initially to be able to share them with my wife, Hazel. This book developed from our dialogue ...«; eine andere Übersetzung des Gedichts gibt Fred Uhlman (geboren 1901 in Stuttgart) in seiner Erzählung »Reunion«, Fontana, William Collins Sons Glasgow 1978, S. 32: »Hung with yellow pears / And with wild roses loaded / The land is mirrored in the lake ...«
10 Hoelderlin, Poèmes (Gedichte), traduction et préface de Geneviève Bianquis, Col-

lection bilingue des classiques allemands, Aubier, Editions Montaigne Paris 1943, S. 245.
11 M. Wandruszka, Sprachen vergleichbar und unvergleichlich 20, 5–12.
12 Giorgio Orelli, Su alcune versioni d'una poesia di Hölderlin, in: Studi in onore di Leone Traverso, Studi Urbinati di Storia, Filosofia e Letteratura XLV Nuova serie B 1971, Argalía Editore Urbino 1971, II, S. 727.
13 Ernst Edmund Keil y Jenaro Taléns, Friedrich Hölderlin, Poemas, Hontanar, Poesia Extranjera I, Valencia 1970.
14 Hölderlin, Poemas; Prefácio, selecção, e tradução de Paulo Quintela, 2ª edição revista e ampliada, Atlântida Coimbra 1959, p. 253; eine andere Übersetzung von Célia da Silva Veloso, Metade da vida, in: Wira Selanski ed. Pequena antologia da lírica alemã, Rio de Janeiro o. J.
15 Gedichte des französischen Symbolismus in deutschen Übersetzungen, hgg. von Wolfgang Kayser, Deutsche Texte 2, Max Niemeyer Tübingen 1955.
16 Charles Baudelaire, Die Blumen des Bösen, übertragen von Karl Schmid (= Carlo Schmid), Rainer Wunderlich Verlag Tübingen o. J., S. 82.
17 Manfred Thiel, Poetisches II, Baudelaires Blumen des Bösen, Elpis Verlag Heidelberg 1977, S. 173.
18 Charles Baudelaire, Sämtliche Werke / Briefe, Band 3, Les Fleurs du Mal / Die Blumen des Bösen, hgg. von Friedhelm Kemp und Claude Pichois, Wiss. Buchgemeinschaft Darmstadt 1975, S. 159, 345.
19 Helmut Gipper, Sprachliche und geistige Metamorphosen bei Gedichtübersetzungen, Eine sprachvergleichende Untersuchung zur Erhellung deutsch-französischer Geistesverschiedenheit, Diss. Bonn 1950, mit Zusätzen und Anmerkungen veröffentlicht 1966 im Pädagogischen Verlag Schwann Düsseldorf.
20 Bernhard Grünbeck, Statik im Französischen – Dynamik im Deutschen, Kritische Betrachtungen zu einer Sprachhypothese, Zeitschrift für französische Sprache und Literatur, Band LXXXVIII 1978, S. 139; Harald Weinrich, Ist das Französische eine analytische oder synthetische Sprache?, Lebende Sprachen 8, 1963, S. 52; Jörn Albrecht, Le français, langue abstraite? Beiträge zur Linguistik Tübingen 1970.
21 Umberto Eco, La struttura assente, Introduzione alla ricerca semiologica, Bompiani Milano 1968, S. 294, 301.
22 Robert Musil, Der Mann ohne Eigenschaften, Rowohlt Hamburg 1970, S. 101.
23 Zu diesem Kapitel: Sprachtheorie und Poetik, in: Brigitte Schlieben-Lange, Hg., Sprachtheorie, Hoffmann und Campe Hamburg 1975, S. 287; META Journal des traducteurs – Translators' Journal, Numéro spécial: La traduction poétique vol. 23, 1 mars 1978 und zuletzt Robert de Beaugrande, Factors in a Theory of Poetic Translating, Van Gorcum, Assen, The Netherlands 1978 (mit umfassender Bibliographie).

XII. Theorie und Didaktik der Mehrsprachigkeit

1 Jacques Monod, Le hasard et la nécessité, Editions du Seuil, Paris 1970; Manfred Eigen – Ruthild Winkler, Das Spiel, Naturgesetze steuern den Zufall, Piper München 1975; Mario Wandruszka, Das asystematische System der menschlichen Sprache, in: Systeme und Systemgrenzen, Vorträge anläßlich der Jahresversammlung vom 9. bis 12. Oktober 1975 zu Halle (Saale), Nova Acta Leopoldina, Abhandlungen der Deutschen Akademie der Naturforscher Leopoldina Band 47, 1977, S. 310.
2 Welte, Moderne Linguistik s. v. *Regel*
3 Hier nur die Standardwerke: Georges Mounin, Les problèmes théoriques de la traduction, Gallimard Paris 1963; Eugene A. Nida, Toward a Science of Translating, Brill Leiden 1964; J. C. Catford, A Linguistic Theory of Translation, Oxford University Press London 1965; dazu George Steiner, After Babel, Aspects of Language and Translation, Oxford University Press London 1975; Georges Mounin, Linguistique et traduction, Dessart et Mardaga Bruxelles 1976; Wolfram Wilss, Übersetzungswissenschaft, Probleme und Methoden, Klett Stuttgart 1977.
4 Els Oksaar, Spracherwerb im Vorschulalter, Einführung in die Pädolinguistik, Kohlhammer Stuttgart 1977.
5 Frederic Vester, Denken, Lernen, Vergessen, Deutsche Verlags-Anstalt Stuttgart 1975; Terrence M. Walsh and Karl C. Diller, Neurolinguistic Foundations to Methods of Teaching a Second Language, IRAL XVI/1, February 1978, S. 1.
6 Karl-Richard Bausch, Sprachlehrforschung, LILI 1974, Heft 13; ders. et al., Manuskripte zur Sprachlehrforschung, Seminar für Sprachlehrforschung der Ruhr-Universität Bochum; Reinhold Freudenstein, Dokumentation Neusprachlicher Unterricht, Informationszentrum für Fremdsprachenforschung (IFS) der Philipps-Universität Marburg, Max Hueber München.
7 Zu dieser Diskussion kann man in den Jahrgängen 1956 bis 1976 der Zeitschrift »Praxis des neusprachlichen Unterrichts«, Lambert Lensing Dortmund, zahlreiche Beiträge und Stellungnahmen nachlesen, insbesondere Wolfgang Butzkamm, Aufgeklärte Einsprachigkeit 1971; Harald Gutschow, Die »aufgeklärte Einsprachigkeit« 1975; Wolfgang Butzkamm, Methodenstreit und kein Ende – 10 Thesen zur Konzeption und Rezeption der Aufgeklärten Einsprachigkeit 1976; Inge Dietrich, Pädagogische Implikationen der Einsprachigkeit im Fremdsprachenunterricht 1973; Krista Segermann, Zur Überwindung des Methodenstreits in der fachdidaktischen Diskussion 1974. Dazu Günter Schweig, Einsprachigkeit im Fremdsprachenunterricht? Forum E, Heft 5, Mai 1975, S. 130.
8 Gérard Dagenais, Dictionnaire des difficultés de la langue française au Canada, Editions Pedagogia Montréal 1967 s. v. *bienvenu*.
9 Alfred Malblanc, Stylistique comparée du français et de l'allemand, Didier Paris 1968[4]; J. P. Vinay – J. Darbelnet, Stylistique comparée du français et de l'anglais, Didier Paris 1958.
10 Bernhard Grünbeck, Moderne deutsch-französische Stilistik auf der Basis des Übersetzungsvergleichs, Teil I: Ordnungsliebe und logisierende Präzision als Übersetzungsdominanten, Winter Heidelberg 1976; Jean M. Zemb, Verglei-

chende Grammatik Französisch-Deutsch, Comparaison de deux systèmes, Teil I., Duden-Sonderreihe Vergleichende Grammatiken, hgg. vom Institut für deutsche Sprache, Bibliographisches Institut Mannheim 1978.

11 Franz Josef Hausmann, Linguistik und Fremdsprachenunterricht 1964–1975, Ausführlich kommentierte Bibliographie für Schule und Hochschule (mit besonderer Berücksichtigung des Französischen), Tübinger Beiträge zur Linguistik, Gunter Narr Tübingen 1975 s. v. *Fehler;* Christoph Gutknecht, Kontrastive Linguistik: Zielsprache Englisch, Kohlhammer Stuttgart 1978, mit umfangreicher Bibliographie über Fehleranalysen in der ganzen Welt; Dokumentation Neusprachlicher Unterricht s. v. *Fehler, Fehlerbewertung, Fehlerkunde;* Gabriele Kasper, Die Problematik der Fehleridentifizierung, Ein Beitrag zur Fehleranalyse im Fremdsprachenunterricht, Manuskripte zur Sprachlehrforschung 1975; Karl-Richard Bausch und Horst Raabe, Zur Frage der Relevanz von kontrastiver Analyse, Fehleranalyse und Interimsprachenanalyse für den Fremdsprachenunterricht, in: Materialien Deutsch als Fremdsprache Band 9, Hg. DAAD, Regensburg 1977.

12 Günter Schweig, Übersetzen – überholt? Der fremdsprachliche Unterricht Heft 42, Mai 1977, S. 61; Rüdiger Grotjahn – Ursula Klevinghaus, Zum Stellenwert der Übersetzung im Fremdsprachenunterricht, Eine Pilotstudie, Manuskripte zur Sprachlehrforschung 1975.

Verzeichnis der mit ihren Übersetzungen zitierten Werke

BH   Dee Brown, Bury my Heart at Wounded Knee, Bantam New York 1972
CA   Gabriel García Márquez, Cien años de soledad, Plaza & Janes Barcelona 1975
Ch   Albert Camus, La chute, Gallimard Paris 1956
CV   Pablo Neruda, Confieso que he vivido, Seix Barral Barcelona 1974
DJ   Frederick Forsyth, The Day of the Jackal, Bantam New York 1972
FF   Erica Jong, Fear of Flying, Holt New York 1973
FM   Larry Collins and Dominique Lapierre, Freedom at Midnight, Collins London 1975
FS   Alvin Toffler, Future Shock, Bantam New York 1971
FWA   Ernest Hemingway, A Farewell to Arms, New York 1949
GF   Mario Puzo, The Godfather, Fawcett Greenwich Conn. 1969
HG   Saul Bellow, Humboldt's Gift, Penguin Books New York 1973
KB   Heinrich Böll, Die verlorene Ehre der Katharina Blum, dtv München 1976
KBA   Peter Handke, Der kurze Brief zum langen Abschied, Suhrkamp Frankfurt 1972
LS   Erich Segal, Love Story, Signet New York 1970
MS   Jean-Paul Sartre, Les mains sales, Paris 1948
MoE   Robert Musil, Der Mann ohne Eigenschaften, Rowohlt Hamburg 1970
Pr   Franz Kafka, Der Prozeß, Fischer Taschenbuch 1976
R   Alex Haley, Roots, Pan Books London 1977
Sch   Franz Kafka, Das Schloß, Fischer Taschenbuch Verlag Frankfurt 1976
StW   Hermann Hesse, Der Steppenwolf, Werkausgabe Suhrkamp Frankfurt 1970
Th   Roger Martin du Gard, Les Thibault, Paris 1940
V   Franz Kafka, Die Verwandlung, Erzählungen, Fischer Taschenbuch Verlag Frankfurt 1976

Personenregister

Adorno Th. W. 29
Albrecht J. 309
Alfons X. der Weise 67
Amyot J. 140
Aristoteles 272
Arndt E. M. 136
Artmann H. C. 22
Ascoli G. I. 83

Bach J. S. 41, 132
Bachmann I. 295
Badia Margarit J. M. 63
Bally Ch. 309, 328
Balzac H. 239
Baudelaire Ch. 305
Beaugrande R. 312
Berlitz M. 323
Betz W. 116
Bianquis G. 300
Bouhours D. 201
Bourdet Y. 72
Bradley H. 94, 97
Brentano C. 136
Brinkmann H. 247
Buber M. 44
Buisseret I. 105
Burckhardt J. 242

Campe J. H. 143, 144
Camus A. 276
Canetti E. 45, 75
Celan P. 30, 34
Cervantes M. 270

Chafe W. L. 292
Chamisso A. 136
Chomsky N. 39, 180, 187, 195, 251, 292, 313
Cowper W. 99

Dante Alighieri 303
Darbelnet J. 328
Decamp D. 187
Dehmel R. 305
De Nicola D. 312
Denison N. 59
Descartes R. 236
Du Bellay J. 89

Eco U. 311
Eggimann E. 27
Elwert W. Th. 49
Errante V. 312
Etiemble R. 107, 135

Ferguson Ch. A. 24, 328
Ferreiro Alemparte J. 312
Ferry J. 69
Fessia T. 312
Filipović R. 176, 328
Fisiak J. 176, 328
Flaischlen C. 305
Franz Joseph I. 280
Freud S. 162

Galilei G. 286
Galinsky H. 176

Gandhi M. 161, 170
Gatterer C. 55
Gautier Th. 239
Gedike F. 145
George S. 305
Gipper H. 309
Götz K. 15
Goethe J. W. 43, 136, 139, 333
Gottfried von Straßburg 120
Gottsched J. Ch. 136
Grégoire H. 68
Grillparzer F. 136
Grünbeck B. 309, 328
Gryphius A. 136

Haley A. 189
Haller A. 136
Handke P. 34, 288
Hardt E. 305
Harsdörffer Ph. 135
Hartmann von Aue 120
Hegel G. W. F. 209
Heidegger M. 213
Heine H. 136
Herder J. G. 43, 79, 178
Henzen W. 247
Hesse H. 274
Höfler M. 176
Hölderlin F. 298
Hofmannsthal H. von 293, 310
Hofstätter P. R. 37
Hugo V. 234
Humboldt W. 79, 143, 199, 203

Immermann K. 136

Jaccottet Ph. 297
Jahn F. L. 136
Jean Paul 44, 136
Jones F. J. 295
Johnson S. 98
Jünger E. 311

Kafka F. 285
Karl V. 201

Kaufmann W. 300
Kayser W. 305
Keil E. E. 303
Kemp F. 308
Kleist H. 147
Klopstock F. G. 136
Kraus K. 183
Kretschmer P. 131
Kristensson G. 176

Labov W. 189
Lafont R. 73
Legrand J. 311
Leishman J. B. 311
Leisi E. 100
Leopardi G. 297
Lessing G. E. 43, 136, 141
Lichtenberg G. Ch. 51
Llewellyn R. 54
Luther M. 42, 123, 125, 129

Mackey W. F. 75
Madariaga S. 209
Malblanc A. 309, 328
Mallarmé S. 305
Mann Th. 99, 300
Marcuse H. 29
Marot C. 140
Márquez G. C. 276
Marti C. 74
Martinet A. 194
Meillet A. 189
Melanchthon Ph. 133
Merle R. 73
Mezzofante G. 51
Miklosich F. 180
Mill J. St. 55
Milton J. 55
Mistral F. 71
Mithridates VI. 51
Montaigne M. 140, 322
Mountbatten L. 160, 168
Mozart W. A. 282
Musil R. 278, 288

Nauclerius J. 133
Nestroy J. 214
Nietzsche F. 42, 300

Ogden C. K. 100
Oksaar E. 37
Opitz M. 136
Orelli G. 302
Osgood Ch. E. 37

Pasquier E. 200
Paul H. 179
Petrarca F. 303
Petri A. 129
Pico della Mirandola 51
Pieper J. 19
Pocar E. 312
Puchner G. 28
Puzo M. 167, 232

Quintela P. 345

Rabelais F. 28, 89, 140
Rilke R. M. 30, 310
Rimbaud A. 305
Roselli E. 312
Rousseau J.-J. 42, 107, 149
Rubio Saez J. 176

Saussure F. 206, 314, 328
Schaukal R. 305
Schiller F. 136
Schlegel F. 142
Schlegel W. A. 77, 270
Schleich C. L. 19
Schopenhauer A. 302
Schottel J. G. 136
Schubart Ch. F. 136
Schuchardt H. 126, 177, 199
Schwarzenbach R. 23, 37
Schweitzer A. 41, 75, 330
Scott W. 95
Segal E. 153

Shakespeare W. 55, 99, 270, 271
Spencer H. 55
Stendhal 261
Stenes A. 176

Taléns J. 303
Teuschl W. 22
Tieck L. 136
Toffler A. 153, 275
Toynbee A. 160
Trubetzkoy N. S. 192
Tsuzaki S. M. 188

Uhland L. 136
Ungaretti G. 295
Usinger F. 305

Vasari G. 242
Vennemann Th. 180
Verlaine P. 305
Viëtor W. 323
Vinay J. P. 328
Voltaire 107, 149
Von der Vring G. 305
Voss J. H. 136

Wagner R. 209
Wang W. S. 180
Weckmann A. 26
Weinreich U. 193
Weinrich H. 309
Weisgerber L. 145, 210, 246, 309
Wieland Ch. M. 136
Wilbur T. H. 180
Wilhelm II. 280
Winckelmann J. J. 136
Wolff Ch. 145
Wolfram von Eschenbach 120

Zandvoort R. W. 176
Zemb J. M. 328
Zesen Ph. 136

Linguistische Grundbegriffe

ADSTRAT	Beimischung aus anderen Sprachen (vgl. SUBSTRAT, SUPERSTRAT): 82, 146, 191, 317.
ANALOGIE	Verwendung gleicher Formen für gleiche Funktionen: 316, 319.
ANOMALIE	Widerstand einzelner Formen gegen die ANALOGIE: 150, 292, 316, 319.
ARBITRÄR	Zufällige, nicht notwendige Verbindung einer Form mit einer Funktion (vgl. MOTIVIERT): 206.
ARCHAISMUS	Veraltete Form (vgl. NEOLOGISMUS): 33, 238.
ARGOT	Ursprünglich abwertende Bezeichnung für eine soziale Sondersprache (vgl. SLANG): 27, 279.
ASPEKT	Besondere Verbformen zur Unterscheidung des im Gang befindlichen Vorgangs (imperfektiver Aspekt) vom einfachen Vorgang (perfektiver Aspekt): 255.
BILINGUISMUS	Zweisprachigkeit: 53, 75, 96, 103.
»CHASSÉ-CROISÉ«	Sich überkreuzende Vertauschung der Formen und Funktionen: 332.
»CODE«	Auf bestimmte Signalfunktionen reduzierte Sprache: 25.
DENOTATION	Grundbedeutung und -verwendung einer sprachlichen Form (vgl. KONNOTATION): 33.
DETERMINATION	Nähere Bestimmung eines Wortes. PRÄDETERMINATION – die bestimmenden Elemente gehen voraus (d. *das Salzburger Wunderkind*), POSTDETERMINATION – die bestimmenden Elemente folgen (fr. *l'enfant prodige de Salzbourg*): 175.

DIGLOSSIE	Reduktion der POLYGLOSSIE oder Mehrsprachigkeit auf zwei Register, eine »hohe« und eine »niedere« Sprache: 24, 75, 87.
DISPONIBILITÄT	Verfügbarkeit sprachlicher Formen: 124, 237, 243, 315.
ETYMOLOGIE	Erforschung der »wahren«, ursprünglichen Bedeutung eines Wortes, seiner Herkunft: 211.
EXPLIKATION	Das in der sprachlichen Form ausdrücklich Gesagte (vgl. IMPLIKATION): 264, 331.
»FALSCHE FREUNDE«	Täuschend ähnliche Formen in abweichenden Funktionen: 104, 217, 241, 250, 264, 278, 318.
»FUZZY LOGIC«	Die »zerfaserte, verfließende Logik« unserer Sprachen, ihre schöpferische Unschärfe: 212, 233, 244, 319.
HOMOPHONIE	Gleichklang zweier Wörter verschiedener Bedeutung: 127, 130, 239.
IDENTIFIKATION	Gleichsetzung des Menschen und seiner Welt mit seiner Sprache: 203, 247, 249, 296, 300, 317.
IDIOLEKT	Individualsprache: 38.
IDIOMATIK	Die einer Sprache eigentümlichen Bildungen, besonders die ihr eigenen bildhaften Verwendungen der Formen: 172, 272, 332.
IMPLIKATION	Das in und zwischen den sprachlichen Formen unausgesprochen Mitverstandene (vgl. EXPLIKATION): 264, 331.
INDEX	Soziokultureller Stellenwert einer sprachlichen Form: 31.
INSTRUMENTALSTRUKTUR	Formale Struktur sprachlicher Gebilde (vgl. MENTALSTRUKTUR): 195, 236, 248, 250, 263, 309, 318.
INTERFERENZ	(Störende) Einwirkung einer Sprache auf eine andere: 14, 64, 107, 176, 315, 329.
JARGON	Abwertende Bezeichnung für Fachsprache: 28.
KOMPOSITION	Wortzusammensetzung. NOMINALKOMPOSITION (*Magenschleimhautentzündung*), VERBALKOMPOSITION (*entgegenhumpeln*): 30, 102, 117, 136, 299, 331.

KONNOTATION	Assoziationen, die sich mit einer sprachlichen Form verbinden (vgl. DENOTATION): 33, 37, 274, 293.
KONTINUUM	Zusammenhängendes Gebilde mit unscharfen inneren Grenzen: 187, 199.
KONTRASTIVE LINGUISTIK	Vergleich der Formen und Funktionen unserer Sprachen, besonders im Übersetzungsvergleich: 328.
KREATIVITÄT	Schöpferisches Spiel: 212, 272, 276, 293, 300, 319.
KREOLSPRACHEN	Koloniale Mischsprachen: 183.
MENTALSTRUKTUR	Struktur unserer Vorstellungen, unseres Denkens (vgl. INSTRUMENTALSTRUKTUR): 195, 251, 253, 263, 318.
MONOLINGUISMUS	Einsprachiger Fremdsprachenunterricht: 326.
MONOSYSTEM	Homogenes System ein-eindeutiger Zuordnungen je einer Form zu einer Funktion (vgl. POLYSYSTEM): 14, 39, 314.
MOTIVIERT	Notwendige, begründbare Verbindung einer Form mit einer Funktion (vgl. ARBITRÄR): 203, 249.
NEOLOGISMUS	Neuwort: 33, 154, 163.
PATOIS	Ursprünglich abwertende Bezeichnung für Bauernmundart: 68, 69.
PIDGIN	Vereinfachte Verkehrs-Mischsprache: 183.
POETOLEKT	Sondersprache der Dichtung: 29.
POLYMORPHIE	Eine Sprache besitzt mehrere Formen für die gleiche Funktion: 36, 167, 225, 237, 316.
POLYSEMIE	Eine Form übernimmt in derselben Sprache mehrere Funktionen: 118, 167, 210, 218, 225, 237, 240, 260, 264, 316.
POLYSYSTEM	Komplexes Gebilde heterogener Formen und Funktionen (vgl. MONOSYSTEM): 39, 188, 313.
REDUKTIONISMUS	Reduzierung von Sprache auf logisch-mathematische Funktionen: 212, 243, 292.
REGIOLEKT	Regionalsprache: 16, 18, 26.
SLANG	Ursprünglich abwertende Bezeichnung für eine soziale Sondersprache (vgl. ARGOT): 17, 27, 279.

SOZIOLEKT	Soziale Gruppensprache: 18, 26, 27.
SPRACHBARRIEREN	Sozial bedingte sprachliche Schwierigkeiten innerhalb einer Sprachgemeinschaft: 17, 99.
SPRACHBUND	Durch Mehrsprachigkeit und Sprachmischung entstandene Gemeinsamkeiten zwischen Nachbarsprachen: 192.
SUBSTRAT	Beimischung aus der Sprache einer unterlegenen Bevölkerungsschicht (vgl. SUPERSTRAT): 82, 182, 191, 317.
SUPERSTRAT	Beimischung aus der Sprache einer überlegenen Bevölkerungsschicht (vgl. SUBSTRAT): 82, 95, 146, 191, 317.
SYNONYME	Verschiedene Formen mit gleicher oder fast gleicher Funktion: 35, 97, 125, 136, 154, 242, 246.
TECHNOLEKT	Fachsprache: 28, 108, 126, 133, 241.
TRILINGUISMUS	Dreisprachigkeit: 59, 183.
UNIVERSALIEN	Gemeinsamer Nenner aller menschlichen Sprachen: 117, 197, 267, 317.

Zur Begründung dieser und weiterer Grundbegriffe vgl. Mario Wandruszka, INTERLINGUISTIK, Umrisse einer neuen Sprachwissenschaft, Piper München 1971[2].

Mario Wandruszka

Sprachen vergleichbar und unvergleichlich
1969. 542 S. Leinen

»Es ist ein Fachbuch entstanden, das den Bereich der Spezialisten schnell überschreiten wird, zugunsten eines Publikums, das sich mit den Gemeinplätzen der Sprachenplauderei nicht mehr begnügen will.«

Süddeutsche Zeitung

»Das Buch ist im besten Sinne des Wortes ein Buch für den gebildeten und sprachlich interessierten Laien.«

Neue Zürcher Zeitung

Interlinguistik: Umrisse einer neuen Sprachwissenschaft
2. Aufl., 9. Tsd. 1976. 141 S. Serie Piper 14. Kart.

Jede unserer Sprachen ist ein komplexes System aus konstanten und regionalen, aus sozialen und kulturellen Varianten. Wir alle sind mehrsprachig, lernen verschiedene Gesellschafts-, Berufs-, Gruppen- und Sondersprachen. Wo Sprache ist, ist auch Übersetzung. So entsteht heute eine neue Linguistik, eine Soziolinguistik der Sprachmischungen und Mischsprachen, eine Linguistik der Übersetzung und des Übersetzungsvergleichs; zusammengefaßt in einem Wort: die Interlinguistik.